JN411516

# 民法研究

## 第9卷

梁 彰 洙 著

傳 英 社

# 序 文

2005년 후반 이래로 쓴 글을 모아서 이에 『民法硏究』의 제 9 권을 출간한다. 다만 제 3 논문은 예외로서, 2000년에 공표되었던 것이다.

글마다 그 계기가 되는 사정을 적을 필요가 있는 경우에는 이를 각 글의 끝에 이번에 새로 붙인 後記에서 밝혀 놓았다. 그러니까 그 한도에서는 후기가 아니라 前記가 되어야 할는지도 모른다. 물론 후기에는 그 외에 글이 발표된 후에 알게 된 글의 내용과 관련된 사항에도 언급하여서, 글의 「현재성」이 될 수 있는 대로 유지되도록 하였다. 한편 글을 완성한 후에 교정을 보는 과정에서 후기를 붙여서 공표한 일도 있는데(제 7 논문, 제12논문), 그 경우와 이번에 붙인 후기의 구별은 그리 어렵지 않으리라 믿는다. 또 제11논문에서와 같이, 발표매체의 제약으로 부득이 글을 줄인 부분을 이번에 후기에서 덧붙여 복원한 경우도 있다.

이 책에 실린 글들이 쓰인 것은 대체로 나에게는 매우 어수선한 때이었다. 연구나 강의와는 별로 관계가 없는 인사문제가 제기되었던 것이다. 나로서는 원한 것도 있었고, 특별히 원하지도 아니하였으나 남들이 거론하면서 휘말린 것도 있었다. 되돌아보니, 그런 와중에서도 여기에 『民法硏究』의 제 9 권을 낼 만큼 책상 앞에 붙어 앉아 글을 쓸 수 있었어서 놀랍고 기쁘다는 것이 솔직한 심정이다. 나는 그 일들로 해서 결국 스스로 성장했다고 생각하고 있다. 그것들이 지나가는 과정에서 내가 한 일, 겪은 일, 또 이런 것들을 통해서 내가 내 자신에 대하여, 그리고 사람들에 대하여 알게 된 바, 뼈아프게 느낀 바로서 밝혀도 좋을 것이 적지 않다. 이에 대하여는 뒷날을 기약하기로 한다.

지난 7월에 법학전문대학원제도의 도입이 확정되었다. 나는 그것이 그 사이에 조금씩, 그러나 분명하게 쌓여 온 법학교수들의 학문적 역량을 다 흡수해서 고갈시키고 또 학문후속세대 양성의 일에 소홀하게 만들지 않을까 걱정이다. 연구의 중요성에 대하여는 말할 필요도 없고, 법학교수가 담당하는 다른 하나의 임무로서의 교육에서도 플루메의 말대로 "일반적인 법률가 양성의 교육임무가 아주 중요하고 또 내가 이 임무를 언제나 매우 진지하게 여기고 있기는 하지만, 대학교육의 고유한 매력은 그 **특별한** 師弟關係(das *besondere* Lehrer-Schüler-Verhältnis), 즉 교사가 그의 직분을 이어 연구와 교육을 맡을 이들과 맺는 관계에 있는 것이다"(Werner Flume, *Gedächtnisschrift für Brigitte Knobbe-Keuk* (1997), S. 7). 그런데 이제 이 교육시스템을 새로이 마련하고 또 제대로 뿌리박게 하려면 대학교수들은 아마도 상당한 시간 동안 연구와 학문후속세대의 양성에 전념하지 못할 것이다. 그럼에도 우리는 대학의 구성원으로서의 임무를 항상 잊지 않으면서 스스로를 채찍질할 수밖에 없는 것이다.

2007년 11월 3일

서울대학교 법과대학 연구실에서

梁 彰 洙

# 차 례

## 1. 韓國法에서의 「外國」의 問題

### — 韓國民法學 初期의 어떤 모습을 契機로 하여 —



### — 「獨自的 民法體系」의 試圖 —

## 3. 民法改正作業의 經過와 債權編의 改正檢討事項 I (債權總則)



## 4. 分離된 人體部分의 法的 性格

## 5. 轉得者는 不動産實名法 제 4 조 제 3 항의 「제 3 자」에 該當하는가?

### — 동시에 大法院判例 形成의 한 모습에 대한 批判的 考察 —



## 6. 全面的 價額補償에 의한 共有物分割判決과 登記問題

## 7. 日本에서의 動産擔保制度 改革 論議



## 8. 保證의 成立에 관한 프랑스의 法理

### — 法的 去來에서 書面의 意味에 대한 一考 —

## 9. 特許權 侵害로 인한 損害賠償 試論
### — 특허법 제128조 제1항의 立法趣旨와 解釋論 —

## 10. 目的土地上 根抵當權의 被擔保債務를 변제한 時效取得者의 債務者에 대한 求償權

— 대법원 2006년 5월 12일 판결 2005다75910사건 (판례공보 2006상, 1039면)



## 11. 公序良俗에 反하는 利子約定에서 任意로 支給된 過剩利子의 返還請求

— 대법원 전원합의체 2007년 2월 15일 판결 2004다50426사건 (법률신문 3536호, 10면; 판례공보 2007상, 437면)

## 12. 2005년 民事判例 管見



## 13. 2006년 民事判例 管見

# 1. 韓國法에서의 「外國」의 問題
## ── 韓國民法學 初期의 어떤 모습을 契機로 하여

## I. 序　　說

### 1. 들어가기에 앞서

한국 정부는 2005년 10월 27일 「법학전문대학원 설치·운영에 관한 법률」을 국회에 제안하였다. 그 주요한 내용은, “학부과정에서 법학을 포함한 다양한 전공분야를 공부한 자에게 전문적인 법률이론 및 실무에 관한 교육을 실시하는” 법학전문대학원을 2008년부터 두기로 하되, 그 대학원을 설치하는 대학에서는 기존의 법학 전공의 학사과정을 폐지하여야 한다(동 법안 제8조)는 것이다.[1] 이 법률안은 2003년 10월 대법원 산하에 발족한 사법개혁위원회가 2004년 12월에 그 활동을 마감하면서 채택한 「사법개혁을 위한 건의문」의 내용 중 하나를 실현하고자 하는 것이다. 그런데 그 건의문에 의하면, “현행 사법시험을 자격시험인 변호사시험으로 전환하여, 법학전문대학원 수료자에게만 응시자격을 부여”하며, 또 “변호사시험은 법률가로서의 기본 소양과 자질을 평가하는 시험으로 법학전문대학원의 교육과정을 충실하게 이수한 경우 비교적 어렵지 않게 합격할 수 있는 시험이 되”어야 한다. 그리고 여기서 「비교적 어렵지 않게」라고 함은 70% 이상

1) 이 법안에 대하여는 현재 격한 찬반의 논의가 행하여지고 있다. 그것이 국회를 통과할 것인지 여부는 아직 쉽사리 장담할 수 없다.

합격되도록 한다는 것이다.

현재는 대체로 학부에서 법학을 전공한 사람들이 사법시험에 합격한 다음, 다시 의무적으로 사법연수원에서 2년간 교육을 받아야만 비로소 법률가의 자격을 가지는 것으로 되어 있다. 그러므로 위의 법안이 국회를 통과하고, 나아가 현재의 사법시험제도가 변호사시험으로 전환되면, 한국의 법학교육 및 법률가양성제도는 근본적으로 변화하게 된다.

### 2. 本稿의 內容

위와 같은 제도 변화의 시도는 기본적으로 미국의 로스쿨제도를 거의 그대로 도입하려고 하는 것이다. 우리는 여기서 다음과 같은 물음을 제기하게 된다. 무엇이 한국의 법학교육 및 법률가양성제도를 다른 나라의 그것으로 송두리째 바뀌도록 하는가? 어떠한「정신의 구조」가 그러한 일을 가능하게 하는가? 한국의 법률가에게「외국」이란 도대체 무엇인가?

이하의 글은 필자의 전공인 민법학의 역사의 어느 장면을 돌아보면서 위와 같은 문제를 생각하는 단서를 모색하여 보고자 하는 것이다.

## Ⅱ. 韓國民法學의 初期의 어떤 樣相

### 1. 民法典 制定 前의 韓國民法學

(1) 한국의 민법전이 공포된 것은 1958년 2월 22일이고, 시행은 1960년 1월 1일부터이다. 그 민법전 제정 전의 민법학의 상황이 어떠

하였는가를 웅변으로 보여주는 것은, 1947년의 일본민법 개정 전에 나온 我妻榮의 『民法講義』 시리즈 4권, 그리고 『民法Ⅱ』의 채권각론 부분이 1950년과 1951년에 우리말로 번역되었다는 사실이다.[2] 역자 安二濬은 위 책을 번역하는 동기에 대하여 다음과 같이 말한다.[3]

> "해방 이후 우리 법학계에서도 민법에 관한 저서가 점차로 나오고 있다. 이 땅의 법률문화를 위하여 欣快事가 아닐 수 없다. … 그런데도 이제 감히 本書를 邦譯하는 所以는,
>
> 一. 이제 정평을 가지는 본강의는, 이들 저서들 중에 伍하여서 능히 그 존재의의를 주장할 수 있는 것이다. 우리 법률문화의 수준이 높아져서, 본강의를 능가하는 권위서가 하루 바삐 나타나, 본역서가 필요 없게 되기를 바라는 바이나, 其時까지는 역시 제대로 존재의의를 유지할 것으로 믿는다.
>
> 二. 대체로, 주체의 확립 없이 하는 비판은 所詮은 허무주의이고, 또 비판될 대상에 대한 徹底精確한 인식 없이 하는 비판은 곧 의의 없는 헛노릇인 것과 같이, 주체의 확립에 致意 않은 廣學은 평면적인 박학이고 심지어는 비굴한 배외주의이라면, 동시에 지식을 널리 세계에 구하지 않는 주체의 편집은 자신을 세계의 進運에서 뒤떨어지게 하는 문화쇄국주의 이외의 아무것도 아니다."(점선은 인용자가 생략한 부분을 가리킨다. 이하 같다)

2) 安二濬의 번역으로, 1950년 6월의 한국전쟁 직전의 동년 2월부터 5월까지 사이의 짧은 기간 안에 지금은 잊혀진 출판사 哲也堂에서 『민법총칙』, 『물권법』, 『담보물권법』, 『채권총론』의 4권이 숨가쁘게 출간되었다(그 출간의 순서는 반드시 위와 같지 않다). 그 후 1951년에 『채권각론』이 文星堂에서 나왔다. 뒤의 註 19에서 보는 安二濬 博士 華甲紀念論文集(民事法과 環境法의 諸問題), vii면 이하에는 「松軒 安二濬 博士 主要 著書·譯書·論文」의 목록이 수록되어 있는데, 거기에는 我妻榮의 『民法總則(民法講義 I)』부터 『債權總論(民法講義 Ⅳ)』을 출간한 출판사가 文星堂으로 표시되어 있다(동 vii면). 그러나 필자가 소장하고 있는 위 民法講義 시리즈의 번역서 4권은 문성당(앞서 본 『채권각론』은 여기서 출간되었다. 주소: 大邱市 布政洞 71番地)이 아니라 모두 「서울特別市 鍾路區 內需洞 70番地의 54」에 주소를 둔 哲也堂이 처음 발행한 것으로 되어 있다.

3) 我妻榮, 安二濬 譯, 擔保物權法(1950), 譯序 2면 이하.

결국 하나는 당시의 우리 「법률문화」, 즉 민법학이 당시에는 아직 "昭和 初年 이래 십수년 간 일본민법학계의 지도적 위치에 섰던" 我妻榮의 「수준」에 미치지 못하였다는 것이고, 다른 하나는, 이 책을 통하여 「대상에 대한 철저 · 정확한 인식」을 얻음으로써 「세계의 진운에 뒤떨어지지」[4] 않도록 하자는 것이다. 이와 같이 처음에 한국의 민법학은 문자 그대로 「번역법학」으로부터 출발하였다고 하여도 무리는 아닐 것이다.

이러한 동기에는 당시의 상황에 비추어 볼 때 수긍할 만한 점이 있다고 하여도 좋을 것이다. 당시에는 주로 일본의 법률서적이 번역, 출간되었다.[5] 1945년 8월에 식민지상태로부터 벗어난 한국에서는 공직을 담당할 사람들을 대거 채용할 필요가 있었다. 그리고 이들 공무원들의 임용시험 등에 있어서는 대체로 법률과목이 중시되었다. 따라서 수험을 위한 법학서적에 대한 수요가, 대학의 법학강의에서 사용될 「교과서」에 대한 수요와 맞물려서, 폭발적으로 증가하였다. 그런데 당시에는 물론 헌법과 형사법령 등은 새롭게 마련되어 있었으나, 다른 법분야에서는 아직 일본의 법률이 여전히 효력을 가지고 있었는데[6] 우리 법학자의 손으로 된 저술은 별로 없었고[7] 또 있더라도 지

4) 安二濬(註 3), 譯序 2면은, 我妻榮의 민법학에 대하여 "氏의 비범한 재능과 진지한 연구는 本書로 하여금 … 보편적 가치를 자랑하게 함으로써 독자로 하여금 현대민법의 세계적 수준에 접하게 하고 있다"고 평가하고 있다.

5) 我妻榮 이외에도 兼子一, 牧野英一, 小野淸一郎 등이 한국어로 번역되었다. 이와 같이 각 法分野마다 일본의 어느 **한 명**의 학자(아마도 당시 가장 「우수한」 것으로 정평 있는 학자)의 표준적인 저작을 번역하였다는 것도 흥미롭다.

6) 1945년 8월 15일에 북위 38도 이남에 군정을 실시한 미국 당국은 8 · 15 해방 당시 시행 중이던 법률적 효력을 가지는 규칙, 명령, 고시 기타 문서(documents)는 미 군정청에서 특별한 명령으로 이를 폐지할 때까지(그러한 법령으로 민사에 관하여 중요한 것으로는 예를 들면 창씨개명에 관한 일제의 법령을 폐지한 군정법령 제122호의 朝鮮姓名復舊令이 있다) 완전히 효력을 가진다는 태도를 취하였다(특히 1945년 11월 2일의 미군정법령 제21호가 그 취지를 명확하게 밝히고 있다). 따라서 조선민사령에 의하여 「의용」되고 있는 한에서 일본민법은 대체로 여전히 효력이 있었다. 그리고 1948년 7월의 제헌헌법 제100조는 "현행법령은

나치게 소략한 것이었기 때문에, 당연히 일본인들이 저술한「보다 나은」저서를 볼 필요가 있었던 것이다. 그리고 기타의 현실적 사정도 뒤섞여서 앞서 본 바와 같은 일본법률서적의 번역이 빈번하게 행하여졌던 것이 아닐까 하는 것이다.[8)]

(2) 그 후 金曾漢[9)]은 安二濬과 함께 1954년부터 "[이 我妻榮의 교과서를] 근간으로 해서 우리 법현실에 적합하게" 민법교과서를 만드는 작업을 수행하여, 1956년부터 1958년까지 사이에『物權法』(1956년),『擔保物權法』(1957년),『新民法總則』,『新債權總論』,『新債權各論(상)』(이상 각 1958년)을 두 사람의「共編」또는「編著」로 하여 잇달아 출간하였다. 그 책들은 "대체로 일본의 아처 교수의 민법강의를 토대로 하여, 우리 현행법령과 다른 점을 우리 법령과 맞추고, 조선고등법원판례와 대법원판례를 가하여서 엮은 것"이라고 하고 있

---

이 헌법에 저촉되지 아니한 한 효력을 가진다"라고 정하여, 1948년 8월 이후에도 일본민법은 그대로 적용되고 있었다. 여기서「현행법령」의 절대 다수는 日帝(아직도 한국에서는 1910년 8월부터 1945년 8월까지의 식민지 시기를 통상「日帝時代」또는「日政時代」라고 부른다) 하에서의 법령이었기 때문에, 가령 金曾漢, 法學通論(1951), 56면은 "법학공부를 하려면은 日政時代의 육법전서가 절대로 필요하다"고 말하고 있다.

7) 예를 들면 張厚永, 現行民法總論(1950년 5월); 朱宰璜, 債權各論講義(1950년 2월); 金基善, 物權法(1953년) 등이 있다.

8) 金曾漢·安二濬 共編, 物權法(1956), 1면의「編者의 말」에서 安二濬(편자는 그 외에도 김증한이 있으나, 이 부분은 안이준이 집필한 것이다)은 그 번역서 출간의 보다 현실적인 측면에 대하여 다음과 같이 말하고 있다. "당시의 사정이, 일본서적은 매우 고가인 데다가, 그나마도 求得하기 極難하였고, 국내에서 출간된 民法書는 殆無하였으므로, 학생들로 하여금 廉價로 민법서를 가질 수 있게 하려는 마음으로, 그 일을 하였던 것이다."

9) 김증한은 1920년 출생으로, 1944년 京城帝國大學 법문학부 법학과를 졸업하였다. 1946년에 서울대학교가 설립되면서부터 동 대학교 법과대학에 교수로 재직하였고 1986년 2월에 정년 퇴임하였다. 그의 생애는, 安二濬 編, 韓國法學의 證言. 故 金曾漢 教授 遺稿集(1989), 編者 머리말에 의하면, "한마디로 해방 후 한국의 법질서를 학문적으로 기초놓는 교두보의 역할을 한 일생이었다고 할 수 있다. 다시 말하면 선생의 한평생은 곧 현대 한국법학의 역사 그 자체라고 말할 수도 있다." 그가 한국 민법학의 제1세대를 대표하는 사람임에는 異論의 여지가 없다.

다.[10] 이와 같이 하여 애초의 「飜譯法學」은 이제 말하자면 「飜案法學」으로 전개되어 갔다.

실제로 민법에 관한 한 위의 역서 또는 편저서는 적어도 상업적으로는 굉장한 성공을 거두었다.[11] 그리고 한국 민법전이 시행된 1960년 이전은 물론, 그 이후에도 10년 이상에 걸쳐 한국의 대표적인 교과서의 지위를 유지하였다. 이러한 교과서의 번역 또는 편저의 성공은 그 당시의 상황 하에서는 법학교육의 기초를 제공하였다는 등 일정한 긍정적 기능을 하였다고 하여도, 후의 민법학 또는 "민법담당교수들이 하는 일"에 적지 않은 부정적 영향을 미친 것으로 보인다. 민법교수들이 학문적으로 큰 의미가 있다고 할 수 없는 「교과서」의 저술에 많은 정력 또는 거의 모든 정력을 기울이게 된 연유[12]의 하나는 여기서 찾을 수 있을는지도 모른다.

## 2. 民法典의 制定

(1) 민법안의 기초작업은 주로 1948년 9월에 설치된 법전편찬위원회에서 이루어졌다. 법전편찬위원회의 위원 중에 대학교수의 직을

10) 金曾漢·安二濬 共編, 新民法總則(1958), 머리말.

11) 가령 博英社40年史編輯委員會 編, 博英社 40年(1993), 33면에 의하면, 1953년 당시 재정적으로 매우 어려웠던 동 출판사에서 "안이준 씨가 번역한 일본학자 와가스마(我妻)의 민법, 특히 《물권법》의 지형을 대여하여 출간한 것이 起死回生하는 계기가 되었다"고 한다. 또 安二濬, "내가 아는 인간 安洹玉 회장", 同書, 494면에는, "이 편저들은 민법교과서가 전무하다시피 했던 당시의 상황과 우리의 자주적인 민법전의 제정·공포·시행의 직전·직후라고 하는 시대적 여건에다가 박영사측의 혼신의 노력 경주와 원저서가 명저라는 점 등에 힘입어 조금 과장하면 그야말로 洛陽의 紙價가 오를 만큼 좋은 성과를 올린 것으로 기억합니다"라는 기술이 있다.

12) 필자는 한국민법학의 특징 중의 하나를 구체적인 법문제를 심도있게 攻究한 연구성과는 거의 없는 채로 교과서의 집필에만 매달리는 「교과서법학」으로 표현한 바 있다. 梁彰洙, "韓國 民事法學 50년의 成果와 21세기적 課題", 同, 民法研究, 제 4 권(1997), 31면 이하(원래는 서울대학교 法學 36권 2호(1995), 20면 이하) 참조.

가지고 있는 사람으로서는 俞鎭午와 高秉國뿐이었다.[13] 그 중에서 고병국은[14] 민법 중 총칙편의 기초위원으로 일하였다. 그리하여 그는 "총칙편을 기초"하였다고 한다.[15] 그런데 민법안 중 총칙편은 특히 소위 만주국민법의 영향이 현저하게 보이는 부분이다. 만주국민법의 총칙에는 없는데 민법안에 규정되어 있는 것은 폭리행위의 무효를 정하는 동안 제99조(현행민법 제104조), 불법조건과 기성조건에 관한 제144조(현행민법 제151조)의 둘뿐이다. 그 외에 규정내용은 거의 전적으로 동일하며, 단지 표현이나 어법 등의 점에서 부분적으로 약간씩 수정하였을 뿐이다.

(2) 민법제정과정에서의 학자들의 관여는 주로 『民法案意見書』라는 의견서를 통하여 이루어졌다. 김증한은 이를 마련하는 데 직접 관여하고 주도하였다. 그는 민법의 제정과정을 서술하는 자리에서 이에 대하여 다음과 같이 평가하고 있다.[16)]

> "한 가지 특기할 것은 민법안심의소위원회의 심의 도중에, 주로 서울특별시내에 소재하는 각 대학의 민사법담당교수들이 우리 나라 입법사상 처음이라고 할 수 있는 그들의 공동노작에 의한 입법의견서를 제출하였다는 사실이다. 즉 그들은 민사법연구회를 조직하여,

---

13) 官報, 1948년 9월 15일 자 1면의 법전편찬위원회 위원 명단 참조.

14) 그는 법전편찬위원회의 前身에 해당하는 法典起草委員會의 위원이기도 하였다. 법전기초위원회에서 그는 「민법 2(身分法)」의 分科에 속하여 그 중 상속편의 "기초위원, 연락위원 겸 조직위원"의 직을 맡았었다. 그는 1934년에 東京帝大를 졸업하고, 동년 그 대학 대학원에 입학하여 穗積重遠 교수의 지도 아래 민법을 공부하였다고 한다. 그는 1938년부터 한국의 延禧專門學校에서 교수로 재임하였다. 1945년 8월 당시로 볼 때 법학을 연구·교수하는 몇 안 되는 한국인 중의 한 사람이어서, 1946년 8월 서울대학교가 설립되자 초대 법과대학장을 지냈으며, 1954년에는 학술회 회원으로 피선되었다. 法學의 諸問題: 蕙南 高秉國博士 還曆 紀念 論文集(1959), 663면 이하의 「혜남 고병국 박사 연보」 참조.

15) 前註에서 본 「혜남 고병국 박사 연보」에 의하면, 그는 또한 "1948년 대한민국 정부 수립에 즈음해서는 헌법제정전문위원으로서 헌법의 기틀을 확립하는 데 기여하였"다고 한다.

16) 金曾漢·安二濬 編著, 新民法總則, 修訂版(1962), 29면 이하.

재산법의 분야에 국한된 것이기는 하지만, 168개 항목에 달하는 의견을 「민법안의견서」란 책자로 정리하여 국회에 제출한 바 있었던 것이다. 여기에서 제시한 입법의견은 비록 법제사법위원회의 심의에는 충분히 고려될 여유가 없었지만, 학계가 국회에서의 법제정의 과정에 있어서 지대한 공동관심을 표명한 효시로서 하나의 획기적인 사실이었다고 지적하지 않을 수 없다."

물론 "학계가 국회에서의 법제정의 과정에 있어서 지대한 공동관심을 표명한 효시"라는 것의 역사적인 의의는 충분히 평가되어야 할 것이다. 그런데 우리의 관심은 자연 이 『민법안의견서』의 내용이 어떠한 것이며, 어떻게 평가될 수 있는가, 나아가 그것이 한국민법의 모습에 실제로 어떠한 영향을 주었는가 하는 점에도 쏠리게 된다. 이 점에 대하여 필자는 다음과 같이 생각한다.[17]

『민법안의견서』는, 다른 선진국, 특히 독일의 법제도나 법이론으로의 근접에의 지향과 우리 사회의 현실에 대한 고려가 불안한 균형을 잡고 있는 것이라고 할 수 있다. 『민법안의견서』는 당시의 우리 사회에서 실제로 중요한 기능을 수행하고 있던 기존의 제도에 대하여는 대부분 의용민법(즉 일본민법)의 태도를 유지할 것을 주장하고 있고, 이 점에서는 오히려 保守的이라고 불릴 수 있다. 그 대표적인 예로서는 법률행위에 의한 물권변동에 관하여 이른바 의사주의의 존속을 주장하고 민법안의 태도에 반대한 것, 물권으로서의 전세권제도의 신설에 반대한 것을 들 수 있을 것이다. 그러나 어떠한 제도가 우리나라의 현실에서 수행하는 실제적 기능의 점에서 별로 중요하지 않다고 생각되는 사항에 대하여는 외국제도, 특히 독일민법상의 제도나 독일민법학이론에의 경사가 두드러진다. 이 점은 특히 공동소유에 관한 규정이나 계약체결상의 과실책임 등에서 현저하거니와, 그 외에도

---

17) 상세에 대하여는 梁彰洙, "民法案에 대한 國會의 審議(Ⅱ) —— 國會本會議의 審議", 同, 民法硏究 제 3 권(1995), 82면 이하.

수령의무 등 일일이 예를 들 필요가 없을 만큼 독일의 규정과 경우에 따라서는 그 이론이 도처에서 원용되고 있다. 여기서는 그것이 현행의 제도 또는 ──그 스스로도 반대하지 않는── 민법안의 태도와 정합적인가, 또 그것이 어떠한 현실문제에 적용될 가능성이 있으며 그 적용의 결과는 과연 실제적으로 합당한가 하는 점에 대하여는 별로 착안하지 않는다. 어떠한 점에서는 「갑자기 맹목적이 된다」고까지 표현할 수 있을 정도이다. 이렇게 보면 한국민법전을 국회에서 심의하는 과정에서 결정적인 역할을 하였던 張暻根의 말대로 "민법안의견서에 나온 의견을 별로 새로운, 종전에 있던 학설과 [다른] 새로운 것은 없었"다고[18] 할 수 있을지도 모른다. 특히 만에 하나 거기에 나타난 외국제도에의 지향이 이미 「종전에 있던 학설」, 즉 日本民法學에 의하여 그 방향이 정하여진 것이고, 나아가 그 외국제도의 내용 자체도 이미 일본민법학에 의하여 탐구되었거나 적어도 시사된 바 있는 것이라고 한다면, 더욱 그러할 것이다.

어쨌거나 민법제정과정에서 학자들이 그 내용에 대하여 큰 영향력을 가지지 못하였다는 점은 부인할 수 없을 것이다. 그것은 다음과 같이 설명될 수도 있다. 민법전편찬요강안이 작성되기 시작한 후 민법안이 국회에서 심의를 마친 1947년부터 1957년까지의 10년 사이에 민법제정과정을 주도한 것은 앞서 본 대로 일제 아래서 법조인자격을 취득하고 활동한 실무가들이었다. 말하자면 이들 법전편찬위원회 위원들은 1945년 8월 광복 당시에는 기성법률가층을 형성하고 있었다. 그리고 당시에는 아직 대학이 정비되지 아니하였고 또 법학계라고 하여도 "도저히 독립한 단위를 가진 학계라고는 볼 수 없는 형편"이었기 때문에,[19] 아마도 이는 부득이 그렇게밖에 될 수 없었던 것이다.

18) 第三代國會 第二六回 國會定期會議 速記錄, 44號, 4면 中段의 張暻根 발언.

19) 兪鎭午, "韓國法學界의 回顧와 展望", 高大新聞 60호(1954년 11월 24일 자), 3면. 한편 일제시대의 우리 법학에 대하여는 우선 崔鍾庫, "日帝時代의 韓國法

## Ⅲ. 民法典의 解釋論的 處理 ── 「無因的 物權行爲」의 理論

### 1. 獨自的 民法體系에의 다짐

1958년 2월에 민법전이 공포되었다. 이제 이를 해석론적으로 처리하는 일은 민법학자들의 몫이 되었다. 학자들의 노력은 무엇보다도 한국민법이 의용민법, 즉 일본민법과 다른 내용으로 정하고 있는 제도, 다시 말하면 일본민법학의 이론으로는 쉽사리 설명될 수 없는 민법규정의 해석론에 집중되었다.

김증한과 안이준은 1960년 1월 1일부터 민법이 시행되면서 "이제는 [종전과 같이] 新舊民法을 역점의 차이 없이 병렬적으로 다룰 것이 아니라, 어디까지나 (신)민법을 위주로 하고, 그 해석론을 전개하여야 한다"는 생각에서 그 「개정판」을 펴냈다. 그리고 그 서술의 기본태도에 대하여 다음과 같이 말하고 있다.[20]

> "이 개정판의 說述態度도, 기본적인 점에 있어서는 舊版과 그 궤를 같이하고 있다. 즉, 아직도 일본의 아처 교수의 틀을 벗어나지 못하고 있으며, 그의 민법강의를 토대로 하고 있다. 우리가 자주적으로 제정한 민법의 해석론의 전개를 지향하여 엮은 이 책이, 전면적으로 외국학자의 이론에 의거하고 있음은, 慙慨하지 않을 수 없는 바이다. 하루 속히 외국학자 ── 특히 일본학자 ── 의 결정적인 영향력에서 벗어나서, 우리 자신의 독자적인 민법체계를 완성하여야만 한다는 것은, 言外의 사실이며, 우리 자신이 이 점의 자각에 있어서, 人後에 뒤떠러지지 않는다는 것도 또한 진실이다. 이러한 우리의 자각

學", 民事法과 環境法의 諸問題: 松軒 安二濬 博士 華甲 紀念 論文集(1986), 937면 이하 참조.

20) 金曾漢·安二濬 編著, 新民法總則, 改訂版(1960), 머리말("改訂版을 내면서").

은,「신물권법(상)」의 공간이라는 유형적 모습으로서, 물권법의 일부에 한한 것이기는 하지만, 이미 그 일단이 현실화된 바 있다. 그러나, 이 책이 다루고 있는 총칙의 부분을 포함한 爾餘의 부분에 관해서는, 이 자각의 현실화는 우리 양인에게 무거운 짐이 된 채, 미래의 과제로서 남겨져 있다. 우리는 이 과제를 가장 가까운 장래에 있어서 수행할 것을 약속하면서, 독자 제현께서는 우리가 이 책의 개정판을 이러한 모습으로 세상에 내어놓은 것을 諒納하여 주심을 冀願하는 바이다."

이와 같이 하여 일찍부터「독자적 민법체계의 완성」이라는 과제가 설정되었다. 그리고 아마도 그 과제설정 자체의 타당성은 —「독자적」이라는 말의 의미에도 달려 있는 문제이기도 하겠으나— 크게 나무랄 바 없다고 생각된다. 이와 같이 한국민법학의 제1세대를 대표하는 학자의 말에서「우리 자신의 독자적인 민법체계를 완성하여야 한다」는 것이 가장 무거운 지표로 설정되어 있음을 알 수 있다. 이것은 현재에도 크게 달라지지 않은 것으로 생각된다. 요컨대 민법학에 있어서의 실질적인「독립」이 문제인 것이다.

## 2.「學問的 獨立」의 素材로서의 物權變動理論

여기서「우리 자신의 독자적인 민법체계를 완성하여야 한다는 자각」의 유형적 실현물로서『신물권법(상)』(1960년)이 언급되어 있음을 주의할 필요가 있다. 김증한이 왜 하필 물권법에서 자신의「학문적 독립」의 구체적 작업에 착수하였는지를 우리는『신물권법(상)』의「머리말」에서의 다음과 같은 언명을 읽을 수 있다.

"금년 1월 1일부터 시행된 민법전을 구민법과 비교하건대, 가장 크게 달라진 부분이 물권편이다. 그 주요한 차이점을 들어 보더라도, 물권변동에 관하여 형식주의를 취하였고, 점유의 개념에 관하여 객

> 관주의를 취하였고, 상린관계에 관한 규정이 많이 늘었고, 地上權이 매우 강화되었고, 영소작권과 부동산질권을 폐지하는 대신에 전세권을 물권으로 등장시켰고, 또 저당권에 관하여도 달라진 점이 많다. 그 중에서도 **특히 물권변동에 관한 형식주의의 채택은 재산법체계의 전부에 걸치는 기본원칙의 전환인 만큼, 그 실제적 영향도 크거니와, 이론상으로도 그 해석론을 세움에 있어서 무궁무진하게 새로운 의문에 봉착하게 한다.**
>
> 물권편의 규정이 이만큼 크게 달라졌다는 사실은, 필연적으로 일본서적에의 의존을 불가능하게 만드는 동시에, **독일의 법이론을 참고해야 할 필요성을 훨씬 더 높이게 되었다.** 이러한 사정은 또, 안 교수[안이준을 말한다]와 본인의 공동으로 된 민법강의가 아처 교수의 민법강의의 틀을 벗어나지 않을 수 없는 계기를 만들어 주었다.
>
> 이 책을 지음에 있어서, 특히 신법에서 달라진 점에 주력하여, 독일의 이론을 참고로 하면서, 우리 사회생활의 현실에 적합하고, 현대의 법률사상을 반영한 해석론을 수립하려고 힘썼다."(고딕체에 의한 강조는 인용자가 가한 것이다)

그런데 물권편의 규정이 의용민법과 많이 달라졌다고 해도, 그것이 어떠한 이유로 "독일의 법이론을 참고해야 할 필요성을 훨씬 더 높이게 되었"는지는 반드시 명확하지 아니하다.[21] 요컨대 김증한은 「일본민법학의 결정적인 영향력」에서 벗어나기 위하여 「독일민법학」으로 말을 갈아탄 것이 아닐까 하는 생각을 하지 않을 수 없다.

### 3. 物權行爲 無因論의 主張

김증한은 한국민법에서 이른바 의사주의로부터 형식주의로의 입

21) 한국민법에서 법률행위로 인한 물권변동에 관한 규정은 제186조, 제188조 및 제330조이다. 이들은 그 용어 및 체계에 있어서 독일민법의 규정보다는 스위스 민법에 더욱 類緣性이 있다고 해야 할 것이다.

법상 전환을 행한 법률행위로 인한 물권변동[22]의 문제에 관하여 앞서 말한 대로 "독일의 이론을 참고로 하면서" 주장한 것은 지극히 특수 독일적인 이론, 즉 無因的 物權行爲의 이론[23]을 도입하는 것이었다.[24] 그는, 첫째, 물권행위가 채권행위와 별개의 행위라고 하면, 그 유효성 여부도 채권행위의 그것과는 별개로 정하여져야 한다는 것, 둘째, 물권적 법률관계는 모든 사람에 대하여 명료함을 이상으로 하므로, 당사자 간에서만 문제되는 원인행위의 유효성 여부 때문에 영향을 받게

---

22) 이하 단지 「물권변동」이라고 하면, 특별히 다른 지시가 없는 한 「법률행위로 인한」 물권변동만을 가리키고, 이른바 법률의 규정에 의한 물권변동은 여기서 제외된다.

23) 독일의 비교법학자 츠바이게르트와 쾨츠는 그들의 『비교법입문』, 제 1 권의 제 1 판에서 「독일法圈」의 전형적 표지로서 「무인적 물권계약(abstrakter dinglicher Vertrag)을 들고, 그 내용 및 찬반의견을 검토하고 난 다음 아래와 같이 평가하고 있다. "「무인적 물권계약」의 이론과 이를 둘러싸고 행하여진 논난은, 독일법권의 법교의학이 경험적으로 다양한 모습으로 존재하는 법적으로 유의미한 여러 생활사실로부터 관계 당사자들의 실제적인 표상이나 관념과는 아예 無緣하고 극도의 추상성을 갖춘 법형상이나 법개념을 추출하려는 경향을 어느 정도로 가지는지를 명확하게 보여 준다. … 이러한 이론적 장치들이 관련 당사자들의 실제의 관념을 기초로 하는 것이 아니고, 그러한 의미에서 「현실과 동떨어진(lebensfremd)」 것이라고 해도, 이들 장치가 어디까지나 실무적으로 타당한 결과를 가져온다는 것이 확인된다면, 아직 이를 체념할 수는 없을 것이다. 그러나 사실은 그렇지가 않다. 독일법에서 실무상 무인성원칙은 준수되고 있다고 하기보다는 오히려 깨뜨려지고 있는 것이다." Zweigert & Kötz, *Einführung in die Rechtsvergleichung auf dem Gebiet des Privatrechts*, Bd. 1, 1. Aufl.(1971), S. 225 f. 그 후 1984년에 나온 이 책의 제 2 판에서는 이와 같이 여러 法圈의 「전형적인 법형상」(그 외에 예를 들어 프랑스법권에서는 비적출자의 법적 지위가, 영미법권에서는 신탁이 그에 해당한다)에 관한 각 章은 삭제되었다. 그러나 이는 책이 지나치게 커지지 않게 하려는 배려에 의한 것이고 서술 등에 문제가 있어서가 아니다. 그리하여 "그에 관심이 있으면 제 1 판의 그 부분을 참조하라"고 여전히 지시되고 있다(同書, Vorwort zur 2. Aufl., S. Ⅵ 참조).

24) 金曾漢은 그 외에도 "독일의 이론을 참고로 하면서" 도입을 주장한 것으로는 「물권적 기대권」의 이론이 있다. 그는 스스로 "[자신이] 독일에서 Ludwig Raiser가 독일법학자대회에서 보고한 것을 정리해서 *Dingliche Anwartschaften* 이라는 책자로 낸 것을 도입하여 「물권적 기대권론」으로 주장한 것은 아직도 많은 공격을 받고 있는 문제이다"(이탤릭체는 원문대로)라고 서술하고 있다. 金曾漢, "韓國民法學의 進路", 安二濬 編(註 9), 145면(원래는 서울대학교 法學 26권 2·3호(1985) 所載)).

하는 것은 적당치 않다는 것, 셋째, 이를 인정함으로써 등기에 공신력을 인정하지 않는 한국민법의 결함을 보정할 수 있다는 것을 이유로 들고, 물권행위의 무인성을 긍정하여야 한다고 주장하였던 것이다.[25)]

이 주장은 1960년대 한국민법학계의 최대의 논난거리였다. 민법전의 공포 후 10여년이 지난 1969년에 이르러서, "채권계약과 물권계약의 개념, 채권계약에 대한 물권계약의 독자성·무인성의 제문제를 둘러싸고 우리 나라의 민법학의 역사상 가장 찬란하고 높은 이론적 수준의 논쟁이 전개되었었으며, 아직도 계속 중"이라는 언명이 행하여진 바 있다.[26)]

## 4. 影響과 評價

물권변동을 설명하는 이론틀에 관련하여 주장된 바의 이러한「과격한」전환, 그리고 이를 둘러싼「논쟁」은 그러나 한국민법학의 장래에 반드시 유익한 결과를 가져온 것은 아니었다고 생각된다.

이 논쟁은 결코 생산적이라고 할 수 없었다. 이는「물권행위」란 무엇을 말하는가, 그 개념요소는 무엇인가(예를 들어 등기나 인도는 물권행위의 요소인가?), 매매와 같은 원인행위와는 어떻게 구별되는가 등과 같은 순전히 이론적인 차원에서만 논의되고, 한국에서 발생하는 어떠한 실질문제가 어떻게 해결되어야 할 것인가 하는 관점은 유감스

---

25) 金曾漢, 新物權法(上)(1960), 251면 이하.

26) 李好珽, "프란츠·바이얼레의 物權契約論(上)", 法曹 18권 1호(1969), 41면. 同所, 52면 주 1에서 말하는 대로, 이는 주로 "金曾漢 교수(『신물권법(상)』)와 郭潤直 교수(『물권법』, 『부동산물권변동의 연구』(서울대학교 학위청구논문))" 사이에서 행하여졌다. 郭潤直은 1925년생으로 서울대학교 법과대학을 졸업하였으며, 1958년부터 동 대학에서 민법 담당 교수로 재직하다가, 1991년 2월에 정년으로 퇴직하였다. 그가 저술한 4권의 민법 교과서(1963년부터 1971년까지 초판 간행)는 1970년대 이후 김증한·안이준 편저의 민법 교과서에 갈음하는 지위를 점차로 얻게 되었다.

렵게도 별로 주목되지 아니하였다.[27] 이와 같이 「이론적 유희」라고 해도 좋을지 모를 논의가 대표적인 제1세대의 민법학자들 사이에서 장기간에 걸쳐 행하여졌다는 사실은 그 후의 한국민법학의 「과도한 추상적 경향」과도 무관하지 않을 것이다.

또한 「무인적 물권행위」의 이론은 실무에 별다른 영향을 미치지 못하였다. 예를 들어 1990년에 발간된 물권법 교과서는 "우리 판례는 현행 민법이 시행된 직후부터 계속하여 무인성을 부정하는 판결을 함으로써 이제 물권행위의 무인성을 부정하는 것은 확고한 판례법으로 되었다"고까지 말하고 있다.[28]

## Ⅳ. 結論에 갈음하여

김증한은 약 40년에 걸친 민법교수생활을 마감하면서, 「한국민법학의 진로」라는 제목의 고별강연을 한 바 있다.[29] 거기서 그는 한국민법학은 "먼저 일본법학의 망령으로부터 해방되어야 한다. 좀더 독자적으로, 그리고 적어도 물권변동이라면 오히려 독일식으로 재고하는 것이 좋지 않을지?"라고 하였다. 또 그는 보다 일반적으로 "일본법학의 굴레에서 벗어나서 우리 자신의 독자적 이론을 개척해 나가야 한다"고 하고, "그것을 하는 데 있어서는 역시 독일법학이 가장 손쉬운 의거처가 되지 않을 수 없다"고 하였다.[30]

27) 이 점에 대하여는 梁彰洙(註 12), 14면 이하에서 상술한 바 있다.

28) 李英俊, 物權法(1990), 77면.

29) 이 강연은 "우선 한국에 민법학이 있는가가 의문이다. 그렇지만 민법담당교수들이 하는 일을 일단 민법학이라고 부르기로 한다."라는 충격적인 말로 시작하고 있다. 金曾漢(註 24), 133면. 평생을 민법학 연구에 바친 사람으로 하여금 과연 자신의 나라에 그 학문의 존재 자체를 의심하는 발언을 하게 한 것은 과연 무엇이었을까?

30) 金曾漢(註 24), 150면, 153면.

그런데 "일본 것이라고 하면 金科玉條로 생각하는 경향"[31]이 좋지 않은 것이라면, 독일 것이라고 하면 금과옥조로 생각하는 경향은 없는지도 반성하여 보아야 할 것이다. 또 "일본 것이니까 따라야 한다는, 말하자면 문화적 식민지사상을 속히 버려야 한다"[32]고 한다면, 이는 "독일 것이니까 따라야 한다는 생각"에 대하여도 마찬가지라고 해야 하지 않을까?[33] 그것이 「하루라도 빨리 학문적으로 독립하고 싶다」라는 숙원에서 나온 것이라면, 더더욱 어떤 한 나라의 법학을 반성 없이 교조화하는 것을 경계하였어야 하지 않을까? 또한 김증한이 「일본민법학의 망령」으로부터의 탈출의 「의거처」를 독일민법학에 구하고 있는 이유는 혹 일본민법학을 「지배」하는 것이 독일민법학이니 우리는 이를 일본을 통하지 않고 독일로부터 직접 배워 오면 된다는 생각에서 온 것인지도 모른다.[34] 그런데 일본의 학문이 독일에 「지배」되고 있다고 하더라도, 일본의 식민지지배로부터 벗어난 한국이 하필 그 할아버지 종주국인 독일만을 「가장 손쉬운 의거처」라고 하여야 할 이유는 무엇일까?

金曾漢도 스스로 이러한 의문을 예기하고 있다. 그는 "왜 하필이면 독일이냐고 반대할 사람이 있을지 모른다. 그러나 … 전세계적으로 보더라도 19세기의 독일법학이 세계에서 가장 훌륭하게 발달한 것이라고 하는 것을 부인할 수 없다"고 한다.[35] 그러나 설사 19세기의

31) 金曾漢(註 24), 150면.

32) 金曾漢(註 24), 151면.

33) 굳이 덧붙일 필요도 없는 것이거니와, 필자는 여기서 이른바 「문화적 식민지사상」을 배척하고 있지, 일본민법학에 대한 어떠한 평가를 내리고 있는 것은 아니다.

34) 金曾漢(註 24), 154면의 서술 참조. 그런데 과연 일본민법학은 독일민법학에 「지배」되고 있는가? 20세기 초의 일정한 시기에는 그러하였다는 것이 일본의 통설인 듯하다. 일본민법학사를 「개관」하는 문헌은 쉽사리 찾을 수 없는데, 우선 星野英一, "日本民法學史(1)-(4)", 法學教室 1981년 5월호부터 8월호; 水本浩 · 平井一雄 編, 日本民法學史 · 通史(1997) 참조. 그러나 예를 들어 我妻榮이 독일민법학에 「지배」되고 있었는지는 더욱 검토를 요하는 바일 것이다.

독일법학이 당시 "세계에게 가장 훌륭하게 발달한 것"이었다고 하더라도, 오늘날도 여전히 그러한지에 대하여는 의문이 제기될 여지도 없지 않을 것인데, 이 문제는 여기서는 제쳐 두기로 하자.[36] 오히려 문제삼아야 할 것은, 과연 「세계에서 가장 훌륭하게 발달한 법 또는 법학」이 어느 것인지 설사 알 수 있다고 하더라도, 그것이 하나의 물건처럼 어느 곳에서 다른 어느 곳으로 그대로 수입될 수 있는 것인가, 또는 그 법 또는 법학을 가장 훌륭하게 발달한 것으로 평가되도록 한 그 성질을 그 다른 어느 곳에서도 잘 살릴 수 있는 조건은 무엇인가 하는 점일 것이다. 福澤諭吉的으로 말하자면 「문명개화를 통한 독립」은 과연 어떻게 달성될 것인가? 그 후 한국민법학은 이를 달성하였는가?

(民法學의 現代的 樣相: 羅岩 徐 敏 교수 停年 紀念 論文集 (2006.6), 67면 이하 所載)

---

35) 金曾漢(註 24), 154면.

36) 이 「낯간지러운」 문제에 대하여는 Ugo Mattei, Why the wind changed: Intellectual leadership in western law, in: *American Journal of Comparative Law,* Vol. 42(1994), pp. 195-218가 흥미로운 분석을 하고 있다. 그에 의하면, 한때 독일의 법학은 세계를 풍미하였으나, 20세기에 들어와서 "독일의 하락은 그 상승보다 훨씬 급격하였"으며, 이제 미국이 그 자리를 차지하고 있다고 한다. 그는 "독일법학이 외국에서 매력적이고 존경되었던 이유는 그것이 실정의(따라서 정치적인) 법에 기초를 두지 않았다는 사실에 있었다. 미리 정의된 개념으로부터 법규칙을 연역하는 데 기초를 둔 추론의 방법은 성문법률의 규정과는 독립적으로 행하여졌었다. 판덱텐법학이 융성할 때 독일에는 실정법체계가 존재하지 않았다. … 그런데 독일민법전이 시행된 순간부터 독일의 법문화는 실증주의적으로 되었다. 그 작업성과는 실정의 법규정에 지나치게 관련되게 되었는데, 그 실정의 법규정은 다른 나라에서는 효력이 없는 것이었다. 그러한 작업성과가 다른 법규정을 가지고 씨름하는 학자들에게 흥미롭지 않게 된다는 것은 자연스러운 일이다"라고 한다(p. 215).

## [後 記]

**1.** 이 글은 2006년 1월 7일 일본의 동경대학에서 행하여진「보더레스화 시대에 있어서의 법시스템의 재구축」이라는 주제의 국제심포지엄에서「글로벌화하는 세계에서의 私法」이라는 소주제의 部會에 속하여 발표된 원고에 수정·가필한 것이다. 내용을 훨씬 넘는 이 글의「큰」제목은 위 심포지엄의 주제에 억지로 보조를 맞추려고 한 것에 연유한다. 한편 이 글의 日本語譯은 일본에서 ジュリスト 1310號(2006. 4. 15), 138면 이하에 "韓國法における「外國」の問題 ── 韓國民法學史の一齣を契機として"라는 제목으로 게재되었다.

**2.** 이 글의 앞머리(I. 1.)에서 필자는 우리나라에서의 법학전문대학원제도 도입 논의를 간략하게 소개하고 註 1에서 "이 법안에 대하여는 현재 격한 찬반의 논의가 행하여지고 있다. 그것이 국회를 통과할 것인지 여부는 아직 쉽사리 장담할 수 없다"고 말한 바 있다. 그런데 위 법안은 2007년 7월 3일에 국회를 통과하여 동월 27일의 법률 제8544호로 공포되었음은 주지하는 대로이다.

# 2. 法學 名著: 金曾漢,『新物權法(上)(下)』*
## ──「獨自的 民法體系」의 試圖

### Ⅰ.

1년간의 「교양과정」을 마치고 1971년 3월에 동숭동의 법대로 통학하면서, 전공과목의 강의가 시작되었다. 민법은 김증한, 곽윤직, 황적인의 세 분이 강의하였다. 당시의 학생 정원은 법학과가 100명, 행정학과가 60명이었다. 행정학과 강의는 황 교수가 담당하고, 법학과를 학번순으로 50명씩 나누어 앞의 70000부터 70050까지를 김 교수가, 뒤의 70100까지를 곽 교수가 강의하는 것으로 미리 정해져 있었다. 이는 졸업 때까지 바뀌지 않았다. 그러므로 나는 김 교수의 강의를 듣게 되었다. 당연히 나는 김증한·안이준의 교과서를 구입하였다. 1971년 초무렵에 김증한·안이준의 교과서는 『新債權各論』까지 다 나와 있었지만, 곽 교수의 교과서는 『債權各論(下)』가 아직 출간되지 않고 있었다. 강의에 들어가 보면, 김증한 교수는 교과서를 천천히 읽었고, 별다른 설명을 덧붙이는 일은 많지 않았다.

학기가 시작되어도 강의는 늦게 시작해서 돌연 끝나는 것이 예사였다. 선거에서의 부정을 고발하고, 교련을 반대하고, 언론의 자유를 요구하고, 경제의 대외 종속을 규탄하고, 구속된 동료 학생들의 석방을 외치는 데모로 학교는 그리 쉽게도 일찍일찍 문을 닫았다. 나는 2학년

---

* 法文社, 1960년 및 1961년.

에 올라오면서 사학과로 전과하려던 희망과 시도가 "미성년자의 의사표시는 법정대리인의 동의가 없었으면 취소될 수 있다", 그리고 "취소한 법률행위는 처음부터 무효인 것으로 본다"는 법리(아아, 민법 제5조 제1항 본문, 제2항, 제141조 본문!!)를 동원한 압력 등으로 인하여 물거품이 된 참이어서, 법 책은 손에 쥐기도 싫었다. 또 고등학교 3학년 때인 1969년의 9월에 3선개헌을 반대하는 데모를 주동하다가 무기정학을 당한 데다가, 대학교 2학년 때는 정부를 비난하는 私製 油印物을 아침 일찍 아무도 없는 강의실의 책상 위에 뿌렸다가 미리 발견되어 사그리 회수된 일이 있다. 미리 회수되어 별다른「해」도 없으니 법대에 수석입학한 학생을「처분」하는 데까지는 이르지 않는 것으로「결정」되었지만(이것이 學生課의 무슨 선생님이 한참 후 졸업 무렵 나에게 한 말이었다), 각종의 이른바 담당자들로부터 감당하기 어려운 협박을 당했다. 그리고 언젠가 우리 학교 학생인 재일동포 친구와 술을 마시고 통금을 피하여 그의 하숙집에 갔을 때 밤을 새워 긴 이야기를 나누었는데, 그 후 얼마 안 있다가 방학을 일본에서 지내고 돌아온 그가 어떤 희한한 문서를 보여 주었다. 심장이 멎는 듯 무서웠다. 당시 나의 영웅은 金芝河였다. 그는 1970년 5월에『思想界』에「五賊」을 발표하여 바로 구속되었지만, 나는 그것을 읽고 표현이 행동이 되고 행동이 표현이 되는 기막힌 변증법에 완전히 매혹되었었다. 문리대로 간 교양과정부의 연극반 친구들은 늘상 그에 대해 말하곤 했다. 그러나 나는 김지하를 뒤좇을 재목이 못 되었다. 나는 갈팡질팡하는 가운데 끝내는 그것을 인정해야 했다. 결국 나는 프랑스 문학으로, 외국어 공부로, 그리고 카뮤의『시지프스神話』의 영향으로 한참 열을 냈던 연극으로 도피하였다.「담당자」들도 자신들이 거둔 이 조그마한「성과」에 만족하는 듯이 보였다. 1972년 봄에 긴 겨울방학을 끝내고 학교로 돌아온 나는 법공부에 매달렸다. 열심히 공부했다. 김증한·안이준의 교과서를 애써

익혔다. 1972년 10월에 이른바 10월유신이 있었다. 김철수 교수의『憲法學概論』은 유신헌법의 성격을 新大統領制 헌법, 즉 후진국형 독재헌법으로 설명하였다고 해서 만신창이가 되어 겨우 발간될 수 있었다.

나는 1973년 겨울에 행하여진 대학원 입학시험에 합격하였다. 대학원에 들어가서 무엇을 전공할 것인지 생각해야 했다.「과학」을 신봉하는 李宗基는 형법학의 체계성에 매료되어 대학원에서 형법을 같이 공부하자고 나를 구슬렸다. 그럴까도 생각해 보았지만, 비상조치의 서슬이 퍼런 때에 형법을 공부하는 것이 영 께름칙했다. 그렇다면 민법밖에 없었다. 학부에서 강의를 들었고 그리고 내 고등학교 선배로서 법대 1년 위에 있던 김학동 형의 아버님이며 평창동의 자택으로 방문하여 말씀을 들은 적이 있는 김증한 교수를 지도교수로 모시는 것은 당연한 일이었다. 그리고 1974년 2월에 제16회 사법시험에 합격하였다.

## Ⅱ.

곽윤직 교수의 민법강의 시리즈가 그 후 완결되었지만, 나는 계속 김증한·안이준 민법강의 시리즈로 공부했다. 그러나 물권법 교과서만은 두 분의 編著가 아닌 김증한 著의『新物權法(上)』과『新物權法(下)』이었다.[1] 1981년에 나온 김증한 교수를 위한 화갑기념논문집에 실린「晴軒 金曾漢 博士 著書·論文目錄」에는 이유를 알 수 없으나 이 책들이 실려 있지 않다. 그러나 刊記에「檀紀 4293년 4월 5일 초판 발행」으로 되어 있는『新物權法(上)』과「西紀 1961년 4월 5일 초판 발행/西紀 1962년 4월 5일 修正初版 발행」으로 되어 있는『新物

1) 1970년에 眞一社(이는 김증한 교수의 저서만을 위하여 만들어진 말하자면 개인출판사이다)에서 이들을 개정한『物權法(上)』과『物權法(下)』가 출간되었다.

權法(下)』를 내 손에 들고 있으니, 그 목록은 그 점에서 불완전한 것이다.

## Ⅲ.[2)]

**1.** 해방 후 민법전 제정 전의 민법학의 상황이 어떠하였는가를 웅변으로 보여주는 것은, 1947년의 일본민법 개정 전에 나온 我妻榮의 『民法講義』 시리즈 4권, 그리고 『民法 Ⅱ』의 채권각론부분이 1950년과 1951년에 우리말로 번역되었다는 사실이다. 역자 安二濬이 위 책을 번역하는 동기에 대하여 쓴 바를 보면,[3)] 결국 하나는 당시의 우리 「법률문화」, 즉 민법학이 당시에는 아직 "昭和 初年 이래 십수년간 일본민법학계의 지도적 위치에 섰던"[4)] 我妻榮의 「수준」에 미치지 못하였다는 것이고, 다른 하나는, 이 책을 통하여 「대상에 대한 대한 철저 · 정확한 인식」을 얻음으로써 「세계의 진운에 뒤떨어지지」[5)] 않도록 하자는 것이다. 이와 같이 처음에 한국의 민법학은 문자 그대로 「번역법학」으로부터 출발하였다고 하여도 무리는 아닐 것이다.

**2.** 그 후 金曾漢[6)]은 安二濬과 함께 1954년부터 "[이 我妻榮의

2) 이하 Ⅲ. 및 Ⅳ. 항목은 많은 부분에서 梁彰洙, "한국법에서의 「외국」의 문제 — 한국 민법학 초기의 어떤 모습을 계기로 하여", 民法學의 現代的 樣相: 羅岩 徐敏 교수 停年 紀念 論文集(2006), 67면 이하(本書, 1면 이하 所載)를 축약한 것이다.

3) 我妻榮, 安二濬 譯, 擔保物權法(1950), 譯序 2면 이하.

4) 이 글에서의 인용은 가능한 한 한자를 배제하고 한글로 바꾸었고, 띄어쓰기나 맞춤법을 오늘날의 그것에 맞추었다.

5) 安二濬(註 3), 譯序 2면은, 我妻榮의 민법학에 대하여 "氏의 비범한 재능과 진지한 연구는 本書로 하여금 … 보편적 가치를 자랑하게 함으로써 독자로 하여금 현대민법의 세계적 수준에 접하게 하고 있다"고 평가하고 있다.

6) 김증한은 1920년 출생으로, 1944년 京城帝國大學 법문학부 법학과를 졸업하였

교과서를] 근간으로 해서 우리 법현실에 적합하게" 민법교과서를 만드는 작업을 수행하여, 1956년부터 1958년까지 사이에 『物權法』(1956년), 『擔保物權法』(1957년), 『新民法總則』, 『新債權總論』, 『新債權各論(上)』(이상 각 1958년)을 두 사람의 「共編」 또는 「編著」로 하여 잇달아 출간하였다. 그 책들은 "대체로 일본의 아처 교수의 민법강의를 토대로 하여, 우리 현행법령과 다른 점을 우리 법령과 맞추고, 조선고등법원판례와 대법원판례를 가하여서 엮은 것"이라고 하고 있다.[7] 이와 같이 하여 애초의 「飜譯法學」은 이제 말하자면 「飜案法學」으로 전개되어 갔다.

실제로 민법에 관한 한 위의 역서 또는 편저서는 적어도 상업적으로는 굉장한 성공을 거두었다.[8] 그리고 한국 민법전이 시행된 1960년 이전은 물론, 그 이후에도 10년 이상에 걸쳐 한국의 대표적인 교과서의 지위를 유지하였다.

**3.** 민법제정과정에서의 학자들의 관여는 주로 민법 전공 학자들

다. 1946년에 서울대학교가 설립되면서부터 동 대학교 법과대학에 교수로 재직하였고 1986년 2월에 정년 퇴임하였다. 그의 생애는, 安二濬 編, 韓國法學의 證言. 故 金曾漢 教授 遺稿集(1989), 編者 머리말에 의하면, "한마디로 해방 후 한국의 법질서를 학문적으로 기초놓는 교두보의 역할을 한 일생이었다고 할 수 있다. 다시 말하면 선생의 한평생은 곧 현대 한국법학의 역사 그 자체라고 말할 수도 있다." 그가 한국 민법학의 제1세대를 대표하는 사람임에는 異論의 여지가 없다.

7) 金曾漢 · 安二濬 共編, 新民法總則(1958), 머리말.

8) 가령 安二濬, "내가 아는 인간 安洹玉 회장", 博英社40年史編輯委員會 編, 博英社 40年(1993), 494면에는, "이 편저들은 민법교과서가 전무하다시피 했던 당시의 상황과 우리의 자주적인 민법전의 제정 · 공포 · 시행의 직전 · 직후라고 하는 시대적 여건에다가 박영사측의 혼신의 노력 경주와 원저서가 명저라는 점 등에 힘입어 조금 과장하면 그야말로 洛陽의 紙價가 오를 만큼 좋은 성과를 올린 것으로 기억합니다"라는 기술이 있다. 博英社가 우리나라의 대표적인 법학 관련 출판사임은 주지하는 대로이다. 또한 同書, 33면에 의하면, 1953년 당시 재정적으로 매우 어려웠던 동 출판사에서 "안이준 씨가 번역한 일본학자 와가스마(我妻)의 민법, 특히 《물권법》의 지형을 대여하여 출간한 것이 起死回生하는 계기가 되었다"고 한다.

의 민법안 및 그에 대한 법제사법위원회의 수정안에 대한 입법의견을 모은 『民法案意見書』를 통하여 이루어졌다. 김증한은 이를 마련하는 데 직접 관여하고 주도하였다. 그러나 결론적으로 민법제정과정에서 학자들이 그 내용에 대하여 주도적인 영향력을 가지지 못하였다는 점은 부인할 수 없을 것이다.[9] 그것은 다음과 같이 설명될 수도 있다. 민법전편찬요강안이 작성되기 시작한 후 민법안이 국회에서 심의를 마친 1947년부터 1957년까지의 10년 사이에 민법제정과정을 주도한 것은 일제 아래서 법조인자격을 취득하고 활동한 실무가들이었다. 말하자면 이들 법전편찬위원회 위원들은 1945년 8월 광복 당시에는 기성법률가층을 형성하고 있었다. 그리고 당시에는 아직 대학이 정비되지 아니하였고 또 법학계라고 하여도 "도저히 독립한 단위를 가진 학계라고는 볼 수 없는 형편"이었기 때문에,[10] 아마도 이는 부득이 그렇게밖에 될 수 없었던 것이다.

**4.** 1958년 2월에 민법전이 공포되었다. 이제 이를 해석론적으로 처리하는 일은 민법학자들의 몫이 되었다. 학자들의 노력은 무엇보다도 한국민법이 의용민법, 즉 일본민법과 다른 내용으로 정하고 있는 제도, 다시 말하면 일본민법학의 이론으로는 쉽사리 설명될 수 없는 민법규정의 해석론에 집중되었다.

김증한과 안이준은 1960년 1월 1일부터 민법이 시행되면서 "이

9) 그러나 여기서 共同所有에 관한 규정(민법 제262조 내지 제278조) 및 원시적 불능계약에서의 계약체결의 과실책임에 관한 규정(민법 제535조)은 『민법안의견서』의 내용을 받아들인 것으로서, 特記하지 않을 수 없다. 前者에 대하여는 우선 梁彰洙, "共同所有 ── 민법 제정과정에서의 論議와 그 후의 評價를 중심으로", 同, 民法硏究, 제 6 권(2001), 107면 이하(원래는 韓國民法理論의 發展: 李英俊 박사 화갑 기념 논문집(1999), 361면 이하); 후자에 대하여는 梁彰洙, "民法案에 대한 國會의 審議(Ⅱ) ── 國會本會議의 審議", 同, 民法硏究, 제 3 권(1995), 71면 이하 각 참조.

10) 兪鎭午, "韓國法學界의 回顧와 展望", 高大新聞 60호(1954년 11월 24일 자), 3면.

제는 [종전과 같이] 新舊民法을 역점의 차이 없이 병렬적으로 다룰 것이 아니라, 어디까지나 (신)민법을 위주로 하고, 그 해석론을 전개하여야 한다"는 생각에서 그 「개정판」을 펴냈다. 그리고 그 서술의 기본태도에 대하여 다음과 같이 말하고 있다.[11]

> "이 개정판의 說述態度도, 기본적인 점에 있어서는 舊版과 그 궤를 같이하고 있다. 즉, 아직도 일본의 아처 교수의 틀을 벗어나지 못하고 있으며, 그의 민법강의를 토대로 하고 있다. 우리가 자주적으로 제정한 민법의 해석론의 전개를 지향하여 엮은 이 책이, 전면적으로 외국학자의 이론에 의거하고 있음은, 慙慨하지 않을 수 없는 바이다. 하루 속히 외국학자——특히 일본학자——의 결정적인 영향력에서 벗어나서, 우리 자신의 독자적인 민법체계를 완성하여야만 한다는 것은, 言外의 사실이며, 우리 자신이 이 점의 자각에 있어서, 人後에 뒤떠러지지[원문대로] 않는다는 것도 또한 진실이다. 이러한 우리의 자각은, 「新物權法(上)」의 공간이라는 유형적 모습으로서, 물권법의 일부에 한한 것이기는 하지만, 이미 그 일단이 현실화된 바 있다. 그러나, 이 책이 다루고 있는 총칙의 부분을 포함한 爾餘의 부분에 관해서는, 이 자각의 현실화는 우리 양인에게 무거운 짐이 된 채, 미래의 과제로서 남겨져 있다. 우리는 이 과제를 가장 가까운 장래에 있어서 수행할 것을 약속하면서, 독자 제현께서는 우리가 이 책의 개정판을 이러한 모습으로 세상에 내어놓은 것을 諒納하여 주심을 冀願하는 바이다."

이와 같이 하여 일찍부터 「독자적 민법체계의 완성」이라는 과제가 설정되었다. 그리고 아마도 그 과제설정 자체의 타당성은 ——「독자적」이라는 말의 의미에도 달려 있는 문제이기도 하겠으나—— 크게 나무랄 바 없다고 생각된다. 이와 같이 한국민법학의 제1세대를 대표하는 학자의 말에서 「우리 자신의 독자적인 민법체계를 완성하여야

11) 金曾漢·安二濬 編著, 新民法總則, 改訂版(1960), 머리말("改訂版을 내면서").

한다」는 것이 가장 무거운 지표로 설정되어 있음을 알 수 있다.

## Ⅳ.

**1.** 여기서 「우리 자신의 독자적인 민법체계를 완성하여야 한다는 자각」의 유형적 실현물로서 『新物權法(上)』(1960년)이 언급되어 있음을 주의할 필요가 있다.[12] 이와 같이 우리 민법학의 제 1 세대의 기수인 김증한이 자신에게 부과한 기본적인 학문적 과제의 실현물로서 스스로 이를 들고 있다는 것만으로도 이 책은 우리 민법학의 역사에서 특기할 만하다. 일본에서는 1970년대에 들어와서도 "오늘날 우리 민법학자의 일은 아처 박사의 이론 · 체계를 목표로 이것을 비판하고 부수어서, 새로운 것을 세우는 데 있다"는 발언이 행하여지고 있었던 것이다.[13]

**2.** 김증한이 왜 **하필 물권법**에서 자신의 「학문적 독립」의 구체적 작업에 착수하였는지를 우리는 『新物權法(上)』의 「머리말」에서의 다음과 같은 언명을 읽을 수 있다.

12) 『新物權法(上)』은 서론, 그리고 점유권과 소유권에 각 한 章씩을 배치한 다음에 비로소 마지막의 제 4 장에서 「물권의 변동」에 대하여 논하고 있다. 이러한 장 배치는 매우 흥미로운 것이다. 그 후에 나온 『物權法(上)』(앞의 註 1 참조)에서도 마찬가지이다. 그러나 1980년에 나온 『物權法』, 改稿版에서 비로소 이러한 배치는 버려지고, 「물권의 변동」은 서론 다음의 제 2 장에서 다루어지고 있다.

13) 星野英一, 民法槪論 I(1971), はしがき, 11면. 그는 그 몇 년 후 我妻의 사망을 계기로 그를 추도하여 쓴 글에서 "本稿를 쓰려고 해서 다시 한 번 [我妻의 교과서 시리즈인] 「講義」를 훑어 본 후에는 역시 이만큼의 質과 量을 갖춘 「강의」를 따라잡고 넘어서는 것은 도저히 무리일 것이라는 체념에 가까운 기분을 다시금 느끼고 있다"고 고백하고 있다. 星野英一, "我妻法學の足跡 ── 「民法講義」など", 同, 民法論集, 제 4 권(1978), 61면(원래는 ジュリスト 563號(1974년 6월 21일 자. 我妻榮 先生 追悼 臨時 增刊號), 40면).

"금년 1월 1일부터 시행된 민법전을 구민법과 비교하건대, 가장 크게 달라진 부분이 물권편이다. 그 주요한 차이점을 들어 보더라도, 물권변동에 관하여 형식주의를 취하였고, 점유의 개념에 관하여 객관주의를 취하였고, 상린관계에 관한 규정이 많이 늘었고, 地上權이 매우 강화되었고, 영소작권과 부동산질권을 폐지하는 대신에 전세권을 물권으로 등장시켰고, 또 저당권에 관하여도 달라진 점이 많다. 그 중에서도 **특히 물권변동에 관한 형식주의의 채택은 재산법체계의 전부에 걸치는 기본원칙의 전환인 만큼, 그 실제적 영향도 크거니와, 이론상으로도 그 해석론을 세움에 있어서 무궁무진하게 새로운 의문에 봉착하게 한다.**

물권편의 규정이 이만큼 크게 달라졌다는 사실은, 필연적으로 일본서적에의 의존을 불가능하게 만드는 동시에, **독일의 법이론을 참고해야 할 필요성을 훨씬 더 높이게 되었다.** 이러한 사정은 또, 안 교수[안이준을 말한다]와 본인의 공동으로 된 민법강의가 아처 교수의 민법강의의 틀을 벗어나지 않을 수 없는 계기를 만들어 주었다.

이 책을 지음에 있어서, 특히 신법에서 달라진 점에 주력하여, 독일의 이론을 참고로 하면서, 우리 사회생활의 현실에 적합하고, 현대의 법률사상을 반영한 해석론을 수립하려고 힘썼다."[14] (고딕체에 의한 강조는 인용자가 가한 것이다.)

그런데 물권편의 규정이 의용민법과 많이 달라졌다고 해도, 어떠한 이유로 그것이 "독일의 법이론을 참고해야 할 필요성을 훨씬 더 높이게 되었"는지는 반드시 명확하지 아니하다.[15]

---

14) 金曾漢, 新物權法(上), 4면. 그리고 "이번에 물권법에서 시작하여 다른 부분도 점차로 아처 교수의 틀을 벗어나서 독자적인 저서로 길러 나가려고 생각하고 있다"고 말한다(同所, 5면).

15) 한국민법에서 법률행위로 인한 물권변동에 관한 규정은 제186조, 제188조 및 제330조이다. 이들은 그 용어 및 체계에 있어서 독일민법의 규정보다는 스위스 민법에 더욱 類緣性이 있다고 해야 할 것이다.

**3.** 그리하여 김증한은 민법의 기축적 지위에 있는 물권변동에 대하여 입법상의 태도 전환을 계기로 독일의 물권행위론, 특히 물권행위의 이른바 독자성과 무인성의 이론을 받아들여 우리 민법의 해석론으로 주장하였다.[16] 그런데 無因的 物權行爲의 이론은 지극히 독일에 특유한 것이었다.[17] 그는, 첫째, 물권행위가 채권행위와 별개의 행위라고 하면, 그 유효성 여부도 채권행위의 그것과는 별개로 정하여져야 한다는 것, 둘째, 물권적 법률관계는 모든 사람에 대하여 명료함을 이상으로 하므로, 당사자 간에서만 문제되는 원인행위의 유효성 여부 때문에 영향을 받게 하는 것은 적당치 않다는 것, 셋째, 이를 인정함으로써 등기에 공신력을 인정하지 않는 한국민법의 결함을 보정할 수 있다는 것을 이유로 들고, 물권행위의 무인성을 긍정하여야 한다고 주장하였다.[18]

---

16) 金曾漢, 新物權法(上)(1960), 229면 내지 257면. 그 전에 이미 이 문제와 관련하여 同, "物權變動에 있어서의 意思主義와 形式主義. 民法草案의 檢討", 法曹協會雜誌 5권 8·9호(1956.12), 41면 이하; "物權行爲의 獨自性과 無因性", 法曹 7권 1호(1958.1), 11면 이하; "形式主義의 採擇에 따르는 諸問題. 新民法에 대한 解說과 批判", 法政 14권 12호(1959.12), 25면 이하 등을 발표한 바 있다.

17) 독일의 비교법학자 츠바이게르트와 쾨츠는 그들의『비교법입문』, 제1권의 제1판에서「독일法圈」의 전형적 표지로서「무인적 물권계약(abstrakter dinglicher Vertrag)」을 들고, 그 내용 및 찬반의견을 검토하고 난 다음 아무래도 긍정적이라고 할 수 없는 입법론적인 평가를 하고 있다. Zweigert & Kötz, *Einführung in die Rechtsvergleichung auf dem Gebiet des Privatrechts*, Bd. 1, 1. Aufl.(1971), S. 225f.를 보라. 그 후 1984년에 나온 이 책의 제2판에서는 이와 같이 여러 法圈의「전형적인 법형상」(그 외에 예를 들어 프랑스법권에서는 非摘出子의 법적 지위가, 영미법권에서는 신탁이 그에 해당한다)에 관한 각 章은 삭제되었다. 그러나 이는 책이 지나치게 커지지 않게 하려는 배려에 의한 것이고 서술 등에 문제가 있어서가 아니다. 그리하여 "그에 관심이 있으면 제1판의 그 부분을 참조하라"고 여전히 지시되고 있다(同書, Vorwort zur 2. Aufl., S. Ⅵ 참조).

18) 金曾漢은 그 외에도 "독일의 이론을 참고로 하면서" 도입을 주장한 것으로는「물권적 기대권」의 이론이 있다. 그는 스스로 "[자신이] 독일에서 Ludwig Raiser가 독일법학자대회에서 보고한 것을 정리해서 *Dingliche Anwartschaften* 이라는 책자로 낸 것을 도입하여「물권적 기대권론」으로 주장한 것은 아직도 많은 공격을 받고 있는 문제이다"(이탤릭체는 원문대로)라고 서술하고 있다. 金曾漢, "韓國民法學의 進路", 安二濬 編(註 5), 145면(원래는 서울대학교 法學 26권

이 주장은 1960년대 한국민법학계의 최대의 논난거리였다. 민법전의 공포 후 10여년이 지난 1969년에 이르러서, “채권계약과 물권계약의 개념, 채권계약에 대한 물권계약의 독자성·무인성의 제문제를 둘러싸고 우리 나라의 민법학의 역사상 가장 찬란하고 높은 이론적 수준의 논쟁이 전개되었었으며, 아직도 계속 중”이라는 언명이 행하여진 바 있다.[19]

**4.** 실제로 김증한의 독창적 사고력을 보여주는 것은, 독일적 이론을 그대로 도입하려는 물권변동론에서라기보다,[20] 새로 도입된 제한물권으로서의 傳貰權에 대하여 ── 아마 아무런 「참고문헌」 없이 ── 전개한 상세한 해석론[21]이라고 생각된다. 그 후 우리 민법학이 전세권에 대하여 행한 설명은 예외없이 기본적으로 김증한의 서술에 좇은 것이다.

하나의 예를 들면, “전세권은 용익물권이냐, 담보물권이냐” 하는 그 법적 성질에 대한 周知의 논의가 그러하다. 이와 같이 논의되어야 할 중요문제를 발견하고 제시하는 것이야말로 ── 그에 대하여 제안

2·3호(1985) 所載)).

19) 李好珽, “프란츠·바이얼레의 物權契約論(上)”, 法曹 18권 1호(1969), 41면. 同所, 52면 주 1에서 말하는 대로, 이는 주로 “金曾漢 교수(『新物權法(上)』)와 郭潤直 교수(『물권법』, 『부동산물권변동의 연구』(서울대학교 학위청구논문))” 사이에서 행하여졌다.

20) 나는 김증한의 法思考의 어떠한 특징을 보여주는 것으로서, 독일이론에의 경사와 함께, ── 처의 행위능력 제한을 정하는 의용민법 및 의용민사소송법의 규정에 관하여 그 「적용」을 거부한 1947년 9월 2일의 大法院判決에 대하여 반대주장을 편 論說에서도 보이는 ── 일정한 현실주의 또는 점진주의 같은 것을 들 수 있다고 생각한다. 이에 대하여는 梁彰洙, “우리 나라 最初의 憲法裁判論議 ── 妻의 行爲能力 制限에 관한 1947년 大法院判決에 대하여”, 同, 民法研究, 제6권(2001), 37면 이하, 특히 47면 이하 참조. 이와 같이 외국이론에 대한 「과격」한 도입의 주장과 현실문제에 대한 「점진주의적」 접근이 共存하는 경향에 대하여는 우선 梁彰洙(註 9. 민법안심의), 83면 이하 참조.

21) 金曾漢, 新物權法(下), 444면 내지 484면. 그 전에 이미 同, “新民法上의 傳貰權”, 法曹 7권 4·5호(1958), 7면 이하가 있다.

된 해결책이 설득력 있는 것인가와는 별도로――「명저」로서의 이름에 값하는 것이다. 김증한은 이 문제에 대하여 당시의 통설에 반하여 결론적으로 전세권은 용익물권인 동시에 담보물권의 성질도 겸유한다고 한다. 용익물권과 담보물권의 기본적인 차이는 객체에 대한 지배가 목표로 하는 바가 사용가치인가, 교환가치인가에 있고, 이러한 교환가치 지배성이란 優先辨濟權의 유무로 판단되는데, "전세권자에게 경매권을 인정한 민법의 취지를 살리려면, 전세권자에게 우선변제권을 인정하지 않으면 안 된다고 믿는다"는 것이다.[22]

**5.** 김증한은 『新物權法(上)(下)』를 통하여 앞의 Ⅳ.4.에서 본 「독자적 민법체계의 완성」이라는 자신에게 부과한 과제를 어느 만큼

22) 金曾漢, 新物權法(下), 451면. 그리고 그는 경매법 제34조 제3항이 "… 배당에 관하여는 저당권자와 전세권자와의 순위는 등기의 선후에 의한다"고 규정한 것을 그러한 우선변제권의 실정법적 근거의 하나로 삼는다(同所, 452면). 그런데 이 규정은 依用競賣法(조선민사령 제1조 제22호 참조)에는 없던 것인데(의용경매법 제33조 참조), 경매법은 그때까지도 효력을 가지고 있던 日帝法令(제헌헌법 제100조 참조)을 척결하는 것을 주요한 일의 하나로 내걸었던 「국가재건최고회의」에서 1962년 1월 15일의 법률 제968호로 공포·시행한 것이다. 그런데 김증한은 1961년 5월부터 1962년 2월까지 위 국가재건최고회의 법제사법위원회의 「자문위원」으로 일한 바 있다. 앞의 본문 Ⅱ.에서 본 화갑기념논문집에 실린 「청헌 김증한 박사 연보」(867면) 참조. 여기서 첨언하거니와, 나는 김증한으로부터 그가 위의 제34조 제3항을 직접 기초·삽입하였다는 말을 들은 일이 있다. 일정한 시기까지의 우리 법학의 역사에서 입법에의 관여와 해석작업의 조응관계를 탐색해 보는 것도 시도해 볼 만한 일이다. 그러한 관점에서 보면, 질권에 기한 물권적 청구권에 대한 김증한의 태도는 흥미롭다. 그는 질권에 기한 물권적 청구권을 인정하지 아니하였던 민법안의 태도를 비판하였고(民事法硏究會, 民法案意見書(1957), 120면 참조), 이를 받아 이른바 玄錫虎修正案의 제21항이 소유자의 물권적 청구권에 관한 민법안 제201조, 제202조를 질권에 준용할 것을 제안하였었다. 그러나 국회 본회의는 이 제안을 일정한 이유에 기하여 의식적으로 채택하지 않았다. 그런데도 金曾漢, 新物權法(下), 555면은 민법이 질권에 관하여 민법 제213조, 제214조를 준용하는 규정을 두지 않는 것은 「立法上의 不注意」라고 하면서 해석상 질권에 기한 물권적 청구권은 인정되어야 한다고 주장한다. 이 문제에 대하여는 梁彰洙, "動產質權에 관한 약간의 問題", 同, 民法硏究, 제1권(1991), 255면 이하, 특히 263면 이하 참조.

달성하였는가?

여기서는 그 내용을 이러한 관점에서 일일이 검토할 여유가 없다. 다만 김증한에 의하면, 교과서를 신학기에 맞추어 발간한다는 현실적인 필요 때문에 아쉽게도 이를 충분히 달성할 수 없었다. 그의 설명을 들어보자.

> “[1961년] 1월 하순에 특별재판소[23]에 나가게 됨으로써 원고 진행에 결정적인 지장을 초래하게 되었다. 원고는 겨우 용익물권의 부분을 마친 때이었다. 아직 담보물권이 남아 있는데, 이 부분을 상권이나 용익물권에 있어서처럼 아처 교수의 틀을 벗어나서 독자적인 체계를 세워서 서술하려면 도저히 4월 신학기에 댈 수 없다는 것이 명백하게 되었다. 여기서 어떻게 할까를 망설이다가, 결국 담보물권의 부분에서는 일반이론에 관해서는 다분히 아처 교수의 설명을 그대로 빌리면서 담보물권에 관한 우리 민법의 해석론을 전개함으로써[24] 신학기에 대어서 물권법의 상·하권을 일단 완결짓기로 하였다. 그 결과 상권 및 하권의 제 7 장[전세권]까지와 제 8 장[담보물권총설] 이하와는 아처 교수의 저서에 의존한 정도에 크게 차이가 생기게 되었다.”[25]

---

23) 여기서 「특별재판소」란 제 2 공화국 헌법 아래서 3·15부정선거에 관련된 자를 형사처벌하기 위하여 이른바 革命立法의 일환으로 제정된 「특별재판소 및 특별검찰부 조직법」(1960년 12월 30일의 법률 제567호)에 기하여 구성된 것이다. 김증한은 그 「審判官」(동법 제 3 조 제 2 항에 의하면, 하나의 심판부는 5인의 심판관으로 구성되는데 그 중 1인은 대학교수로 임명한다)으로 임명되어, 1961년 5월까지 일하였다. 前註에서 본 「청헌 김증한 교수 연보」(867면) 참조.

24) 그런데 我妻의 「담보물권의 일반이론」은 그의 민법학 중 가장 精彩 있는 부분으로서(星野英一(註 12. 民法論集), 50면 참조: “『擔保物權法』 등은 이를 능가하는 것이 상당히 곤란하다고 말해도 좋을 정도의 完成度를 보이고 있다”), 여전히 우리 민법 교과서의 서술을 지배하고 있다(이 점에 대하여는 梁彰洙, “담보에 관한 새로운 일반이론의 방향 — 하나의 문제제기로서”, 同, 민법산책(2006), 99면 이하 참조). 이를 「벗어난」 김증한의 생각을 알 수 없는 것은 지극히 유감이다.

25) 金曾漢, 新物權法(下), 3면.

## V.

이와 같이 김증한의『新物權法(上)(下)』는 그 자체로 하나의 미완성품이다. 이미 나는 편집자가 예정한 매수를 훨씬 넘고 있으므로, 이 책의 발간 후에 이룩된 김증한의 민법학에 대하여는 여기서 논의할 처지가 못 된다. 그러나 단 한 가지는 분명히 말할 수 있다. 개별 연구의 축적 없이 교과서의 저술을 통하여「독자적 민법체계」를 구축하려고 했던 김증한의 그 意氣가 壯大하였음을.

**1.** 종전의 체계를 뒤엎고「독자적」체계를 구축하려면 우선 종전의 체계가 어떠한 원리적 관점에서 구성되어 있는지를 밝혀내고 그 구성요소들의 핵심적 내용을 확인하여 이를 근본적으로 비판하여야 할 것이다. 김증한이 스스로 극복의 대상으로 삼은 我妻는 "올바른 해석을 위하여 하여야 할 것"으로서, ① "여러 외국의 유사한 제도를 살피고 또 연혁에 소급하여 현행 제도의 특질을 이해하는 것", ② "판례를 명확하게 하여 條規의 문자가 실제로 가지는 의미를 아는 것", ③ "사회생활의 실제에 즉하여 법규의 작용을 검토하고, 인류문화의 발달에 대하여 현행법이 가지는 촉진적 또는 저지적 작용을 이해하고, 나아가 그 비판에 노력하는 것", ④ "사회생활의 변천에 순응하되 현행법의 체계로서 모순이 없는 통일적 해석이론을 구성하는 것", ⑤ "그 어떤 경우이든 선진의 학설로부터 배우는 것"을 내걸고 있다.[26) 그러한 목표들이 충분히 실현되었는지는 검토의 여지가 있을 것이지만, 적어도 我妻의 체계가 이러한 학문적 지향에 의하여 뒷받침되고 있음은 분명하고, 그 체계는 위와 같은 지향들을 실현하려는 구체적

---

**26)** 我妻榮, 物權法(1932), 序, 1면 이하.

인 노력과 그 성과로써 수립되었다고 할 것이다.

그렇다면 우리는 여기서 김증한의 학문적 지향은 무엇이었는지, 어떠한 실질적 작업관점을 가졌는지, 그것은 종전의 체계를 헐어 버릴 수 있을 만큼 기본적이고 또한 새로운 것이었는지를 묻지 않을 수 없다. 그와 같이 새로운 기본적 지향점의 제시 없이, 또 그 지향을 실현하고자 하는 주도면밀한 구체적인 작업 없이, ―비록 그 규정이 "재산법체계의 전부에 걸치는" 중요한 의미가 있는 것이라고 해도― 단지 민법의 규정이 달라져서 그에 관한 이론을 세울 필요가 생겼다는 외부적 사실 하나만으로, 새로운 체계, 독자적 체계가 세워질 수 있을까?[27] 아니면 김증한이 말하는 「독자적 체계」란 내가 그에 부여하고 있는 의미와는 다른 그 무엇을 뜻하는 것인가?

**2.** 나는 우리 민법학에서 가장 모자란 것, 따라서 가장 그리운 것이 학문의 「전통」이라고 생각한다. 민사판례연구회의 금년도 여름 심포지엄에 참석하였다가 차를 몰고 상경하는 길에 김형석 교수가 동승하였는데, 김 교수가 『科學』 기타 미야자키 이치사다(宮崎市定)의 책을 화제로 삼았다. 서울로 돌아온 다음 미야자키의 『구품관인법의 연구』를 주문하였다. 그 서문 중에 다음과 같은 구절이 마음에 꼭 들었다.

> "무릇 어떤 학문의 성과가 바른가 그른가를 어떤 특정 범위 안에서 다수결로 결정하는 데에는 반대한다. 민주적인 방식이 아니라 하더라도[해도] 이것만은 찬성할 수 없다. 또한 어떤 공식에 맞는가 그렇지 않은가로 평가되는 것도 거절한다. 예를 들어 책 옆에 가이거 계수기를 누르더라도 연구는 소리를 내지 않는다. 세상에 받아들여

27) 여기서 김증한이, 그 새로운 규정의 해석이 "독일의 법이론을 참고해야 할 필요성을 훨씬 더 높이게 되었다"는 것을 강조하는 것은 무엇을 含意하는지 생각해 보게 된다.

질까 그렇지 않을까에 이르러서는 완전히 다른 문제이다. 역사학은 쓰디쓴 술이 아니다. 달짝지근한 과일즙도 아니며, 자극제나 흥분제는 더더욱 아니다. 요컨대 역사학의 연구 성과와 가치를 역사학 이외의 어떤 것으로 평가해서는 안 된다. 연구의 진가를 결정하는 사람은 뒤를 잇는 연구자일 뿐이다. 바른 연구는 오직 하나의 방향만을 가지고 있다. 뒤따르는 연구자가 그 방향으로 나아가면 무한한 발전이 가능하고, 한없이 역사의 진실에 접근해 갈 수 있다. 이 점에서 연구자는 자신이 연구의 실천자일 뿐 아니라 연구의 장래에 대한 예언자이기도 하다. 나는 이러한 관점에서 가까이에 존경할 만한 많은 선배가 있다는 사실에 깊이 감사한다. 그리고 이 전통을 얼마만이라도 발전시켜 후세에 전하고 싶다."[28]

(서울대학교 法學 48권 3호(2007.9), 206면 이하 所載)

## [後 記]

필자는 2007년 7월 하순에 『서울대학교 法學』의 편집 · 발간을 맡고 있는 서울대학교 법학연구소의 책임자로부터 다음과 같은 이메일을 받았다.

"다음 호에는 아래와 같은 특집을 구상하고 있습니다. 광복 후 우리말로 발간된 법학 명저를 10권 내외 추려 이에 대한 서평 특집을 실으려 합니다. 대상은 광복 후부터 30년 전인 1977년 말까지 초판이 발간된 법학서로 출간 당시의 의의나 이후의 지속적 피인용, 학계에 대한 영향 등을 감안하여 각 교수님들이 생각하는 한국의 법학 명저(교과서도 포함됨)를 전공 분야든 아니든 상관없이 이 편지의

28) 미야자키 이치사다, 임대희 · 신성곤 · 전영섭 역, 구품관인법의 연구(2002), 8면 이하.

답신 형식으로 몇 권이든 추천하여 주시면 편집위에서 10권 내외를 선정, 그에 대한 서평을 의뢰할 생각입니다.”

그에 응하여 필자는 金曾漢, 新物權法(上)(下)를 「추천」하였다. 그 후 위 책임자는 필자에게 위 책에 대한 「서평」을 의뢰하였는데, 그 의뢰에 좇아 작성된 것이 이 글이다.

# 3. 民法改正作業의 經過와 債權編의 改正檢討事項 Ⅰ(債權總則)

## Ⅰ. 序

이 학술대회는 민법개정작업의 중차대함에 비추어 우리 학회의 회원 여러분들께 지금까지 진행된 작업의 내용을 널리 알리고 그 결과에 대하여 회원 여러분들의 의견을 겸허하게 듣는 것을 주안으로 하는 것으로 안다. 그리하여 그 귀중한 의견을 개정작업에 잘 반영하여 보다 나은 민법전을 성취하려는 취지라고 추측한다.

이하에서는 우선 위와 같은 이 학술대회의 취지에 비추어 그 간의 민법개정작업의 외적인 경과를 간단하게 서술하고자 한다(Ⅱ). 본인이 뒤에서 보는 민법개정위원회에서 「총괄간사」의 직도 아울러 맡고 있어서 이 단계까지의 작업의 추이를 정확하게 정리하여 두고자 하는 바램도 없지 않지만, 무엇보다도 앞으로 행하여질 보고와 논의의 바탕으로 혹 필요할지도 모르겠다는 생각에서 앞세우기로 하였다.

다음으로 전체회의에서 논의된 항목을 전하여 드리고자 한다(Ⅲ). 이는 회원 여러분께 민법개정위원회에서 검토된 사항을 보다 구체적으로 알려드리기 위한 예시로서의 의미를 가지는 것이기에, 그 항목을 열거하고 그 결론만을 적시하는 것을 양해하여 주기 바란다.

마지막으로 본인이 그 일원으로 참여하고 있는 민법개정위원회 제2소위원회는 채권편을 담당하고 있는데, 그 소위원회에서 논의된 사항 중에서, 뒤의 Ⅱ.5.에서 보는 작업방식에 의거하여 본인이 보고

하였던 사항인 채무불이행 및 손해배상(제390조 내지 제399조)과 보증(제428조 내지 제448조)에 대하여 개정검토작업의 중요내용을 설명드리고자 한다(Ⅳ 내지 Ⅵ).

## Ⅱ. 民法改正作業의 經過

**1.** 1999년 2월 1일자로 법무부의「법무자문위원회 민법(재산법) 개정특별분과위원회」(이것이 공식명칭이다. 이하 「민법개정위원회」또는 「위원회」)가 구성되어, 그 위원장으로 이시윤, 위원으로 이영준, 서민, 김용담, 김상용, 이은영, 하경효, 양창수, 백태승, 소재선, 윤진수의 10인이 위촉되었다. 이들은 동월 5일 법무부장관으로부터 위촉장을 수여받았다. 그 자리에서 법무부장관은 2000년 말까지 개정안을 마련하여 2001년 중에 국회에 제출하였으면 한다는 일정계획을 제시하였다.

그 날 오후 제1차 전체회의가 있었는데, 앞으로의 작업방식 등에 대하여 대체적인 의견교환이 있었다. 위원장은 특히, 졸속의 비난을 듣지 않도록 여유를 가지고 일을 추진하도록 하겠다, 전문가·관련 단체는 물론 나아가 국민의 의견을 광범위하게 수렴한 바탕 위에서 작업하여야겠다, 외국의 입법례와 논의를 광범위하게 수집하여 세계의 동향에 주목하겠다, 국민들이 이해하기 쉬운 법전을 만들어야겠다는 희망을 피력하였다.

**2.** 동년 2월 27일 제 2 차 전체회의에서 다음과 같이 개정작업의 기본방침이 정하여졌다.

우선 개정작업의 범위에 대하여는, 민법전의 기본체제나 편서는 현재대로 유지하되 구체적 검토사항을 미리 못박지 아니하고 규정 전반을 비판적으로 음미하여 개정사항을 점차 정하여 가기로 하였다.

나아가 작업방식에 대하여는 ① 총칙·물권 두편을 담당하는 제1소위원회(이하「제1소위」), 채권편을 담당하는 제2소위원회(이하「제2소위」)를 두고, 각 위원이 그 중 하나에 배속되어 작업을 진행한다, ② 일단 개정을 적극적으로 검토할 대상(이는 위원회 내에서「개정검토사항」이라고 통칭되었다)을 정한 다음 차후에 그 개정구상을 구체적으로 조문화하는 순서로 작업한다, ③ 먼저 각 小委別로 각 위원 및 각계에서 제시된 개정 의견(이는「개정착안점」이라고 통칭되었다)을 검토하여 개정검토사항을 정하되, 극히 중요하거나 小委의 분장범위를 넘는 사항에 대하여는 전체 회의에서 논의하기로 한다, ④ 광범위한 의견수렴을 위하여 각계에 개정의견을 조회하기로 하고 또한 지금까지 교과서·논문 등에서 제시된 개정의견을 수합·정리한다는 방침을 세웠다.

이어서 동년 3월 13일의 제3차 전체회의에서 ⑤ 민사특별법을 민법전에 편입하는 것의 가부 및 그 범위 등도 아울러 검토하는 것으로 정하여졌다. 그리고 거기서 ⑥ 이번 개정작업의 기본지향을 임시적으로나마 정리하여 둘 필요가 있다는 데 의견이 일치하여, 본인에게 일응 그 초안을 작성하도록 위임되었다.

**3.** 이후 각 위원은 대체로 동년 5월까지 각자가 생각하는 개정논의의 대상이 될 만한 사항을 지금까지 정리하여 위원회에 제시하였다.

그리고 앞의 ④의 방침에 좇아 법무부는 동년 3월 19일「민법(재산법) 개정에 관한 의견요청」이라는 제목의 공문을, 대법원·검찰·각급 행정부처 등 국가기관, 한국민사법학회·한국법학교수회·한국가족법학회·한국상사법학회 등 학술단체, 대한변호사협회·대한법무사협회 · 한국가정법률상담소 등 법률 관련 단체, 국민연금관리공단 · 법률구조공단 · 자산관리공사(구 성업공사) · 한국소비자보호원 등 공적기관 또는 공기업체, 한국법제연구원 · 한국개발연구원 · 한국노동연구원 등 정부관련 연구기관, 전국경제인연합회 · 대한상공회의소 · 중소기업협동조합중앙회 · 전국은행연합회 · 대한손해보험협회 등 관련 이익단체에 보내어, "기본법인 민법의 중요성에 비추어" 개정의견을 법무부로 보내 줄 것을 요청하였다. 이와는 별도로 우리 학회의 회원들께는 별도의 서면으로 개정의견을 제시하여 줄 것을 구한 바 있다. 그러나 이러한 의견 요청에 대하여는 대법원을 비롯한 몇몇의 경우를 제외하고는 회신을 얻은 일이 드물었으며, 회신이 있는 경우에도 그 내용은 반드시 충실하다고 할 수 없었음을 덧붙여 둔다.

한편, 대한변호사협회는 위와 같은 의견요청에 호응하여 30명의 회원으로 「민법개정심의연구위원회」를 구성하고 약 1년 여에 걸쳐 연구한 끝에, 2000년 4월 6일에 수정 · 변경 · 신설을 요하는 사항으로 총칙 26개항, 물권 8개항, 채권 9개항을, 현행 조문 유지 또는 검토사항으로 총칙 12개항, 물권 17개항, 채권 2개항을 제시하는 의견서를 법무부에 보내왔다. 이 의견서는 예정된 시기보다 훨씬 늦게 제출된 것이었으나, 위원회는 다른 개정의견과 마찬가지로 이를 신중하게 검토하였다. 다만 그 의견의 대부분은 위원회에서 이미 검토를 끝낸 사항이 적지 않다.

**4.** 한편 동년 4월 10일의 제 4 차 전체회의에서 위 2.의 ①의 방침에 좇아 각 위원의 희망을 최대한으로 반영하여, 이영준, 김상용, 이은영, 백태승, 윤진수가 제 1 소위원회에, 서민, 김용담, 하경효, 양창수, 소재선이 제 2 소위원회에 각기 속하여 작업하는 것으로 정하여졌다. 그리고 위 2.의 ⑥의 방침에 따라 양창수에 의하여 작성된 다음

과 같은 「민법(재산법)개정의 작업(案)」라는 문건을 논의하여, 그 내용을 장래의 변경가능성을 유보하면서 일단 이 단계에서의 기본지향을 표현하는 것으로 하였다.

민법(재산법)개정의 취지(案)

누구도 재화를 이용·소비하지 아니하고는 생존을 유지할 수 없으며, 또 누구나 친자관계나 혼인에 의하여 가족생활을 영위합니다. 민법은 이와 같이 사람이라면 예외없이 관련을 가지는 재화와 가족관계의 기본을 정하는 법으로서, 국민의 나날의 생활을 규율합니다. 또 민법은 우리의 법체계에서 많은 다른 법의 바탕을 제공하는 기본법입니다.

그러므로 이러한 법을 시대와 역사의 흐름에 맞게 유지함으로써 국민 모두의 일상활동이 원활하고 평화롭게 영위될 수 있도록 하고 나아가 법 전체가 올바르게 운용될 수 있는 건실한 기초를 제공하는 것은 참으로 중요한 일이라고 하겠습니다.

현재 우리가 가지고 있는 민법전은 1958년 2월에 공포되어 1960년 1월 1일부터 시행된 것입니다. 민법을 실제로 운용하는 법률가들은 갖가지 어려움을 극복하면서 민법 본연의 과제를 달성하려고 나름대로 열심히 노력하였습니다. 그러나 40년에 걸친 민법의 역사를 돌아보고 다가오는 새 세기를 바라볼 때, 이제 그 내용이나 형식을 전체적으로 다시 검토할 때가 되었다고 하지 않을 수 없습니다.

원래 민법전의 제정작업은 해방 후와 6·25사변의 혼란 중에 진행되었고, 새로운 독립국가로서 독자적인 법률을 시급히 마련하여야 한다는 동기가 크게 작용하여 이루어졌습니다. 그리하여 우리의 일상적 법률생활이나 장래의 우리사회의 발전에 대한 전망, 또 인류문명의 변화 등을 충분히 숙고·논의하여 그 성과를 민법전에 반영하지 못한 점이 없지 않았습니다. 그리고 무엇보다도 민법 제정 후 40

여년 사이에 우리 사회는 정신적으로도 외형적으로도 현격한 변화를 겪었고 또 겪고 있습니다. 그것을 한 마디로 농업사회에서 산업사회·정보사회로의 전환이었다고 할 것입니다. 그런데도 특히 민법 중 재산법에 대한 실질적으로 의미 있는 개정은 1회에 그칩니다.

물론 그 동안에도 국민들의 긴급한 수요가 있으면 각종의 민사특별법을 제정·시행하여 그에 대응하여 왔습니다. 그러나 이러한 임시적 처방으로는 항구적으로 만족할 만한 해결을 얻을 수 없으며, 오히려 운용상의 어려움과 체계상의 혼란을 빚는 일도 적지 않았습니다. 이제 새로운 시대의 정신에 좇아 민법의 체계와 내용을 바탕에서부터 신중하게 다시 음미하고 그 결과를 수용함으로써 국민의 민사생활이 앞으로도 오래도록 무리없고 안정되게 영위할 수 있도록 해야 할 것입니다.

이러한 취지에 비추어 이번의 민법개정작업은 다음과 같은 방향으로 추진될 것입니다.

첫째, 민법전의 현실적합성을 강화하는 것입니다.

민법은 우리 사회의 실제에서 발생하는 법문제에 대하여 설득력 있는 적절한 해결기준을 주어야 합니다. 이는 무엇보다도 그 동안 민법을 시행하는 과정에서 생기는 문제들과 앞으로 제기될 의문들을 철저하게 인식·예견하고, 그 이유를 밝히는 데서 출발하여야 할 것입니다. 또한 해결기준의 타당성은 비단 현재의 시각에서뿐만 아니라 장래 우리가 달성하여야 할 바람직한 사회의 관점에서도 검토되어야 합니다. 이와 같이 하여, 한편으로 개개의 국민이 자유롭고 책임지는 시민으로서 그 안에서 자신의 의사와 능력을 힘껏 실현할 수 있는 법적인 틀이 마련되고, 다른 한편으로 재판실무의 정당한 필요에 응대하여 충분히 탄력성 있는 지침을 줄 수 있을 것입니다.

둘째, 민법전의 포괄성과 통일성을 확보하고 제고시키는 것입니다.

우선 개별법률에 규정된 사항으로서 일반적 성격을 가지는 것을 민법전에 통합하여야 하겠습니다. 그러나 여전히 특별법에 의한 규율이 적절한 사항에 대하여는 그에 상응한 위치가 주어져야 하며, 획일적인 수렴경향 역시 경계되어야 할 것입니다. 나아가 현실과 동떨어지게 되어서 규범력을 상실하고 민사생활의 지침으로서의 기능을 하지 못하는 민법 규정을 가려내어 수정하여야 할 것입니다. 그리고 무엇보다도 그 사이에 우리의 생활이나 민사실무를 통하여 활발하게 전개되어 이제 우리 민사법에서 확고하게 자리잡은 법적 장치나 제도, 그리고 법리를 조문화하여 민법전에 남김없이 규정하지 않으면 안 됩니다. 이와 같이 함으로써 민법의 실효성을 한층 더 높이고, 해석·운용상의 혼란을 막으며, 나아가 일목요연한 법체계의 수립을 위한 기초가 제공될 것입니다.

셋째, 국민들이 쉽게 이해하고 접근할 수 있으면서도 또한 논리적으로 탄탄한 구성을 갖춘 법이 되는 것입니다.

어려운 법률용어는 가능한 한 평이한 말로 바꾸고, 국민들이 알기 쉬운 문장으로 다시 고쳐서 내용이 분명하게 전달되도록 하겠습니다. 그렇다고 해서 법적 사고를 논리적·체계적으로 전개하는 데 반드시 필요한 전문술어를 포기할 수는 없겠습니다마는, 다른 가능성을 끊임없이 모색할 것입니다. 또한 중요한 것은 법전의 구성을 다듬는 것입니다. 현행 민법전의 기본적 편성체계를 바꿀 필요는 없을 것입니다만, 각 규정이나 제도가 그 의미 또는 기능에 비추어 제대로 자리를 잡고 있는가 하는 문제시각에서 검토를 가할 필요가 있을 것입니다.

대체로 이상과 같은 목표를 추구하면서 민법개정작업을 추진하고자 합니다. 이 작업은 현재 우리 나라의 민사법학과 민사실무, 널리는 우리 사회의 뜻있는 인사들의 모든 역량을 요구합니다. 그러므로 이를 수행함에 있어서는 다른 어느 것에도 앞서서 국민은 물론 여러 관련 단체와 학자·실무가들의 의견을 최대한 광범위하게 모아서 이를 종합적으로 고려할 것입니다.

비록 우리의 부족함이나 단견이 두렵기도 합니다만, 열과 성을 다하여 이 작업을 수행함으로써 후대에 부끄럽지 않은 민법전을 만들어 나가도록 노력할 것을 다짐합니다.

**5.** 이후 민법개정작업은 각 小委를 중심으로 진행되었다. 제1소위는 이영준을, 제2소위는 서민을 각각 그 소위의 위원장으로 선출하고, 각 소위별로 2주일 내지 3주일의 간격으로 회의를 열어 앞의 2.의 ③의 방침에 좇아 개정착안점을 검토하는 작업을 벌렸다. 각 소위의 작업은 각 소속 위원별로 그 분장범위를 나누어 그 범위에 속하는 개정착안점을 심도 있게 검토하여 관련 자료 및 의견을 제시·보고하고, 이를 바탕으로 소위 위원 전원이 논의하여 결론을 내는 방식으로 진행되었다. 위원장은 각 소위의 회의에 모두 참석하여 자신의 의견을 개진하는 외에도 다른 소위에서의 논의를 전달하여 두 소위 사이에 작업의 방식이나 내용에 크게 거리가 벌어지지 않도록 배려하였다. 또한 위원회는 필요가 있을 때마다 전체회의를 개최하여 의견을 조정하였다.

한편 1999년 9월 27일자로 이상경, 남효순이 새로이 민법개정위원회의 위원으로 위촉되었다. 그리하여 위원회의 위원은 위원장을 포함하여 모두 13명이 되었는데, 이후 이상경은 제1소위에, 남효순은 제2소위에 각각 속하여 작업에 참여하였다. 위원장과 12명의 위원은 2000년 2월 5일자로 동일부터 2001년 2월 4일까지 같은 직책에 다시 위촉되었다.

그리하여 2000년 5월 중에 각 소위는 개정착안점의 검토를 마치고 개정검토사항을 일단 확정하였다. 그 내용의 중요 부분은 오늘 학술회의에서 제시될 것이다. 또한 2000년 5월 13일의 제10차 전체회의까지 위 2.의 ③의 방침에 좇아 극히 중요하거나 두 소위에 모두 관련되는 여러 사항에 관하여 위원 전원이 참여하여 그 개정 여부 및 그 내용을 논의·결정하고 일단 그와 관련된 한에서는 작업을 마무리하였다.

**6.** 그 사이에 법무부는 민법개정작업의 일정을 원래의 예정보다 앞당겨 2000년 정기국회에 개정안을 제출할 수 있도록 하여 줄 것을 요청하여 왔음을 덧붙이고자 한다. 이 일정의 변경은 신중한 숙고를 전제로 진행되어 왔던 위원회의 민법개정작업의 구체적 운용에 적지 않은 영향을 미쳤던 것이다.

## Ⅲ. 民法改正委員會의 全體會議에서 檢討된 事項

**1.** 우선 개정검토사항으로 하기로 정한 것을 들어둔다.

(1) 신의성실의 원칙(제2조 제1항)의 구체적 내용을 가능한 범위에서 적시하는 것. 이는 계속적 계약관계에서 사정변경을 이유로 계약의 변경·해소를 인정하는 한도에서만 검토하기로 하였다.

(2) 인격권 보호에 관한 규정을 두는 것. 이는 총칙편에 인격권의 보호에 관한 일반규정을 두고, 그 보호의 구체적 수단은 특히 불법행위에서 논의하기로 하였다.

(3) 성년을 현재의 20세에서 인하하는 것(제4조 관련).

(4) 재단법인의 출연재산 귀속시기에 관한 규정(제48조)을 개정하는 것.

(5) 이자제한에 관한 규정을 두는 것.

(6) 새로운 전형계약을 인정하는 것. 이는 중개계약과 여행계약에 한정하여 간략한 규정을 두되, 여행계약에 대하여는 조문화작업의 구체적 진행상황을 보아 재론할 여지를 두기로 하였다.

**2.** 나아가 개정검토사항에 포함시키기 아니하기로 정한 것을 들어둔다.

(1) 물건에 관한 규정을 물권법에 두는 것.

(2) 물건의 정의에 정보 또는 금전 기타 유가증권 등을 추가하는 것.

(3) 무체재산권에 관한 규정을 신설하는 것.

(4) 전자적 의사표시에 관한 규정(그 도달시기 등을 포함하여)을 신설하는 것.

(5) 계약성립에 관한 일반규정을 민법총칙에 두는 것.

(6) 등기와 관련하여 (a) 등기원인증서의 공증제도, (b) 등기의 공신력 인정, (c) 실질심사제도 도입, (d) 토지대장과 등기부의 일원화 등.

(7) 토지소유권을 규제하기 위한 사상적 기초로서 제211조를 개정하는 것.

(8) 합유물의 처분을 합유자의 과반수로 하도록 하는 것(민법 제272조 관련)

(9) 지명채권양도의 대항요건으로서의 양도통지를 양수인도 할 수 있도록 하는 것.

(10) 지시채권에 관한 규정을 삭제하는 것.

(11) 제535조(원시적 불능을 목적으로 하는 계약에서의 손해배상책임)를 삭제하는 것.

(12) 주택임대차보호법을 가능한 범위에서 민법전에 편입하는 것.

(13) 임차권의 대항력을 인도만에 의하여 인정하는 것.

# Ⅳ. 債務不履行

## 1. 일반적 태도

(1) 채무불이행에 관한 일반규정주의를 유지한다.

(2) 채무불이행책임의 일반적 면책요건을 규정한다.

(3) 법정해제권 발생요건과의 연속성 · 정합성을 도모한다.

(4) 이행지체에 대한 별도의 규정을 둔다.

## 2. 채무불이행에 관한 일반규정주의(민법 제390조 본문)

(1) 대부분의 입법례가 이러한 체제를 취하고 있다.

또한 최근의 UNIDROIT국제상사계약원칙(제7.1.1조)이나 유럽계약법원칙(제8:101조, 제1:301조 (4) 참조)도 마찬가지이다.

(2) 현재의 제390조 본문에서 채용된 "채무의 내용에 좇은 이행을 하지 아니한 때"라는 채무불이행의 객관적 요건에 관한 문언은 ── 혹 "채무의 내용에 좇은 이행이 이루어지지 아니한 때"라는 문언이 보다 적절하다고 생각될 수는 있겠으나 ── 이행지체나 이행불능은 물론 불완전이행, 이행거절, 나아가 부수의무의 위반 등 생각할 수 있는 모든 채무불이행요건을 포괄하기에 충분히 탄력적이라고 생각되므로, 유지되어도 좋을 것이다.

(3) 한편 불완전이행에 관한 일반규정을 신설하자거나 보호의무에 관한 명문의 규정을 두자는 대한변협의 제안이 있었다.

(a) 그러나 채무불이행의 한 유형으로서의 불완전이행은 현재의 민법 제390조에 의하여 충분히 규율되고 있으므로(이에 대하여는 변협도 의견일치) 별도의 명문규정을 둘 필요가 없음.

(b) 보호의무에 관한 명문규정을 두자는 제안에 대하여는, 채권관계로 인한 채무자의 구체적 의무로서 보호의무를 인정할 것인가에 대하여는 학설상 논의가 많고 견해의 대립이 격심한 바로서 이를 명문으로 해결하기보다는 현재의 민법 제390조의 일반규정의 범위 내에서 앞으로 학설·판례의 추이를 살피는 것이 바람직하다고 판단되었다. 그리고 변협이 제안한 규정내용("채무자는 채무를 이행함에 있어서 채권자의 생명, 신체, 자유 및 재산에 손해를 가하지 않도록 주의하여야 한다"거나 "채무자가 채무를 이행함에 있어서 채권자의 생명, 신체, 자유 및 재산에 손해를 가한 경우에도 前項[제390조 제1항]과 같다"는 규정)은 지나치게 포괄적이어서 손해배상의 범위가 지나치게 넓게 될 수 있는 등으로 오히려 불필요한 문제를 야기할 소지가 없지 않다.

(4) 한편 채무불이행책임과 담보책임을 통합하자는 견해도 있었다(대한변협). 그러나 유책성을 전제로 하는 채무불이행책임과 유책성을 요구하지 않는 담보책임을 통합하는 것은 현재 우리의 법상황에 대한 대대적 변혁이다. 최근의 「국제동산매매에 관한 비엔나협약」("CISG")등에서 양자를 통합하고 있는 것은 계약불이행책임에 유책성을 원칙적으로 요구하지 않는 영미법의 태도를 특히 商事契約의 범위에서 수용한 데서 연유한 것으로 이해되며, 대륙법계의 민법전으로 이러한 통합을 수행한 예는 없고, 최근의 네덜란드민법전도 마찬가지이다. 이 문제는 장래의 연구과제로 하고, 이번 민법개정에서 고려하지 않음이 적절할 것으로 판단되어, 고려하지 아니하기로 하였다.

## 3. 채무불이행으로 인한 손해배상책임에 관한 면책요건(민법 제390조 단서)

(1) 제390조 단서("그러나 채무자의 고의나 과실 없이 이행할 수 없게 된 때에는 그러하지 아니하다")를 "그러나 채무자의 고의나 과실 없

이 그 이행이 이루어지지 아니한 때에는 그러하지 아니하다"로 수정한다.

(**2**) 현행 제390조 단서의 규정은 현행의 채무불이행법의 체계 안에서도 다음과 같은 문제가 있다.

(**a**) 우선 "이행할 수 없게 된 때"라고 하여, 민법의 다른 규정(예를 들면 위험부담에 관한 제537조 등)의 문언에 비추어 명백히 이행불능에 대하여만 면책사유를 정하고 있다. 그러므로 이를 채무불이행 일반의 면책사유를 정하는 것으로 수정할 필요가 있다.

금전채무불이행의 특칙을 정하는 민법 제397조 제 2 항("채무자는 과실 없음을 항변하지 못한다") 참조.

(**b**) 나아가 그 면책사유를 "고의나 과실 없이"라고 정하는 것은 예를 들면 고의 또는 중과실 없으면 면책되는 경우(채권자지체. 제401조)나 과실이 없어도 면책될 수 없는 경우(이행지체=채무자지체, 제392조)를 포괄할 수 없다. 그러므로 현행 민법의 용어에 좇더라도 이를 「책임 없는 사유로」라고(가령 제537조, 제538조 제 1 항, 제546조 등 참조) 수정될 필요가 있다고 하여야 할는지도 모른다.

(**3**) 그런데 위 (2)(b)의 수정을 하는 경우에는 다음과 같은 추가적인 수정이 필요하다.

(**a**) 「책임 있는 사유」가 원칙적으로(즉 법률에 다른 정함이 없는 한은) 고의 또는 과실을 의미한다는 규정을 둘 필요가 있다(獨民 제276조 제 1 항 제 1 문 참조: "채무자는 다른 정함이 없는 한 고의와 과실에 대하여 책임이 있다(zu vertreten hat)"). 아니면 CISG(제79조)나 UNIDROIT국제상사계약원칙(제7.1.1조) 또는 유럽계약원칙(제8:108조)에서와 같이 "지배범위를 넘는 장애(impedement beyond its control)"를 계약불이행책임의 면책요건으로 정할 것인가?

(**b**) 나아가 그러한 수정을 하는 경우에는 이행보조자의 과책에 대한 채무자의 책임을 정하는 민법 제391조의「고의나 과실」, 제392조의「과실」, 제397조의「과실」등도 모두 수정하여야 할 것이다.

(**4**) 그러므로 논의 결과 위 (2)(a)의 구상에 입각한 수정만을 하는 것으로 정하였다.

## 4. 법정해제권의 발생요건으로서의 채무불이행(민법 제544조 이하)

(**1**) 민법은 제544조의 표제를「이행지체와 해제」라고 하고, 제546조에서 이행불능에 대하여만 해제권의 발생에 "채무자의 책임 있는 사유"를 요구하고 있다. 이는 채무불이행의 일반적 효과로서의 해산권이라는 관점에서 보면, 적어도 규정 자체로서는 그 요건에 흠결이 있는 셈이 되고, 특히 이행불능의 경우에 한하여 귀책사유를 요구할 이유는 없다.

(**2**) 그러므로 채무불이행책임의 효과로서 손해배상을 정하는 제390조와 계약해제권을 정하는 제544조는 평행되게 규정되어야 한다. 특히 제390조가 이행지체, 이행불능 등 채무불이행의 유형을 별도로 정하지 아니하는 소위 일반조항주의를 취하는 이상, 계약해제에 관하여도 그 요건을 포괄적·일률적으로 정하는 것이 바람직하다.

(**3**) 그에 있어서는 다음과 같은 점에도 유념할 필요가 있다.

(**a**) 유책한 채무불이행이 있으면 예외없이 손해배상청구권이 문제되나, 계약해제권은 가령 부수의무의 위반과 같은 채무불이행 유형의 경우에는 일반적으로 부인된다. 또한 이행지체나 이행불능 나아가 불완전급부 등도 그것이「경미한」또는「사소한」것인 경우에는 해제권은 발생하지 않는다고 인정되고 있다. 그러므로 이를 법문에

명확하게 표현할 필요가 있는지 검토할 필요가 있다.

「본질적」 불이행에 대하여만 계약해제권을 인정하는 입법례: CISG 제49조, UNIDROIT국제상사원칙 제7.3.1.조, 유럽계약법원칙 제9:301조(이들은 예외 없이, 일정한 기간을 정하여 이행최고를 하였으나 그 기간이 도과된 경우에도 계약해제를 인정하고 있다).

(**b**) 나아가 앞서 본 입법례는「본질적」불이행이 있는 경우에는 그 불이행의 사유를 묻지 아니하고 계약해제를 인정하고 있다.

(**c**) 다만 해제권의 발생요건으로 원칙적으로 최고가 요구되나, 예외적으로 최고 없이도 해제할 수 있는 경우를 일괄적으로 규정할 필요가 있을 것이다. 이행불능(민법 제546조), "채무자가 이행을 하지 아니할 확정적 의사를 표시한 때"(소위 履行拒絶)(민법 제544조 단서를 이어받으면서, 약간 문구를 수정한 것), 정기행위(민법 제545조) 등이 그러하다.

(**d**) 그 외에 소위「이행기 전의 해제」, 즉 "당사자 일방이 이행기에 채무를 이행하지 아니할 것이 의심 없이 예견되는 경우 또는 그가 이행기전의 통지로 자기의 채무를 이행하지 아니할 의사를 표시한 경우"에는 이행기 전이라도 최고 없이 해제할 수 있음을 명문으로 정할 것을 주장하는 견해가 있다. 그러나 이들 요건 중 계약해제가 인정되어도 좋은 경우는 이행불능 또는 이행거절에 귀착되어 별도의 규정이 필요한지 의문이다.

(**4**) 결국 현행의 3개조를 정리하여, 채무불이행을 이유로 하는 해제권의 발생에 관한 규정을 통일적으로 두되, 최고가 필요한 원칙규정과 최고가 필요하지 않은 예외적 규정으로 구별하기로 하였다.

나아가 해제권의 발생요건으로 채무불이행에 대한 채무자의 귀책사유를 요구하지 아니할 것인지에 대하여 논의한 결과, 현재의 태도로부터의 급격한 전환은 바람직하지 아니하고, 결국 그 귀책사유 없는 이행지체의 경우에만 달라지는 것이어서 실제로는 현재의 법상태와 큰 차이가 있는 것도 아니며, 귀책사유 없이도 계약을 해제할 수 있다고 하면 계약준수에의 에토스를 해칠 우려가 있다는 의견이 있어, 오히려 채무불이행으로 인한 손해배상의 경우와 마찬가지로(앞의 3. 참조), 명문으로 귀책사유가 없음이 입증되어야 해제권이 발생하지 아니한다고 규정하기로 하였다.

**5.** 이행지체에 대한 별도의 규정(민법 제387조)을 그대로 둔다.

(1) 대부분의 입법례가 이러한 체제를 취하고 있으며, 이행지체 책임의 발생시점을 명확하게 정할 필요가 있다.

(2) 개정의견 중에는 불확정기한 있는 채무와 기한의 정함 없는 채무에 관하여 현행 민법이 기한이 도래함을 안 때 또는 이행청구를 받은 때로부터 지체책임을 지우는 것에 대하여 그 각 시점으로부터 다시 "상당한 기간이 경과한 때"에 지체책임이 발생하는 것으로 하자는 것이 있었다.

(a) 그 이유는, 현행 민법의 태도가 "채무자에게 이행준비를 할 수 있는 기한을 전혀 부여하는 않는 결과가 되어 부당"하다는 데 있다. 그리하여「상당한 기간」을 추가함으로써 이행준비에 필요한 최소한의 유예기간을 부여하는 것이 바람직하다는 것이다. 그리고 "현행 민법 아래서도 학설과 판례가 상당한 유예기간을 인정하고 있다"고 덧붙인다.

(b) 그러나「상당한 기간」이란 그 내용이 명확하지 아니하여, 지체책임의 발생시기에 관하여 법적 불안정을 야기할 우려가 있다. 예를 들면 흔히 소송상 이행청구에 있어서 원고는 소장 송달로써 민법 제387조 제2항에서 정하는 "이행청구"를 함으로써 소송 송달

다음날부터 지연이자 등 지연손해금의 배상을 청구한다. 위와 같은 개정의견에 의하면 이 경우 언제부터 지연손해금이 부가되는지 법원이 일일이 개별적으로 판단하여야 한다.

(**c**) 계약의 소멸을 가져오는 말하자면 「발본적인」 구제수단인 해제의 경우와는 달리, 「부가적」 구제수단인 지체책임에 관하여는 채무자에게 이행준비를 위한 별도의 유예기간을 인정할 필요가 없다. 채무자는 채무의 발생이 있으면 이에 대비하여 이행에 필요한 상당한 준비를 하여야 할 것이 요구된다. 원래 채권자는 채권의 취득과 동시에 그 이행을 청구할 수 있으며, 따라서 채무자는 채무의 발생과 동시에 그 이행을 하여야 하는 것이다. 그런데 당사자들이 기한을 정하는 것은 이러한 즉각적 이행청구의 가능성, 즉 급부실행의 의무를 장래에 유예하는 것으로서, 그러한 기한의 정함 자체가 적어도 통상은 채무자의 이익을 위한 것이다(민법이 기한의 이익이 채무자에게 있다고 정하는 것도 같은 이치에 의한 것이라고 이해된다). 그렇게 보면 그와 같은 의미에서 기한이 도래하였고 또 채무자가 이를 알았음에도 그와 별도로 이행준비를 위한 유예기간이 도과되어야 지체책임을 물을 수 있다는 것은 지나치게 채무자의 보호에 기울어진 태도라고 여겨진다.

(**d**) 지체책임의 발생에 그러한 유예기간을 두는 입법례를 알지 못한다.

(**e**) 그와 같이 개정한다고 하여도 「상당한 기간」이란 결국 1일 내지 1주일일 것이므로, 채무자에게 의미 있는 불이익을 준다고 할 수 없다.

## V. 損害賠償의 範圍와 方法(민법 제393조 이하)

### 1. 현행 민법의 원칙

(1) 현실적으로 발생한 손해의 전보를 내용으로 한다. 배상 후 피해자가 배상책임원인 발생 전보다 오히려 이익을 얻는 일이 없도록 한다.

(2) 귀책사유의 내용은 배상액에 영향을 주지 않는다. 경과실이라고 하여 고의 또는 중과실의 경우보다 배상의무가 감경되지 않는다.

(3) 제한배상주의(제393조, 제763조)

(4) 금전배상주의(제394조, 제763조)

(5) 피해자의 「과실」은 책임의 유무 또는 책임액을 정함에서 참작되어야 한다(제396조, 제763조).

### 2. 전제와 기본방향

(1) 채무불이행을 포함한 손해배상 일반에 관한 통칙규정을 두지 않고, 채권총칙에서 채무불이행에 관하여 규정을 두고 이를 불법행위에 준용하는 현행방식을 유지한다.

(2) 기본적으로 현행의 원칙을 지키되, 배상의 방법과 내용을 개별사안의 특성에 맞게 운용할 수 있도록 제도에 보다 많은 신축성을 준다.

### 3. 구체적 검토

(1) 손해배상의 방법에 관한 민법 제394조

(a) 本條를 다음과 같이 개정한다.

"① 손해는 금전으로 배상한다. 그러나 채권자는 상당한 이유가 있는 때에는 채무불이행이 없었으면 있었을 상태의 회복[또는 원상회복]을 청구할 수 있다"

(**b**) 입법례의 상세에 대하여는 Stoll, *Int'l Enc.Com.L.*, XI, Ch. 8. 참조.

— 독일의 경우에는 원상회복을 원칙으로 하고, 피해자는 경우에 따라 원상회복에 갈음하여 또는 그것과 함께 금전배상을 청구할 수 있다(獨民 제249조 이하). 여기서 「원상회복」에는 침탈된 물건의 반환이나 소멸시킨 권리의 재설정, 훼손된 물건의 수리 등이 포함된다. 실제로는 금전배상이 오히려 빈번하게 행하여진다고 한다.

— 스위스에서는 손해배상의 내용 내지 방법(Gestalt des Schadensersatzes), 예를 들면 금전배상인가 원상회복인가는 법관의 자유로운 재량에 의하여 결정된다(스債 제43조 제1항 및 판례). 그러나 법원실무에서 원상회복이 명하여지는 일은 드물다고 한다.

(**c**) 손해를 원칙적으로 금전으로 배상하게 하는 것은 합리적이다. 그러나 현행 민법 제394조와 같이 "다른 의사표시"가 있는 경우에 한하여 다른 방법으로 배상하게 할 이유는 없다(민법 제394조는 임의규정이므로 다른 意思表示가 있으면 그에 따름은 오히려 당연한 것이다). 원상회복의 방법으로 간편하게 손해를 전보할 수 있고 또 채무자도 이를 할 능력이 있는 경우(가령 물손의 경우 가해자의 능력이 있다면 이를 補修하거나 신품을 제공하는 것으로 족하지 않은가?)에 굳이 금전배상에만 고집할 이유가 없다.

(**2**) 손해배상의 방법으로 정기금의 지급을 명문으로 정한다.

(**a**) 민법 제394조 제2항으로 다음의 규정을 신설한다.

"② 법원은 손해를 정기금의 지급으로 배상할 것을 명할 수 있고, 그 이행을 확보하기 위하여 상당한 담보를 제공하게 할 수 있다."

(**b**) 현재는 제751조 제2항이 불법행위로 인한 위자료청구권에 관하여만 규정하고 있다.

(**c**) 입법례의 상세에 대하여는 McGregor, *Int'l Enc.Com.L.*, XI, Ch. 9. 참조.

— 獨民 제843조 제 1 항은 "신체나 건강의 침해로 인하여 피해자의 가동능력이 소멸 또는 감소하거나 그 수요가 증가한 경우에는, 피해자에 대하여 정기금의 지급에 의하여(durch Einrichtung einer Geldrente) 손해배상이 행하여져야 한다"고 정한다.

— 스債 제43조 제 2 항은 "손해배상이 정기급부의 방식으로(in Gestalt einer Rente) 행하여지는 경우에는 채무자는 이와 함께 담보도 제공하여야 한다"고 정한다.

(**d**) 정기급부에 의한 손해배상을 인정할 필요성이 있다. 특히 신체침해로 인한 일실이익의 배상에 있어서 변론종결 당시 후유증의 유무와 그 정도가 엄밀하게 확정적이라고 하기 미묘한 경우가 그러하다. 다른 한편으로 정기금배상은 당사자에게 소송의 반복을 강요하고 불명확한 법률관계에 남겨 둘 우려가 있다. 그러므로 우리 실정에서는 이를 예외적으로 인정하는 것이 바람직하다.

(**e**) 한편 정기금배상의 경우에는 그 결정이 있은 후 사전변경이 있는 경우(가령 후유증이 없어진 경우 등)에 대비하여 그 명령을 변경할 필요가 있다. 이 점에 대하여는 우선 그 내용이 절차법상의 문제일 뿐만 아니라, 나아가 현재 법무부에서 심의 중인 민사소송법 개정안에 "정기금의 지급을 명한 판결이 확정된 뒤에 그 액수산정의 기초가 된 사정이 뚜렷하게 바뀜으로써 당사자 사이의 형평을 크게 침해할 특별한 사정이 생긴 때에는 그 판결의 당사자는 장차 지급할 정기금액수를 바꾸어 달라는 소를 제기할 수 있다"는 규정을 새로이

삽입하는 내용이 포함되어 있으므로(대법원 개정안 제252조 참조), 별도의 규정을 정할 필요는 없다고 할 것이다.

(3) 한편 징벌적 손해배상에 관한 규정을 두어야 한다는 개정의견이 있었다. 그러나 이는 현행 손해배상제도의 근간(앞의 1.(1) 참조)과 관련되어 혁신적 변혁이므로 신중한 태도가 요구되고, 이를 인정하는 유일한 국가인 미국에서도 그 정당성에 대하여 의문이 제기되고 있는 터이며(피해자가 그러한 배상을 얻어 오히려 이익을 볼 이유가 없고, 요건이나 특히 구체적 배상액이 명확하지 아니하고 자의적이며, 손해배상소송을 부추긴다는 등), 우리의 경우 위자료의 운용으로 그 요구의 기초에 어느 정도 대응할 수 있다. 따라서 이는 개정검토사항으로 하지 아니하기로 하였다.

## Ⅵ. 保　　證

### 1. 개정의견

이에 대하여는 매우 다양한 개정의견이 제시되었다. 그 중에는 보증에 관한 규정을 계약 각칙에 규율함이 체계적이라는 의견도 포함되어 있었다.

(1) 보증의 성립과 관련하여서는 보증계약에 서면방식을 요구하는 등으로 보증계약을 보증인의 명시적 의사에 기해서만 성립되도록 하자는 의견이 많았다.

(2) 보증인에 대한 채권자의 주의의무에 관한 규정을 신설하자는 의견이 있었다. 이는 특히 채권자가 채권의 보전에 관하여 과실이 있더라도 보증인은 그러한 채권자의 과실 등을 이유로 면책되지 못하

는 점을 수정하자는 것이다.

(3) 특히 근보증 또는 계속적 보증에 대하여 많은 개정의견이 제시되었다.

(a) 근보증 또는 계속적 보증에 관한 규정을 신설하자는 의견은, 물적 담보와 인적 담보를 같은 원리에 따라 통일적으로 규정함이 타당하므로, 근저당에 대응하는 근보증제도를 명문으로 규정하기 위하여 "③ 보증은 그 보증한 금액의 최고한도액만 정하고 채무의 확정을 장래에 유보하여 할 수 있다. 이 경우에는 그 확정될 때까지의 채무의 증감 또는 소멸은 그 보증에 영향을 미치지 아니한다"는 규정을 제428조 제3항으로 신설하자는 것이었다.

(b) 한편 근보증 자체를 제한하자는 견해도 있었다. 그에 의하면, 민법 제429조는 보증채무의 범위를 규정하면서 주채무의 내용에 관해서는 아무런 규정을 두지 않아 거래상 근보증의 형태가 유행하고, 이로 인한 폐해가 발생한다. 따라서 근보증을 폐지하고, 보증범위가 명확하고 개별적인 경우에 한하여 보증책임을 인정하자는 것이다(법원행정처).

(c) 포괄근보증은 허용되어서는 안 된다는 의견도 있었다.

(d) 책임제한에 대하여는 아래 (5)를 보라.

(4) 보증인의 책임을 제한하는 요건 등에 관한 명문의 규정을 두자는 의견이 있었다. 즉 ① 보증계약은 주로 반대급부가 없는 정서적 신뢰관계에 기하여 성립하고, ② 그 채무의 이행으로 인하여 엄청난 경제적 손실을 입으며, ③ 소비자파산제도와 같은 사회경제적 요구를 수용할 필요가 있으므로, 일정한 사유(신원보증법 제6조 참조)를 고려하여 그 책임범위를 제한할 수 있는 것이 바람직하다는 것이다.

(5) 특히 계속적 보증에서는 보증인의 책임이 너무 무겁게 될

위험이 있어서 형평에 맞지 않으므로 보증인의 책임을 제한하여 보증인을 보호하기 위한 일반규정이 신설되어야 한다는 것이다.

(6) 연대보증제도를 수정하여야 한다는 견해도 있었다. 채권의 확보는 개인의 신용정보의 명확한 파악과 금융기관 자체의 혁신적 방안 강구 등을 통하여 해결되어야 할 문제이므로 보증인에게 무리한 책임을 지우는 불합리한 연대보증제도는 단계적으로 폐지하거나(국민연금관리공단), 연대보증인의 책임을 제한하는 규정을 신설하여야 한다는 것이다. 이와 관련하여 연대보증을 원칙화한 상법 제57조 제2항도 개정되어야 한다는 의견도 제시되었다.

(7) 공동보증에서 분별의 이익(민법 제439조)을 배제하는 내용으로 개정하자는 견해도 있다. 즉 채권자가 보증인을 여럿 세우는 목적은 채권의 효력을 좀 더 강화시키려는 것인데, 현행규정에 따르면 오히려 보증의 효력이 약화되어 위와 같은 채권자의 의도와는 역행하는 결과가 되므로 거래관념에 반하는 본조의 규정을 개정함이 타당하다는 것이다.

## 2. 검　　토

### (1) 원　　칙

#### (a) 기본방향

○ 민법의 기본법으로서의 성질에 유념하여, 가능한 한 항구적일 수 있는 침착한 규율을 도모한다.

○ 계약자유의 원칙 및 "계약은 준수되어야 한다"는 원칙을 유지하여 원활한 신용거래의 운용을 보장하되,

○ ① 통상적으로 보증계약이 무상으로, 경제적 계산 없이 행하여지고

② 특히 계속적 보증에서는 보증책임의 발생 및 범위가 애초의 기대에 반하여 과대하게 될 우려가 있는 등의 실정을 고려하여,

위 원칙에 대한 예외로

— 사전에 보증계약의 진지성(책임부담의 인식)과 신중성을 확보하고

— 당사자들(채권자, 주채무자, 보증인)간에 타방에의 적절한 고려 내지 주의를 요구하며

— 계속적 보증에서의 사정변경 기타 일정사유가 있는 경우에는 책임제한을 인정하는 등

필요한 규정을 두며,

○ 보증의 유형(보증인 기타 관계인이 자연인인지 법인인지, 업무 또는 영업 관련의 보증인지, 일회적 보증인지 계속적 보증인지, 보증기간 및 보증한도액의 약정이 있는지 등)에 주의하면서 보다 유연성 있게 대처한다.

(**b**) 구체적 작업소재

○ 그 간의 판례 · 학설의 전개에 유념한다.

○ 신원보증법 등 관련법 및 외국입법례를 참고한다.

(**2**) 보증의 규율방식

(**a**) 독일, 스위스, 네덜란드, 프랑스(제3편 제14장, 위임계약과 화해계약 사이에 위치) 등 다른 입법례는 대체로 보증을 "개별적 채권관계"(채권각칙) 또는 "개별적 계약관계"(계약각칙)의 하나로 다룬다.

(**b**) 그러나 현행의 규정위치를 변경하지 아니하기로 하였다. 현행 규율체계에 일리가 없지 않고, 또한 그에 따른 다른 제도와의 관련(특히 연대채무와의 유상성) 및 법이해 · 법교육의 축적에 비추어. 현재 상황에서 체계의 변환이 반드시 필요한지 의문이 없지 않다. 이에는 민법전의 편서에는 가능한 한 손대지 않기로 하는 기본원칙(앞

의 Ⅱ.2. 참조)도 고려되었다.

(3) 보증의 성립에 대하여

(a) 보증에 일정한 방식을 요구하는 입법례

— 獨民 제766조 제1문: 보증인의 의사표시에 서면을 요구

— 스債 제493조: ① 보증인의 의사표시에 서면 필요. 나아가 숫자로 명시된 책임최고액을 그 서면 자체에 기재할 것을 요구. ② 자연인의 경우 공정증서 작성 요구. 다만 책임액이 5천프랑을 넘지 않는 경우에는 숫자로 명시된 책임액 및 그 보증이 연대보증인 경우에는 그 취지의 自書 필요 ③ 연방이나 주 기타 공영조물에 대한 채무(조세 등)의 보증에는 ①의 원칙으로 족함. ④ 방식규정의 회피를 위하여 소액으로 분할하여 보증하는 경우의 대비책. ⑤ 보증의 사후적 변경에는 단순한 서면으로 충분하나 책임액의 증가 및 단순보증의 연대보증으로의 변환은 예외, 주채무가 면책적으로 인수된 경우에는 보증인의 서면동의 없으면 보증은 소멸, ⑥ 보증의 대리를 위한 대리권 수여나 계약 상대방 또는 제3자에 대한 보증인을 세운다는 약정에도 동일한 방식이 요구됨.

— 네덜란드민법 제7-859조: [직업 또는 영업과 관련 없는 자연인의 보증에 있어서] ① 보증인이 서명한 서면에 의하여서만 보증인에 대하여 보증을 증명할 수 있다. ② 다만 보증인이 채무를 전부 또는 일부 이행한 경우에는 모든 방법으로 증명할 수 있다. ③ 보증할 의무를 발생시키는 계약에 대하여도 같다.

— 오스트리아민법 제1346조 제2항: 보증인의 의사표시에 서면 요구

○ 한편 보증이 명시적으로 행하여질 것을 요구하는 입법례

— 프민 제2015조: "보증은 추정되지 아니한다. 보증은 명시적으로 행하여져야 하며, 그것이 체결된 한도를 넘어서 확대되어서는

아니된다"

— 이태리민법 제1937조: "보증을 할 의사는 명시적으로 표명되어야 한다"

(**b**) 보증인의 의사표시에 서면방식을 부과하되, 보증인의 서명이 있어야 하는 것으로 한다. 나아가 그 서면에 보증책임을 지는 원본액이 숫자로 명시되어 기재되어야 한다. 이러한 방식의 요구에 의하여 현재의 법상태와 달라지는 것은 아마도 배우자의 채무를 "책임지겠다"는 등의 언동에 의하여 보증한 것으로 의사해석되는 것이 더 이상 효력을 가질 수 없게 되는 정도가 아닌가 추측되며, 통상의 금융거래에 영향을 미치는 바는 그리 크지 않을 것이다.

한편 보증인의 의사표시가 서면방식을 지키지 아니하고 행하여진 경우에도 보증책임을 이행한 경우에는 그 하자는 치유되는 것으로 한다(獨民 제766조 제2문, 네덜란드 민법 제7-859조 제2항 참조).

(**4**) 채권자의 보증인에 대한 주의의무 내지 배려의무(Sorgfalts- oder Diligenzpflicht)

(**a**) 외국의 입법례 기타에 대하여는, 우선 양창수, "채권자의 보증인에 대한 배려의무에 관한 서설 —— 독일민법을 중심으로 한 입법례의 검토", 서울대학교 법학 41권 1호(통권 114호)(2000.7. 발간 예정) 참조.

각국의 입법례는 이 문제에 대하여 매우 다양한 태도를 보이고 있다. 한편으로 담보를 포기함으로써 변제자대위가 있어도 보증인으로 하여금 담보를 취득하지 못하게 한 경우에 한하여 보증인의 면책을 인정하는 입법례(프랑스), 더 나아가서 개별적으로 일정한 내용의 부수적 의무(예를 들면 채권자의 통지의무 등)을 명문으로 규정하는 입법례(스위스, 네덜란드)도 있고, 나아가 보증인에 대한 「일반적·포괄적인 주의의무」를 긍정하는 경우(오스트리아)도 없지 않다.

(**b**) 보증계약이 채권자에게 권리만을 주는 편무계약이라는 것이 채권자가 보증인에 대하여 부수적으로 의무를 부담할 수 있음을 논리적으로 당연히 배제하지는 않는다. 그러한 부수의무는 특히 신의칙에 기하여 인정될 수도 있는 것이다. 이는 연대보증인이라고 해서 다를 바 없다.

결국 문제는 채권자가 보증을 통하여 도모하는 「담보이익」, 즉 채권의 만족 가능성의 확보 그리고 이를 통한 채권의 보전·관리 및 행사상의 부담으로부터의 해방이라는 이익(大判 87.1.20, 86다카1262(공보 305): "자금을 대출하여 이자수입을 얻는 것은 은행 본래의 영업이고 담보가 보장되는 이상 대출규모를 확장하여 수익을 도모하는 것은 영리기업인 은행으로서 당연한 일이며 인적 담보란 채권의 회수불능에 대비한 은행 자신의 보호책인데 보증인의 이익을 고려하여 대출을 삼감으로써 [원문대로] 채권회수불능상태에 빠지지 않도록 조치하여야 한다는 신의칙상의 의무가 은행에게 있다고 할 수 없다")을 어느 만큼 관철할 것인가에 달려 있는 것으로 생각된다. 이러한 보증의 담보기능이 주의의무의 긍정에 의하여 축소된다면 이는 경우에 따라서는 신용거래에 심각한 장애를 일으킬 수 있는데, 과연 우리나라에서 흔히 보이는 「개인적인 사유로 숙고 없이 호의로 보증을 인수한 사람」을 보호할 필요가 이러한 부작용을 감수하게 할 만큼 현실적으로 適實한 것인가가 관건인 것이다.

(**c**) 우리는 이 문제에 대하여 전부 아니면 무의 선택을 할 필요는 없다. 보증의 태양에 따라 다른 처리를 한다거나 일정한 요건 아래서 일정한 내용의 배려의무만을 法定한다는 유연한 태도를 가질 필요가 있을는지도 모른다.

(**d**) "채권자가 그에게 책임 있는 사유로 주채무자로부터 만족을 얻기 위하여 합리적으로 기대될 수 있는 조치를 행하지 아니한 경우에는, 보증인은 채권자가 그로써 만족을 얻었을 범위에서 책임을

면한다"라는 규정을 둘 것인가, 아니면 보다 개별적인 통지의무 · 권리행사의무 등을 규정할 것인가.

(5) 근보증(또는 계속적 보증)에 대하여

(**a**) 이에 대하여 명문을 두는 입법례는 찾을 수 없다. 다만 네덜란드민법은 '장래의 채무를 위한 보증'에 대하여 상당한 수의 규정을 두고 있다.

> 제7-851조 제2항: 주채무가 충분히 특정가능한(ausreichend bestimmbar) 경우에만 보증할 수 있도록 한다.
>
> 제7-861조 제1항, 제2항: 보증기간이 특정되지 아니한 경우에는 언제라도 보증을 해지할 수 있고, 특정되었어도 5년 후에는 해지할 수 있다(해지 후에는 기존 채무에 대한 보증으로 존속).
>
> 동조 제3항: 채권자의 보증인에 대한 주의의무(앞의 (4) 참조)
>
> 동조 제4항: 사정변경 후 주채무자와의 행위로 인한 채무에 대한 보증책임을 부정한다.

(**b**) 한편 신원보증은 계속적 보증의 일종이라고 할 수 있는 것으로서, 신원보증법은 근보증의 규율에 유력한 참고가 된다. 또한 근저당권에 대한 규율과 평행되게 할 필요가 있다.

(**c**) 근보증을 法認하고 그 개념을 명확히 한다. 근보증은 주채무의 발생원인 및 최고한도액을 정하여 체결된 경우에만 유효한다. 포괄근보증(채권자가 주채무자에 대하여 가지는 또는 가질 모든 채무를 보증하는 것)은 허용하지 아니한다.

— 일본민법 제398조의2 제2항("前項의 저당권(이하 근저당권이라 한다)이 담보할 불특정의 채권의 범위는 채무자와의 특정의 계속적 거래계약으로 인하여 불특정의 채권의 범위는 채무자와의 특정의 계속적 거래계약으로 인하여 발생하는 것 기타 채무자와의 일정한 종류의 거래로 인하여 발생하는 것에 한정하여 이를 정할 것을 요한다") 참조.

(**d**) 근보증계약에도 앞서와 같은 방식을 요구하되, 최고한도액이 그 서면에 숫자로 명시되어 기재되어야 한다. 또한 보증기간은 최장 3년으로 하고, 보증기간의 정함이 없는 경우에도 이를 3년으로 한다. 갱신을 할 수 있으나, 갱신에도 동일한 방식을 요구하며, 갱신기간도 3년을 넘지 못한다(신원보증법 제2조, 제3조 참조).

(**e**) 근보증인의 해지권을 정한다.

— 大判 94.12.13, 94다31839(공보 488): "계속적 거래관계로 인하여 발생하는 불확정한 채무를 보증하기 위한 이른바 계속적 보증에 있어서 보증계약 성립 당시의 사정에 현저한 변경이 생긴 경우에는 보증인은 보증계약을 해지할 수 있다."

— 신원보증법 제5조도 참조.

(**6**) 보증인(근보증인)의 책임감경에 대하여

(**a**) 신용거래의 원활한 운용을 위하여 원칙적으로 책임감경은 인정되지 아니한다.

— 앞서와 같은 방식규정에 의하여 보증의사의 진지성과 신중성이 확보된 이상, 보증인은 원래의 약정대로 책임을 져야 한다.

— 현재의 판례도 일회적 보증에 대하여는 책임감경을 인정하지 아니한다.

(**b**) 근보증에 있어서 신원보증법 제6조와 같이 사정판단에 의한 일반적 책임감경을 인정할 것인가?

— 大判 84.10.10, 84다카453(集 324, 54): "이른바 계속적 보증계약은 보증책임의 한도액이나 보증기간에 관하여 아무런 정함이 없는 경우라 하더라도, 그 본질은 의연히 보증계약임에 변함이 없는 것이므로 보증인은 변제기에 있는 주채무 전액에 관하여 보증책임을 부담함이 원칙[이나] 다만 주채무의 액수가 보증인이 보증 당시에 예상하였거나 예상할 수 있었던 범위를 훨씬 상회하고 그 같은 주채무

과다 발생의 원인이 채권자가 주채무자의 자산상태가 현저히 악화된 사실을 익히 알면서도(중대한 과실로 알지 못한 경우도 같다) 이를 알지 못하는 보증인에게 아무런 통보나 의사타진도 없이 고의로 거래규모를 확대함에 연유하는 등 신의칙에 반하는 사정이 인정되는 경우에 한하여 보증인의 책임을 합리적인 범위 내에 제한할 수 있다"

(**c**) 일단 위 판례의 태도를 긍정하는 문언을 구상하여 보기로 하였다. 예: "[근보증에 있어서] 채권자가 채무자에게 보증인의 구상을 [현저히] 곤란하게 하는 [곤란하게 할 염려 있는] 사정이 발생하였음을 안 [알았거나 중대한 과실로 알지 못한] 경우에 보증인은 그 후에 발생한 채무에 대하여 책임이 없다. 다만 보증인이 그 채무의 발생에 동의한 경우 [또는 그 채무의 발생을 알고 상당한 기간 내에 이의하지 아니한 경우]에는 그러하지 아니하다."

(**7**) 만일 앞의 (3) 내지 (6)과 같은 보증인 보호규정을 둔다면 강행규정화("제○조 내지 제○조에 위반하는 약정으로 보증인에게 불리한 것은 그 효력이 없다")가 필요하다(신원보증법 제8조 참조).

(**8**) 연대보증과 관련하여

(**a**) 연대보증제도를 철폐하자는 주장에는 의문이 있다.

— 연대보증은 (i) 최고·검색의 항변을 할 수 없고(제437조 단서), (ii) 공동연대보증인들이 분별의 이익을 가지지 못한다는(제448조 제2항) 점에서 통상의 보증과 차이가 있다.

— 그러나 이 두 가지 차이점은 채권자의 만족이익의 관점에서는 제약요소이므로, 당사자들이 이러한 제약을 받지 않는 보증형태를 취하기로 협의한 이상, 이를 배제할 이유가 없다.

— 만일 연대보증을 인정하지 않는다면, 당사자들은 위의 두 가지 점에 대하여 개별적인 특약을 함으로써 이를 피할 수 있는데, 이러한 번거로운 절차를 굳이 인정할 필요가 없다.

(**b**) 그 외에 연대보증에서 생길 수 있는 문제점에 대하여는 보증 일반에 대한 규율로써 대응할 수 있다.

(**9**) 공동보증에서 분별의 이익을 배제할 필요가 있다는 견해에 대하여

(**a**) 獨民 제769조는 수인의 보증인의 내부관계는 보증연대(즉 분별의 이익 없는 것)로 정하고 スイ債 제497조 제1항, 제4항은 공동하여 보증한 경우에는 자신의 부담부분에 관하여는 단순보증인으로서의 책임을 지되, 타인의 지분에 관하여는 후순위보증인(또는 副保證人)으로서의 책임을 인정하며, 서로 무관계하게 보증한 경우에는 전부에 대하여 책임을 진다고 정한다.

(**b**) 그러나 분별의 이익을 인정하더라도 지급능력 없는 보증인의 부담부분에 대하여만 채권만족이 어렵게 되므로 채권만족의 확보라는 채권자의 의도가 전적으로 무의미하게 되지는 않는다고 할 수 있지 않을까? 위와 같은 위험의 한도에서는 연대보증의 특약으로 회피할 수 있고 실제로도 별다른 폐해가 없다. 또 공동보증인들도 자신이 다른 보증인이 있음에도 채무 전부에 대하여 법적 책임이 있다고 관념한다고는 단정하기 어렵다. 민법상 다수당사자의 채권관계에 대하여 법적 책임이 있다고 관념한다고는 단정하기 어렵다. 민법상 다수당사자의 채권관계에 대하여 분할채권의 원칙을 채택한 것과도 일치시킬 필요가 있다고 하겠다.

(**c**) 결국 민법 제439조는 그대로 유지하기로 정하였다.

## Ⅶ. 小　結

앞으로 위에서 적은 바와 같은 개정검토사항에 기하여 구체적인

조문화작업을 진행한 결과를 공개하여 의견을 구할 필요가 있다고 생각한다. 한편 위에서 본 바와 같은 입법방향을 정하고 이를 어떻게 규정화할 것인가는 확고하게 정하여지지 아니한 것도 있다. 나아가 개정검토사항이 일단 정하여졌다고 하더라도 이것이 반드시 개정안으로 結晶될 것이라고는 말할 수 없으며 또 새로운 개정검토사항이 추가될 수도 있을 것이다. 말하자면 지금까지의 민법개정작업은 장래를 완결하는 의미를 가지지 아니하는 것이다. 회원 여러분의 활발한 의견개진이 있기를 기대한다.

(民事法學 19호(2001), 11면 이하 所載)

[後　　記]

**1.** 이 글의 序에서 말한「학술대회」란 2000년 6월 23일과 24일에 영남대학교에서「민법(재산법)개정의 착안점과 개정안」이라는 주제로 열린 한국민사법학회의 여름학술대회를 가리킨다. 이 글은 그 학술대회를 위하여 필자에서 부과된 발표책임을 다하기 위하여 서둘러 작성된 것이다. 그 후 이 글을『民事法學』에 게재하면서 다듬을 생각도 해 보았으나, 어차피 그 글의 목적이 그때까지의 민법개정작업의 개요를 전달하고 위 학회의 회원들로부터 민법 개정에 대한 귀중한 의견을 얻기 위한 것이어서, 굳이 말끔한 학술논문의 형식을 갖출 필요는 없었으므로 그대로 두었던 것이다.

**2.** 그 후 민법개정위원회의 작업은 일단 마무리되어 민법개정안이 국회에 제의되었으나(이에 대하여는 우선 本書, 181면 이하 참조), 현

재 국회에서의 심의는 멈춘 상태로 있다. 그러한 의미에서만 해도 민법의 개정문제는 아직도 「懸案」이다. 또한 우리가 보다 나은 민법 법리의 성문화를 추구하는 한 그것은 영구히 「오늘날」의 과제일 수밖에 없다. 이러한 원칙적인 시각에서는 물론이고, 구체적으로 수행되고 있는 일이라는 관점에서 보더라도, 특히 2000년 이후에 발표된 개별 법문제에 대한 수많은 입법론적 제안을 말할 것도 없고, 예를 들어 한국민사법학회는 2007년 9월 29일에 개최한 가을학술대회에서 "21세기를 대비한 민법개정안 준비를 위한 연구모임 발표"를 주제의 하나로 삼고 있는 것이다.

**3.** 이와 같이 개정이 중요한 문제인 만큼, 과거에 있었던 민법 개정작업의 내용을 정확하게 인식하고 이해하는 것도 의미 있는 일이라고 하겠다. 필자는 그 사이에 1999년 이래 법무부의 「법무자문위원회 민법(재산법)개정특별분과위원회」의 위원으로서 관여해 온 민법개정작업에 관하여 그때그때의 기회에 몇 개의 글을 발표한 바 있다. 예를 들면, 梁彰洙, "最近의 韓國民法典改正作業", 同, 民法硏究, 제 7 권(2003), 1면 이하(원래는 서울대학교 法學 43권 3호(2002), 47면 이하); 同, "債權編에 대한 民法改正案 解說", 同, 民法硏究, 제 8 권(2005), 233면 이하; 同, "民法改正案의 保證條項에 대하여", 위 民法硏究 제 8 권, 287면 이하(원래는 서울대학교 法學 45권 3호(2004), 37면 이하) 등이 그것이다. 그리고 위와 같이 민법개정작업에서 검토가 필요한 개별 법문제에 대하여 주로 입법론적 관심 아래서 쓴 글도 적지 않다.

**4.** 여기서 새삼 수록한 것은 민법개정작업에 관하여 필자가 쓴 최초의 글로서, 한편으로 앞서 본 민법개정작업의 외형적인 측면을

객관적으로 전달하는 부분도 있지만, 다른 한편으로 그 작업의 기본 방향 내지 원초적 동기를 적은 부분(특히 Ⅱ.4. 부분)도 있다. 또 필자가 말하자면 「보고위원」(이에 대하여는 本書, 179면 이하 참조)을 담당하였던 채무불이행(주로 민법 제387조 이하의 규정이 문제되나, 법정해제에 관한 제544조 이하의 규정과도 관련이 있다)이나 보증(민법 제428조 이하)에 대하여는 그 작업에 있어서 「애초의 일단 마무리된 생각」을 보여 준다.

물론 그 후에 여기 적은 내용은 그 대부분이 앞서 본 민법개정작업에 관한 다른 글들에 어떠한 방식으로든 반영되었고, 그대로 옮겨 적은 부분도 적지 않다. 그래서 필자의 글을 모아 펴내는 『民法硏究』를 마련함에 있어서는 이를 수록하지 않는 편이 낫겠다고 생각하였던 것이다. 그런데 이 글에는 역시 다른 글들에는 쉽사리 드러나지 않는 생각들이 보다 솔직한 형태로 표현된 부분이 많이 포함되어 있는 것도 사실이다. 그리하여 혹 중언부언하는 점이 있을지라도, 또 제대로 된 논문의 모양새를 갖추지 못하였더라도, 여기에 이 글을 실어 두는 것은 의미가 없지 않겠다고 생각을 바꾸게 되었다. 여러분의 惠諒을 바란다.

# 4. 分離된 人體部分의 法的 性格

"여러분에게 말하거니와, 여러분의 목숨을 위하여 무엇을 먹을까, 또 여러분의 몸을 위해 무엇을 입을까 걱정하지 마십시오. 목숨은 양식보다 소중하고, 몸은 옷보다 더 소중하지 않습니까?"

(마태복음 6장, 25절)

"몸은 지체 하나가 아니라 여럿으로 이루어져 있습니다. … 지체는 여럿이지만 몸은 하나뿐인 것입니다. … 몸의 지체 중에 허약한 것으로 여겨지는 것일수록 오히려 훨씬 더 요긴한 것입니다."

(고린도 1 서 12장, 14절-22절)

## I. 序

**1.** 머리카락 한 올로부터 사람을 그대로 복제할 수 있게 될 것이라는「소문」이 있다. 그것이 인류에의 축복인지, 엄청난 재앙의 시작인지는 아직 헤아리기 어렵다. 그러나 그러한 인간복제의 예에서 뚜렷하게 드러나는 생명공학 또는 의학의 발전이 여러 가지 법문제를 제기한다는 점에는 의문이 없다. 그리고 거기서「법문제」란 법철학적 기타 메타법학적인 문제만이 아니라, 많은 법해석론상의 문제를 포함

한다. 그리고 보다 구체적으로 민법의 분야에서 그와 관련하여 제기되는 해석법학적 문제를 접근함에 있어서는 아무래도 사람의 신체, 즉 인체 및 그 구성부분 또는 산출물을 법적으로 어떻게 파악할 것인지에 대한 해명을 그 출발점의 하나로 하지 않을 수 없다.

우리는 「생명윤리 및 안전에 관한 법률」(2004년 1월 29일 법률 제7150호)이 있음을 안다. 그리고 근자에 행하여진 의학 또는 의료기술의 발달과 관련해서, 「장기 등 이식에 관한 법률」(1999년 2월 8일 법률 제5858호), 「인체조직 안전 및 관리 등에 관한 법률」(2004년 1월 20일 법률 제7097호)이 새로 만들어져 시행 중이다. 그리고 예전부터 혈액관리법(1970년 8월 7일 법률 제2229호)이 있었고, 또 「시체 해부 및 보존에 관한 법률」[1] 및 「장사 등에 관한 법률」[2] 등이 있어 왔다.[3]

1) 1962년 2월 9일 법률 제1021호. 1995년 1월의 전문 개정 전에는 「屍體解剖保存法」이라고 불렀다.

2) 1961년 12월 5일 법률 제799호. 2000년 1월의 전문 개정 전에는 「葬事 등에 관한 法律」이라고 불렀다.

3) 이 글과 관련하여서는 그 외에도 이제는 폐지된 「적출물 등 처리규칙」(1981년 9월 21일 제정, 보건사회부령 제688호)이 중요하다. 이 규칙은 1996년 1월 18일 보건복지부령 제19호로 전문 개정되면서 그 이름이 「적출물처리규칙」으로 바뀌었다. 이 새로운 규칙에 의하면, 이는 "의료법 제17조 제2항 및 제3항의 규정에 의하여 적출물 등의 처리방법, 적출물처리업자의 지정, 기타 적출물 등의 처리에 관하여 필요한 사항을 규정"하는 것을 목적으로 하는데(동 규칙 제1조), 거기서 말하는 「적출물」에는 "의료인의 의료행위에 따라 발생된 인체조직물", 즉 "신체로부터 적출되거나 절단된 사태아 · 장기 · 태반 · 살 · 뼈 · 치아 등"이 포함된다(동 규칙 제2조 제1호). 그리고 1999년 9월 21일의 보건복지부령 제132호로 일부 개정되면서, 그 「적출물」에는 "(1) 신체로부터 적출되거나 절단된 사태아 · 장기 · 태반 · 살 · 뼈 · 치아 등의 인체조직물, (2) 환자의 피·고름 또는 분비물"을 말하는 「인체조직물류」가 포함된다(동 규칙 제2조 제1목). 그런데 위 규칙은 2000년 8월 18일의 보건복지부령 제170호로 폐기되었다. 이는 폐기물관리법이 1999년 2월 8일 개정되면서, 이른바 「감염성폐기물」(동법 제4조의2 참조)에 대한 규율이 그 법률에 포함된 것과 관련된다. 위 법률 및 그 시행령, 시행규칙에 의하면, 의료법 제3조의 규정에 의한 의료기관 등에서 배출하는 이른바 「조직물류」, 즉 "인체 … 로부터 적출되거나 절단된 물체" 및 "인체 … 의 피 · 고름 · 분비물"(그러나 「葬事 등에 관한 法律」 제2조 제1호의 규정에 의한 임신 4개월 이상의 死胎는 제외된다. 이 예외는 어떠한 취지일까?)은 위 법률에서 말하는 바의 「감염성폐기물」로서 위 법률의 적용을 받는 것이다. 앞서

그러나 이들 법률을 들추어 보면 바로 알 수 있는 대로, 이들은 신체의 私法的 關係에 관련이 있는 규정을 전혀 포함하지 않는 것은 아니지만, 대부분 배아복제, 장기이식 등과 같은 의료행위 내지 연구활동에 대하여 행정기관이 규제를 행하는 것에 초점을 맞추고 있다.

**2.** 분리된 인체부분은 민법의 관점에서 보면 어떻게 파악될 수 있는지의 문제는 종래 우리나라에서 충분히 다루어졌다고 할 수 없다.[4] 이 글은 이 문제를 다루려고 하는 것이다. 우선 우리나라의 종전 학설을 살펴보고(Ⅱ), 나아가 비교법적인 참고로 독일연방대법원 1993년 11월 9일 판결을 분기점으로 하여 그 전후의 독일에서의 논의를 다룬다(Ⅲ). 이를 통하여 결론적으로 우리는 분리된 인체부분에 대한 우리나라에서의 그 사이의 논의가 소유권의 객체로서의 측면만을 부각시키고 그에 대한 인격권에 기한 보호의 측면을 충분히 고려하지 않았음을 반성하게 된다(Ⅳ).

# Ⅱ. 우리나라에서의 論議

종래의 우리나라 학설은 다음과 같이 논술한다.

---

본 적출물처리규칙의 내용이 이 「감염성폐기물」에 관한 규율과 어떠한 관계가 있는지는 보다 면밀한 검토를 요한다.

4) 이 문제에 관한 우리나라의 문헌으로는, 朴東瑱, "냉동보관중인 정자의 훼손에 대한 민사법적 평가", 의료법학 3권 1호(2002), 158면 이하; 송영민, "人體의 細胞 · 組織에 대한 所有權法의 適用可能性 —— 加工의 法理를 중심으로", 의료법학 4권 1호(2003), 367면 이하; 박은정, 생명 공학 시대의 법과 윤리(2000), 407면 이하(특히 「인체에 대한 소유권?」이라는 제목의 同書 제 9 장)를 들 수 있다. 또 엄밀한 의미의 법해석학적 문헌은 아니지만, 강희원, "사람, 인간 그리고 재산으로서의 인체? —— 인체 상품화의 철학적 · 윤리학적 문제", 법철학연구 3권 1호(2000), 156면 이하도 같이 들어둔다.

## 1. 사람의 身體에 대한 權利

살아 있는 사람의 신체에 대하여는 애초 인격권이 성립할 뿐이고, 소유권은 성립하지 않는다. 이는 타인의 신체는 물론이고 자신의 신체에 대하여도 마찬가지이다. 그 이유에 대하여는 "인격절대주의를 취하는 근대법에서는, 인격을 가지는 사람에 대한 배타적 지배를 인정하지 않는다"고 하거나,[5] "노예제도는 폐지되었"고 "사람은 권리의 주체이므로 다른 권리의 객체로 될 수 없기 때문"이라고 하는[6] 설명이 행하여지고 있다.[7] 이상은 신체의 일부에 대하여도 마찬가지이다.

그리고 이와 같이 사람의 신체(및 그 일부)에 대하여 소유권이 성립할 수 있는가, 즉 사람의 신체가 소유권의 객체가 될 수 있는가의 문제에 대한 설명과 함께, 사람의 신체 및 그 일부[8]는 법에서 말하는 「물건」(민법 제98조 참조)이 아니라는 언급도 행하여진다. 이에 연접하여, 나아가 인공적으로 인체에 부착된 의치·의안·의수·의족 등도 신체에 고착하고 있는 한 신체의 일부로서 물건이 아니라고 하는 서술도 보인다.[9] 그리하여 의치 등 신체의 기능을 보조하는 人工物에 관하여 그것이 물건인지, 그리고 틀림없이 소유권의 객체가 되는지 등의 법문제에 대하여는 이제 「고착성」이 유일한 판단기준으로 제시된다.

---

5) 郭潤直, 民法總則, 新訂(修正版)(1998), 242면.

6) 李英俊, 民法總則[韓國民法論 I](2005), 867면.

7) 그 외에 高翔龍, 民法總則, 제 3 판(2003), 268면 등도 유사한 설명을 한다.

8) 이하에서 인체의 「일부」라고 하면, 인체의 구성부분은 물론이고 인체로부터 나오는 것을 모두 포함한다. 프랑스민법 제16조의1 제 3 항은 "인체, 그 구성부분 및 그 산출물(le corps humain, ses éléments et ses produits)은 재산권의 목적이 될 수 없다"고 정하는데, 이 글에서 말하는 인체의 「일부」 또는 「인체부분」은 이 규정에서 정하여진 「인체의 구성부분 및 산출물」을 모두 포함하여 가리키는 것이다.

9) 예를 들면 郭潤直(註 5), 242면; 高翔龍(註 7), 269면 참조.

## 2. 分離된 人體部分의 法的 性質

한편 살아 있는 사람의 몸으로부터 분리된 인체부분은 이제 법적으로 「물건」이 된다. 예를 들어 모발, 치아, 혈액 등이 그러하다. 이와 같이 인체부분이 「분리」에 의하여 물건이 되는 이유에 대하여는 별다른 언급이 없는 경우가 대부분이지만, "살아 있는 인간의 인격권[10] 외로 일탈한 것이므로 물건이 된다"고 하는 설명도 제시된다.[11] 이 이유제시는, 아마도 이상의 서술이 「물건」의 의미 내지 개념을 그 요소마다 나누어 설명하면서, 그 개념요소의 하나로서 非人格性을 들고 있는 것과 관련되는지도 모른다. 다른 한편 신체의 일부분이 몸으로부터 분리되는 것이 그것이 「물건」이 되는 유일한 요건이므로, 이제 「분리」는 매우 중요한 법적 의미를 가지게 된다. 앞의 1. 말미에서 언급한 의치 등의 人工補助物에 있어서, 여기서 말하는 「분리」는 그 고착성의 상실을 의미할 것이다. 그 한도에서 「고착」과 「분리」는 하나의 對를 이루는 법개념이다.

## 3. 分離된 人體部分의 歸屬

이와 같이 이제 물건이 된 인체부분에 대한 소유권은 그것이 그로부터 분리된 사람의 소유에 속한다는 것이 통설이다.[12] 우리나라의 학설 중에는 그 이유를 제시하는 것을 찾을 수 없다. 그리고 그에 대한 예외에 언급하지 않는다. 이와 같이 분리된 인체부분이 원시적으로 그 신체의 주체에 귀속된다고 하면, 예를 들어 병원에서 행하여진 다리절단수술에서 절단된 다리는 그 소유권이 수술받은 사람에게 원

10) 여기서의 「인격권」이 人格權인지, 人格圈인지는 명확하지 아니하나, 전후의 맥락상 前者로 추측된다.

11) 高翔龍(註 7), 269면.

12) 郭潤直(註 5), 242면; 李英俊(註 6), 867면; 高翔龍(註 7), 269면 등.

시적으로 귀속된다.

그런데 우리는 병원이 그것을 소각하는 등의 사실적 처분을 하거나 또는 제3자에게 양도하거나 다른 사람의 신체 내에 이식하는 등으로 법적인 처분을 하는 경우를 쉽사리 상정할 수 있다. 그렇다면 병원측은 이에 대하여 적법한 권한을 가지는가, 또는 어떠한 권원에 기하여 이를 취득하는가 하는 의문이 일단 제기된다. 수술약정을 포함하는 의료계약의 해석으로 그러한 처분권 또는 나아가 소유권이 수여되었다고 할 것인가? 아니면 환자는 진료 또는 수술 등의 어느 단계에선가 그 분리된 신체부분에 대한 소유권을 포기하는 의사표시를 하여서, 병원은 이제 無主의 동산이 된 신체부분을 先占하여 소유자가 되는 것(민법 제252조 제1항)인가? 만일 환자가 처음부터 의식이 없는 상태였다면, 환자의 의사능력을 전제로 하는 위와 같은 법구성은 어려움에 부딪치게 되는데, 과연 어떠한가?

나아가 분리된 혈액이나 심장 등 인체부분이 타인의 신체 안에 이식된 경우에는 이제 그 타인의 신체의 일부가 되어 다시 물건성을 상실한다고 한다.[13] 그것이 신체부분의 물권적 귀속 또는 그 법적 성질의 변화에 관한 것인 한, 이는 그 신체부분의 원래의 주인이 위와 같은 이식에 동의하지 않는 경우에도 마찬가지라는 취지를 포함하는 것으로 추측된다.

## 4. 身體部分의 分離에 관한 法律行爲

이와 관련하여, 우리나라의 학설은 예외없이, 신체의 일부를 분리시키는 것을 내용으로 하는 채권계약이나 분리된 인체부분에 대한 처분행위는 공서양속에 반하지 않는 한 유효하다고 한다.[14] 여기서 분

13) 李英俊(註 6), 867면; 金相容, 民法總則, 全訂版 增補(2003), 287면 등.

14) 前註의 문헌 참조.

리된 인체부분에 처분행위가 원칙적으로 유효하다는 서술은, 인체부분의 매매와 같은 그 처분의 원인행위도 공서양속에 반하지 않는 한 유효함도 의미하는 것일까? 아마도 특히 이른바 물권행위의 유인성을 주장하는 입장에서는 그러한 의미로 이해되어야 할 것이다.

그렇다면 이와 관련하여서는 장기 또는 기타의 「인체조직」의 매매("금전 기타 재산상의 이익 기타 반대급부를 주고 받거나 주고 받을 것을 약속하고 … 하는 행위")를 금지하고 있는 「장기 등 이식에 관한 법률」 제6조 및 「인체조직 안전 및 관리 등에 관한 법률」 제5조[15]가 강행법규이어서 이에 반하는 계약을 무효로 하는 것이 아닌지 여부가 검토되어야 할 것이다. 왜냐하면 이들 법률이 규율하고 있는 「臟器」 또는 「인체조직」이 여기서 논의하고 있는 「인체의 일부」 또는 「인체부분」에 해당함이 명백하기 때문이다(「장기 등 이식에 관한 법률」 제3조 제1호 및 「인체조직 안전 및 관리 등에 관한 법률」 제3조 제1호 각 참조).

## 5. 所有權 構成의 限界

이상과 같은 종래의 설명으로써는 보다 근본적으로 다음과 같은 문제가 납득이 가도록 해결된다고 하기 어렵다.

예를 들어 병원에서 수술을 하는 과정에서 일정한 신체조직이 절제되었다고 하자. 위와 같은 설명에 의하면, 이는 살아 있는 몸으로부터 분리된 인체부분으로서, 신체 밖으로 나오는 순간에 그것은 환자의 소유에 속한다. 그리고 환자와 병원의 수술계약에 포함된 명시적 또는 묵시적 합의 또는 환자의 소유권 포기에 이은 병원의 先占 등에 의하여 그 소유권이 병원으로 이전된다는 것(앞의 3. 참조)은 이를 일

15) 한편 혈액관리법 제3조는 보다 광범위하게 혈액의 유상처분을 금지하고 있다.

단 인정하기로 하자. 이 경우 병원이 그 절제된 신체조직물을 소각 등으로 멸실시키지 아니하고,

(i) 수술의 원인이 된 질환에 관련한 연구를 위하여(적어도 그 질환에 관한 통계자료의 수집을 위하여) 이를 사용할 수 있는가;

(ii) 위 (i)에서 본 연구 이외의 목적으로 예를 들면 유전자검사를 할 수 있는가;[16)][17)]

(iii) 앞의 (i) 및 (ii)를 통하여 얻은 당사자에 관한 정보를 제3자에게 배포할 수 있는가;[18)]

(iv) 유상 또는 무상으로 제3자에게 양도할 수 있는가.

만일 병원이 그 조직의 **소유자**라고 하면, 그는 그에 대하여 전면적으로 사용·수익·처분할 수 있는 것이고(민법 제211조 참조), 그렇다면 위와 같은 병원의 행위를 막을 수 없는 것이 아닐까? 이에 대하여는 이는 수술계약의 해석문제이고, 별다른 문제는 없다고 할는지

---

16) 생명윤리 및 안전에 관한 법률 제24조는 유전자검사(동법 제2조 제6호에 의하면, 동법상의 「유전자검사」라 함은 개인의 식별, 특정한 질병 또는 素因의 검사 등의 목적으로 혈액·모발·타액 등의 검사대상물로부터 염색체·유전자 등을 분석하는 행위를 말한다)를 하려면 일정한 사항에 대하여 보건복지부장관에게 신고를 하여야 한다고 정한다. 그리고 이에 위반한 자는 500만원 이하의 과태료에 처하여진다(동법 제55조 제1항 제1호). 그런데 여기서 문제삼고자 하는 것은, 유전자검사에 대한 위와 같은 행정적 규제가 아니라, 그 검사목적물의 「주체」가 그러한 검사를 하는 이에 대하여 그 검사를 막을 私法上의 권리가 있는가 하는 점이다.

17) 혈액에 대하여 혈액관리법 제8조 제1항은 "혈액원은 보건복지부령이 정하는 바에 의하여 혈액 및 혈액제재의 적격 여부를 검사하고 확인하여야 한다"고 정한다. 여기서 「혈액원」이라 함은 혈액관리업무를 실시하기 위하여 보건복지부장관의 개설허가를 얻은 이를 말한다(동법 제2조 제2호의2 참조). 나아가 「혈액관리업무」란 수혈 또는 혈액제재의 제조에 필요한 혈액을 채혈·검사·제조·보존·공급 또는 품질관리를 하는 업무를 말한다(동법 제2조 제2호 참조).

18) 혈액관리법 제12조 제3항은 "혈액관리업무에 종사하는 자는 이 법 또는 다른 법령에서 특별히 규정된 경우를 제외하고는 건강진단·채혈·검사 등 업무상 지득한 타인의 비밀을 누설하거나 발표하여서는 아니된다"고 정한다. 그런데 여기서 제기하는 문제는 그 지득한 비밀을 누설하는 것 이전에, 과연 헌혈된 혈액으로부터 본문에서 말한 바와 같은 「헌혈자의 개인정보」를 획득할 수 있는가 하는 것이다.

모른다. 그러나 설사 위와 같은 행위들이 그 해석상 모두 금지된다고 하더라도, 당해 병원으로부터 이를 양도받은 제3자의 경우는 어떠한가? 위와 같은 수술계약상의 금지는 계약당사자에게만 미치는 것이므로, 이를 다시 양도받은 제3자에게 그 금지를 대항할 수 없을 것이다.

이러한 문제점은 기본적으로 인체부분이 모체로부터 분리되었다고 해서 이제 이를 통상의 물건으로서만 다루고, 그것이 분리 전까지는 전혀 별도의 지배의 대상이 되지 않는 사람의 신체적 일부이었다는 점(또 그것이 다른 사람의 신체의 일부가 됨으로써 이제 다시 사람의 일부가 될 수 있는 성질의 것이라는 점)을 적절하게 법적으로 평가하지 않는다는 데서 연유하는 것이 아닌가 생각된다. 인체부분은 그것이 모체로부터 분리되었다고 해서 과연「물건」이기만 한 것일까?

## 6. 屍身에 대한 論議로부터의 示唆

그런데 사람이 사망한 후에 남기는 시신에 대하여는 다른 시각에서의 논의가 행하여지고 있다. 우선 시신이 법적으로「물건」인지에 대하여는 분리된 신체부분에 대해서와는 달리 견해가 나뉜다. 최근에는 이를 부인하는 학설이 유력하게 주장되고 있는데, 이들은 "시체가「미이라」나 학술용 골격으로 되어 인간의 존엄과 가치에 대한 인식을 자극하지 않게 된 경우라면 모르되, 그렇지 않은 경우에는 시체의 물건성을 인정할 수 없다"고 하거나,[19] "시체·유골은 권리의 주체이었던 사람이므로, 사망에 의해서 인격적 존재가 물건으로 즉시 바뀐다고 보는 것은 너무 형식논리적인 사고라 아니할 수 없다"고 하거나,[20] "인간의 존엄과 가치는 그의 死後에도 유지·보호되어야 하기

19) 李英俊(註 6), 288면.
20) 金相容(註 13), 288면.

때문"이라는[21] 이유를 제시한다.[22]

그런데 시신이 물건이고 소유권의 객체가 된다고 보는 종전의 다수설도, 그 소유권의 내용은 보통의 소유권과 같이 사용·수익·처분할 수 있는 것이 아니라, 오로지 매장·제사·공양 등을 할 수 있는 권능과 의무가 따르는 특수한 것이라고 설명한다.[23] 이 경우의 「소유권」을 그와 같이 특수한 것으로 보는 근거에 대하여는 유감스럽게도 별다른 언급이 없으나, 추측컨대 여기에는 앞서 본 부정설이 제시하는 이유가 작용하고 있다고 해도 좋을 것이다.

그렇다면 「인격적 존재의 신체적 요소」라는 관점은 비단 사람이 사망한 후에 남는 시신에 대해서뿐만 아니라 생전의 분리된 인체부분에 대하여도 관철되어야 하지 않을까? 여기서 한 걸음 더 나아가서, 애초 사람의 신체는 법적으로 어떠한 지위에 있는 것인지에 대한 명확한 인식이 필요하다는 생각을 하게 된다. 즉 앞의 1.에서 본 대로, 사람의 신체에 대하여는 애초 인격권이 성립할 뿐이고, 소유권은 성립하지 않는다고 하는데, 과연 「신체에 대한 인격권」이란 보다 구체적으로 어떠한 내용을 가지며, 어디에까지 미치는가?

---

21) 白泰昇, 民法總則, 改訂版(2004), 284면.

22) 이 중에서 李英俊과 白泰昇은 모두 독일의 다수설은 시신의 물건성을 부정한다고 주장하고 이를 원용한다.

23) 오늘날의 학설로서는 郭潤直(註 5), 242면; 李銀榮, 民法總則, 제4판(2005), 301면 등.

# Ⅲ. 獨逸에서의 論議 ── 聯邦大法院의 한 判決을 中心으로

## 1. 從前의 通說的 理解[24)]

(1) 종래의 통설에 의하면, 독일법은 사람(Person)과 물건(Sache)을 준별하고 나아가 人法(Personenrecht)과 物法(Sachenrecht)을 엄격하게 구분하는 태도를 출발점으로 한다. 그리고 살아 있는 사람의 신체는 인격 그 자체의 직접적이고 대상적인 표상으로서, 인격과 분리될 수 없는 일체를 이룬다. 이와 같이 사람과 물건을 준별하는 것, 그리고 사람과 신체를 일체로 파악하는 것[25)]에 기하여 논리필연적으로 신체는 물건이 아니며 소유권의 객체가 될 수 없고,[26)] 신체에 대한 권리는 인격권의 성질을 가진다는 것이 귀결된다.

독일민법 제90조[27)]는 물건을 有體物, 즉 「유체의 대상물(körperliche Gegenstände)」이라고 정의하고 있다. 혹 이 정의규정으로부터는

24) 이하는 기본적으로 Christian Zerr, *Abgetrennte Körpersubstanzen im Spannungsfeld zwischen Persönlichkeitsrecht und Vermögensrecht. Deutsch-französischer Rechtsvergleich über die Zulässigkeit der Kommerzialisierung von Körpersubstanzen*(2004), S. 37 ff. et passim; Rolf Müller, *Die kommerzielle Nutzung menschlicher Körpersubstanzen*(1996), S. 34 ff.가 정리한 바에 의한 것이다.

25) 이와 같이 사람과 신체를 일체로 파악하는 입장은 독일이나 프랑스에서 一元說(Einheitstheorie; conception unitaire)이라고 불린다. 일원설에 대하여 독일에서는 異見을 찾기 어렵다. 그러나 프랑스에서는 생물학의 발전에 따라 신체 내부의 화학적 작용이 해명되고, 나아가 臟器 등을 기계의 부품처럼 교체하는 것이 가능하게 됨에 따라 오히려 인체부분을 대체로 물건으로 파악하는 것이 현실적이라는 이른바 「현실적 파악설(doctrine réaliste)」이 유력하게 주장되고 있다고 한다. 이에 대하여는 우선 Zerr(前註), S. 45 f. 참조.

26) 이는 로마법 이래의 원칙이다. 예를 들면 울피아누스는 "누구도 자신의 四肢의 소유권자로 다루어지지 않는다(Dominus membrorum suorum nemo videtur)"라고 명언하고 있다(D. 9, 2, 13 pr.).

27) 이 절에서 인용하는 법조항에서는 다른 지시가 없는 한 별도로 독일민법의 조항이다.

신체도 유체물로서 물건에 해당한다고 생각될는지 모른다. 그러나 권리침해로 인한 불법행위를 정하는 제823조 제1항은 개별적인 보호법익으로서는 신체(Körper)를 생명, 건강, 자유 및 소유권과 아울러 명시적으로 규정하고 있다.[28] 여기서 신체와 소유권을 별도로 구분하여 규정하는 데서도 분명한 것처럼, 신체는 소유권의 객체가 아닌 것이다.[29] 이들 중 소유권을 제외한 앞의 넷은 모두 인격권의 성질을 가지는 권리를 개별적으로 열거한 것으로 이해된다.

또한 일반적으로 「신체」에는 자연적 구성부분뿐만 아니라, 그에 견고하게 부착된 인공적 장치도 이에 속한다. 무엇보다도 이것이 그 말의 통상적 의미에 부합한다.

(2) 살아 있는 사람의 신체로부터 분리된 인체부분은 그 분리와 동시에 물건으로서 소유권의 객체가 된다.[30] 전통적으로 그것은 전적으로 소유권이나 점유 등의 물권법적 관점에서만 파악되었으나, 근자에는 이에 대하여도 인격권에 기한 보호가 주장되었다. 이에 의하면, 인체부분이 애초에 속해 있던 신체의 주체는 인격권에 기하여 그 소유자에 대한 관계에서도 용도 등을 지정하고 그 의사결정에 반하는 처리를 막을 수 있는 법적 가능성을 가진다는 것이다. 이러한 견해가 제기되는 계기가 된 것은 무엇보다도, 다시 원래의 신체에 재이식하거나 그와 재결합시킬 목적으로 인체부분을 떼어낸 경우이었다고 한다.[31] 이와 같은 경우에는 비록 아직 재결합되지 아니하고 분리된 상

28) 제823조 제1항에 대하여는 뒤의 註 37 및 그 본문부분의 설명도 참조.

29) 본문에서 말한 출발점을 이루는 태도는 그 외에 예를 들면 독일형법에서 ── 우리나라와 같이 ── 상해죄(Körperverletzung)와 손괴죄(Sachbeschädigung)를 준별하는 것(동법 제223조와 제303조)에서도 구체적으로 발현되어 있다.

30) 극소수의 학설은 그 無主의 동산이 되었다가 그 자주점유자에게 원시적으로 소유권이 취득된다고 한다. 예를 들면, Staudinger/Coing(11. Aufl., 1957), § 90 BGB, Rn. 4가 그러하다.

31) Taupitz, Der deliktsrechtlische Schutz des menschlichen Körpers und seiner Teile, in: *NJW* 1995, S. 746 참조.

태에서도 인격권에 기한 보호를 줄 필요가 있다는 것이다.

한편 분리된 인체부분에의 침해가 신체 전체에 영향을 미치는 경우에는 이것이 신체 또는 건강 등의 침해로 평가될 수 있다는 점에 대하여는 異論이 없었다. 예를 들면 자신에 수혈을 하기 위하여 뽑아둔 피가 오염됨으로 말미암아 수혈 후에 병에 걸린 경우가 그러하다. 또 소수이기는 하지만, 인체부분이 당사자의 동의 아래 분리되었으나 그것이 그 후에 애초 예상되지 아니하였고 당사자가 원하지 않는 용도에 사용된 경우에는 그 분리에의 同意의 효력에 영향을 미쳐서 분리 자체가 위법하게 된다는 견해도 주장되었었다.

그러나 분리된 인체부분의 침해가 그 자체로써 제823조 제1항 또는 뒤의 2.(2)에서 보는 제847조 제1항에서 정하는 「신체의 침해」가 된다고 하는 입장은 제시된 바가 없었다. 이제 보기로 하는 독일연방대법원의 1993년 11월 9일 판결은 바로 그러한 새로운 입장을 「발견」하고 채택하였다.

## 2. 獨逸聯邦大法院 1993년 11월 9일 判決[32)]

(1) 1987년에 당시 31세인 원고는 방광암으로 피고의 병원에서 수술을 받았다. 그는 이 수술로 말미암아 생식기능이 영구히 소멸하게 될 것을 알고, 장래 자신의 아이를 가질 가능성을 확보하기 위하여 수술 전에 피고의 병원에 자신의 정액을 냉동보관시켰다. 피고 병원의 정액보관설비가 협소하다는 이 문제를 해결하기 위하여, 피고는 1989년 1월에 원고에게 만일 4주일 안에 반대의사를 밝히지 않는 한 원고의 보관정액을 폐기하겠다고 통지하였다. 원고는 그 정해진 기일 내에 피고가 계속 정액을 보관하여 줄 것을 등기우편으로 요청하였

32) BGHZ 124, 52 = NJW 1994, 127 = JZ 1994, 463 = VersR 1994, 55 = MedR 1994, 113. 이 판결에 대하여는 이미 朴東瑱(註 4), 176면 이하도 다루고 있다.

다. 그런데 이유는 밝혀지지 않았으나, 이 서면은 원고에 관한 피고의 서류철에 편철되지 않았다. 그리하여 피고는 동년 5월에 원고의 냉동정액을 폐기하였다. 원고는 그 전인 동년 3월에 결혼을 하여 그 처와의 사이에 자신의 정액으로 아이를 갖고자 하였는데, 그 후 위와 같은 정액의 폐기사실을 알게 되었다.

이 사건에서 원고는 피고에 대하여 최소한 2만5천마르크의 위자료를 지급할 것을 청구하였다. 원고는 위 정액으로 인공수정의 방법으로 자신의 처가 아이를 포태할 수 있었을 것이라고 주장하면서, 그 청구원인으로, 첫째, 그의 정액에 대한 소유권은 일반적 인격권에 의하여서도 「중첩적으로 보호(überlagert)」되고 있고, 따라서 명예훼손의 경우에 관하여 전개된 판례법리에 준하여 일반적 인격권의 침해를 이유로 금전적 배상을 청구한다는 것, 둘째, 냉동정액의 폐기로 인하여 원고가 이른바 心身症[33]을 앓게 되었으므로 신체 또는 건강의 침해를 이유로 위자료를 청구한다는 것을 제시하였다.

피고는 자신의 영역에서 의무위반이 있었음을 다투지 아니하였고, 나아가 원고가 부담한 냉동정액의 보관비용을 상환할 것은 이를 인정하였다. 그러나 위자료지급의무는 이를 부인하였다.

(2) 이 사건에서 원고의 청구를 이해하기 위해서는 다음과 같은 사실에 유념할 필요가 있다.

이 사건 당시에 독일민법은 비재산손해(immaterieller Schaden)의 배상, 즉 위자료청구는 "법률로 정하여진 경우에 한하여" 할 수 있다는 태도를 취하고 있었다(제253조).[34] 그리고 제847조는 불법행위에

33) 심신증, 즉 심신의학적 증상(psychosomatische Störung; psychosomatic disorder)이란 환자의 어떠한 신체적 증상이 주로 감정적·심리적인 원인에 의하여 발생하였다고 여겨지는 경우를 말한다. 우선 *Dorland's Illustrated Medical Dictionary*, 26th ed.(1981), p. 396 참조.

34) 이와 같이 위자료청구를 제한적인 범위에서만 인정하는 출발점 자체에 대한 입법론적 비판도 적지 않다. 우선 Hohloch, Allgemeines Schadensersatzrecht.

관하여 "신체 또는 건강의 침해 및 자유의 침탈의 경우"(제 1 항)[35]에 위자료청구를 할 수 있다고 정하였다.[36] 그러므로 위자료가 청구된 이 사건에서는 우선 원고에게 위 제847조 제 1 항상의 「신체 또는 건강의 침해」가 있는지가 문제된다.

나아가 독일연방대법원은 제2차세계대전이 끝난 후 얼마 되지 아니하여, 이른바 일반적 인격권을 승인하고, 이를 절대권 침해에 관한 독일민법 제823조 제 1 항에서 정하는 「기타의 권리」[37]로 인정하였

---

Empfiehlt sich eine Neufassung der gesetzlichen Regelung des Schadensersatzrechts(§§ 249-255 BGB)?, in: Bundesminister der Justiz(Hrsg.), *Gutachten und Vorschläge zur Überarbeitung des Schuldrechts,* Bd. 1(1981), S. 375; Schlechtriem, Vertragliche und außervertragliche Haftung. Empfiehlt es sich, das Verhältnis von vertraglicher und außervertraglicher Haftung durch den Gesetzgeber neu zu ordnen, die Bereiche beider Haftungsarten neu abzugrenzen und ihre Ausgestaltung aneiander anzugleichen?, in: Bundesminister der Justiz(Hrsg.), *Gutachten und Vorschläge zur Überarbeitung des Schuldrechts,* Bd. 2(1981), S. 1654 ff. 참조.

35) 동조 제 2 항은 "부녀에 대하여 윤리에 반하는 중죄 또는 경죄가 행하여진 경우 또는 부녀로 하여금 위계 또는 강박에 의하여 또는 종속관계를 남용하여 혼인 외의 성교를 승낙하게 한 경우"에도 위자료청구를 할 수 있다고 정하였다.

36) 그 후 2002년에 이르러, 종전의 제253조를 동조 제 1 항으로 하고, 동조 제 2 항으로 "신체, 건강, 자유 또는 성적 자기결정권의 침해"의 경우에는 위자료청구를 할 수 있다는 규정을 신설하는 것으로 개정되었다. 그 개정과 동시에 제847조는 삭제되었다. 위의 제253조는 채권 일반에 관한 것으로서, 불법행위는 물론이고 다른 원인으로 인한 손해배상, 특히 채무불이행으로 인한 손해배상에도 적용된다. 그러나 그 이외에는 ―「성적 자기결정권의 침해」의 경우를 새로이 위자료청구권이 인정되는 경우에 포함시킨 것을 제외하고― 종전에 비하여 큰 변화를 가져오는 것은 아니었다.

37) 주지하는 대로 독일민법은 불법행위에 관하여 우리 민법과 같은 하나의 일반조항을 두지 않고, 권리 침해(과실만으로 성립한다)(제823조 제 1 항), 보호법규위반(동조 제 2 항) 및 양속위반의 고의적 가해(제826조)이라는 세 개의 「기본요건(Grundtatbestand)」을 규정하는 태도에서 출발한다. 그리고 그 중 제823조 제 1 항은 피침해권리로 "생명, 신체, 건강, 자유, 소유권 또는 기타의 권리"를 열거하고 있다. 여기서 「기타의 권리」란 모든 권리를 말하는 것이 아니라 절대적 권리에 한정됨에는 異論이 없다. 이에 관하여는 우선 Larenz/Canaris, *Lehrbuch des Schuldrechts,* Bd. Ⅱ/2, 13. Aufl.(1994), § 76 Ⅱ 4 a(S. 392) 참조. 그러므로 제823조 제 1 항은 절대적 권리가 침해된 경우에 관한 규정이라고 할 수 있다.

다.[38] 그리고 이어서 동 법원은 일반적 인격권이 침해된 경우에는, 위자료청구권이 인정될 수 있는데,[39] 점차로 이는, 留止請求와 같이 소유권과 같은 전형적 절대권에 일반적으로 인정되는 구제수단과는 달리, 중대한 침해(schwerwiegende Verletzung)의 경우에 한정하여 인정된다는 태도를 취하기에 이르렀다.[40] 침해의 중대성 유무는 구체적인 사안의 제반 사정에 기초하여 판단되는데, 특히 첫째, 가해자의 고의 등 귀책사유의 내용, 둘째, 권리침해의 정도나 의미가 고려된다.[41]

이와 같은 절충적 태도의 배경에는, 일반적 인격권이 침해된 경우에 재산손해가 발생하는 것은 오히려 예외이어서 금전으로 하는 비재산손해의 배상, 즉 위자료의 청구를 인정하지 아니하면 실제로 그 보호의 실효성을 달성할 수 없으며, 또 이로써 인격권 침해의 사전 억제 내지 가해자에 대한 경고를 행할 필요가 있다는 고려가 있고, 다른 한편으로 그렇다고 해서 경미한 인격권 침해에도 위자료청구를 긍정하는 것은 위의 독일민법 제253조에서 보는 대로 위자료 일반에 대하여 그 청구를 억제하고자 하는 입법적 선택과 조화되기 어렵다는 고려가 자리하고 있다. 그리고 판례는 이러한 위자료청구의 인정을 앞서 본 민법 제847조의 유추적용으로 설명하려고 시도한 때도 있었으나, 이제는 그것이 인간의 존엄 및 「인격의 자유로운 발전」에 관한 권리를 정하는 독일기본법 제1조, 제2조 제1항으로부터 직접 도출하는 것[42]이 일반이다.[43]

38) BHGZ 13, 334.

39) 리딩케이스는 BGHZ 26, 349(Herrenreiter[男騎士] 사건)이다.

40) BGH NJW 1971, 698; 1980, 994; 1985, 1617 등 참조.

41) 그 외에도 위자료청구가 다른 적절한 구제수단이 없는 경우에, 말하자면 보충적으로 인정된다는 것이 판례의 태도인지에 대하여는 다툼이 있다.

42) BGHZ 128, 1(카롤리네 공주 사건)이 이를 선명하게 보여준다. 그 전에 이미 BGHZ 35, 363; BGHZ 39, 124도 그러한 방향을 지시하고 있었다. 한편 "형평에 적합한 경우에 또 그 한도에서" 비재산적 손해의 금전배상을 인정하는 독일저작권법 제97조 제2항도 그 실정법적 기초로 원용된다. 이에 대하여는 Larenz/Canaris(註 37), §80 I 4 b(S. 495) 참조.

이와 같이 신체 또는 건강의 침해는 일반적으로, 그리고 일반적 인격권의 침해는 침해자에게 고의가 있는 등의 제한된 요건 아래서 위자료청구권을 발생시키지만, 물건소유권의 침해는 위자료청구권을 발생시키지 못한다. 그러므로 우선 인체로부터 분리된 인체부분에 대하여 당사자가 어떠한 권리를 가지는지에 따라서 위자료청구권이 인정되는지 여부 및 그 요건이 달라지게 된다. 그리고 이 사건의 경우에는 가해자에게 ―아마도 중대하다고 하기 어려운― 과실이 있을 뿐이므로, 단순히 일반적 인격권의 침해인지, 아니면 신체 또는 건강의 침해가 있다고 할 것인지도 상당한 의미를 가지는 것이다.

이렇게 보면, 이 사건은 별로 우리의 흥미를 자극하는 것이 아닐는지도 모른다. 우리 민법에서 법률이 정한 경우에 한하여 위자료청구권이 인정된다든가, 또는 일반적 인격권이 침해된 경우에는 그 침해가 중대한 것이어야 된다는가 하는 제한이 없고, 신체 침해이든 인격권 침해이든 어느 경우에나 통상 위자료청구를 인용하고 있기 때문이다.[44] 그러나 사건 해결의 결과라는 측면에서가 아니라 그 이유 제시의 측면에서 보면, 역시 시사하는 바가 적지 않다. 법적 논변의 다채로움은 물론이고, 얼핏 별달리 문제될 것이 없는 것으로 생각되는 「신체부분」의 법적인 의미가 그처럼 다양하게 제시될 수 있다는 것 자체가 우리로서는 생각하게 하는 바가 있는 것이다.

(3) 제1심 법원은 원고의 청구를 기각하였다.

원심법원도 원고의 항소를 기각하였다. 그 이유는 다음과 같다. 우선 원고가 주장하는 바의 「증상」이란 그 자체가 신체의 완전성을

43) 이상 일반적 인격권의 침해로 인한 위자료청구에 관한 서술에 대하여는 우선 Larenz/Canaris(註 37), § 80 I 4(S. 494 f.); Kötz/Wagner, *Deliktsrecht*, 10. Aufl. (2006), Rn. 422 ff.(S. 164 ff.) 참조.

44) 朴東瑱(註 4), 178면은 그러한 이유를 들어 "독일에서의 논쟁은 우리 민법 하에서는 큰 의미가 없다"고 한다.

해하는 것이 아니었으므로, 애초부터 신체 침해에 해당하지 않고, 또 원고가 주장하는 것과 같은「영혼의 상흔」은 독일민법 제847조의 의미에서의 건강침해를 구성하지 않는다. 또한 원고의 일반적 인격권이 침해된 것도 아니다. 냉동정액의 폐기로 말미암아 원고가 인공임신을 할 것인지, 언제 어떠한 방법으로 할 것인지에 관한 자유를 침해당하기는 하였다. 그러나 일반적 인격권은 현존하는 어떠한 법적 지위의 유지(Bestand der Rechtsposition)만을 도모하는 것이고 어떠한 적극적 활동의 보호(Aktivitätenschutz)를 주는 것이 아니다.[45] 그러므로 그러한 자유는 일반적 인격권의 범위에 속하지 않는다는 것이다.

(4) 그러나 독일연방대법원은 원고의 상고를 인용하고, 피고에 대하여 원고에게 2만5천 마르크의 위자료를 지급할 것을 명하였다. 그 이유를 요약해서 말하면, 이 사건에서 냉동정액의 폐기는 독일민법 제847조에서 정하는「신체의 침해」에 준하는 것으로 보아야 한다는 것이다. 이하에서 이 판결의 논리를 따라가 보기로 하자.

(a) 다수의 학설은, 신체의 일부분이 신체로부터 분리되면 그것은「물건」이 되어서 당사자의 신체에 대한 권리가 이제 그 분리된 인체부분에 대한 소유권으로 변환된다고 한다. 그리고 일부의 학설은 이는 보존된 정액에 대해서도 마찬가지라고 한다. 이 사건 원심법원도 이러한 견해에 좇고 있다. 이에 의하면, 원고의 냉동정액을 폐기한 것은 신체 침해를 구성하지 않으며 따라서 제847조에서 정하는 위자료청구권의 요건을 충족하지 못하게 된다.

(b) 그러나 그러한 파악은 너무 협소하며, 이는 보다 넓게 해석되어야 한다. 사람이 자신의 신체에 대하여 가지는 권리는 일반

45) 이는, 일반적 인격권은 현재 어떠한 사람에게 이미 귀속되어 있는 일정한 배타적인 인격적 속성의 완전성을 보호하고자 하는 것이고, 장래 일정한 행위를 할 일반적인 가능성, 즉 이른바 일반적인 행동의 자유를 보호하는 것이 아니라는 의미라고 이해된다.

적 인격권의 「법률적으로 구체화된 일부분(gesetzlich ausgeformter Teil)」이며, 제823조 제1항에서 규정되어 있는 바의 신체는 살과 뼈 등과 같은 素材의 관점에서가 아니라, 인격이 현존하고 구현되는 장소로서, 즉 인격의 기초로서 보호되는 것이다.

그런데 의학의 발전은 신체의 일부를 분리하였다가 후에 이를 다시 신체에 접합하는 것을 가능하게 하였다. 예를 들면 피부나 뼈를 자신에게 이식하려는 경우, 인공생식을 위하여 난자를 채취하는 경우, 또는 자신에의 수혈을 위하여 채혈하는 경우 등이 그러하다. 이와 같이 신체기능의 유지나 실현을 위하여 다시 결합할 수 있게 할 목적으로 신체의 일부가 분리되는 경우에 대하여는, 앞서 본 바와 같이 신체가 인격의 기초로서 보호된다는 관점에서 보면, 그러한 규범의 보호목적상 그 일부는 신체와 「기능적 일체(funktionale Einheit)」를 이룬다는 결론에 이른다. 이는 특히 일반적 인격권에서 나오는 권리자의 자기결정권이라는 관점에서도 정당화되는 바이다. 그러므로 그와 같은 인체부분이 아직 다시 신체에 결합되기 전에라도 그 멸실·훼손은 제823조 제1항, 제847조 제1항의 의미에서의 신체 침해라고 하여야 한다.

(**c**) 그러나 권리자의 의사가 그와 같은 재결합에 있는 것이 아닌 인체부분의 분리의 경우는 그러하지 아니하다. 여기서는 권리자의 자기결정이 그 분리된 인체부분을 신체와 기능상 일체로 파악되게 한다는 측면이 결여되어 있다. 그러므로 이 때에는 인체부분이 신체로부터 종국적으로 분리되면, 이제 그것은 신체성을 상실하고, 따라서 「물건」이 된다. 이는 특히 타인에게 주기 위하여 인체조직이나 혈액을 기증하는 경우에 그러하다. 그런데 여기서의 「물건」은 단순히 소유권의 객체가 아니라 인격권에 의해서도 중첩적으로 보호된다고 할 것이다.[46] 그러므로 기증된 인체부분이 기증자의 명시적 또는 묵시적

46) 판결은 여기서 다수의 문헌을 인용하고 있다.

의사에 반하여 사용되었거나 폐기되었으면, 기증자는 일반적 인격권이 침해된 경우에 관한 법리에 기하여 침해자의 고의 등과 같은 제한적인 요건 아래서만 위자료를 청구할 수 있다.

(**d**) 그러면 이 사건에서와 같이 장래의 인공생식을 위하여 냉동보존된 정액의 경우는 어떠한가? 상실된 생식능력을 대체하기 위하여 보존된 정액은, 권리자의 신체적 완전성과 그에 담긴 인적인 자기결정 및 자기실현의 점에서, 난자 기타 앞의 (b)에서 제823조 제1항 등의 의미에서의「신체」에 해당한다고 한 인체부분과 내용적으로 그 의미가 덜하다고 할 수 없다. 그것은 생식이라는 신체기능을 실현시킬 유일한 가능성인 것이다. 그러므로 비록 그것이 권리자의 신체에 재결합될 수 없는 성질의 것이고 따라서 위 규정상의 신체에 해당하지 않는다고 하더라도, 위 규정은 이 경우에 준용되어야 한다. 남자에 있어서 인공생식을 위하여 보존된 정액은 법적으로 여자에 있어서 인공생식을 위하여 채취된 난자와 같이 취급되어야 하는 것이다. 따라서 그러한 정액이 폐기된 경우는 제847조 제1항에서 정하는「신체의 침해」에 해당하여, 일반적으로 위자료청구권이 인정되어야 한다.

(**e**) 한편 위자료액의 산정과 관련하여서는, 그 냉동정액으로써 처가 아이를 가질 실제적인 개연성이 어느 정도인가는 문제되지 않으며, 원고가 자신의 처와의 사이에 아이를 가질 유일한 가능성이 상실되었다는 점이 결정적이다. 그리고 그 상실로 인한 원고의「부담(Belastung)」은 무겁게 평가되어야 한다. 다른 한편 피고측에 단지 과실이 있었다는 점도 고려되어야 한다. 이러한 모든 사정을 종합하여 보면, 위자료는 2만5천 마르크가 적절하다.

(5) 위 판결은 다음과 같이 요약될 수 있다.

첫째, 신체는 인격의 물적 기초로서 보호되는 것이므로, 사람의 신체에 대한 자기결정은 존중되어야 한다.

둘째, 그러므로 어떤 사람이 후에 다시 자신의 신체에 재결합되게 하기 위하여 신체의 일부를 분리시킨 경우에는, 이는 신체와 「기능적 일체」를 이루는 것으로서, 제823조 제 1 항, 제847조 제 1 항의 의미에서의 신체의 일부로 보아야 한다.

셋째, 그렇지 아니한 경우에는 이는 신체의 일부가 아니라 물건이 된다. 그러나 그것은 일반적 인격권에 의하여 중첩적으로 보호를 받는다. 그러므로 그것이 멸실 또는 훼손되면, 일반적 인격권이 침해된 경우에 위자료청구권이 인정되는 요건에 관한 제한 아래서만 위자료청구가 허용된다.

넷째, 인공생식을 위하여 보존된 정액은 둘째의 경우에 준하여 취급되어야 한다.

## 3. 위 判決의 態度에 대한 批判

(1) 앞서 본 독일연방대법원의 판결은 학설이 인체부분의 법적 처리에 관하여 보다 면밀하게 논의하게 하는 계기가 되었다.[47] 그리고 이 판결을 평석 또는 연구한 문헌들[48]은 원심의 판결을 깨고 원고에게 위자료를 인정한 그 결론에 대하여는 대체로 찬성하였다.

그러나 위 판결의 이유, 특히 인체부분이 신체와 분리되더라도 신체와 「기능적 일체」를 이루는 경우에는 그 인체부분에 대한 침해는 소유권의 침해가 아니라 신체의 침해 그 자체로 보아야 한다는 점(앞

47) Zerr(註 24), S. 149은 이 판결의 「功績」으로 이 점을 들면서, 그러나 내용적으로는 그 이유를 달리 제시하였어야 했다고 평가한다.

48) Laufs/Reiling, Schmerzensgeld wegen schuldhafter Vernichtung deponierten Spermas?, in: *NJW* 1994, S. 775 ff.; Rohe, Zum Anspruch auf Schmerzensgeld bei Vernichtung von eingefrorenem Sperma, in: *JZ* 1994, S. 465 ff.; Schnorbus, Schmerzensgeld wegen schuldhafter Vernichtung vom Sperma — BGH, NJW 1994, 127, in: *NJW* 1994, S. 830 ff.; Nixdorf, Zur ärztlichen Haftung hinsichtlich entnommener Körpersubstanzen: Körper, Persönlichkeit, Totenfürsorge, in: *VersR* 1995, S. 740 ff.; Taupitz(註 31), S. 745 ff. 등 참조.

의 2.(5)의 (b) 참조)에 대하여 학설은 엄한 비판을 가하였다.[49] 그것은 기본적으로, 첫째, 신체 또는「신체 침해」에 대한 종전의 이해를「기능적 일체」라는 징표를 통하여 확장하는 것은 여러 가지로 난점이 있어 이에 찬성할 수 없고, 둘째, 그러한 색다른 법구성에 의하지 아니하고도 다른 법적 수단을 통하여서 충분히 자신의 냉동정액을 파기당한 원고에게 위자료를 인정할 수 있다는 것이다.

(**2**) 먼저「기능적 일체」라는 징표를 통하여 신체 또는 신체 침해에 대한 종전의 이해를 확장하는 것에 대하여는 반대의 소리가 높다.

(**a**) 종래 신체는 이른바「자연적 관찰」에 입각한 개념으로 이해되어 왔다. 즉 사람들이 통상 신체라는 말의 의미로 인식하는 바에 따라 법(가령 제823조 제1항 등)에서 말하는 신체도 정의된다는 것이다.[50] 그러한 자연적 관찰에 의하면, 신체란 살아 있는 사람에게 통합되어 있는 구성물들의 단일체를 말한다.

그런데 위의 판결의 태도는 무엇보다도 그러한 신체의 자연적 개념에 반한다. 일반적으로 사람들은 당사자 자신에게 이식하기 위하여 피부나 뼈 등이 분리된 경우라도 다시 결합되기 전까지는 그 분리된 피부 등을 신체의 일부라고 하지 않는다. 그러한 의미에서 위 판결은 신체의 개념에 관하여 말의 통상적 의미에 배치되는 해석을 하는 것이다.[51]

---

**49**) Zerr(註 24), S. 152는「매우 엄한 비판(besonders heftige Kritik)」이라고 한다. 한편 Deutsch, *Medizinrecht,* 4. Aufl.(1999), S. 356에 의하면, "이 모든 면에서 놀라운 판결은 역시 대다수에 의하여 거부되었다"고 한다. 여기서「놀라운」이라는 표현에 대하여는 뒤의 註 52도 보라.

**50**) Staudinger/Dilcher(12. Aufl., 1980), Vorbem. zu § 90 BGB, Rn. 8ff.가「일반인들의 거래관념(Verkehrsanschauung unter Laien)」을 운위하는 것도 마찬가지의 맥락이다.

**51**) 이러한 관점에서 Laufs/Reiling(註 48), S. 775; Rohe(註 48), S. 466; Taupitz(註 41), S. 749는, 형법상으로는 위 판결이 신체와「기능상 일체」를 이룬다고

(**b**) 나아가 위 판결은 종래의 신체개념에 "주관성의 요소(ein Moment der Beliebigkeit)"를 도입한다.[52] 즉 위의 판결은 인체부분의 분리가 후에 원래의 신체와 다시 결합할 수 있는 것을 의욕하여 행하여졌으면 그것은 제823조 제1항에서 말하는 신체로 다루어져야 한다고 설시하는 것이다. 이와 같이 하는 것은 앞서 말한 바와 같이 명확하게 획정되어 있는 신체개념의 명료성을 해친다.[53] 이러한 주관적 요소의 도입은 특히 다음과 같은 현저한 난점이 있는 것이다.

첫째, 외부에서 보면 과연 그 인체부분이 어떠한 목적으로 분리되었는지를 쉽사리 인식할 수 없다. 그러므로 많은 경우에 이를 파손하는 이는 자신의 행위가 신체 침해인지 아니면 소유권 침해인지를 명확하게 알 수가 없다. 그가 남의 물건을 손괴한다고 생각하였던 것이 실제로는 신체 침해가 되는 일도 얼마든지 상정할 수 있다. 물론 민법상으로는 ── 불법행위의 영역에 한정하여 본다면 ── 과실기준의 현명한 적용에 의하여[54] 현저한 불합리는 피할 수 있을는지도 모른다. 그러나 그 점에 대하여 판단을 하여야 한다는 것 자체가 사건의 법적 처리에 불필요한 부담을 주는 것이다. 특히 과실의 유무는 무과실책임에서는 문제되지 않으므로, 이때에는 반드시 불합리를 피할 방도가 있는지 의문이다.[55]

---

하는 인체부분이 파손된 경우에도 여전히 손괴죄를 인정하지 상해죄를 인정하지 않을 것(앞의 註 29도 참조)라고 「예언」하고, 이러한 민법과 형법상의 평가상 차이는 별로 바람직하지 아니하다고 한다.

52) Deutsch(註 49), S. 355 Fn. 2의 표현. 도이취는 여기에다 「놀랍게도(überraschenderweise)」라는 말을 덧붙이고 있다. 이는 물론 긍정적인 것이 아니라 부정적인 판단이 포함된 말이다. 또한 Taupitz(註 41), S. 750은 이러한 관점에서 위 판결의 태도를 신체 침해요건의 「주관화(Versubjektivierung)」라고 부른다.

53) 특히 Nixdorf(註 48), S. 743; Taupitz(註 41), S. 750; Brohm(註 48), S. 200 등이 이 점을 강조한다. Laufs/Reiling(註 48), S. 750도, 이는 「불법행위법의 腐蝕(Erosion)」을 초래한다고 한다.

54) 또 형법상으로는 이른바 구성요건착오(Tatbestandsirrtum)의 법리(독일형법 제16조)가 적용된다. 우리 형법에서는 제15조가 이에 관하여 규정한다.

55) Taupitz(註 41), S. 750가 이 점을 강조한다.

둘째, 신체에 다시 결합시키기 위하여 일시적으로 인체부분을 분리하는 것은 반드시 당사자가 앞서 말한 바와 같은 「의욕」을 할 수 없는 상황에서도 행하여질 수 있다. 예를 들면 무의식상태의 환자로부터 그 신체의 일부를 후에 그에 다시 결합시키기 위하여 떼어내는 경우가 그러하다. 이 경우에는 그 분리된 인체부분은 원래의 신체와 「기능적 일체」를 이룬다고 할 것인가, 아닌가.

셋째, 원래 본래의 신체와 재결합될 목적으로 일단 분리된 인체부분이 후에 그 목적이 변경되는 경우는 어떻게 처리되어야 하는가? 예를 들어 자신에게 수혈하기 위하여 혈액을 뽑아 놓았는데 후에 수혈 없이도 수술이 원만하게 진행되어 수혈의 필요가 없게 되었으면, 이는 다른 사람에의 수혈을 위한 용도로 전환되어야 할 것이다. 그렇다면 그 혈액은 이제 신체의 일부가 아니라 물건이 되는가?

(c) 다른 관점에서도 위 판결에는 문제가 있다.[56] 위 판결에 의하면, 신체와 「기능적 일체」를 이루는 인체부분에 손상을 일으키는 행위는 그 자체로 1차적으로 신체 침해가 된다. 만일 이와 같이 손상된 인체부분이 후에 신체와 재결합되었는데, 앞서의 인체부분 손상으로 말미암아 이제 신체 전체가 침해되거나 또는 「건강」이 침해된 경우는 어떻게 처리되는가? 이는 동일한 법익, 즉 신체에 가하여진 결과손해라고 할 수밖에 없다. 종전의 신체개념에 의하면, 위와 같은 경우에는 소유권 침해와 신체 침해라는 두 개의 독자적인 법익침해가 인정되어 각각에 대하여 별개로 불법행위요건의 충족 여부가 판단되거나, 아니면 소유권 침해가 그와 다른 법익인 신체의 침해를 일으킨 것이어서 특히 상당인과관계의 유무가 통상의 기준에 좇아 판단될 것이다.

그런데 독일의 판례는 동일한 법익에 가하여진 결과손해에 대하

56) 이 항목에서의 논의는 독일 손해배상법에 특유한 것인지도 모른다.

여 가해자가 책임을 져야 하는가에 대하여 일반적인 불법행위 성립요건으로서의 상당인과관계의 판단기준보다 엄격한 기준을 적용한다.57) 그러므로 위 판결의 태도는 불법행위책임의 현저한 확장을 가져오게 된다.58)

(**d**) 넷째, 위 판결의 태도에 의하면, 신체는 복수의 곳에 존재할 수 있게 된다. 예를 들어 서울에서 자기수혈을 위하여 혈액을 뽑아 놓은 사람이 뉴욕으로 여행을 간 경우가 그러하다. 법이 추구하는 법익보호의 이념은 법익침해의 예방을 추구한다. 위와 같이 한 사람의 신체가 여러 곳에 존재한다는 것이 과연 그러한 목적에 적절한가?

(**e**) 위 판결이 설시하는 이유에 대한 비판은 방법론적인 관점에서도 행하여진다. 즉 위 판결은 당사자의 자기결정을 중시하면서 일반적 인격권을 내세워 종래의 신체개념을 "너무 좁다"고 하여 그 확장을 시도한다. 즉 내용이 보다 일반적인 「일반적 인격권」에 입각하여 보다 특수한 신체 개념의 내용을 補塡하려는 것이다. 그러나 일반적 인격권은 내용이 불분명한 이른바 「개괄권(Rahmenrecht)」으로서, 다양한 이익형량을 거쳐서만 ── 무엇보다도 유형의 창출을 통하여 ── 구체화될 수 있는 것이다. 그리고 그러한 내용형성작업은 법에서 개별적으로 열거되어 있는 실정의 인격적 법익(제823조 제1항으로 말하면 생명, 신체, 건강, 자유)의 내용을 끊임없이 참조하면서 행하여져야 한다. 다시 말하면, 개별적인 권리와 법익이 그러한 개괄권의 구체적 내용이 형성됨에 있어서의 指標가 되어야 하지, 반대로 제823조 제1

57) 예를 들어 BGH NJW 1976, 1144은, "직접적으로 보호되는 법익에 관한 손해결과가 예견할 수 없는 사정으로 인하여 이례적으로 중하게 된 경우[본문에서 말한 「동일한 법익에 가하여진 결과손해」가 이에 해당한다]와는 달리, 다른 법익에 대한 간접적 가해의 경우에 있어서는 그러한 간접적인 결과가 전반적 사정에 비추어 가해자 자신은 물론이고 그의 입장에 있는 최상의 관찰자에 의하여서도 전반적 사정에 비추어 예상될 수 없으면 가해자는 그에 대하여 책임을 지지 않는다"고 한다.

58) Taupitz(註 41), S. 750.

항의「기타의 권리」로서 법의 세계에서 시민권을 인정받는 개괄권인 일반적 인격권이 그 규정에서 구체적으로 규정된 개별적인 권리인 신체의 내용을 해석하는 데 지표가 되어서는 안 되는 것이다. 그런데 위 판결은 그 방향이 거꾸로 되어 있다.[59)]

(3) 나아가 위 판결에 대하여는, 자신의 냉동정액을 파기당한 원고에게 다른 법적 수단을 통하여서 충분히 위자료를 인정할 수 있음에도 불구하고 위 판결은 이 사건에서 불필요하게 종전의 신체개념의 확장을 도모하고 있다는 비판이 가하여졌다.

(**a**) 논자들이 공통적으로 지적하는 것은, 이 사건에서 일반적 인격권의 침해를 이유로 하여서도 충분히 원고의 위자료청구를 인정할 수 있다는 것이다. 앞의 2.(2)에서 본 대로, 확고한 판례에 의하면 일반적 인격권이 중대하게 침해된 경우에는 위자료청구가 긍정된다. 이 사건에서 비록 피고의 가해행위에는 고의가 아니라 단지 과실이 있는 데 불과하지만, 위 판결은 "원고가 자신의 처와의 사이에 아이를 가질 유일한 가능성이 상실되었다"는 것으로 인한 원고의「부담」은 무겁다고 스스로 평가하고 있고, 이러한 평가는 정당하다고 생각된다. 그렇다면 이 사건에서는 일반적 인격권의 침해로 인한 위자료청구가 긍정되어야 한다는 것이다.

(**b**) 또 위 판결에 대한 비판론자 중에는, 원고가 주장하는 자신의 후손을 가질 수 없게 됨으로 인한「영혼의 상흔」은 이를 건강침해로 볼 수 있는 것이 아닌가, 또 원고와 피고 사이의 냉동정액보관계약에는 위자료청구권을 제한하는 제253조의 적용을 배제하는 특약이 포함된다고 해석할 수는 없는가 등을 주장하는 이도 있다.[60)]

---

59) 특히 Laufs/Reiling(註 48), S. 775; Taupitz(註 41), S. 750f.가 그러한 비판을 가한다.

60) Taupitz(註 41), S. 747f.가 그러하다.

### 4. 現在의 通說的 理解

(1) 현재 독일에서는 분리된 인체부분이 물건으로서 소유권의 객체가 된다는 점은 일반적으로 인정되고 있다. 또한 인체에 대한 권리는 원래 인격권에 속하는 것이므로, 그것이 인체로부터 분리된 후에도 동시에 인격권에 기한 보호를 받는다는 점에 대하여도 별다른 의문이 제기되지 않고 있다. 이는 결국 분리된 인체부분의 소유권이 제3자에게 귀속된 경우에도 신체의 주체가 그 사용 등에 대하여 일정한 영향을 미칠 수 있는 법적 가능성을 가짐을 의미한다.

(2) 그런데 분리된 인체부분에 대한 소유권과 인격권이 서로 어떠한 관계에 있는지에 대하여는 의논이 분분하다.[61] 인격권적 측면을 더 우선시하는 관점이 있는가 하면,[62] 소유권적 측면을 내세우되 그 대상의 특성에 따라 인격권적 고려가 필요하다고 하기도 한다.[63]

## Ⅳ. 小　結

**1.** 이렇게 살펴보아 오면, 우리는 종전에 인체부분의 법적 성격에 대하여 오로지 소유권의 측면에서만 이를 다루어 왔으나, 이로써는 인체부분과 관련하여 제기되는 여러 문제를 적절하게 처리할 수 없음을 알 수 있다. 인체부분은 그것이 아무리 사소한 것처럼 보인다고 해도 역시 인격의 물적 요소의 연장으로서의 성질을 부인할 수 없

61) 그 논의를 정리하는 것으로 우선 Müller(註 24), S. 38ff. 참조.

62) 예를 들면 Forkel, Verfügung über Teile des menschlichen Körpers. Ein Beitrag zur zivilistischen Erfassung der Transplantation, in: *JZ* 1974, S. 595f.; Deutsch(註 49), S. 357 등이 그러하다.

63) 무엇보다도 Schröder/Taupitz, *Menschliches Blut*(1991), S. 42ff.; Taupitz, Privatrechtliche Rechtspositionen um die Genomanalyse. Eigentum, Persönlichkeit, Leistung, in: *JZ* 1992, S. 1093 등이 그러하다.

다. 그러므로 당사자는 일정한 범위에서 그 운명을 통제할 수 있어야 한다.

**2.** 그러나 정작 문제는 이제부터다. 그 「일정한 범위」란 어디까지인가? 분명한 것은, 분리된 신체부분에 대한 법적 처리, 특히 그 인격권에 기한 통제가 일률적으로 행하여질 수 없다는 것이다. 그것이 어떠한 신체부분인지, 실제적으로 어떠한 장면에서 분리가 행하여졌는지, 그 목적은 무엇인지,[64] 나아가 그때그때의 기술발달의 상황 등을 고려하여 일반의 사회관념을 유형적으로 파악하여야 할 것이다.[65]

예를 들면, 일상적으로 행하여지는 理髮에서 잘려나간 머리카락을 냉장보관된 정액이나 체외수정된 난자와 모든 면에서 동일하게 처리할 수는 없다는 것이다. 전자의 경우에는 틀림없이 소유권의 포기가 인정되어야 할 것이지만, 후자의 경우에는 그러할 수 없음은 물론이다. 그러나 전자의 경우에도, 오늘날의 유전자기술에 비추어 보면 여전히 인격권에 기하여 제3자가 그로부터 유전자정보를 얻는 일을 막을 수 있어야 할 것이므로, 그 머리카락에 대하여 어떠한 권리도 없다고 말하기는 어렵다. 이렇게 보면, 분리된 신체부분에 대한 법적 처리에 있어서는 그 분리에 관련한 당사자의 의사를 ── 당사자들 사이에 체결된 계약을 포함하여 ── 적절하게 해석하는 것이 매우 중요한 의미를 가지게 된다. 그리고 이러한 맥락에서는 앞의 I.1.에서 열거한 관련 법률규정의 목적이나 내용도 아울러 고려되지 않을 수 없을 것이다.

그리하여 예를 들어 의료행위에 의하여 발생한 인체조직물, 즉

64) 독일에서는 인체부분에 대한 당사자의 이익에 좇아 「自益提供(Eigenspende)」, 「他益提供(Fremdspende)」, 「提供이 아닌 경우」로 나눈다. 예를 들어 Zerr(註 24), S. 167 f. 참조.

65) 예를 들면 Deutsch(註 48), S. 357 ff.; Zerr(註 24), S. 199 ff.; Müller(註 24), S. 49 ff. 등 참조.

"신체로부터 적출되거나 절단된 사태아·장기·태반·살·뼈·치아 등의 인체조직물"이나 "환자의 피·고름 또는 분비물"[66]은 통상적으로 의료계약상의 상대방에게 그 소유권이 이전된다고 하여도 좋을 것이다. 이 때 환자의 소유권 양도의 의사표시는 환자가 당사자가 되어 의사 또는 의료기관과의 사이에 유효하게 체결한 의료계약[67]의 해석상 그 계약에 포함되어 있다고 할 것이다. 그러나 의료인측은 이를 「통상의 용도」로 사용하여야 할 의무를 부담한다. 통상의 용도와 다른 용도로 사용하는 경우에는 이에 관하여 환자의 별도의 동의를 얻어야 한다. 특히 환자 자신을 위하여 사용할 목적으로 적출된 인체부분[68]을 제 3 자를 위하여 또는 의료인측을 위하여 사용하려는 경우가 그러하다.[69]

**3.** 그러나 아직도 어려운 문제는 산적되어 있다. 예를 들어, 앞의 (2) 말미에서 「통상의 용도」라고 하였지만, 그것을 구체적인 경우에 획정하는 것은 쉬운 일이 아닐 것이다. 이 글을 마감하려는데 마침 서울대학교 수의과대학의 연구팀이 분화능력을 가진 줄기세포를 제대혈에서 분리·배양해서 이를 이용하여 당뇨병을 치료하는 인슐린의 분비세포로 전환하는 데 성공하였다는 보도가 나왔다.[70] 일반적으로 제대혈은 위와 같이 분화능력을 가진 줄기세포를 추출할 수 있으므로, 産母가 이를 장래의 일에 대비하여 자신의 비용으로 그 보관을

66) 이들은 註 3에서 본 1999년 2월 8일 개정 후의 「적출물처리규칙」 제 2 조 제 1 목에서 「조직물류」로 규정하는 바이다.

67) 환자가 무의식인 경우에 대하여는 보다 상세한 검토를 요한다.

68) 「인체조직 안전 및 관리 등에 관한 법률」 제 4 조는 그 법률의 적용범위에서 제외되는 것의 하나로 「자가이식용 조직」을 들고 있다(제 1 호). 이것이 본문에서 말한 경우에 해당할 것이다. 이에 관하여는 앞의 註 64도 참조.

69) 이상에 대하여는 Deutsch(註 49), S. 359f. 참조.

70) http://news.naver.com/hotissue/daily_read.php?office_id=034&article_id=0000344546&datetime=2007012313060344546 등을 보라.

의료기관에 의뢰하여 보관이 행하여지고 있는 것으로 알려져 있다. 그런데 위의 연구에서는 과연 그 제대혈에 대하여는 당사자들 사이에 어떠한 합의가 있었던 것일까, 흥미로운 일이 아닐 수 없다.

(서울대학교 법학연구소 기술과법센터 編, 과학기술과 법(2007), 263면 이하 所載)

# 5. 轉得者는 不動産實名法 제4조 제3항의 「제3자」에 該當하는가?

## ── 동시에 大法院判例 形成의 한 모습에 대한 批判的 考察

## Ⅰ. 序

**1.** 「부동산 실권리자 명의 등기에 관한 법률」(이하 단지 부동산실명법이라고만 한다) 제4조는 「명의신탁약정의 효력」이라는 표제 아래 명의신탁약정 및 그 약정에 따라 행하여진 부동산물권변동이 무효임을 정한다(제1항 및 제2항). 예를 들어 A가 B로부터 부동산을 매수하고 그 부동산의 등기명의를 C에게 신탁하는 약정을 하여 A로부터 C에게 직접 소유권이전등기가 행하여졌다면, A와 C 사이의 명의신탁약정 및 A로부터 C 앞으로의 소유권 이전은 모두 효력이 없다.

한편 同條 제3항은 "제1항 및 제2항의 무효는 제3자에게 대항하지 못한다"라고 규정한다. 그러므로 위의 예에서 만일 C가 그 부동산을 D에게 매도하여 D 앞으로 소유권이전등기가 행하여졌다면, D는 C가 명의수탁자임을 알았는지 여부에 관계없이 그 부동산의 소유권을 유효하게 취득한다.

**2.** 그런데 D가 아무런 원인 없이 C로부터 그 부동산을 매수한 것처럼 관련 서류를 위조하여 자기 앞으로 소유권이전등기를 경료하였다고 하자. 이러한 경우에 D는 부동산실명법 제4조 제3항상의

「제 3 자」에 해당하지 않는다고 할 것이다. 그것은 이 경우의 D는 동항에서 정하는「제 1 항 및 제 2 항의 무효」와는 전혀 무관하게 그 원인행위의 부존재라는 하자로 인하여 이미 소유권 취득이 부정되는 지위에 있기 때문이다.

나아가 다음과 같은 경우는 어떠한가? 위와 같이 관련 서류를 위조하여 소유권이전등기를 얻은 D가 이를 E에게 매도하여 E 앞으로 소유권이전등기가 행하여졌다고 하자. 그 경우에 E는 유효하게 그 부동산의 소유권을 취득하는가? 즉 그는 부동산실명법 제 4 조 제 3 항에서 정하는「제 3 자」에 속하는가? 혹은 그가 D가 무권리자임을 알았는지 여부는 그 판단에 영향을 미친다고 하여야 할 것인가?

**3.** 이러한 문제는 우리 민법 기타에서 적지 않게 존재하는 넓은 의미의 제 3 자보호규정의 해석과 관련하여 일반적으로 제기된다. 즉 전득자는 그의 독자적인 지위에서 그 규정에서 말하는「제 3 자」에 포함되는가 하는 문제이다.

예를 들어, 계약해제의 효과에 대하여 원상회복의무를 정하는 민법 제548조는 그 제 1 항 단서에서 그러한 원상회복의무는 "그러나 제 3 자의 권리를 해하지 못한다"고 정한다. 그러므로 가령 갑이 을에게 부동산을 매도하고 을 앞으로 소유권이전등기를 경료하였는데 병이 아무런 원인 없이 을로부터 그 부동산을 매수한 것처럼 관련 서류를 위조하여 자기 앞으로 소유권이전등기를 경료하였다고 하자. 여기서 병은 역시 위의 제548조 제 1 항 단서에서 정하는「제 3 자」에 속하지 않는다고 할 것이고, 후에 계약이 적법하게 해제되면 갑은 병에 대하여 그 해제의 효력을 주장할 수 있다고 할 것이다. 그런데 병이 그 부동산에 관하여 유효한 매매계약에 기하여 정 앞으로 소유권이전등기를 넘겼다면, 이 경우 정은 위 단서 규정의 보호를 받는가?

또 허위표시의 무효를 "선의의 제 3 자에게 대항하지 못한다"라고 정하는 민법 제108조 제2항 등과 관련하여서도 마찬가지의 문제가 제기된다. 물론 그 규정에 의한 보호는 「악의의 제3자」에게는 미치지 않으나, 위와 같은 문제는 그 선의·악의를 묻기 전에 따져 보아야 할, 과연 그가 「제3자」에 해당한다고 할 것인지를 내용으로 하는 것이다.

**4.** 대법원은 근자에 大判 2005.11.10, 2005다34667등(공보 하, 1961)에서 전득자는 부동산실명법 제4조 제3항에서 정하는 「제3자」에 포함되지 않는다는 태도를 명확하게 밝히는 판결을 내렸다. 필자는 그 태도에 찬성할 수 없다. 본고는 우선 그 점에 대하여 살펴보려는 것이다(Ⅱ).

그런데 위의 대법원판결에 대하여는 이미 종전부터 대법원이 취하여 온 태도를 답습한 것에 불과하다는 이해가 표명되고 있다. 그리고 그러한 이해는 **공간되지 아니한** 대법원의 재판례를 그 근거로 한다. 이러한 이해 표명을 계기로 해서 우리나라에서 이른바 대법원판례가 구체적으로 형성되어 가는 어떠한 방식에 대하여 의문을 표시하고자 하는 것이 본고의 다른 하나의 목적이다(Ⅲ).

## Ⅱ. 大判 2005.11.10, 2005다34667등(공보 하, 1961)에 대하여

**1.** 이 판결은 다음과 같은 사안에 대한 것이다.

(1) 이 사건 토지는 원래 피고가 매입하여 등기한 피고의 소유로서 이를 갑에게 명의신탁하였는데, 을이 자신이 실제 소유자라고 주장하면서 갑을 상대로 소유권이전등기청구소송을 제기하자, 갑이 그 청구를 인낙함으로써 결국 을 앞으로 소유권이전등기가 경료되었

다. 그 후 원고가 을로부터 이 사건 토지를 증여받아 소유권이전등기를 넘겨 받았다. 이 사건에서 원고는 소유권에 기하여 위 토지 위에 있는 피고 소유의 건물의 철거를 청구한 듯하다. 그러자 피고가 반소를 제기하여 자신이 위 토지의 소유자라고 주장하면서 소유권이전등기를 청구하였다.

(2) 원심은 원고의 청구를 기각하고, 피고의 반소청구를 인용하였다.

그 이유는, "을은 명의수탁자 갑이 이 사건 토지의 소유자임을 기초로 소유권을 이어받은 것도 아니고 갑과의 사이에 새로운 법률원인으로 이해관계를 맺은 것도 아닐 뿐 아니라, 을의 소유권취득은 피고로부터 소유 명의를 수탁받은 갑의 배임행위에 적극 가담하여 이루어진 반사회적 법률행위에 해당하여, 을은 부동산실명법 제 4 조 제 3 항에 정한 제 3 자에 해당한다고 할 수 없어 그 명의의 등기는 무효이고, 나아가 을로부터 이 사건 토지를 증여받은 원고도 무효인 을 명의의 등기를 승계하였을 뿐 명의수탁자인 갑과의 사이에 새로운 이해관계를 맺은 것이 아니어서 역시 위 규정에 정한 제 3 자에 해당하지 아니하므로 이 사건 토지에 관한 원고 명의의 등기도 무효"라는 것이다.

(3) 대법원은 다음과 같이 판시하여 상고를 기각하였다.

> "부동산 실권리자 명의 등기에 관한 법률(이하 '부동산실명법'이라 한다) 제 4 조 제 3 항에서 '제 3 자'라고 함은 명의신탁약정의 당사자 및 포괄승계인 이외의 자로서 명의수탁자가 물권자임을 기초로 그와의 사이에 직접 새로운 이해관계를 맺은 사람을 말한다고 할 것이므로, 명의수탁자로부터 명의신탁된 부동산의 소유명의를 이어받은 사람이 위 규정에 정한 제 3 자에 해당하지 아니한다면 … 그 명의의 등기는 실체관계에 부합하여 유효라고 하는 등의 특별한 사정

이 없는 한 무효라고 할 것이다. [관련 재판례[1] 인용]

그리고 위와 같이 등기부상 명의수탁자로부터 소유권이전등기를 이어받은 자의 등기가 무효인 이상, **부동산 등기에 관하여 공신력이 인정되지 아니하는 우리 법제 아래서는 그 무효인 등기에 기초하여 새로운 법률원인으로 이해관계를 맺은 자가 다시 등기를 이어받았다면 그 명의의 등기 역시 특별한 사정이 없는 한 무효임을 면할 수 없다고 할 것이고, 이렇게 명의수탁자와 직접 이해관계를 맺은 것이 아니라 부동산실명법 제4조 제3항에 정한 제3자가 아닌 자와 사이에서 무효인 등기를 기초로 다시 이해관계를 맺은 데 불과한 자는 위 조항이 규정하는 제3자에 해당하지 않는다**고 보아야 할 것이다."(점선은 인용자가 생략한 부분을 가리키고, 꺾음괄호 안은 인용자가 부가한 것이다. 또한 강조는 인용자가 가한 것이다. 이하 같다)

**2.** 그러나 전득자도 부동산실명법 제4조 제3항의「제3자」에 포함된다고 하여야 할 것이다. 그러므로 명의수탁자로부터 직접 소유권등기를 이어받은 사람이 부동산실명법 제4조 제3항에서 정한「제3자」에 해당하지 않는다고 하더라도 그 사람과의 사이에 "새로운 법률원인으로 이해관계를 맺어서 다시 등기를 이어받은 사람"은 동조 제3항의「제3자」에 해당한다고 할 수 없다는 판지에는 찬성할 수 없다.

그 이유는 다음과 같다.

첫째, 부동산실명법 제4조 제3항이「제3자」의 선의·악의를 묻지 아니하고 명의신탁약정 및 그에 기한 물권변동을「제3자」에게 대항하지 못하도록 한 이유는 기본적으로 위 법률에 의하여 금지되는 명의신탁행위를 행하고 명의수탁자 명의의 무효인 등기, 따라서 실체관계에 부합하지 않는 허위의 등기를 고의로 작출시킨 名義信託者를 제재하기 위한 것이다. 명의신탁자는 5년 이하의 징역 등의 형사처벌

1) 이에 대하여는 뒤의 Ⅲ.1. 참조.

을 받고(법 제5조), 나아가 과징금 및 이행강제금이 부과된다(법 제6조, 제7조). 이와 같은 각종의 제재가 명문으로 정하여지지 아니한 가장양도인에 대하여도 앞의 「첫째」에서 본 바와 같이 전득자의 출현에 의한 권리상실 기타 법적 불이익이 감수되어야 한다면, 명의신탁자에게는 더욱이나 이것이 인정되여야 한다. 이를 다른 관점에서 말하면, 부동산실명법이 위와 같이 강한 제재로써 금지하는 명의신탁행위를 감행한 명의신탁자는 그 목적 부동산에 대하여 정당한 원인에 기하여 이해관계를 맺은 전득자에 비하여 허위표시의 당사자보다도 더욱 보호가치가 떨어지는 것이다.

둘째, 민법상의 규정으로서 위의 부동산실명법 제4조 제3항의 규정에 그 문언이나 체계상으로 가장 가까이 類比할 수 있는 규정은 아마도 허위표시의 무효를 "선의의 제3자에게 대항하지 못한다"고 하는 민법 제108조 제2항[2]을 들 수 있을 것이다. 그런데 여기서의 「제3자」와 관련하여서는 가장행위의 당사자가 그 행위에 의하여 취득한 권리를 轉得한 사람도 그에 포함된다고 해석된다는 데 異論이 없다.[3] 그러므로 그 전득자의 前者가 「제3자」에 해당하지 않는 경우, 예를 들어 부동산을 가장양수한 갑으로부터 관련 서류를 위조하여 아무런 원인 없이 소유권이전등기를 얻은 을이 있는 경우에 그 을

2) 기타 민법 제107조 제2항, 제109조 제2항, 제110조 제3항도 마찬가지이다.

3) 예를 들면 高翔龍, 民法總則, 제3판(2003), 404면; 民法注解[II], 372면(宋德洙 집필); 金曊洙, 民法總則, 제3판(1991), 310면 등. 한편 일본의 통설이기도 하다. 우선 四宮和夫/能見善久, 民法總則, 제7판(2005), 179면; 山本敬三, 民法講義 I: 總則, 제2판(2005), 147면; 潮見佳男, 民法總則講義(2005), 157면 등 참조. 또한 日最判 1970(昭 45).7.24(民集 24-7, 1116)도 "[우리 민법 제108조 제2항에 상응하는] 민법 제94조 제2항에서 말하는 제3자란 허위의 의사표시의 당사자 또는 그 일반승계인 이외의 자로서, **그 의사표시의 목적에 관하여 법률상 이해관계를 가지기에 이른 자**를 말하고[관련 재판례 인용], 허위표시의 상대방과의 사이에 그 의사표시의 목적에 대하여 직접 이해관계를 맺은 자뿐만 아니라, 그 자로부터의 轉得者도 또한 위 규정에서 정하는 「제3자」에 해당한다고 함이 상당하다"고 판시하여, 같은 태도를 밝힌다.

이 목적 부동산을 매도하여 소유권등기를 넘겨 준 병도 거기서 정하는「제 3 자」에 속한다. 이와 같은 이해를 부동산실명법 제 4 조 제 3 항의「제 3 자」에 적용하지 못할 이유가 없다.

셋째, 여기서는 악의의 제 3 자에 대하여도 명의신탁약정 등의 무효를 대항하지 못하므로「제 3 자」의 범위를 보다 축소함으로써 균형을 잡을 필요가 있지 않은가 생각될는지 모른다. 그러나 이는 제 3 자의 선의/악의에 좇아 규율을 달리할 것인지의 당부의 문제를 그보다 논리적으로 선행하여 판단되어야 할「제 3 자」의 획정의 문제와 혼동하는 것으로서, 설득력이 있다고 할 수 없다. 또한 실질적으로 보아도, 부동산실명법 제 4 조 제 3 항의 보호를 받음에 의심이 없는 경우, 즉 부동산의 명의수탁자와의 유효한 원인행위에 기하여 그로부터 목적 부동산을 직접 양도받은 경우를 보면, 그 양수인이 **악의인 경우에도** 그의 소유권 취득은 보장되며, 특히 이 경우에도 그의 전자, 즉 명의수탁자는 부동산실명법 제 4 조 제 2 항 본문에 의하여 부동산에 대하여 원래 아무런 권리도 가지지 못하는 상태에서 이를 처분하였던 것이다. 그런데 여기서 문제되는 경우, 즉 명의수탁자로부터 원인 없이 소유권이전등기를 이전받은 사람이 중간에 개입하고 있어서 그와의 사이에 이번에는 유효한 원인행위에 기하여 다시 소유권이전등기를 이전받은 경우에, 그 양수인이 **선의라도** 단지 그의 前者가 무권리자라는 이유만으로 그 부동산의 소유권을 취득하지 못한다고 하여야 할 것인가? 만일 이 두번째의 경우에 전득자가 선의라면 그의 소유권 취득이 보장되어야 한다면, 이번에는 그가 악의라도 마찬가지의 보호를 받아야 하는 것이다. 선의·악의를 구별하지 않는다는 것이 부동산실명법 제 4 조 제 3 항이 의문의 여지 없이 요청하는 바이기 때문이다. "이 점에 대하여는 과연 악의의 제 3 자를 포함시켜야 할 이유가 무엇인가 하는 점과 관련하여 입법론적으로 논난의 여지가 있는 것으로 생각된다. 그러나 입법자는 종전의 판례상으로 악의의 제 3 자에 대한 처분도 유효하다고 인정되고 있었으므로, 새삼 신탁자를 그 이상으로 보호할 필요가 없다고 하여, 이와 같은 立法的 決斷을 내린 것이다."[4)]

넷째, 우리 민법에서는 부동산등기에 공신력이 인정되지 않으므로, 무권리자이어서 그 명의의 소유권등기가 무효인 사람으로부터는 유효하게 권리를 취득할 수 없다고 하는 위 대법원판결의 설시는 원칙적으로는 시인될 수 있다. 그러나 앞의「둘째」에서 본 민법 제108조 제 2 항 등의 경우는 바로 그러한 원칙에 대한 예외이고, 이는 부동산실명법 제 4 조 제 3 항의 경우에도 다를 바 없다. 우리 법이 부동산등기에 공신력을 인정하지 않는다는 것은 앞의「둘째」에서 본 바와 같은 경우에 병에게 법적 보호를 주지 않을 이유가 되지 않으며, 오히려 **기능의 면에서 보**면 을의 등기에 공신력이 없어서 원칙적으로는 보호를 받을 수 없는 그의 後者 병을 특별히 보호하려는 것이 민법 제108조 제 2 항 또는 부동산실명법 제 4 조 제 3 항과 같은 규정이 존재하는 이유라고 할 수 있다.

요컨대 위의 대법원판결은 부동산실명법 제 4 조 제 3 항의 취지를 충분히 적정하게 이해하지 못하고 있지 않은가 하는 의문을 떨칠 수 없다. 그리고 그 취지에 좇는다면, 그 판시와 같이 그 규정에서의「제 3 자」를 **"명의수탁자와 직접** 이해관계를 맺은 자"에 한정하고 전득자를 거기서 배제할 이유는 없다고 생각된다.

**3.** 혹 위 大判 2005. 11. 10. 의 사안에서는 원고가 문제의 부동산을 증여에 의하여 무상으로 취득하였다는 것[5)]이 그의 보호가치를 떨

4) 梁彰洙, "不動産實名法 제 4 조에 의한 名義信託의 效力 — 소위 登記名義信託을 중심으로", 同, 民法硏究, 제 5 권(1999), 73면 이하(원래는 서울대 法學 38권 1호(1997), 52면 이하), 124면 참조.

5) 그리고 그로부터 혹 추론될 수 있을지 모르는 원고와 그 전자 을 사이의「一

어뜨리도록 하였는지도 모른다.

그러나 우리 민법의 제3자보호규정의 해석·운용 일반에 있어서 그 제3자가 권리를 무상취득하였다는 사정은 원칙적으로 고려대상이 아님을 유념할 필요가 있다. 가령 동산의 선의취득에 있어서도 그 취득행위가 무상으로 이루어졌다는 사정은 이를 부정할 사유가 되지 않는다는 것이 일반적으로 인정되고 있다. 앞서 본 민법 제108조 제2항 등에서도 이 점은 다를 바 없다. 다만 원물반환이 불능인 경우에 관한 민법 제747조 제2항이 "수익자가 그 이익을 반환할 수 없는 경우에는 수익자로부터 무상으로 그 이익의 목적물을 양수한 악의의 제3자는 전항의 규정에 의하여 반환할 책임이 있다"고 정하는 것이 무상취득의 사정을 고려하는 유일한 예인 듯하다. 그리고 이 경우에도 법문은 그 무상취득자가 「악의」인 경우에만 보충적 책임을 인정하고 있는 것이다.

그리고 아마도 이와 같이 무상취득의 사정을 별달리 문제삼지 않는 태도는 증여의 사회학의 입장에서도 타당성이 없다고는 할 수 없다.[6] 우리 사회에서 행하여지는 일상의 증여를 관찰하여 보면, 이는 장기적으로는 엄밀한 의미에서의 무상출연이라고 할 수 없는 경우가 대부분이다. 즉 증여는 대체로 어떠한 의미에서이든 「대가」를 바라고 또는 기대하고 행하여지는 것이며, 다만 그 「대가」가 무상출연과 같은 시점에서 또는 그와 연접하여 지급되는 것이 아닐 뿐이다. 그리고 그러한 「대가」를 적절한 방식으로 적절한 시기에 치르지 않는 사람, 즉 상대방의 일방적 출연을 받기만 하는 사람은 법적으로는 아니라고 해도 사회적인 비난을 받기 마련인 것이다.

---

體的 關係」의 혐의도 작용하였을는지 모른다.

6) 이에 관하여는 무엇보다도 Marcel Mauss, *Essai sur le don*(1925)(마르셀 모스, 이상률 역, 증여론(2002)) 참조.

## Ⅲ. 大法院判例 形成의 한 모습에 대한 비판적 고찰

**1.** 부동산실명법 제4조 제3항의「제3자」와 전득자의 문제에 대하여는 종래 이 점에 관하여 정면으로 판단한 재판례는 없지 않은가 생각된다.[7]

(1) 위 대법원판결은 大判 2003.5.16, 2003다11714와 大判 2004.8.30, 2002다48771(공보 하, 1589)를 인용하고 있다. 그런데 이는 위 규정상의「제3자」의 의미에 관한 추상적 해석론에 관한 설시부분에 대한 것이고, 정작 중요한 문제인「전득자」가 거기서의「제3자」에 해당되는가 하는 문제에 대한 판시부분에서는 그 참조재판례로 인용되어 있지 않음도 주목할 만하다.

(2) 공간되지 아니한 大判 2003.5.16.은 잠시 접어두고 우선 위의 大判 2004.8.30.이 과연 전득자가 부동산실명법 제4조 제3항에서 정하는「제3자」에 포함되는가 하는 문제에 대하여 구속력 있는 선례가 될 수 있는지를 살펴본다.

(a) 대법원은 이 판결에서 다음과 같이 설시하고 있다.

> "[i] 부동산실명법 제4조 제3항에서 말하는 제3자라 함은 명의수탁자가 물권자임을 기초로 그와의 사이에 새로운 이해관계를 맺은 사람을 말한다고 할 것이고, [ii] 이와 달리 오로지 명의신탁자와 부동산에 관한 물권을 취득하기 위한 계약을 맺고 단지 등기명의만을 명의수탁자로부터 경료받은 것 같은 외관을 갖춘 자는 위 법률조항의 제3자에 해당되지 아니한다고 할 것이므로 이러한 자로서는

7) 무엇이「대법원판례의 태도」내지「종전 대법원의 입장」인가를 ── 그것을 평가하기 전에 ── 우선 제대로 **인식하는 것**이 재판실무하는 사람에게나 법학하는 사람에게나 매우 중요한 일임은 물론이다. 이에 대하여는 우선 梁彰洙, 民法入門, 제4판(2004), 159면 이하 참조.

자신의 등기가 실체관계에 부합하여 유효라고 주장하는 것은 별론으로 하더라도 같은 법 제4조 제3항의 규정을 들어 무효인 명의신탁등기에 터 잡아 경료된 자신의 등기의 유효를 주장할 수는 없다."

여기서 그 규정에서의 「제3자」란 "명의수탁자가 물권자임을 기초로 **그와의 사이에** 새로운 이해관계를 맺은 사람"을 가리킨다고 설시하는 부분에서 「명의수탁자와의 사이에」라는 말을 액면 그대로 받아들인다면 혹 이를 여기서 살펴보는 전득자의 문제에 대하여 구속력 있는 선례라고 할 수 있을는지도 모른다. 그러나 그에 이어지는 [ii] 설시에서 명확한 바와 같이, 이 사건은 피고 중 한 사람(여기서는 일단 A라고 해 두자)이 **명의신탁자으로부터 매수**하였다고 하고 수탁자로부터 등기를 이전받은 사안에 대한 것이다.[8] 그러므로 이 판결에서 위의 「명의수탁자와의 사이에」 운운하는 설시는 전득자가 위 규정상의 「제3자」에서 배제된다는 점에 대해서가 아니라, 명의신탁자와의 원인행위에 기하여 소유권등기를 이전받은 사람은 그에 포함되지 않음을 밝히기 위하여 행하여졌다고 이해하지 못할 바도 아니다. 그렇다면 그 판결은 위 大判 2005.11.10.에서와 같이 전득자의 문제에 대하여 선행의 재판례가 되기 어렵다고 할 수도 있을지 모른다.

(**b**) 물론 위 大判 2004.8.30.에서도 A로부터 다시 등기를 넘긴 다른 피고(여기서는 일단 B라고 해 둔다)가 있다. 그리고 대법원은 그 판결에서 "A는 법 제4조 제3항이 말하는 제3자에는 해당하지 아니하므로 A로서는 위 규정을 들어 그 명의 등기의 유효를 주장할 수는 없다고 할 것이고, 한편 이와 같이 무효인 A 명의의 등기에 기초하여 경료된 B 명의의 등기 역시 달리 그 등기의 유효를 뒷받침

**8**) 이와 같이 명의신탁자로부터 매수하고 등기는 명의수탁자로부터 이전받은 경우는 법 제4조 제3항의 「제3자」에는 해당하지 않는다고 할 것이다. 그러나 만일 그것이 유효한 매매라면 그 등기는 당연히 유효하고, 위 大判 2004.8.30.에서 잠깐 비친 것처럼 「실체관계에 부합하는 등기」의 법리를 논의에 끌어들일 것도 없을 것이다. 이 점에 대하여는 梁彰洙(註 4), 100면 이하 참조.

할 사정에 대한 주장입증이 없는 한 무효임을 면할 수 없"다고 설시하고 있기는 하다.

**(aa)** 그런데 이 부분 판시가 여기서 초점이 되고 있는 문제, 즉 명의수탁자로부터 원인무효의 등기를 얻은 사람과의 사이에 원인행위를 하고 이전등기를 받은 사람, 즉「전득자」가 다름아닌 부동산실명법 제4조 제3항의「제3자」에 해당하는지의 문제를 명확하게 의식하면서 그에 대응하여 쓰여졌다고는 말하기 어렵지 않은가 추측된다. 그것은 특히 위 사건에서는 ── 대법원판결이 그 이유의 후반에서 보는 대로(특히 "B의 주장 자체에 의하더라도 B는 갑이 A로부터 이 사건 부동산을 매수하면서 다만 그 등기명의만을 자신에게 신탁하였다는 것"이다) ── B의 등기도 모두 명의신탁에 기하여 행하여진 것으로 어차피 모두 말소될 운명에 있는 것이기에 더욱 그렇게 생각된다.

**(bb)** 또한 앞에서 인용한 설시에서 B의 등기의 유효 여부를 판단하고 있는 부분은 B가 부동산실명법 제4조 제3항에서 정하는「제3자」에 해당하는지 여부에 대한 판단을 포함하고 있지 않다. 단지 A의 등기가 무효이고, "이와 같이 무효인 A 명의의 등기에 기초하여 경료된 B 명의의 등기 역시 달리 그 등기의 유효를 뒷받침할 사정에 대한 주장입증이 없는 한 무효임을 면할 수 없"다고만 말하고 있을 뿐이다.

보다 일반적으로 다음과 같은 문제를 제기할 수 있을 것이다. 어떤 법해석문제에 대하여 갑과 을의 두 가지 견해가 있을 수 있다고 하자. 그리고 어느 구체적인 소송사건의 사실관계가 바로 그 법규정을 어떻게 해석하는지에 따라 결론이 달라질 수 있는 것이라고 하자. 이 때 대법원이 그 법규정이 어떻게 해석되어야 하는지에 대하여는 아무런 직접적인 언명이 없이 그 중 갑의 견해를 취하는 경우에만 도출될 수 있는 법적용의 결과(권리의무의 존재 또는 부존재를 확인하는 것)만을 판결에서 보여 주고 있다면, 「판례」는 그 법해석문제에 대하여 갑의 견해를 취하고 있다고 말할 수 있는 것인가? 예를 들어, 그 후에 하급심법원이 소액사건에서 을의 견해에 입각한 법해석에 기하여 ―― 명시적으로 밝히든 밝히지 않든 ―― 판결을 내렸다면, 이는 소액사건에 대하여 상고가 예외적으로 허용되는 "대법원의 판례에 상반되는 판단을 한 때"(少額事件審判法 제3조 제2호)에 해당하여, 이를 이유로 하는 상고가 허용되는가?

**2.** 위의 大判 2004.8.30.은 [i] 설시의 바로 다음에 大判 2001.6.26, 2000다5371을 인용하고 있다. 그리고 위의 大判 2004.8.30.이 수록되어 있는 『판례공보』의 2004하, 1589면에서는 그 「참조판례」로 위의 大判 2001.6.26. 외에도 大判 2000.3.28, 99다56529와 大判 2003.5.16, 2003다11714가 인용되어 있다. 그러나 이들 3개의 재판례는 공간되어 있지 않다.

(1) 사실을 말하면, 필자는 민사실무연구회의 어느 월례 모임에서 2005년도 민사판례에 대한 「管見」을 피력하면서, 전득자가 부동산실명법 제4조 제3항의 「제3자」에 해당하지 않는다고 한 위 大判 2005.11.10.의 태도에 대하여 앞의 Ⅱ.2.에서 말한 취지대로 반대의 의견을 밝힌 바 있다. 그랬더니 토론자로 그 자리에 나온 대법원의 어느 재판연구관은 그러한 태도는 이미 위의 大判 2003.5.16.과 大判 2004.8.30.에서 이미 밝혀진 바 있는 "종전 대법원의 입장을 확인해 주고 있는 것"에 불과하다고 주장하였다. 필자는 이 토론을 듣고 난 후에, 『판례공보』에 수록되어 있어서 쉽사리 접할 수 있는 위의 大判 2004.8.30.을 보다 면밀히 검토하였다. 그 결과 앞의 (2)에서 본 대로 이 판결을 가지고 「종전 대법원의 입장」을 운위하기에는 근거가 약하다는 결론에 도달하였다.

(**2**) 문제는 위의 大判 2003.5.16.이다. 그런데 이는『판례공보』는 물론이고「법고을」이나 대법원의「종합법률정보」사이트 등 외부에서 접근가능한 검색장치에 등재되어 있지 않았다. 그래서 이 판결이 어떠한 사안에 대하여 어떠한 판단을 한 것인지 알 수가 없다. 궁금증을 견디다 못한 필자는 결국 법원 내부에 있는 사람에게 위 판결을 보내 줄 것을 부탁하여, 위 판결을 볼 수 있게 되었다.

(**a**) 이 판결은 다음과 같은 사안에 대한 것이다. 갑이 사망하고 그 재산은 그의 딸인 원고가 이를 단독으로 상속하였다. 그런데 원고는 호적상 갑의 친생자로 입적되어 있지 않았고, 갑의 모(따라서 원고의 외조모)인 을이 호적상으로는 갑의 상속인의 지위에 있었다. 그러자 원고는「을과의 묵시적 명의신탁약정 하에」(위 대법원판결에 의하면, 원심판결은 이와 같이 사실인정하였다) 이 사건 부동산에 관하여 을 앞으로 상속을 원인으로 한 소유권이전등기를 경료하여 두었다. 그런데 을의 아들(따라서 원고의 외삼촌)과 그의 처가 법률상 원인 없이 위조된 매매계약서에 기하여 이를 그들의 아들인 피고 1에게 소유권이전등기를 경료하고, 나아가 이를 피고 2 및 3에서 매도하여 그들에게 소유권이전등기를 경료하여 주었다.

이 사건 소송에서 원고는 피고들을 상대로 그 각 소유권이전등기를 말소할 것을 청구하였다. 원심법원은 피고 1은 물론이고, 피고 2 및 3도 부동산실명법 제4조 제3항에 의하여 보호되는 그 규정상의「제3자」라고 할 수 없다고 판단하여, 원고의 청구를 모두 인용하였다. 이에 대하여 피고들이 상고하였다.

(**b**) 피고들은 상고이유로 우선, 이 사건 소는 상속회복청구의 소에 해당하는데 그 소가 민법 제999조 제2항에서 정하는 제척기간을 도과한 후에 제기되었으므로 허용되지 아니한다고 주장하였다.

(**aa**) 이에 대하여 대법원은, 상속회복청구의 상대방이

되는「참칭상속인」의 일반적 의미에 대하여 "참칭상속인이라 함은 정당한 상속권이 없음에도 재산상속인임을 신뢰케 하는 외관을 갖추거나 상속인이라고 참칭하면서 상속재산의 전부 또는 일부를 점유함으로써 진정한 상속인의 재산상속권을 침해하는 자를 가리킨다"라고 추상적으로 설시하면서, 이를 뒷받침하는 재판례로 大判 98.3.27, 96다37398[9])을 인용한다. 이어서 "그러므로 피상속인의 사망 후에 그 재산상속을 받은 자가 호적상 상속인의 지위에 있는 자로 등재되어 있지 아니하여 편의에 따라 호적상 상속인의 지위에 있는 자와 사이에 그 상속 부동산을 명의신탁하기로 합의하고 이에 관하여 호적상의 상속인 명의로 상속을 원인으로 한 소유권이전등기를 마친 경우에는, 그 명의수탁자는 진정상속인의 상속권을 침해하고 있다고 볼 수 없어 그 명의수탁자와 그로부터 상속부동산을 전득한 제3자를 상속회복청구의 상대방이 되는 참칭상속인이라고 할 수 없다"고 판단한다.

그리고 마지막으로 "같은 취지에서 이 사건 소송은 상속회복청구의 소라고 볼 수 없다고 한 원심의 판단은 정당하고, 거기에 상고이유에서와 같은 상속회복청구의 소에 관한 법리오해의 위법이 없다. 위와 같은 원심의 판단이 정당하다고 보는 한 이 사건 소에서 상속회복청구의 소의 제척기간이 도과되었는지 여부는 판결 결과에 아무런 영향이 없으므로, 이에 관한 상고이유는 받아들이지 않는다"고 판단하였다.

즉 여기서 핵심적인 판단은, 진정한 상속인으로부터 상속부동산의 등기명의를 신탁받음으로써 그 명의수탁자 앞으로 상속등기가 행하여졌다면 진정한 상속인의 상속권을 침해하였다고 할 수 없고, 그러므로 그 명의수탁자는 참칭상속인이라고 할 수 없고, 따라서 이 사건 소에서 상속회복청구의 소의 제척기간이 도과되었는지 여부는 판

9) 이는 법원공보 1998하, 1158면에 수록되어 있다.

결 결과에 영향을 미치지 않는다는 데 있다. 그리고 이 판단은 민법 제999조에서 정하는「참칭상속인」의 의미와 관련하여 그에 해당하지 않는 하나의 새로운 사실유형을 제시한다는 관점에서도 의미가 없지 않을 것이다.

(**bb**) 그런데 을이 참칭상속인에 해당하는지에 대한 위의 대법원판결의 판단을 읽으면서, 얼핏 다음과 같은 의문이 들었다.

(**i**) 상속회복청구권에 대하여 규정하는 민법 제999조는 그 제1항에서 "상속권이 참칭상속권자로 인하여 침해된 때에는 상속권자 또는 그 법정대리인은 상속회복의 소를 제기할 수 있다"고 정한다. 그리고 이를 받아서 그 제2항에서 상속회복의 소가 제기되어야 하는 기간을 규정한다. 그러므로 **애초 상속권의 침해가 없다면,** 이 사건 소가 상속회복청구의 소에 해당하는지 여부, 그리고 그 판단의 전제로 그 상속권 침해가 「참칭상속권자」(참칭상속인)에 의하여 행하여졌는지 여부는 모두 문제될 여지가 없다. 그리고 그렇다면 나아가 민법 제999조 제2항의 제척기간이 준수되었는지 여부를 따질 필요도 없는 것이다.

그런데 위의 대법원판결은, ① 이 사건의 사안에서는 상속권의 침해가 없다, ② 그러므로 이 사건에서 을은 참칭상속인이 아니다, ③ **그러므로** 이 사건 소는 상속회복의 소가 아니다, ④ 그러므로 그 소의 제척기간 도과 여부는 이 사건에서 문제가 되지 않는다고 하는 지리한 추론을 하고 있다. 대법원으로서는 ②를 뛰어넘어서 단지, 이 사건에서는 상속권의 침해가 없으므로 이 사건 소가 민법 제999조에서 정하는 상속회복청구의 소에 해당하여 그 제척기간이 도과되었는지 여부는 애초에 문제될 여지가 없다고 설시하였으면 족하였지 않았을까?

(**ii**) 그런데 위의 대법원판결은 왜 을이 참칭상속인

에 해당하는지, 즉 위 ②의 문제에 대하여 앞의 (aa)에서 본 바와 같은 장황한 설시를 하게 되었을까.[10]

위 대법원판결은 앞의 (aa)에서 말한 대로 大判 98.3.27, 96다37398(공보 하, 1158)을 인용하고 있다. 이 판결은 아닌 게 아니라 "상속회복청구의 상대방이 되는 참칭상속인이라 함은 정당한 상속권이 없음에도 재산상속인임을 신뢰케 하는 외관을 갖추거나 상속인이라고 참칭하면서 상속재산의 전부 또는 일부를 점유함으로써 **진정한 상속인의 재산상속권을 침해하는 자**를 가리킨다"라는 판시를 포함하고 있다. 그런데 「참칭상속인」의 추상적 의미에 관한 종전의 재판례는 예를 들면 大判 91.2.22, 90다카19470(集 39-1, 187); 大判 92.5.22, 92다7955(공보 1984); 大判 94.3.11, 93다24490(集 42-1, 178); 大判 97.1.21, 96다4688(공보 상, 604)[11] 등은 계속해서 "상속회복청구의 상대방이 되는 참칭상속인이라 함은 재산상속인인 것을 신뢰케 하는 외관을 갖추고 있는 자나 상속인이라고 잠칭하여 상속재산의 전부 또는 일부를 점유하는 자를 가리키는 것"이라고만 하지, "… 상속재산의 전부 또는 일부를 점유함으로써 진정한 상속인의 재산상속권을 침해하는 자를 가리킨다"고는 하지 않는다. 이와 같이 이들 재판례는,

10) 여기서 그 상고이유에 대한 위 대법원판결의 결론적 판단이 수긍할 수 있는지 하는 그 내용을 문제삼는 것은 아니다.

11) 이 판결은 "상속회복청구의 상대방이 되는 참칭상속인이라 함은 정당한 상속권이 없음에도 재산상속인임을 신뢰케 하는 외관을 갖추고 있는 자나 상속인이라고 참칭하여 상속재산의 전부 또는 일부를 점유하고 있는 자를 가리키는 것"이라는 종래의 추상론을 반복한다. 그런데 위 추상론에 이어서 "상속재산인 부동산에 관하여 공동상속인 중 1인 명의로 소유권이전등기가 경료된 경우 **그 등기가 상속을 원인으로 경료된 것이라면** 등기명의인의 의사와 무관하게 경료된 것이라는 등의 특별한 사정이 없는 한 그 등기명의인은 재산상속인임을 신뢰케 하는 외관을 갖추고 있는 자로서 참칭상속인에 해당된다"고 하면서 "**소유권이전등기에 의하여 재산상속인임을 신뢰케 하는 외관을 갖추었는지의 여부는 권리관계를 외부에 공시하는 등기부의 기재에 의하여 판단하여야** 하므로, 비록 등기의 기초가 된 보증서 및 확인서에 취득원인이 상속으로 기재되어 있다 하더라도 등기부상 등기원인이 매매로 기재된 이상 재산상속인임을 신뢰케 하는 외관을 갖추었다고 볼 수 없다"는 실제로 매우 중요한 판단을 포함하고 있다.

상속권의 침해가 있는 것을 전제로 하여서 그 침해가 과연 참칭상속인에 의하여 행하여졌는지를 판단하면서, 거기서 「참칭상속인」이란 위의 설시와 같은 사람을 말한다고 설시한다.

(cc) 물론 참칭상속인을 위의 大判 98.3.27.과 같이 정의한다고 하더라도, 그 중에 「진정한 상속인의 재산상속권을 침해하는 자」라는 설시부분을 **독자적인 요건으로 처리하지 않는 한** 크게 문제될 것은 없다고 할 수 있을 것이다. 여기서는 참칭상속인에 의해서 행하여지는 상속권의 침해만이 문제되기 때문이다. 실제로 大判 94.11.18, 92다33701(공보 95상, 37)은 그러한 취지로 이해될 수 있다. 이 판결은 다음과 같이 판시하고 있는 것이다.

> "재산상속회복청구의 소에 있어서 그 상대방이 되는 참칭상속인이라 함은 재산상속인임을 신뢰하게 하는 외관을 갖추고 있거나 상속인이라고 참칭하여 상속재산의 전부 또는 일부를 점유하는 등의 방법에 의하여 진정한 상속인의 상속권을 침해하는 자를 가리키는 것으로서, 상속인 아닌 자가 자신이 상속인이라고 주장하거나 또는 공동상속인 중 1인이 자신이 단독상속인이라고 주장하였다 하더라도 달리 **상속권의 침해가 없다면 그러한 자를 가리켜 상속회복청구의 소에서 말하는 참칭상속인이라고 할 수는 없는 것**인바(당원 1992.5.22.선고 92다7955판결 참조), 이 사건에 있어서 갑이 원고들과 공동으로 이 사건 부동산을 상속하였을 뿐인데도 자신이 단독상속인이라고 주장하여 이 사건 부동산 전체에 관하여 피고 명의로 경료된 소유권이전등기의 말소를 청구한 일이 있다고 하더라도 그것만으로는 갑이 원고들의 상속권을 침해하였다고는 볼 수 없으니 갑이 참칭상속인임을 전제로 하는 논지는 더 나아가 판단할 필요 없이 이유 없다."

여기서도 참칭상속인을 정의하면서 "… 진정한 상속인의 상속권을 침해하는 자를 가리키는 것"이라고 설시하고 있기는 하다. 그러나 위 인용부분의 말미부분에서 "갑이 원고들의 상속권을 침해하였다고는 볼 수 없으니 갑이 참칭상속인임을 전제로 하는 논지는 더 나아가 판단할 필요 없이 이유 없다"고 설시하는 데서도 알 수 있는 대로, 요컨대 여기서는 문제된 소가 민법 제999조에서 정하는 상속회복의 소에 해당하지 않으므로 제척기간의 도과가 문제될 수 없다는 결론에 이르는 道程에서, 상속권의 침해가 있는지의 문제와 그것이 과연 다름아닌 참칭상속인에 의하여 이루어졌는지의 문제를 모두 포함하여서 이들을 「참칭상속인」인지 여부의 문제로 표현하고 있다고 善解할 여지도 없지는 않은 것이다. 특히 일반적으로 공동상속인 중 1인이 자신이 단독상속인이라고 주장하여 다른 공동상속인의 상속권을 침해하는 경우에 그는 참칭상속인에 해당한다는 태도를 그 전에 이미 앞서 본 大判 91.2.22, 90다카19470(集 39-1, 187) 등에서 반복하여 여러 차례에 걸쳐 밝힌 바 있으므로, 그 연장선에서 그러한 경우라도 상속권의 침해가 없으면 이번에는 참칭상속인에 해당하지 않는다고 밝히는 것은 이해되지 않는 바도 아니다.

한편 위의 大判 94.11.18.은 앞서 인용한 부분에서 보는 대로 大判 92.5.22, 92다7955(공보 1984)를 참조재판례로 원용하고 있다. 그러나 그 판결은 "상속회복청구의 소에 있어 상대방이 되는 참칭상속인이라 함은 재산상속인인 것을 신뢰케 하는 외관을 갖추고 있는 자나 상속인이라고 참칭하여 상속재산의 전부 또는 일부를 점유하는 자 등을 가리키는 것이므로, 상속인으로 오인될 만한 외관을 갖추고 있지 않거나 상속재산을 점유하고 있지도 않은 자가 스스로 상속인이라는 주장만을 하였다 하여 이를 상속회복청구의 소에서 말하는 참칭상속인이라고는 할 수 없다"고 설시하고 있을 뿐이지, 상속권의 침해가 없으면 이를 참칭상속인이라고 할 수 없다고는 말하지 않는다. 상속인으로 오인될 만한 외관이 없거나 상속재산을 점유하고 있지 않더라도, 예를 들면 아예 제3자가 호적등본을 위조하여 상속등기를 하는 경우에서와 같이, 상속권의 침해는 얼마든지 행하여질 수 있는 것이다. 그러므로 여기서의 참조재판례 인용도 반드시 정확한 것이라고는 할 수 없겠다.

(**c**) 나아가 위 대법원판결은 부동산실명법 제4조 제3항에서 말하는「제3자」의 의미에 대하여 다음과 같이 판시하고 있다.

> "명의신탁약정과 이에 따라 행하여진 등기에 의한 부동산에 관한 물권변동의 무효로써 대항할 수 없는 부동산실권리자명의등기에 관한법률 제4조 제3항 소정의 제3자라 함은 명의신탁 약정의 당사자 및 포괄승계인 이외의 자로서 명의신탁 약정에 기한 물권변동을 기초로 하여 새로운 법률원인으로써 이해관계를 맺은 자를 의미하는 것이므로, 명의신탁 부동산에 관하여 명의수탁자와 사이에 아무런 법률행위 없이 그 소유권이전에 관한 서류를 위조하여 명의수탁자로부터 소유권이전등기를 경료한 자와 **그로부터 그 부동산을 양도받은 자**는 위 법 제4조 제3항 소정의 제3자라고 할 수 없다.
>
> 원심은, … 사실을 인정한 다음, 이 사건 부동산의 명의수탁자였던 을과 사이에 새로운 법률원인 없이 위조된 계약서에 의하여 원인무효의 소유권이전등기를 경료한 피고 1과 **그로부터 이 사건 부동산을 양도받은 피고 2, 3은 위 법 제4조 제3항에 의하여 보호되는 제3자라고 할 수 없다**고 판단하였던바, 위 법리를 전제로 기록을 검토하여 보면, 이와 같은 원심의 인정 및 판단은 정당한 것으로 수긍되고, 거기에 상고이유에서와 같은 사실관계의 법률적 의미에 관한 해석을 그르친 위법이 없다."

(**aa**) 이 판시는 명백히 전득자는 부동산실명법 제4조 제3항에서 정하는「제3자」에 해당한다고 할 수 없음을 밝히고 있다. 그리고 그 사건에서 그러한 해석을 기초로 해서 구체적으로 피고 2, 3에 대한 소유권이전등기말소청구를 인용하는 결론을 내리고 있다. 그렇게 보면, 앞의 (1)에서 언급한 재판연구관이 위의 大判 2005. 11.

10. 의 태도가 "종전 대법원의 입장을 확인해 주고 있는 것"에 불과하다고 주장한 것은 일단 이유가 있다고 할 것이다. 물론 거기서 大判 2004. 8. 30.을 인용한 것은 앞의 1.(2)에서 본 대로 전혀 의문이 없지는 않지만 말이다.

(**bb**) 그런데 위의 설시를 大判 2005. 11. 10. 의 그것과 비교하여 보면 일정한 차이가 있음을 알 수 있다.

부동산실명법 제4조 제3항에서 정하는「제3자」의 의미에 대하여 위의 大判 2003. 5. 16.에서는 "명의신탁 약정의 당사자 및 포괄승계인 이외의 자로서 명의신탁약정에 기한 물권변동을 기초로 하여 새로운 법률원인으로써 이해관계를 맺은 사람"이라고 함에 반하여, 大判 2005. 11. 10. 은 앞서 본 대로 "명의신탁약정의 당사자 및 포괄승계인 이외의 자로서 명의수탁자가 물권자임을 기초로 그와의 사이에 직접 새로운 이해관계를 맺은 사람"이라고 한다. 반복되는 예이지만, 명의수탁자 甲 명의로 되어 있는 부동산에 대하여 乙이 아무런 법률행위 없이 등기 관련 서류를 위조하여 자기 앞으로 소유권이전등기를 하였고, 丙이 乙과의 매매에 기하여 자기 앞으로 다시 소유권이전등기를 경료받았다고 하자. 이 경우에 후자의 定式에 의하면 丙이 그「제3자」에 속하지 않음은 명백하다. 그는 명의수탁자 甲과의 사이에서 직접 새로운 이해관계를 맺은 것이 아니기 때문이다. 그런데 전자의 정식에 의한다면 그가 그「제3자」에 속하지 않는다고 단정할 수는 없지 않은가? 丙의 소유권이전등기는 乙의 소유권등기에 기하여 행하여진 것이고, 또 乙의 소유권등기는 명의신탁약정에 의하여 甲 앞으로 행하여진 소유권이전등기에 기하여 행하여진 것이다. 이와 같이 "새로운 법률원인으로써 이해관계를 맺은 사람"에 해당함에는 의문이 없는 바인 丙도 **등기형식의 관점**에서 본다면 "명의신탁약정에 기한 물권변동을 기초로 하여" 그 이해관계를 맺게 되었다고 보지 못할 바도 아닌 것이다. 여기서 乙 앞으로의 등기 및 소유권 이전이 원인 없이 행하여져서 무효라고 하는 실체법적 관점을 끌어들이는 것은 별 도움이 되지 못한다. 어차피 甲의 등기 및 소유권 이전도 부동산실명법 제 4 조 제 2 항 본문에 의하여 무효임에도 제 3 자가 그로부터 그 부동산을 매수하고 자기 앞으로 소유권이전등기를 얻은 경우에 그가 同條 제 3 항의「제 3 자」에 해당하여 그 규정의 보호를 받는 것이다.

이렇게 생각하여 오면, 위 大判 2003. 5. 16.이 부동산실명법 제 4 조 제 3 항에서 정하는「제 3 자」에 대하여 정의하는 앞부분의 설시와 그에 이어서 전득자가 그에 해당하지 않는다는 뒷부분의 설시는 반드시 논리필연적인 관계에 있는 것인지 석연하지 아니한 바가 없지 않다. 그리고 이러한 점은 위 大判 2003. 5. 16.에 대하여 전득자가 위「제 3 자」에 해당하는가 하는 문제에 대한 선례로서의 구속력에 아무런 영향을 미치지 않을까?

**3.** 여기서 필자는 대법원판례가 형성되는 모습과 관련하여 다음과 같은 생각을 하게 된다.

(1) 우선 위 大判 2003. 5. 16.과 같이 여러 가지 점에서 중요한 사항을 포함하고 있는 재판례가 공간되지 않은 것은 무슨 이유에서일까 하는 것이다. 이와 관련하여 필자는 전에 다음과 같은 발언을 한 바 있는데, 좀 길더라도 인용하여 둔다.

> "법관들이 쓴 글에 인용된 재판례 중에는「법고을」에서 뒤져도 나오지 않는 것이 있다. 그 전차를 알아 보니, 법관들만이 접근할 수 있는 재판례들이 따로 모아져 있는데(얼핏 듣기로는 이런 것들은「D급 판례」(아아!!)라고 한다고 한다), 그것은 법원 내부의 전산망을 통해야만 한다는 것이다. … 아니 무엇이 문제이길래 법관들은 들여다 볼 수 있으면서 다른 사람은 보지 못하도록 막아 놓았단 말인

가? 그것들이 재판실무에 도움이 되는 것이라면, 나아가 그것이 변호사의 직무 수행에 도움이 안 될 리 없고, 또 법학교수가 법을 연구하는 데 자료가 되지 않을 리 없다. 그리고 법관들만이 접근할 수 있는 그것이 전국에서 하루에도 수천 수만 건씩 쏟아져 나오는 재판들 전부를 모아놓은 것일 수는 당연히 없고 아마도 누군가가 그 중에서 고른 것일 텐데, 그렇다고 하면 「법관들에게만 도움이 되는 재판례」를 고르는 기준이란 도대체 어떤 것일 수 있을까?"[12)]

최근에도 법원이 한 재판의 공개문제에 대하여 비판적인 의견이 제시된 바 있는데,[13)] 이른바 D급 판례의 공개에 대하여는 법원 당국의 재고를 촉구하고 싶다.

(2) 보다 중요한 것은 다음과 같은 점이다. 즉 어떠한 대법원판결[14)]을 일반에게 공개하지 않도록 정하는 데는 그만한 이유가 있을 것이다. 그 중에는 그 판결에 포함된 판단이 단지 그 구체적 사건에 제약된 것이어서 이를 「판례」라고 하기에 어렵거나 「판례」로 인정받기에 주저되기 때문이라든가, 또는 그 설득력에 대하여 충분히 자신할 수 없기 때문이라든가 하는 것도 있다고 한다. 그런데 그러한 경우에 그 뒤의 다른 사건에서 대법원이 같은 법문제를 판단하면서 위와 같이 공개되지 아니한 대법원판결을 들면서 그것이 「종전 대법원의 입장」이라고 해서 별다른 숙고 없이 같은 입장을 반복한다면, 그리고 이번에는 이를 「참고재판례」로서 소개한다면, 이는 어떻게 보아야 할까?

무엇보다도, 공개되지 아니한 대법원판결에 대하여는 학계 기타

12) 梁彰洙, "「법고을」 유감", 同, 민법산책(2006), 274면 이하.

13) 박경신, "판결문의 공개 ── 그 필요성과 제안", 사법감시 27호(2006), 2면 이하 참조. 同所, 7면 이하에서는, "판결문 공개실태 조사결과"를 밝히고 있는데, 그 중에는 '법관들의 논문 주제가 된 판결도 공개되어 있지 않[은 예가 있]다'는 중간제목이 달려 있다.

14) 일반적으로 「대법원의 재판」이라고 하고 싶으나, 여기서는 편의상 「판결」로써 그 전부를 대표하도록 한다.

의 평가 또는 비판이 불가능하다. 물론 그러한 평가에 의하여 법원실무가 사실적으로 어느 만큼 영향을 받는지는 잘 알 수 없다. 그러나 다른 사람에 의한 평가의 가능성을 아예 봉쇄한 상태에서「종전 대법원의 입장」임을 내세워 일을 밀고 가는 것은 아무래도 다시 한 번 생각해 보아야 하지 않을까?

실제에 있어서 더욱 문제인 것으로, 소액사건심판법 제3조 제2호에서와 같이 원심법원이「대법원의 판례에 상반되는 판단」을 한 것이 예외적으로 상고를 허용하는 이유가 된다고 정하여진 경우에, 만일「대법원의 판례」를 알게 하는 바의 대법원의 재판례가 공개되어 있지 않다면 구체적인 소송의 당사자로서는 그「대법원의 판례」 내지 「종전 대법원의 입장」이라는 것을 어디서 어떻게 알 수 있어서 상고를 할 수 있을까? 이는 실제로는 상고를 불가능하게 하여 법이 정하는 상고권을 그 한도에서 현저히 제한하는 것으로서 쉽사리 납득할 수 없는 일이다. 또한「원심판결이 법률 등에 대하여 대법원판례와 상반되게 해석한 때」에는 대법원은 심리불속행의 판결을 하여서는 안 된다(상고심절차에 관한 특례법 제4조 제1항 제3호). 이 때 원심판결이「대법원판례」와 상반되는 해석을 포함하고 있는지 아닌지는 심리불속행 여부를 결정하는 대법원만이 이를 판단할 수 있으면 족하고, 어차피 판결에 심리불속행의 이유가 기재되지 아니하여 이를 알 수 없는 소송당사자(동법 제5조 제1항 참조)로서는 무엇이 대법원판례인지를 몰라서 이 점을 아예 처음부터 주장할 수 없어도 좋은 것인가?

(3) 그렇게 보면, 필자는 근자에 유사한 일이 달리 또 있음을 어느 판사를 통하여 듣게 되었다.

大判 2005.11.10, 2005다41818(공보 하, 1964)은 타당하게도 대항

15) 이와 같은 문제는「흠 있는 소송제기」의 시효중단효라는 보다 일반적인 문제의 일환을 이룬다. 이에 대하여는 우선 梁彰洙, "흠 있는 訴提起와 時效中斷", 同, 民法硏究, 제4권(1997), 73면 이하 참조.

요건을 미처 갖추지 못한 채권양수인이 채무자를 상대로 한 소송의 제기도 시효중단사유가 된다고 한다.[15] "채권양도에 의하여 채권이 동일성을 잃지 않고 양수인에게 이전되는 것은 채권양도의 대항요건을 갖추지 못하였다고 하더라도 마찬가지인 점, 민법 제149조의 '조건의 성취가 미정한 권리의무는 일반규정에 의하여 … 보존 … 할 수 있다'는 규정은 대항요건을 갖추지 못하여 채무자에게 대항하지 못한다고 하더라도 채권양도에 의하여 채권을 이전받은 양수인의 경우에도 그대로 준용될 수 있는 점, 채무자를 상대로 재판상의 청구를 한 채권의 양수인을 '권리 위에 잠자는 자'라고 할 수 없는 점 등"을 고려한 것이다. 이 사건에서는 원고가 소송을 제기하고 나서 원래의 소멸시효기간이 경과한 후에야 비로소 그 대항요건을 갖추었다. 그러므로 위의 문제에 대한 판단 여하에 따라서는 결론이 뒤바뀔 수 있었던 것이다.

그런데 필자가 들은 바에 의하면, 이미 5년 전에 大判 2000. 12. 12, 2000다1006이 대항요건을 갖추기 전에 채권양수인이 소송을 제기한 것이 **제척기간**을 준수한 것이 되는가를 판단하면서 이를 긍정하는 태도를 취한 바 있다고 한다. 그렇다면 위의 大判 2005. 11. 10.은 별달리 새로운 것이라고 하기 어렵다고 할 것이다. 문제는 이처럼 상당한 의미가 있는 大判 2000. 12. 12.가 법관들에게만 공개되어 있는 이른바 D급 판례로 분류되어 일반에는 공개되지 않았다는 점이다. 아마도 대법원에서는 위 大判 2000. 12. 12.를 들어 大判 2005. 11. 10.에서는 「종전의 대법원의 입장」대로 또는 적어도 그것에 沿하여 판단한 것에 불과하다고 할는지도 모른다.

## Ⅳ. 小　結

이상에서 본 대로, 전득자가 부동산실명법 제4조 제3항에서 정하는「제 3 자」에 포함되지 않는다고 하는 大判 2005.11.10, 2005다 34667등(공보 하, 1961)의 태도에는 쉽사리 찬성할 수 없다. 그러한 판단이 위 규정의 입법취지를 충분히 고려하여 행하여진 것인지 의문이 있는 것이다. 이와 같이 필자는 위 大判 2005.11.10.의 태도에 반대하는 것이므로, 그 태도가 다른 제 3 자보호규정, 예를 들면 앞의 Ⅰ.3.에서 본 민법 제548조 제 1 항 단서나 앞의 Ⅱ.2. "둘째"에서 본 제108조 제 2 항 등의 해석에 있어서 선례(「대법원판례」)로서 기능하여서는 안 된다고 주장하고자 한다.

그리고 위의 대법원판결에 대하여 이미 종전부터 대법원이 취하여 온 태도를 답습한 것에 불과하다는 이해가 표명되고 있지만, 그것은 공간되지 아니한 대법원의 재판례를 그 근거로 한다. 이와 같은 방식으로 이른바 대법원판례가 구체적으로 형성되어 가는 것에 대하여 경종을 울리고 싶은 것이다.

(저스티스, 90호(2006.4), 95면 이하 所載)

[後 記]

이 글이 발표된 후 2007년에 들어와서 법원도서관은 지금까지 법원에서 공간된 『법원공보』나 『대법원판례집』 등 재판례자료에 실리지 않아서 법원 밖에 있는 사람들이 접근할 수 없었던 대법원의 재판들을「미간행판결」의 이름 아래 법원도서관 사이트의「법고을 LX 자료실」을 통하여 공개하고 있다. 그리하여 2007년 8월 말 현재로 2005년 8월 1일 이래의「미간행판결」에 접근할 수 있으며, 나아가 이를 다운로드받아 『법고을 LX』에 업데이트할 수 있다.

# 6. 全面的 價額補償에 의한 共有物分割判決과 登記問題

## 1. 序

(1) 대법원은 大判 2004.10.14, 2004다30583(공보 하, 1805)에서 공유부동산에 관하여 소위 전면적 가액보상에 의한 현물분할을 인정하는 태도를 명확하게 밝혔다. 예를 들어 甲 부동산을 A와 B가 공유하고 있다고 하자. 이에 대하여 법원은 특별한 사정이 있는 경우에라면 그 부동산 전부를 A의 소유로 하면서 A로 하여금 B에게 일정한 금전을 지급하도록 하는 내용으로 공유물분할판결을 할 수 있다는 것이다(이하에서는 이러한 경우를 전제로 하여 논의한다).

종전에 이미 판례는 민법 제269조에서 정하는 현물분할에 있어서 각각의 공유자에게 공유부동산의 특정한 일부씩을 귀속시키는 통상의 경우, 즉 소위 개별분할 외에도 다양한 방법을 승인하여 왔다. 우선 大判 90.8.28, 90다카7620(集 38-2, 203); 大判 91.11.12, 91다27228(集 39-4, 141) 등은 위와 같은 통상의 현물분할과 가액보상을 혼합하는 방식, 즉 소위 부분적 가액보상에 의한 현물분할을 인정하였다. 이는 공유자들 전부에게 공유부동산의 특정한 일부씩을 귀속시키되 각 공유자가 취득하는 부분의 가치가 공유지분에 상응하지 아니한 부분을 금전의 지급에 의하여 메우려는 취지라고 할 수 있다. 나아가 大判 93.12.7, 93다27819(공보 1994, 336)은 일부의 공유자들에 관하여 그대로 공유로 남고 나머지 공유자에 대하여만 특정부분에 대한 단독소유권을 창설하는 소위 일부분할방식도 허용하고 있다. 또한 비록 공간되지는 않았으나 大判 76.5.25, 76다77(要集 民 I-1, 5-34. 그러나 同所에는 아래와 같은 취지가 적시되어 있지 않다)은 여러 개의 부동산이 같은 사람들의 공유인 경우에는 그 각각의 부동산을 공유자 중 일부에게 귀속시키는 소위 일괄분할방식도 긍정하였다.

이와 같이 현물분할의 방법을 다양하게 인정하는 것은 공유부동산 이용의 실상이나 공유자들 사이의 관계 등 공유관계의 복잡한 상황에 맞추어서 공유관계의 합리적인 해소를 도모하려는 고심의 소산으로 이해된다. 이번에 나온 앞서 본 大判 2004.10.14.도 그러한 해결방향을 한 걸음 더 밀고 나간 것이라고 평가할 수 있고, 그러한 의미에서 위와 같은 전면적 가액보상에 의한 공유물분할도 시인될 수 있다고 생각된다.

(2) 그런데 여기서 다루고자 하는 것은, 전면적 가액보상에 의한 현물분할이 인정됨을 전제로 하여 그 판결에 기한 분할등기는 어떻게 행하여져야 하는가, 그리고 이 점과 관련하여 전면적 가액보상을 명하는 판결의 주문은 어떻게 되어야 하는가 하는 점이다(이 점에 대한 보다 상세한 논의는 위 大判 2004.10.14.에 대한 좋은 판례연구인 陳賢敏, "裁判上 共有物分割에 있어서 全面的 價格賠償의 許否"(2005년 6월의 민사판례연구회 제282회 연구발표회 발표문)를 참조하라. 이 글은 그 발표문의 문제제기에 대한 필자의 생각을 정리해 본 것이기도 하다). 이를 종전의 實務處理例대로 처리하는 것에 대하여는 의문이 적지 않은 것이다. 이는 앞서 본 부분적 가액보상의 경우에도 제기되지만, 특히 이번의 대법원판결과 같이 전면적 가액보상에 의한 현물분할이 인정되면 그 의문은 더욱 현저하게 된다.

## 2. 共有物分割判決에 기한 分割登記에 관한 從前의 登記先例와 그 問題點

(1) 이에 관한 등기선례 제3-23호 및 제3-556호(모두 1991년 9월 26일 자)는 "공유물분할판결이 확정되면 공유자는 각자의 취득부분에 대하여 소유권을 취득하게 되는 것이므로 그 소송의 당사자는 원·피고에 관계없이 각각 공유물분할절차에 따른 등기신청을 할 수 있다"고 정하고, 등기선례 제4-221호(1994년 3월 25일 자)는 "공유물분할의 판결이 확정되거나 재판상 화해가 성립되면 공유자는 각자 분할된 부분에 대한 단독소유권을 취득하게 되는 것이므로, 그 소송의 당사자는 그 확정판결이나 화해조서를 첨부하여 등기권리자 단독으로 공유물분할을 원인으로 한 지분이전등기를 신청할 수 있다"라고 한다.

이들은 결국, 현물분할을 명하는 공유물분할판결에 기하여 분할등기를 함에 있어서는 공유물분할소송에서 원고가 되었는지 피고가 되었는지를 불문하고 그 당사자는 단독으로 판결의 내용에 따른 분할등기(구체적으로는 분필등기와 지분이전등기)를 신청할 수 있다는 것이다.

(2) 앞서 본 大判 2004.10.14.는 경매분할을 명한 원심판결을 파기환송한 것으로, 주문형식 등을 추단케 하는 바는 없다. 그런데 전면적 가액보상에 의한 공유물분할판결에서 우선 생각할 수 있는 주문은 통상의 개별분할에서의 예에 비추어 보면 "1. 갑 부동산을 A 소유로 한다. 2. A는 B에게 ○○원을 지급하라."는 것이다. 그리고 앞서 본 바와 같은 등기선례의 태도를 이에도 그대로 적용한다면, 우리의 예에서 A는 단독으로 B로부터의 지분이전등기를 신청할 수 있게 된다. 그리고 B는 A에 대하여 그 판시의 금전의 지급을 청구할 수 있는 채권적 권리를 가지게 된다.

그러나 이러한 처리에는 현저한 의문이 있으며, 이는 현물분할에서 요구되는「합리적 재량」의 요건을 충족하지 못한다고 할 것이다. 공유물분할판결의 효력에 관하여 지도적 의미가 있는 大判 69.12.29, 68다2425(集 17-4, 244)는 주지하는 대로 "공유물분할청구의 소는 공유자 사이의 기존의 공유관계를 폐기하고 각자의 단독소유권을 취득하게 하는 형성의 소로서 공유자 사이의 권리관계를 정하는 창설적 판결을 구하는 것이므로 그 판결 전에는 공유물은 아직 분할되지 않고 따라서 분할물의 급부를 청구할 권리는 발생하지 않으며 분할판결의 확정으로 각자의 취득부분에 대하여 비로소 단독소유권이 창설되는 것이므로 미리 그 부분에 대한 소유권 확인의 청구도 할 수 없다"고 판시한다. 이러한 태도를 전제로 한다면, 앞서 본 바와 같은 주문에 의하여 A는 등기를 갖추기 전에는 물론이고 그 판결에 명하여진 가액보상금을 지급함이 없이도 단독소유권을 취득한다. 이는 명백히 부당하지 않은가?

다른 한편 위 판결에서 "각자의 단독소유권을 취득하게 하는 형성의 소로서 공유자 사이의 권리관계를 정하는 창설적 판결"이라고 하는 설시부분에 주목할 필요가 있다. 그런데 전면적 가액보상을 명하는 공유물분할판결에서는 공유자 전원에게 각자의 단독소유권을 취득하게 하지 않으며, 가액보상만을 받아야 하는 공유자 B에게는 단독소유권이 전혀 귀속되지 않는다. B에게「창설」되는 것은 단지 A에 대한 보상금채권뿐인데, 위의 판결에서 말하는「창설」이 이러한 것을 포함하는 것으로 의도되었는지는 의심스럽다. A에게는 현물(=공유부동산 전부에 대한 단독소유권)을 쥐어 주면서 B에게는 아직 실현되지 아니하였고 앞으로 실현될지 알 수도 없는 채권만을 주는 것으로 그의 현물(=공유지분)을 빼앗아가도 좋은가?(이러한 경우의 위험, 즉 독일의 문헌에서 흔히「이것도 놓치고 저것도 놓칠 위험」이라고 부르는 위험에 대하여 필자는 "無權利者의 處分에서 權利者의 物權的 請求權과 不當利

得返還請求權의 緊張關係"(民法硏究, 제 7 권(2003), 105면 이하 所載)라는 글을 쓴 일이 있다.) 그와 유사한 일은, 예를 들어 선의취득이 인정되는 경우에 소유권을 상실한 원소유자를 처분자에 대한 부당이득·채무불이행·불법행위 등을 이유로 한 채권적 구제수단을 인정함으로써 보호하는 경우에도 일어나는데, 그 경우에는 거래의 안전이라는 말하자면 공적 목적을 위하여 부득이한 희생이라고 할 수 있다(독일에서는 이러한 이유로 선의취득제도의 위헌성검토가 필요하다는 주장이 비록 동조자는 거의 없어도 제기되고 있는 형편이다). 그러나 공유물분할의 경우에는 공유자들 사이의 이익의 균형만이 문제될 뿐이므로 그러한 논변은 타당하지 않다. 또한 이와 관련하여서는 收用補償金의 현실적 지급(또는 공탁)이 없이는 收用裁決 자체의 효력이 상실된다고 정하는 「공익사업을 위한 토지 등의 취득 및 보상에 관한 법률」 제42조 제 1 항이 상기되어도 좋을 것이다.

또 전면적 가액보상을 명할 것인지 자체를 판단하는 단계에서 A의 자력이나 지급의사를 고려한다고 하더라도, B에게 위험이 여전히 남음은 예를 들어 변론종결 후에 A의 재산상태가 악화된 경우 등을 생각해 보면 바로 알 수 있다. 그런데도 그 판결에 기하여 A 단독의 신청에 의하여 A 앞으로의 단독소유권등기를 하는 것을 허용하면서 B에게 자신의 채권을 실현할 수 있는 방도를 ── 적어도 그 공유물분할의 절차 안에서는 ── 전혀 인정하지 않는 것은, 그야말로 「각자에게 단독소유권을 부여하는 창설적 판결」로서의 취지, 나아가 공유물분할제도 자체의 기본취지에 반한다고 생각된다.

## 3. 共有者들의 公平한 取扱의 要請에 맞는 解決

(1) 이렇게 생각해 보면, 전면적 가액보상에 의한 현물분할을 인정한다고 하더라도, A의 단독소유권 취득은 보상금의 지급에 걸리게

하지 않을 수 없다. 그러므로 그 판결의 주문은 "A가 B에게 금 ○○원을 지급함과 동시에 갑 부동산을 A의 소유로 한다"가 되는 것이 가장 적절하다고 할 것이다.

이에 대하여는 공유물분할판결은 형성판결이고 그 확정으로 바로 물권변동의 효력이 발생하는데, 형성판결에서 반대급부 등 넓은 의미의 조건에 걸리는 것이 과연 허용되는가, 형성판결은 對世效를 가지는데 위와 같은 주문이 제3자관계에서 불안정을 가져올 수 있지 않은가, 또 가액보상이 이루어지지 않는 한 공유관계가 해소되지 않고 계속 남아 있게 되는 것은 공유물분할소송의 취지에 맞지 않는 것이 아닌가 하는 의문이 제기될는지도 모른다.

보다 근본적으로 형성소송(또는 형성판결)에 대한 일반적 법리가 충분히 안정적으로 정립되어 있는지 의문이다(실체법상의 형성권개념조차 아직 「형성단계」에 있는 부분이 적지 않다고 일컬어진다). 예를 들어 혼인관계를 전면적으로 해소하는 이혼청구와 우리 민법 제398조 제2항에 의한 손해배상예정액의 감액청구에 공통적으로 적용되는 법리란 과연 어느 정도의 의미가 있을까. 이 점은 차치라고라도, 일반적으로 공유물분할소송은 형성소송이라고 하지만, 적용할 형성요건이 실체법상 정하여지지 아니하여서 실질적으로는 비송의 성질을 가지며, 따라서 그 형성의 내용이 법관의 합리적인 재량에 의하여 정하여지는 소위 形式的 形成訴訟이라고 한다. 따라서 그 소송의 제반 사정 아래서 A가 B에게 금전을 지급하여야 비로소 공유부동산 전부에 대한 단독소유권을 취득하도록 하는 것이 상당하다면, 그것이 언필칭 「형성판결」의 주문이 되지 못할 이유가 없지 않을까. 그리고 공유물분할판결의 확정으로 물권변동의 효력이 바로 발생한다고 하여도, 이는 통상의 개별분할판결에서와 같이 그 판결의 내용이 그러한 효력을 바로 발생시키는 것이기에 그렇게 될 뿐이다. 그러므로 전면적 가액보상에서 앞서와 같이 금전을 지급하면 단독소유권을 얻는다는 내용의 법률관계가 그 판결의 확정으로 「형성」된다고 하면 족한 것이다(전면적 가액보상도 현물분할인 이상 개별분할이나 일괄분할 등과 같이 처리되어야 한다는 주장은 논의의 본말이 전도된 것이라고 하겠다). 형성판결에 對世效가 있다고 하더라도, 어차피 공유물분할판결로 창설적으로 형성된 법률관계 그 자체(그로 인한 등기의 정리가 아니라)의 對外的 公示는 그 판결로 행하여질 수밖에 없으므로, 그 판결의 주문에 조건이 걸려 있다면 제3자관계상의 불안정이란 쉽사리 생각하기 어렵다. 더욱이나 형식적 형성판결에 의한 형성의 내용은 판결이유로부터 알 수 있으면 족하다고 하는데(독일의 Rosenberg/Schwab/Gottwald, *Zivilprozessrecht*, 16. Aufl.(2004), §91 Rn. 11(S. 610) 참조. 예를 들어 앞서 언급한 손해배상예정액의 감액청구는 형식적 형성소송에 해당하는데, 판결주문에서는 대체로 피고에게 감경된 액의 지급을 명할 뿐이고 감액 자체를 표시하지는 않는다), 하물며 주문에 그 점이 표현되어 있다면 더 말할 것도 없다. 또 가액보상이 이루어지지 않는 한 공유관계가 해소되지 않고 계속 남는다고 해도, 그러한 상태가 공유물분할소송에서의 법관의 합리적인 재량에 맞는다면 역시 감수되어야 한다. 뒤집어서 말하면, 법관은 그러한 점도 고려하여 전면적 가액보상을 명할 것인지를 정하면 될 뿐이다. 앞의 1.(1)에서 본 일부분할방식이나 일괄분할방식도 공유관계를 종국적으로 해소하는 것은 아니고, 나아가 경매분할의 경우에도 마찬가지이다.

**(2)** 다른 한편 앞의 (1)에서 제안한 것과 함께 "2. B는 A로부터 ○○원을 지급받음과 동시에 A에게 갑 부동산에 대한 ○분의 ○지분에 관하여 공유물분할을 원인으로 하는 소유권이전등기절차를 이행하라. 3. A는 B로부터 갑 부동산에 대한 ○분의 ○지분에 관하여 공유물분할을 원인으로 하는 소유권이전등기절차를 이행받음과 동시

에 B에게 ○○원을 지급하라."는 것을 주문에 포함시키는 것도 고려해 봄직하다. 이는 B의 보상금채권의 실현 및 A의 단독소유권등기의 사실적 실현을 위해서 요청된다는 생각도 들기 때문이다. 물론 이 부분은 형성효가 있다고 할 수 없지만, 그야말로 분쟁의 일회적 해결을 위하여 필요하지 않을까?

(3) 만에 하나, 앞의 2.(2)에서 본 바와 같은 판결주문이 행하여진다고 하더라도, 등기공무원은 전면적 가액보상을 명하는 공유물분할판결에 기하여서 A 단독으로 단독소유권등기를 신청한 것을 받아서 지분이전등기를 하여서는 안 될 것이다. 그리고 이를 명확하게 밝히기 위하여 새로운 등기선례가 필요하다. 종전의 등기선례는 모두 그 문언상으로도("공유자 각자의 단독소유권" 등) 통상의 개별분할방식을 염두에 둔 것이고, 가액보상의 경우까지 상정한 것은 아니라고 생각되는 것이다.

(法律新聞, 3384호(2005.8.8), 15면 및 14면 所載)

[後　記]

이 글의 1.(2)에서 언급한 陳賢敏의 판례연구는 그 후 民事判例研究, 28집(2006), 77면 이하에 공간되었다.

# 7. 日本에서의 動產擔保制度 改革 論議

## Ⅰ. 序

**1.** 日本에서는 2004년 12월 1일에 동산담보제도의 개혁을 주요한 내용으로 하는 법률이 공포되었다. 이는 1998년 6월 12일에 공포되어 동년 10월 1일부터 시행된 "채권양도의 대항요건에 관한 민법의 특례 등에 관한 법률"을 개정하는 법률의 형식을 취하고 있으며, 이제 위 법률은 "동산 및 채권의 양도의 대항요건에 관한 민법의 특례 등에 관한 법률"(이하 이를 「개정법률」이라고 한다)로 그 이름이 바뀐다. 이 법률은 그 시행일을 공포일로부터 기산하여 1년을 넘지 않는 범위에서 政令(우리의 대통령령에 해당한다)으로 정하도록 하고 있는데(개정법률 부칙 제1조), 아직 이를 정하는 정령은 2005년 7월 31일 현재 공포되지 않고 있다.

개정법률의 내용은 그 명칭에서도 보듯이 두 부분으로 나눌 수 있다. 하나는 채권양도에 관한 것이고, 다른 하나는 동산양도에 관한 것이다. 아래 2.에서 보는 이유로 그 중에서 우선 우리의 관심을 끄는 것은 後者이므로, 이에 한정하여 개정법률의 핵심적인 내용을 보면, 동산양도의 대항요건에 관한 민법의 특례로서 法人이 하는 動產讓渡에 관하여 등기에 의하여 대항요건을 구비할 수 있도록 하는 제도를 창설하는 것이다. 이는 동산양도 일반에 대하여 그 대항요건에 관한 특례를 정하는 것이지만, 뒤의 Ⅲ.2.(1)(가)에서도 보는 대로 그 제도의 기능이라는 관점으로 보면 주로 동산의 讓渡擔保, 그 중에서도 특히 集合動産의 양도담보를 염두에 두고 있다. 그리고 이와 같이 일정한 범위에서 등기에 의하여 동산양도의 공시를 도모하려는 것은 뒤에서 보는 대로 동산담보제도의 개선에 관하여 행하여진 오랜 기간의 논의를 일단락지은 것으로 평가할 수 있다.

**2.** 本稿는 우리나라 동산담보제도의 개혁을 논의하는 데 필요한 자료를 제공하기 위하여 쓰여진 것이다. 서울대학교 법학연구소는 이 문제에 관한 연구를 수행하기로 기획하고, 그 一環으로 미국, 독일, 프랑스, 일본에서의 논의를 정리하는 것을 몇몇 교수에게 위탁하였다. 필자는 그 중에서 독일과 일본을 담당하기로 하였는데, 독일에 대하여는 이를 "독일의 동산담보개혁논의 ── 비점유동산담보제도를 중심으로"라는 제목으로 발표한 바 있다.[1] 이 글은 그에 이어서 일본의 경우를 살펴보려는 것이다.

本稿는 前稿와 마찬가지로 그러한 기획의 목적상 일본에서의 논의를 정확하게 전달하는 것에 주안을 둔다. 그리하여 장차 우리나라에서 행하여질 법개정작업에 있어서 고려되어야 한다고 생각되는 論点을 가능한 한에서 상세히 제기하려는 것이고, 외국에서의 논의에 대한 評價나 우리나라에의 適否 등에는 일절 언급하지 아니한다. 그러므로 이 글은 논문이라고 하기보다는 資料라고 하는 것이 더 어울릴는지도 모른다.

아래에서는 우선 이번 법률개정의 사실상의 출발점이라고 할 수 있는 일본 産業經濟省의 「기업법제연구회(담보제도연구회)」의 보고서

1) 梁彰洙, "獨逸의 動產擔保改革論議 ── 非占有動産擔保制度를 中心으로", 서울대학교 法學 44권 2호(2003), 1면 이하(그 후 同, 民法研究, 제 7 권(2003), 147면 이하 所載)(이하 「前稿」라고 한다). 한편 金載亨, "동산담보제도의 개선방안(I)", 비교법과 법학 연구(II)(서울대학교 BK21 법학연구단 법제도비교연구센터 주최 2004년 학술대회 자료집), 18면 이하도 그 기획에 따른 연구의 一環인 것으로 생각된다.

에 대하여 소개한 다음(Ⅱ), 나아가 그 결과로 행하여진 이번 법률개정의 내용을 보다 상세히 살펴보기로 한다(Ⅲ).

## Ⅱ. 集合動産에 관한 登記制度의 提案에 대하여 — 企業法制研究會(擔保制度研究會)의 「報告書」 및 그 前史

**1.** 戰後의 일본에서 동산담보제도의 개혁에 관한 본격적인 논의는 대체로 1959년으로 거슬러 올라간다.[2] 그 해에 私的인 연구모임인 松本財團財產立法研究會가 양도담보를 연구주제로 잡고, 동산 및 채권의 담보제도에 대하여 입법론적 연구를 시작하였던 것이다.[3] 그로

2) 물론 그 전에 我妻榮의 선구적 작업 및 학문적 자극이 있다. 우선 同, 擔保物權法(1936), 序 참조("기업자금의 획득 및 금전자본의 투하가 자본주의 경제기구에서 가지는 역할은 처음부터 극히 중요하였을 뿐만 아니라, 자본주의의 발달에 좇아 더더욱 그 중요성을 더하고 있다. 그러나 우리 민법의 담보물권의 규정은 이 근대자본주의의 주인공으로 하여금 그 역할을 충분히 연출하도록 하기에는 극히 불충분한 것이다. 그러기에 이 주인공을 활약하게 하려는 경제적 요청은 민법 제정 이래 재단저당제도를 비롯하여 증권저당 · 동산저당 등 많은 新制度를 창설하게 하여, 담보물권법을 민법 중 가장 풍부한 一群의 특별법의 시중을 받는 부분으로 만들었다. 그러나 이 눈부신 입법을 가지고서도 위의 경제적 요청은 여전히 만족되지 못하여, 나아가 근저당 · 양도담보 등의 제도를 확립하기에 이르렀다."). 또한 담보제도와 관련한 그의 입법론적 또는 비교법적 論考로서, 同, "集合動産の譲渡擔保に關するエルトマンの提案", 法學協會雜誌 48권 4호(1930); "ドイツにおける小作財團の上の登錄質制度の創設", 山田教授還曆祝賀論文集(1930); "デンマークの動産抵當制度", 法學協會雜誌 55권 4호(1937) (이상은 同, 民法研究 Ⅳ: 擔保物權(1967), 141면, 203면, 237면 각 所載) 참조. "[일본의] 民法學史上 최대의 존재로서, 오늘날에 이르러서도 학계, 특히 실무계에서의 영향력은 압도적"인 我妻榮(星野英一, "日本民法學史(2)", 法學教室 1981년 6월호, 16면 上段의 표현)의 수많은 著述 중에서도 위의 『擔保物權法』은 가장 精彩 있는 것이다(이 점에 대하여는 우선 星野英一, "我妻法學の足跡 ── 「民法講義」など", 同, 民法論集, 제 4 권(1978), 50면 참조: "『擔保物權法』 등은 이를 능가하는 것이 상당히 곤란하다고 말해도 좋을 정도의 完成度를 보이고 있다").

3) 我妻榮은 처음부터 그 研究會의 幹事 중 1인이었다. 四宮和夫 等(아래 註 5),

부터 9년이 지난 1968년에 同 연구회는「動產擔保法要綱試案」을 발표하고,[4] 이를 가지고 日本私法學會는 동년 10월에「民商法合同심포지엄」을 열었다.[5] 이 要綱試案은 보다 상세한 연구에 기하여 동산 및 채권의 담보에 관하여 포괄적인 입법제안을 하는 것으로서 매우 흥미로운 바 있으므로, 그 중에서 동산의 담보를 다룬 제1장 중「제2절 동산저당」을 번역하여 말미에 [附錄 I]로 붙이기로 한다.

그런데 이 개혁제안은 실현에 이르지 못하였고, 그 후에도 동산담보제도의 개정에 관한 주장이 없었던 것은 아니다. 그러나 이번의 동산담보 관련 법률개정의 端緒는 2002년 2월에 작업을 시작한 일본 산업경제성의 기업법제연구회(담보제도연구회)가 그 해 여름에 발표한「報告書(案)」및 그에 사소한 수정을 가하여[6] 2003년 1월에 최종적으로 공표한「報告書」[7]에서 찾을 수 있다. 동 연구회는 기업의 자금조달의 방도를 보다 넓히기 위한 담보제도의 모습을 검토하여 그 결과를 발표하였고,[8] 그 보고서에서 행하여진 동산담보제도의 개정제안

26면 상단 참조.

4) 이 要綱試案은 동산에 대한 담보제도뿐만 아니라 채권(유가증권을 포함한다)에 대한 담보제도에 대한 입법제안을 포함하고 있다. 한편 그 前身에 해당하는 要綱試案에 대하여, 四宮和夫, "讓渡擔保法要綱(改訂第二試案)解說(1)-(3)", 立教法學 2호, 157면 이하; 3호, 194면 이하(이상 1961), 5호(1963), 81면 이하; "讓渡擔保法要綱試案解說(4)-(5)", 6호(1964), 171면 이하; 10호(1968), 185면 이하(이상은 하나의 글이나 중간에 제목이 변경되었다. 글은 모두 제6절("指名債權의 讓渡擔保에 관한 特則")까지 예정되어 있으나, 제5절("集合物의 讓渡擔保에 관한 特則")까지로 중단되었다); 竹内昭夫, "株式擔保法の立法論的考察", 裁判と法(上)(菊井維大先生獻呈論集)(1967), 577면 이하 참조.

5) 同 要綱試案, 이에 대한 부가적인 설명(四宮和夫 · 新堂幸司 · 前田庸, "動產擔保立法の問題點") 및 위 3인의 報告, 그리고 그에 대한 전반적인 討論은, 日本私法學會, 私法, 31호(1969), 3면 내지 104면에 수록되어 있다.

6) 兩者는 형식상은 물론이고 내용상으로도 별다른 차이가 없으며, 面數도 거의 일치한다.

7) 이「보고서」는 http://www.meti.go.jp/report/downloadfiles/g30128bj.pdf에서 검색해 볼 수 있다.

8) 이「보고서」는 필자의 다른 글, 즉 梁彰洙, "擔保에 관한 새로운 一般理論의 方向 —— 하나의 問題提起로서", 民事判例研究 26집(2004), 593면 이하(그 후

은 2003년 10월에 활동을 시작한 法制審議會의 「동산 · 채권담보법제부회」에서도 그 논의의 바탕을 제공하였던 것이다.[9]

이하에서는 앞서 말한 「산업경제성 기업법제연구회(담보제도연구회) 보고서」(이하 단지 「보고서」라고 한다)의 내용을 동산담보를 중심으로 해서 요약하면 다음과 같다.

## 2. 企業의 資金調達에서 動產擔保 利用의 실태

(1) 일본에서 기업의 자금조달은 다른 주요한 나라(미국 · 영국 · 독일 · 프랑스)와 비교할 때 借入에 의한 자금조달(소위 debt financing)이 중요한 지위를 점하고 있다. 물론 1980년대 이후로 社債의 발행을 통하거나 新株의 발행을 수반하는 각종 수단에 의하는 것과 같은 직접금융(소위 equity financing)에 의하여 기업자금을 조달하는 일이 착실히 증가하고 있고, 1990년대부터는 자산의 유동화 · 증권화 등도 적극적으로 활용되고 있다. 그러나 전체적으로 보면 차입에 의한 자금조달이 아직도 상당한 비율을 차지하고 있다.[10] 특히 직접금융시장에 의한 자금조달이 곤란한 중소기업이나 자금 회수에 리스크가 적지 않은 기업 · 사업에 있어서는 더욱 그러하다.

그런데 기업에 자금을 공급하는 은행 등 금융기관의 융자행태를 보면, 지금까지는 地價의 상승을 전제로 하는 부동산담보융자를 위주로 하여 왔다. 부동산은 환가가치가 높고 담보물로서의 관리가 용이

---

同, 민법산책(2006), 99면 이하 所載)를 작성함에 있어서도 중요한 자료가 되었었다.

9) 法制審議會 動產 · 債權擔保法制部會 제 1 회 회의 議事錄 참조. 이 회의 의사록은 일본 법무성의 인터넷 사이트(www.moj.go.jp)에서 「審議會情報」를 통하여 검색할 수 있으나, 유감스럽게도 거기에는 面數가 붙어 있지 않다.

10) 일본을 포함하여 이들 5개국의 資本 · 負債構造를 보면, 차입이 차지하는 비율은 가장 낮은 미국이 13.7%(그 외에 債券이 9.5%, 기타 채무가 15.0%, 주식이나 출자금이 61.7%)이고, 독일이 33.3%인 데 비하여, 일본은 40.6%(그 외에 채권이 9.7%, 기타 채무가 20.8%, 주식이나 출자금이 28.9%)를 차지하고 있다.

한 데다가 그 가격이 계속 상승하여 왔으므로 극히 유용한 담보수단이었던 것이다. 결국 금융기관은 低리스크이면서 부동산담보가 있는 경우의 저금리대출과 高리스크이든가 담보로 제공할 부동산이 없는 경우의 고금리융자의 둘로 兩極化되어 있었다. 그러나 소위 경제의 거품이 꺼지고 지가가 하락하면서 부동산담보에 의존하는 경우의 위험이 인식되었고, 이에 따라 부동산 이외에 기업이 가지는 다양한 자산도 이를 담보로 파악할 필요가 대두하고 있다.[11] 법인기업이 가지

---

11) 일본정부는 2003년 12월 24일에 「경제활성화를 위한 산업금융기능 강화책」(이는 www.kantei.go.jp/jp/kakugikettei/2003/1224sangyous.html에서 검색할 수 있다)을 발표하였다. 그 항목의 하나는 「리스크에의 대응의 다양화 ── 담보·보증에 과도하게 의존하지 않는 자금조달」이라는 제목을 달고 있는데, 이를 달성하기 위한 방책의 하나로 「不動産에 의하지 아니한 擔保制度의 整備 및 人的 保證의 適正化」를 내걸고 있다. 그 구체적인 내용은 다음과 같은데, 이를 통하여 앞으로 일본에서의 관련 법제도의 정비의 대체적인 方向도 간취할 수 있다(이러한 흐름에 좇아, 保證에 관한 규정을 개정하는 「民法의 一部를 改正하는 法律」도 2004년 12월 1일에 본고에서 다루는 개정법률과 함께 통과되었다).

"법무성에서 검토중인 담보제도(동산양도의 공시제도 등)에 대하여 관계 省廳도 협력하여 조기의 실현과 활용촉진을 도모함과 동시에 인적 보증의 합리화·적정화도 검토를 진행한다.

1) 환금성이 높은 재고품을 보유하는 사업자(소매업, 도매업, 제조업 등)나 부동산을 보유하지 않는 중소기업이 재고 등을 담보로 하여 조달하는 것이 원활하게 행하여지도록 동산양도의 공시제도의 정비를 도모한다.

2) 주택회사, 카드회사 등이 장래 계약하는 고객의 외상대금채권을 담보로 하여 융자를 받음에 있어서 채권양도의 공시를 가능하게 하는 제도의 정비를 도모한다.

3) 이러한 담보의 실효성을 높이기 위한 공시제도(동산양도의 공시제도 등)의 정비에 의하여 사업을 구성하는 재산 전부(부동산, 동산, 외상대금채권 등)에 확실하고 간편하게 담보를 설정할 수 있도록 하고, 프로젝트 파이낸스(개별 사업의 수익성에 착안한 융자)의 원활화를 도모한다.

4) 원활한 금융을 저해하지 않도록 유의하면서, 개인보증(특히 근보증)의 방식에 대하여 융자시에 실무 운용의 적정화뿐만 아니라 법적 조치도 포함하여 필요한 재검토를 행한다.

5) 동산을 담보로서 평가하는 제도나 융자를 받는 기업의 경영·재무의 상황을 융자조건으로 계속적으로 반영하는 제도 등의 도입을 정책적으로 지원한다.

6) 자금조달에 있어서의 외상대금채권의 활용을 전진시키기 위하여, 양도금지특약해제에 대하여 경영자단체·산업계에 새삼 협력요청을 행하는 등의 캠페인을 실시하여 간다."

는 총자산을 보면, 토지가 그 13%인 데 비하여, 외상매출금이나 받을어음이 17%, 재고자산이 9%를 차지한다. 이와 같이 기업의 자산에서 큰 비중을 차지하고 있는 외상매출금 등의 채권이나 재고물품 등의 동산을 담보로 또는 기타의 방법으로 보다 널리 자금조달에 활용하는 것이 요구된다.[12](이상 5면 내지 10면)

(2) 그런데 재고물품 등의 동산에 논의를 한정하여 살펴보면, 2000년도의 주요한 시중보통은행(commercial bank) 8곳의 담보부 융자 중 상품을 담보로 하는 융자는 0.1%에 불과하다. 상대적으로 볼 때 보다 적극적으로 이를 이용하는 것은 원래의 금융기관이 아니라 商社이지만, 그나마 그 수는 많지 않다. 예를 들어 어떤 상사의 경우 계속적으로 외상매출의 신용을 공여하는 국내 기업의 수가 모두 5천여에 이르는데, 그 중에서 집합양도담보거래를 하는 경우는 그 1%에도 미치지 못하는 40개 기업 정도라고 한다. 또 그것도 어음의 연장요청과 같이 금융을 지원해 줄 것을 요청해 온 경우에 장차 채무불이행이 있을 때 回收財源을 보다 많이 확보할 목적에서, 즉 신규여신이 아니라 보전강화의 목적에서 부차적으로 행하여지는 경우가 적지 않다고 한다.

한편 이와 대비되는 것이 미국의 경우이다. 거기서 재고나 기계설비 등 동산의 담보 활용은 대체로 파이낸스 컴퍼니(finance company)라고 불리우는 금융기관에 의하여 중소기업(年賣出高 1천5백만불 내지 5천만불 정도)을 상대로 행하여진다. 그리고 그것은 UCC 제9편

12) 이에 대하여는 예를 들어 뒤의 Ⅲ.에서 보는 법제심의회의 動產·債權擔保法制部會가 작업을 하는 도중에 발표된 다음의 글들도 강조하고 있다. 西田章, "動產·債權の擔保的活用が拓く新たな金融實務 —— 對抗要件としての公示制度の整備を契機として", NBL 781호(2004. 3. 15), 19면 이하; 西田章/影山法亨, "產業金融改革のための動產·債權讓渡の公示制度整備への期待", NBL 784호(2004. 5. 1), 4면 이하; 久保壽彦, "最近の法律改正に思う", NBL 792호(2004. 9. 1), 3면 등. 前2者의 필자는 경제산업성의 공무원들이고, 後者의 필자는 금융기관의 법무실장이다.

에 기한 등록제도에 의하여 공시된다. 담보평가의 방법은 각 파이낸스 컴퍼니별로 상세히 규칙화되어 있고, 차입가능액은 담보 대상이 되는 자산의 가치에 좇아 수시로 변경된다. 담보의 목적물이 된 동산은 담보관리의 전문가(통상 field examiner라고 불린다)가 정기적으로 實地調査를 행하며, 그때마다 평가가 변경되어 여신액이 증감된다. 그러므로 대출채권이 회수되지 아니한 상태에서 채무자 기업이 도산절차에 들어가는 경우는 오히려 드물다고 한다.(이상 11면 내지 13면)

## 3. 動產擔保에 관한 現行 法制度의 問題點

(1) 한편 법적인 관점에서 보면, 동산에 대한 담보물권으로서는 민법전에는 質權만이 규정되어 있다. 질권은 담보권자가 대상이 되는 동산의 점유를 취득하는 것을 성립요건으로 한다. 그러므로 담보를 제공하는 사람, 즉 질권설정자가 목적물을 점유하는 채로 동산을 담보로 하려는 경우에는 일반적으로 양도담보의 방법에 의한다. 양도담보에서의 대항요건은 「引渡」인데(일본민법 제178조), 인도는 占有改定으로도 족한 것이다.

그런데 점유개정에 의하여 대항요건을 갖추는 경우에는 양도담보의 존재가 외형적으로 명확하게 드러나지 않는다. 그러므로 우선 동산에 양도담보를 설정하는 경우에, 예기하지 않게 그에 이미 양도담보가 설정되어 있는 것도 쉽사리 생각할 수 있다. 그러한 경우에, 점유개정에 의한 인도에 대하여는 일반적으로 善意取得이 부정되므로 後發의 양도담보권자는 불리한 지위에 놓이게 된다.[13] 나아가 양도담

13) 우리 나라에서도 최근에 나온 大判 2004. 10. 28, 2003다30463(공보 하, 1942)은 점유개정에 의한 二重讓渡擔保의 사안에서, 시간적으로 빠른 양도담보권자가 목적물의 소유권을 신탁적으로 취득하여서, 그에 늦은 양도담보권자는 선의취득의 요건을 충족하지 못하는 한 소유권을 취득하지 못하는데, 점유개정에 의한 선의취득은 허용되지 않으므로, 결국 그는 목적물에 대한 권리를 가지지 못한다고 판시하였다.

보가 제대로 설정되었어도 그 후에 설정자가 목적물을 제3자에게 처분하여 그 상대방이 목적물을 선의취득할 가능성은 여전히 남는다. 그리하여 점유개정을 하여 담보권설정자에게 점유를 남겨 두는 경우라도, 예를 들어 목적물 자체 또는 목적물이 소재하는 창고 등에 그 물건에 양도담보가 행하여졌음을 알리는 標札[14]을 붙이는 등의 방법도 생각해 볼 수 있다. 그러나 이에 대하여는 설정자측에서 저항감이 크고, 또한 그것이 뜯길 우려도 있다.

이와 같이 동산의 양도담보에서는 공시방법이 불충분하다는 점이 그 양도담보의 안정성을 저해하여, 동산을 담보로서 활용하는 것에 장애가 되고 있다.(이상 14면)

(2) 또한 재고물품을 담보로 잡는 것은 담보물의 평가는 물론이고 그 담보권 존속 중의 담보물 관리, 나아가 그 換價[15]의 모든 단계에서 부동산담보에 비하여 가장 넓은 의미에서의 비용이 많이 든다.[16] 그것과 맞물려서, 재고자산을 담보로 융자를 전문적으로 행하는 금융기관도 발달되어 있지 않다. 또 현재 재고물품 등 동산담보가 앞서 본 대로 주로 보전강화의 목적으로 이용되고 있는 것과도 관련되어서, 기업측에서도 동산을 담보로 제공하는 것에 의하여 새로운 융자를 얻거나 융자조건 등이 개선되리라는 기대가 적고, 또 동산을 담보로 제공하였다는 것은 말하자면 최후의 수단까지 동원한 셈이어서 이와 같이 자력의 악화로 인식되기 쉬운 사실이 대외적으로 알려지는 것을 꺼리는 경향이 있다.(이상 14면 내지 15면)

(3) 한편 양도담보에 대하여는 그것에 관한 명문의 규정이 없이

14) 일본에서 이 標札은「네임플레이트(nameplate)」라고 통칭된다.

15) 동산담보권을 실현하는 단계에서도 보전 또는 집행의 절차에 시간과 노력이 적지 않게 요구되고, 나아가 목적물이 散逸하거나 劣化하기 쉽다.

16) 그 외에 중고품시장이 잘 정비되어 있다고는 말할 수 없기 때문에, 동산의 담보평가액이 저렴화되는 것도 지적되고 있다.

판례에 의하여 인정되어 온 것이므로 그 요건이나 효과(특히 다른 담보권과의 우열관계, 청산·반환의 법리 등), 나아가 실행방법 등에 관하여 불명확한 점이 있음을 지적하는 견해도 있다. 그러나 실무적으로 그것은 동시에 제도를 유연하게 운용할 수 있게 하는 장점으로도 연결된다. 이렇게 보면 실체법상으로 그 요건과 효과를 전면적으로 明文化하는 것은 오히려 제도를 경직된 것으로 하여 그 이용이 꺼려지도록 만들 수도 있을 것이다. 그러므로 양도담보의 실체법상의 요건 및 효과에 관하여는 적어도 이 단계에서는 원칙적으로 판례·학설에 맡기는 것이 낫다. 그리고 단지 앞에서 살핀 바 있는 공시방법의 不備를 보완하는 새로운 제도를 창설하는 것만이 제안된다.(이상 15면, 29면)

### 4. 解決策으로서의 새로운 公示制度의 創設

(1) 여기서 제안되는 새로운 공시제도란 요컨대, ①「집합동산」에 관하여 ② 진정양도인가, 담보 목적 양도인가를 불문하고 ③ 등기제도를 이용할 수 있도록 하는 것이다. 그리고 그 등기를 집합동산양도의 대항요건으로 한다.[17]

그러한 제도를 창설하는 것은 다음과 같은 장점이 있다고 한다.

첫째, 법의 구체적 적용에 있어서, 담보 목적의 양도인가, 진정양도인가를 구별할 필요가 없다. 집합동산의 양도는 거의 담보 목적으

17) 다른 한편 집합동산의 양도인이 하는 그 집합동산을 구성하는 개별동산의 처분에 대하여는 다음과 같은 理解를 제시하고 있다. 즉 "그 처분권한의 범위(통상의 거래의 과정)에서 행하여진 거래에 의하여 개별동산에 대한 권리(소유권 등)를 취득한 제3자는 선의·악의를 불문하고 당해 개별동산의 완전한 소유권을 취득한다. 그러나 처분권한의 범위를 넘은 거래에 의하여 제3자가 개별동산에 대한 권리를 취득한 경우에는 개별동산에 대해서도 집합동산의 양수인의 권리가 미친다(개별동산을 집합동산 내로 환원할 것을 청구할 수 있는 등). 그러나 제3취득자는 당해 개별동산을 선의취득할 수 있다."(29면 내지 30면) 뒤의 註 23의 본문도 참조.

로만 행하여진다고 해도 과언이 아니다. 그리고 예외적으로 담보 목적이 아닌 양도가 행하여지는 일이 있다고 해도, 그 頻度에 비추어 보면, 새로운 공시제도에 좇게 하더라도 불합리한 점은 없다고 생각되는 것이다. 또한[18] 채무자가 점유[19]하고 있는 동산으로서 제3자가 소유권을 가지는 경우에 그에 담보 목적이 개재되고 있는지 여부에 좇아 등기공시의 요부를 구별하게 되면,[20] 이에는 일정한 법적 위험이 수반된다는 것이다. 예를 들어 채무자가 「리스」한 물건에 대하여도 그것이 파이낸스 리스와 같이 담보 목적으로서 리스업자가 소유권을 가지는지 아니면 眞正리스인지를 가려야 하는 쉽지 않은 문제가 등장한다. 그 점을 생각하면, 담보 목적 있는 경우만을 따로 규율하는 것이 과연 바람직한지 의문이 제기될 수 있다는 것이다.

둘째, 동산 일반이 아니라 집합동산[21]에 관하여서만 적용되는 공시제도로 함으로써, 공시제도를 정비하여야 할 필요가 높은 집합동산 거래에 대하여는 제도적인 조치를 취하면서도, 개별동산의 거래안전과의 조화를 꾀하기 쉽다.[22] 또한 소유권유보거래 또는 리스거래의 목적물 등은 이를 등기할 필요가 없기 때문에, 이러한 거래에의 영향을 한정적인 것에 그치게 할 수 있다.

---

18) 이하는 뒤의 註 25에서 보는 座談會, 10면 左段 이하에서의 森田宏樹(그는 「산업경제성 기업법제연구회(담보제도연구회)」의 멤버이다)의 발언을 요약한 것이다.

19) 여기서의 「점유」가 우선 직접점유를 가리키는 것임에는 의문이 없다. 그러나 채무자가 간접점유하는 경우는 어떠한지에 대하여는 별로 논의되지 않고 있다.

20) 이 논의에서 벤치마킹의 대상이 되는 미국의 UCC 제9편에서의 공시제도는 담보 목적이 있는 경우에만, 즉 제3자가 다른 사람이 점유하는 동산에 기능적으로 볼 때 「담보적 이익(또는 담보권)(security interest)」을 가지는 경우에만 적용된다.

21) 보고서는 "종류·소재 장소·양적 범위 등 어떠한 방법으로든 목적물의 범위가 정하여진 동산의 집합체가 거래상 一體로서 경제가치가 인정되는 경우가 있다"(29면)는 것을 전제로 하고 있다.

22) 이 논점은 기본적으로 개별동산의 거래와의 충돌문제를 어떻게 해결하는가와 관련된다고 할 수 있다. 이에 대하여는 앞의 註 17도 참조.

셋째, 집합동산에 관한 개괄적 기재(장소적 所在, 종류, 수량 등)로써 공시할 수 있으므로, 공시와 관련한 번거로움을 덜 수 있다. 또한 판례법리상으로도「집합동산」의 범위를 한정하는 요건에 관하여는 아직까지 불명확한 점이 남아 있는 것을 명확하게 할 수 있다.(이상 29면 내지 30면)

(2) 앞서 본 바와 같은 제도를 채택하는 경우에「해결되어야 할 남겨진 과제」에 대하여는 다음과 같은 지적이 행하여졌다. 이 부분은 우리나라에서의 논의를 위하여 중요하다고 생각되므로 이하 그대로 번역해 두기로 한다.(30면부터 35면)

a. 集合動産의 定義

「집합동산」으로 인정되어 이 공시제도를 이용할 수 있는 것은 어떤 경우인가가 문제된다.

이 점에 관하여, 집합동산이 개별동산과 구별되어 양도나 양도담보의 목적이 되고 공시제도를 이용할 수 있다고 한 취지는 집합동산에 거래상으로 경제적 일체성이 인정됨에 있으므로, 집합동산은 그러한 경제적 일체성이 인정되면 족하고, 장소적으로 一體라든가 구성요소가 유동하는 것을 요건으로 할 필요는 없다고 할 것이라는 의견이 제시되었다.

또 공시제도를 마련함에 있어서는, 집합동산을 어떠한 요소에 의하여 특정할 것인가에 관한 검토가 필요하다는 의견이 제시되었다.

나아가, 연구회에서는 映像用 機材 등 高價인 개별의 구체적 동산에 관하여 공시제도를 이용할 필요가 있다는 지적이 있었는데, 이러한 單體의 개별구체적인 동산을 공시하는 제도를 마련하는 것에 대하여는 거래안전에 주는 영향이나 소유권유보 등 다른 담보거래에 주는 영향 등과의 균형의 관점에서 해결되어야 할 과제가 많지 않은가 하는 지적이 있었다.

b. 公示制度의 適用範圍

동산양도의 공시제도는 物件 단위가 아니라 사람 단위로 편성되어야 할 것인 바, 개인이 하는 집합동산양도에 관하여는 그 필요성의 정도에 비하여 제도를 새로이 마련하는 것에 드는 비용이 높다는 관점에서, 공시제도는 법인이 행하는 집합동산의 양도에 한정하면 좋지 않은가 하는 의견이 제시되었다.

c. 公示 및 檢索의 費用

공시제도를 이용하기 쉬운 것으로 하려면, 공시에 요하는 비용(노력이나 금액)은 저렴한 것이어야 한다는 의견이 제시되었다. 또 인도와는 별도로 등기도 대항요건으로 함으로써 거래하는 第三者의 검색 등의 비용이 증가하게 되는 점에 유의할 필요가 있고, 간이한 검색시스템의 구축 등이 필요불가결하다는 의견도 제시되었다.

d. 實體法上의 問題 등

[集合動產 讓渡 및 그 公示와 個別動產 讓渡 및 그 對抗要件 具備의 관계]

집합동산의 양도와 그 공시가 집합동산을 구성하는 개별동산과의 관계에서 어떠한 효력을 가진다고 볼 것인가, 즉 앞서 말한 바와 같이 집합동산을 구성하는 개별의 동산이 통상의 거래과정에 의하지 아니하고 집합동산의 범위로부터 일탈한 경우에 당해 개별동산에 대하여 물권적인 효력이 미치는 근거가 문제된다.

먼저, 집합동산으로서의 양도가 행하여지고 그 양도에 관하여 대항요건이 갖추어지면, 그 효력은 집합동산을 구성하는 개별동산에도 미치고, 통상의 거래과정에 의하지 아니한 개별동산의 양도는 할 수 없게 될 뿐만 아니라 통상의 거래과정에 의하지 아니한 개별동산의 양도에 관하여는 대항요건을 갖출 수도 없게 된다는 견해가 제시되었다. 다른 한편으로, 집합동산으로 양도되고 그 양도에 관하여 대항요건이 구비되었다고 하여도, 그 집합동산을 구성하는 개별동산이 양도할 수 없게 될 이유는 없을 뿐 아니라 대항요건을 갖출 수도 있는데, 개별동산에 대하여 통상의 거래범위를 넘는 양도가 행하여진 경우에는 양도담보권자는 담보권의 침해를 배제하기 위하여 개별동산에 대하여 직접 권리행사를 할 수 있게 된다는 주장도 행하여졌다. 어느 견해를 취하든지 간에, 집합동산의 양수인은 그 양도에 관하여 대항요건을 갖춘 때에는, 통상의 거래과정에 의하지 아니하고 행하여진 개별동산의 양도에서의 양수인에 대하여 권리취득을 대항할 수 있도록 하는 것에 대하여는 異論이 없었다.[23]

또 이 공시제도는 부동산등기제도, 건설기계저당제도, 자동차등록제도 등과는 달리 현실로 존재하는 특정의 동산에 담보권이 설정된 것의 眞正性을 확보하는 장치(부동산보존등기, 자동차의 등록번호, 건설기계에의 打刻 등에 유사한 장치)가 없기 때문에, 현실적으로는 양도의 대상이 아닌 개별동산이 집합물로서 양도되어 있는 것과 같은 외관을 띨 가능성이 이들 저당제도에 비하여 높은 것을 고려하여, 집합동산 양도 및 그 공시와 개별동산 양도 및 그 공시와의 관계를 검토하여야 할 것이라는 지적이 있었다.

[擔保設定者의 處分權의 範圍. 「通常의 去來의 過程」으로 足한가?]

집합동산의 내용의 변동을 인정하는 경우, 양도인(양도담보의 설정자)의 처분권한을 어느 범위에서 인정할 것인가의 문제가 있다.

이 점에 관하여, 양도인의 처분권한의 범위는 계약으로 개별적으로 정하여지는 것이고 또 그것으로 족하다는 의견이 제시되었다. 이에 대하여는, 물권법정주의와의 균형이나 양도인의 처분권한이 과도로 한정된 경우 등으로 인하여 「통상의 거래의 과정」의 내용이나 객관적 기준에 관하여 구체적으로 검토하여야 할 것이라는 의견이 제시되었다.

---

23) 이 단락에서 "어느 견해를 취하든지 간에 …"로 시작하는 문장은 「보고서(안)」에는 없었던 것이 「보고서」에 추가되었다. 혹시 뒤의 註 27의 본문에서 보는 提案에 대한 대응인지도 모르는데, 이 부분의 언명은 뒤의 Ⅲ.3.(1)에서 보는 등기의 優先效의 문제와 관련하여 적지 않은 의미가 있다.

[公示에 의한 對抗要件 具備와 引渡에 의한 對抗要件 具備]

현행 민법상의 동산양도의 대항요건인 인도와 집합동산의 공시제도와의 관계가 문제된다. 이 점에 대하여, 점유개정(또는 기타의 인도)를 집합동산의 대항요건으로는 인정하지 않는 것은 곤란하다는 의견이 제시되었다.

[登記에 의한 善意取得]

집합동산 양도에 관하여 점유개정에 의한 대항요건 구비를 긍정한다면, 기존의 점유개정으로 대항력을 구비한 양도 또는 양도담보가 그 후의 등기에 의하여 대항요건을 구비한 동산양도 또는 양도담보에 우선하게 된다. 그러나 그렇게 하여서는 공시제도에 의하여 실현하려고 하는 양도담보의 안정성을 확보한다는 목적이 달성되기 어렵게 된다는 지적이 있을 수 있다. 그리하여 이 점에 대하여 어떻게 생각할 것인지가 문제된다.

이 점에 관하여, 이론상으로는 공시를 선의취득에 있어서의 인도로 인정할 수 있으므로, 점유개정에 의한 양도담보 등보다도 등기된 양도담보가 우선하는 구조를 만드는 것이 가능하다는 견해가 제시되었다. 이 견해에 의하는 때에는 등기에 의한 대항력을 갖춘 양수에 의하여 목적물인 집합동산을 선의취득하는 것도 가능하게 된다.

이에 대하여는, 등기에 의한 선의취득이라는 강한 효력까지를 인정할 필요는 없다는 의견이나 등기에 의한 선의취득을 인정하는 것은 개별동산에 관하여 점유개정에 의한 선의취득이 인정되지 않는 것과의 균형의 관점에서 볼 때 설명하기 곤란하다는 의견이 제시되었다.

[所有權留保 등과의 優先劣後關係]

소유권유보가 항상 양도담보에 우선한다는 현행 판례의 태도에 대하여는 再考의 여지가 있다는 지적이 있었다.

소유권유보물이 양도담보의 목적물이 된 경우, 이는 어디까지나 무권리자로부터 양도담보의 설정을 받은 것에 불과하고, 소유권유보에 양도담보가 劣後하는 것이 될 것인데, 등기에 의한 선의취득을 인정하면 양도담보가 소유권유보에 우선하는 경우가 생길 수 있다.

그러나 이 점에 관해서도 등기에 그렇게까지 강한 효력을 인정할 필요는 없다는 의견, 개별동산과의 균형 및 리스나 소유권유보거래에 주는 영향이라는 관점에서 충분히 배려하여 신중한 검토를 하여야 할 것이라는 의견이 제시되었다.

[集合動産의 固定化, 固定化 이후의 登錄]

집합동산의 고정화의 절차가 필요한가, 또 고정화의 절차가 필요하다면 고정화한 것을 등기에 반영하여야 할 것인가가 문제된다.

집합동산의 양도는 집합동산을 구성하는 개개의 동산의 양도에 해소될 수 있다는 입장에서는, 애초 고정화라는 절차는 필요 없는 것이 아닌가 하는 견해도 제시되었다.

집합동산의 양도는 집합동산을 구성하는 개개의 동산의 양도에 해소될 수 있는 것은 아니라는 입장에서는, 고정화의 절차(집합동산의 유동성이 정지되고, 집합동산의 양도가 개별동산의 양도로 전환된다)가 필요하다는 의견이 제시되었다. 이 경우 개별동산의 양도로 전환되면, 통상의 거래범위의 개별동산의 양도도 그 제3취득자의 보호는 선의취득의 성립 여부로 판단되게 되므로, 고정화한 사실이 등기에 반영되는 제도로 만들어야 할 것이라는 의견이 제시되었다.

[集合動産의 比率的 持分의 讓渡 可否]

집합동산의 비율적 지분의 양도(공유)를 허용할 수 있는가 하는 점이 문제된다.

[滅失時 등의 物上代位權]

개개의 동산이 멸실한 경우 등의 代價物에 물상대위가 가능한지 여부 등 담보권의 효력의 범위가 문제된다.

[執行의 장면에서 執行對象動産의 特定]

등기단계에서는 집합동산으로서 포괄적인 특정방법을 인정한다고 하더라도, 집행의 단계에서는 어느 개별동산이 집합동산의 구성요소로서 집행의 대상이 되는가에 관한 판단이 가능하여야 하고, 그 판단을 집행기관이 어떻게 행할 것인지에 관하여 검토가 필요하다는 의견이 제시되었다.

[리스物件 讓渡의 對抗要件에 관하여]

前述한 리스채권유동화에 수반하는 리스물건의 유동화[24]에 관해서도, 「집합동산」을 어떻게 정의할 수 있는지의 문제는 제기되는데, 집합동산의 특정방법에 관하여 궁리를 한다면 집합동산공시제도는 이용가능한 제도가 될 것이다.

그러나 리스채권의 유동화에 수반하는 리스물건의 유동화에 있어서는 리스물건이 리스채권과 동일한 양수인 앞으로 양도되는 것이 바람직한 것, 또 집합동산을 多數人이 점유하는 것에 의한 절차의 번잡성을 회피하고자 하는 특수한 요청이 있기 때문에, 집합동산 양도의 공시제도가 아니라, 예를 들면 「특정채권 등에 관한 사업의 규제에 관한 법률」에서 일정한 요건을 충족하는 리스물건의 양도에 관하여 대항요건의 특례를 인정한다는 독자적인 방법에 의한 대처를 하는 것도 생각될 수 있다.

## 5. 그 後의 論議

(1) 위 「보고서」, 보다 정확하게는 그 前身인 「보고서(안)」이 발표되고 난 후, 그에 대하여 행하여진 가장 본격적인 검토는 법률 전문 잡지 『쥬리스토』가 꾸민 「새로운 담보제도를 생각한다 —— 기업법제연구회보고서를 계기로」라는 제목의 특집[25]을 통하여 행하여졌

24) 여기서 「리스채권 유동화에 수반하는 리스물건의 유동화」라 함은, 1993년에 시행된 「특정채권 등에 관한 사업의 규제에 관한 법률」에 의하여 리스채권에 대하여는 그 유동화에 의한 자금조달이 행하여지고 있는데, 리스채권만이 유동화되고 리스물건 자체는 반환청구권 양도에 의한 인도방식(일본민법 제178조(우리 민법 제190조) 참조)만이 인정되어서, 다수의 점유자에게 일일이 별도로 그 방식을 취해야 하는 등 곤란이 있고, 또 선의취득의 대상이 되지 않도록 할 필요가 제기되는 등의 문제점으로 말미암아 증권화의 원활한 진행에 장애가 된다는 지적(19면 이하, 특히 21면)에 따라, 리스물건의 유동화와 관련하여서도 간이·명확한 처리가 가능한 공시제도의 도입이 논의되는 것이다.

25) "特集 新しい擔保制度を考える —— 企業法制硏究會報告書を契機に", ジュリス

다. 이 특집은 좌담회와 개별 항목에 대한 논문으로 구성되어 있는데, 이 중에서 동산담보와 관련한 논의에 한정하여 살펴보기로 한다.

**(2)** 현행 양도담보제도는 점유개정이라는 불완전한 공시방법을 갖춘 데 불과하여 강한 법적 효력이 부여되지 못하고 있는 것이 그 기본적인 문제점으로 지적된다. 그러므로 "등기·등록 등의 보다 완전한 공시수단을 대항요건으로 하게 되면, 그러한 공시제도의 도입과 세트로 동산담보에 강한 법적 효력을 인정하여도 좋지 않을까. … 점유개정을 대항요건으로 하는 것으로는 외형상 이것이 공시되지 않는다는 현행 제도의 문제점을 발본적으로 해결한다는 점에서 하나의 합리적인 입법제안이라고 할 수 있을 것"이라고 설명된다.[26]

그런데 이를 수용하는 데는 해결되어야 할 몇 가지 전제문제가 있다고 하는데, 그 중에서 가장 흥미를 끄는 것은 그 도입을 실무계가 바라고 있는가 하는 점이다. 實務界에서는, 현행의 실무에서 인정되고 있는 것은 그대로 유지하면서 나아가 별도로 등기제도를 도입한다면 좋지만, 현행보다도 制約이 더 강하게 되는 제도는 피하고 싶다는 의견이 강하였다고 한다. 예를 들면 파이낸스 리스의 목적물이나 소유권유보의 목적물에 대하여 등기에 의한 공시를 요구하는 것이 과연 현행보다 나은 것인지 의문이 있다는 것이다. 그리하여 현행 제도는 그대로 두고 이에 가하여 동산담보의 등기제도를 창설한다는 제안[27]이 있었지만, 이는 현행 제도의 문제점을 그대로 남기는 것으로서, 새로운 공시제도를 이용하는 의의는 기껏해야 대상 동산이 제3

ト 1238호(2003. 2. 1), 2면 이하에 수록된 "座談會 資金調達手法の多樣化と新しい擔保制度" 및 여러 論考.

**26)** 座談會(前註), 8면 右段 이하부터 9면 右段까지(森田宏樹 발언).

**27)** 이러한 요청은 座談會(註 25), 11면 右段 이하(小野傑[辯護士이다], 그론딘[外國法事務辯護士이다] 등 발언)에서도 행하여지고 있다. 이들은 부동산에도 양도담보가 있고 저당권이 있는데, 동산에는 왜 양도담보만이 인정되어야 하는가 하는 「소박한 의문」을 제기하고 있다.

자에게 처분된 경우에 등기에 의하여 그 제3자를 악의이거나 과실 있는 것으로 할 수 있다는 점에 그친다고 반박을 받고 있다.[28] 이는 UCC 제9편의 입장과도 공통되는 것인데,[29] 이와 같이 신설되는 등기제도를 기존의 양도담도와 선택적인 것으로 할 것이냐의 문제는 그 후에도 계속 논의의 초점 중의 하나가 되고 있다.

# Ⅲ. 法人의 動產讓渡에 관한 登記制度의 創設

## 1. 法制審議會에서의 論議의 經過

(1) 2003년 1월에 앞의 Ⅱ.에서 본 「산업경제성 기업법제연구회(담보제도연구회) 보고서」가 발표되자, 이를 받아서 동년 9월 10일에

28) 예를 들어 森田宏樹는 座談會(註 25), 12면 右段에서 다음과 같이 논박한다. "기존의 법제도와 병존시키게 되면, 한편으로 종래대로 점유개정으로도 양도담보권을 설정하고 第三者對抗要件을 유효하게 구비한 것으로 인정되는 데 대하여, 다른 한편으로 새로 창설된 動產抵當制度를 선택하면 공시(등기·등록)하지 않으면 안 되게 됩니다. 어떠한 경우에 동산저당제도를 선택할 메리트가 있는가 하면, 담보권 설정의 국면에서는 점유개정으로도 제3자에게 대항할 수 있으므로, 구태여 비용을 들여서 공시(등기·등록)할 것까지는 없게 되어서, 그 메리트라고 하면 겨우 제3자에게 선의취득되는 것을 방지할 수 있도록 제3자를 선의무과실이 아니게 한다, 그 정도의 警告機能을 가지는 공시제도로서 동산저당제도를 창설하는 것이 됩니다. … 그러나 이 제도적 제안의 출발점이 된 문제인식은 점유개정이라는 외형상 충분히 공시되지 않은 「숨겨진 동산담보」에 강한 법적 효력을 인정하는 것이 적절한가 하는 점에 있습니다. … [그런데 그 제도를] 동산저당제도와 병존시키는 것으로는 그 문제점은 그대로 남게 됩니다. 그러므로 그것으로는 문제의 근본적인 해결이 되지 않는다고 생각합니다." 그리고 또 同 13면 右段에서는 "만일 등기공시제도를 창설하는 것이라면, 채무자의 점유하에 있는 동산에 관하여 담보권을 설정하는 경우는 전부 동산저당으로 공시하지 않으면 안 된다, 점유개정에 의해서 양도담보권을 설정하여도 그 효력은 인정되지 않는다고 하는 편이 깔끔한 것이 되지 않을까요?"라고 발언하고 있다.

29) 座談會(註 25), 12면 左段에서 두 제도의 병존을 주장하는 측(앞의 註 27에서 본 小野 변호사)에서는 「보고서」의 입장에 대하여 "UCC에 觸發되어 민법의 연구자의 여러분들[즉 실무가가 아니라]이 만든 것은 아닌가 하는 想像을 한다"는 언급이 행하여지고 있다.

법무대신은 그 諮問機關인 법제심의회에 "동산담보 및 채권담보의 실효성을 일층 높인다는 관점에서 동산담보 및 채권양도를 공시하는 제도의 정비를 시급히 행할 필요가 있다고 생각되므로, 그 要綱을 제시할 것"을 자문하였다.[30] 이에 법제심의회는 動產·債權擔保法制部會를 설치하고, 동년 10월 15일에 제1회 회의를 개최하였다. 그리고 2004년 2월 18일의 제5회 회의에서 그 간의 논의를 요약하여「動產·債權讓渡에 대한 公示制度의 整備에 관한 要綱中間試案」[31](이하「요강중간시안」이라고 한다)을 발표하고, 이에 대한 각계의 의견을 구하였다.

(2) 그 후 그 시안에 대한 의견 등도 함께 고려하면서 동년 5월 11일부터 다시 심의를 시작하여 동년 8월 24일 제10회 회의에서「動產·債權讓渡에 대한 公示制度의 整備에 관한 要綱案」(이하「요강」이라고 한다)을 마련하였다. 이로써 動產·債權擔保法制部會는 그 임무를 마쳤다. 동년 9월 8일에 개최된 법제심의회 총회에서 위 부회가 마련한「要綱案」을 그대로 채택하여 이로써 법무대신에게 위 자문에 대하여 회답하였다. 그리하여 그 요강에 기한 앞의 I. 1.에서 본 법안이 동년 10월 12일 국회에 제출되어 동년 11월 25일에 수정 없이 통과된 것이다.

이하에서는 動產·債權擔保法制部會에서의 논의를 우선「중간요강시안」에 관하여, 나아가「요강」에 관하여 각기 살펴보기로 한다.

## 2.「動產·債權讓渡에 대한 公示制度의 整備에 관한 要綱中間試案」

이는 그때까지의 部會에서의 논의를 요약한 것이라고 할 수 있

30) "法制審議會動産·債權擔保法制部會の審議が始まる", 金融法務事情 1690호(2003. 11. 5), 8면.

31) 法制審議會 動産·債權擔保法制部會, "動産·債權讓渡に係する公示制度の整備に關する要綱中間試案", NBL 780호(2004. 3. 1), 70면 이하.

다. 그 내용은 단일한 것이 아니라, 가능한 선택지를 열거하는 것으로 되어 있다. 그 내용은 다음과 같다.

(1) 우선 동산양도에 관한 등기제도를 창설하되, 그 내용은 다음과 같이 한다. 등기대상이 되는 양도의 양도인은 법인에 한정하고, 즉, 등기대상이 되는 동산을 개별동산이든 집합동산이든 묻지 아니한다.

(가) 그 창설의 목적에 대하여 「요강중간시안」은 다음과 같이 설명한다.

> 채권담보를 위하여 목적 동산의 소유권을 이전하는 소위 동산양도담보는, 동산의 양도인에게 목적 동산의 이용을 인정하고 점유개정에 의하여 대항요건을 구비하는 것이 통상인바, 점유개정은 외형상 그 존재가 判然하지 않아서 後行의 거래관계인의 예측가능성이 반드시 확보된다고는 할 수 없다. 특히 후행의 거래관계인이 담보 목적으로 양도를 받는 경우에는 점유개정으로 점유를 취득하여도 선의취득이 성립하지 않으므로, 미리 예상하지 못한 담보 목적 양도에 열후하게 된다.
>
> 또한 담보 목적으로 동산을 양도받고 점유개정으로 대항요건을 갖추어도 외형상 점유개정의 존재가 판연하지 않으므로 점유개정 이외의 대항요건을 구비한 후행의 동산양도에 의하여 목적물을 선의취득당할 우려가 있다.
>
> 이러한 문제에 가능하고 또 상당한 범위에서 대처하고, 동산담보의 실효성을 더 한층 제고하는 것이 동산양도에 관한 등기제도를 창설하는 목적이다.
>
> 나아가 외형상 점유개정의 존재가 판연하지 않으므로 점유개정에 의하여 대항요건을 갖추어도 후일 동산을 취득하는 자가 나타나서 점유개정의 유무·선후를 둘러싸고 분쟁이 발생할 우려가 있다. 외형상 분명한 공시방법인 등기제도를 창설하는 것은 적어도 이러한

분쟁이 생길 우려를 방지하는 데 기여한다.

(나) 등기의 대상을 법인이 하는 동산양도에 한정되고, 또한 그 목적물을 집합동산뿐만 아니라 개별동산도 포함하게 하는 것은, 앞의 Ⅱ.에서 본 「보고서」가 그 목적물을 집합동산으로 잡으면서 다른 한편 그 양도의 주체에는 제한을 두지 않던 것과는 사뭇 달라진 것이다.[32)]

(**a**) 우선 법인이 하는 동산양도에의 한정에 대하여 본다. 그 이유는 다음과 같다.[33)]

첫째, 등기제도를 이용하여 자금을 조달할 필요는 기업에 한정된다. 모든 기업이 법인의 형태를 취하는 것은 아니나, 법인으로 해 두면 대체로 그 수요가 충족될 수 있다.

둘째, 개인 소유의 동산에 대하여 등기제도로써 양도담보를 촉진한다고 하면, 생활을 위한 필수품까지 담보로 제공되는 바람직하지 아니한 결과를 낳을 우려가 있다.

셋째, 현존하는 법인등기부를 동산양도에 관한 등기제도를 구축하는 기반으로 이용할 수 있다.

(**b**) 한편 개별동산을 포함시키는 것에 대하여는, 한편으로 「집합동산」이라는 것에 대한 定義를 내리기 어렵고 그 구별의 기준이 반드시 명확하지 아니하여 불필요한 분쟁이 일어날 우려가 있다는 점, 다른 한편으로 개별동산 중에도 등기제도를 이용할 필요가 있는 비교적 高價의 것이 있을 수 있다는 점이 고려된 것으로 추측된다.

(**2**) 이상의 목적을 구체적으로 실현하는 방법에 대하여는 다음과 같이 여러 가지 選擇肢가 제시되었다.

---

**32**) 물론 앞의 Ⅱ.4.(2)의 a. 및 b.항목에서 본 대로 「보고서」에서도 법인의 동산양도에 한정하여 등기제도를 채용하자는 의견이나 개별동산에도 등기제도를 인정하자는 의견이 없지는 않았다.

**33**) 法制審議會 動產·債權擔保法制部會 제2회 회의 議事錄(2003년 11월 25일) 참조. 이 議事錄에 대하여는 앞의 註 9를 보라.

우선 등기의 대상이 되는 거래를 담보 목적의 동산양도에 한정하는가, 아니면 진정양도를 포함하여 동산양도 전반으로 하는가 하는 점이다. 전자를 취하는 것이 1案이고, 후자를 취하는 것이 2案이다.

나아가 등기의 효력과 관련하여, 등기가 행하여진 양도담보는 그 전에 행하여진 점유개정형 양도담보에 대항할 수 있도록 하는가가 문제된다. 그리하여 선행의 점유개정형 양도담보에 대항할 수 있도록 하는 것, 즉 등기의 優先效를 인정하는 것이 A案이고,[34] 등기에 그러한 효력을 인정하지 아니하는 것이 B案이다. 주의할 것은 여기서 등기의 優先效가 논의되는 것은 그 등기가 담보 목적으로 행하여진 경우에 한정되며, 담보 목적이 없는 양도에 대하여는 애초 그러한 문제가 제기되지 않는다는 점이다.[35]

그러므로 선택지는 양자를 조합하여 기본적으로 4개가 제시되었다. 즉 A1案, A2案, B1案, B2案이 그것이다.[36] 그리고 이와 아울러 목적물이 채무자 본인이 아니라 제3자의 점유 아래 있는 경우, 예를

---

34) A案의 이 부분을 그대로 옮기면 다음과 같다 : "등기가 행하여진 **담보 목적의 동산양도**는 당해 등기가 다른 담보 목적의 동산양도가 점유개정에 의하여 대항요건을 갖춘 후에 행하여진 것이라도 이 동산양도의 양수인에게 대항할 수 있다."(강조는 원문대로) 이 부분은 A1案이든, A2案이든 차이가 없다.

35) 그런데 이에는 異見도 있었던 듯하다. 즉 그 중 A2案에 대하여는「注」가 붙어 있는데, 그것은 前註에서 인용한 그 부분을 "등기가 행하여진 **동산양도**는 당해 등기가 다른 담보 목적의 동산양도가 점유개정에 의하여 대항요건을 갖춘 후에 행하여진 것이라도 이 동산양도의 양수인에게 대항할 수 있다"(강조는 인용자가 가한 것이다)라고 하여야 한다는 意見이 있었다는 것이다. 다시 말하면, 이는 등기의 優先效가 등기가 행하여진 동산양도에 담보의 목적이 없더라도 인정되어야 한다는 의견인 것이다.

36) 그런데 이들은 모두 법인이 행하는 담보 목적의 동산양도 또는 동산양도 일반에 관하여 널리 등기를 대항요건으로 인정한다는 점에서는 공통된다. 그런데 이 점에 대하여도 異見이 없지 않다. 즉 본문에서 이미 설명한 등기제도 창설의 목적에 비추어 본다면, **점유개정에 의해 인도가 행하여진 담보 목적의 동산양도**에 한정하여 등기에 대항요건으로서의 효력을 부여하면 족하다는 것이다. 그리하여 "법인이 담보 목적으로 동산을 양도한 경우에 점유개정에 의하여 당해 동산의 인도가 행하여진 때에는 그 양도는 등기를 하지 아니하면 담보 목적으로 당해 동산을 양도받은 자로서 점유개정에 의하여 그 인도를 받은 자에게 대항할 수

들면 동산이 창고업자에게 임치되어 있다든가 제3자에게 임대되어 있는 경우 등에는 당해 동산의 양도에 관하여 등기를 대항요건으로 할 것이 아니라는 의견도 있었다. 그런데 이와 같이 양도인 본인이 애초 물건을 직접점유하지 아니하고 단지 반환청구권만을 가지는 경우를 어떻게 처리할 것인가 하는 문제는 뒤에도 계속 논의되었다.[37)]

(3) 한편 위와 같이 등기제도가 창설되는 경우에 그 등기상의 정보를 어떠한 방법으로 공개할 것인가에 대하여는, 등기정보의 개요는 누구에게나 開示하는데, 그 전부는 이해관계 있는 자에게만 공개하는 것으로 정하여졌다. 이는 동산양도의 등기를 누구에게나 공개하게 되면 담보제공자의 신용이 위태롭게 될 우려가 있다는 것에 근거한다.

그리고 다른 한편으로 동산양도등기가 행하여진 때에 앞서 말한 등기의 개괄적인 정보를 양도인의 법인등기부에 기재하는 제도를 도입할 것인지에 대하여는 추후 검토하기로 정하여졌다.

### 3. 「要綱」의 內容

(1) 「요강중간시안」이 공표된 후에 행하여진 動産・債權擔保法制部會에서의 논의는, 예를 들면 기업이 도산한 경우에 노무자들의 임금채권을 보호하는 방책을 마련하여 도입할 것인가[38)] 등을 제외하고는, 특히 우리의 문제관심에 비추어 보면, 앞의 2.(2)에서 본 4개의

---

없다"는 내용의 규정을 두면 족하다는 것이다. 즉 문제를 점유개정형 양도담보가 이중으로 행하여져서 서로 충돌하는 경우에 한정하여 해결하려는 것이다.

37) 이 문제는 뒤의 3.(2)에서 보는 「要綱」의 ⑤로 귀착되었는데, 그 논의의 상세는 생략하기로 한다.

38) 이 문제와 관련하여서는 앞의 1.(2)에서 본 2004년 9월 8일의 法制審議會 총회의 「요강」 채택의 결정에서 「附帶要望事項」으로 "기업의 도산시에 勞動債權의 법률상의 보호의 방식에 관하여는, 본요강에 기하여 입안되는 법률의 시행 후에 동산・채권의 양도의 공시제도의 이용상황 등을 고려하여 다시 검토하는

選擇肢를 어느 것을 택할 것인가에 집중된다. 그것은 결국 A1+a案(여기서「+a」가 된 것은「담보의 목적」으로 하는 동산양도 외에도「資産流動化·證券化의 目的」으로 하는 동산양도도 등기의 대상에 포함되어야 한다는 주장이 강력하게 제기되었기 때문이다), 즉 담보 목적 양도에 한정하되 등기의 우선효를 인정하는 안과 B2案, 즉 동산양도 전반을 포용하되 등기에 우선효를 주지 않는 안 사이의 선택으로 축약되었다. 그런데 이 兩者 중에서도 결국은 B2案으로 기울어져 갔다. 그 이유는 다음과 같다.[39]

첫째, 담보나 유동화 등의 목적이 있는 경우에 한정하여 등기를 인정하는 것은 실제의 운용에 당하여 개별사례의 판단이 어렵게 될 우려가 있다. 애초 담보 목적이 있는지, 진정한 양도인지의 구별이 곤란한 경우가 비일비재하다는 것은 널리 인정되고 있다. 그리하여 당사자들은 담보 목적이 있다고 생각하여 등기를 하였는데(등기공무원은 형식적 심사권밖에 없으므로, 그 當否를 판단할 수 없다) 법원이 나중에 판단한 결과가 진정양도이었다면 등기가 무효가 되는 일이 벌어지게 된다. 이러한 일은 새로운 등기제도의 신뢰성을 낮추는 결과가 된다. 그러므로 등기의 간명성 및 신뢰성이라는 관점에서 2案이 타당하다는 것이다.

둘째, A案은 점유개정과 등기 사이에 우열을 두는 것이다. 그런데 다른 공시방법, 예를 들면 현실인도와 등기 사이의 優劣에 대하여는 아무런 해결을 제시하지 않는다. 민법이 인정하는 3개의 인도방식과 등기 사이의 등식·부등식을 도입하는 것은 이론적으로 바람직하지 않다.

셋째, 현재의 양도담보실무에서도 점유개정으로 인한「숨겨진」

---

것을 요망한다"가 채택되기에 이르렀다.

39) 이하는 法制審議會 動産·債權擔保法制部會 제6회 회의 議事錄부터 제9회 회의 議事錄(앞의 註 9 참조)의 발언내용을 극히 간략하게 추린 것이다.

양도담보로 인한 위험은 그렇게 크지 않다. "대여자측은 융자시, 즉 거래개시시에 채무자의 신용조사나 表明保證條項 등으로 그 위험에 대처하고 있는 것이고, 융자 당초부터 그러한 허위신고가 있다는 리스크를 현실적인 것으로 받아들이지 않는다."[40] 또한 양도담보의 목적물에 標札(nameplate) 등을 붙이는 慣行 등이 있어 담보설정자가 이를 제3자에게 처분하여도 제3자가 권리를 취득할 수 없으므로, 점유개정에 의한 양도담보라도 양도담보권자에게는 큰 위험이 없다. 그런데도 등기에 우선효를 인정하면, "일단 안정되게 운용되고 있는" 종전과 같은 점유개정형 양도담보에 불필요한 불안정을 조장하게 된다. 이 점이 動產·債權擔保法制部會의 위원들 중 다수가 B2案을 택하게 한 가장 중요한 이유인 것으로 생각된다. 또한 이는 앞의 Ⅱ.에서 본 「보고서」의 문제인식과 크게 차이가 나는 중요한 점이다.

넷째, 등기에 우선효를 인정하면 등기제도가 남용될 우려가 있다. "선행하는 점유개정에 의한 양도담보를 알고 있으면서 나중에 양도담보를 설정하고 이에 관하여 등기를 거침으로써 그에 선행하는 양도담보가 복멸된다는 사태가 빈번하게 일어날 것이다." 그러므로 등기제도를 취한다면 그러한 염려가 적은 B案으로부터 시작하는 것이 바람직하다.

다섯째, 위와 같은 주장에 대하여는 그렇다면 등기제도를 굳이 새로 마련하는 메리트는 무엇인가 하는 의문이 제기될 여지가 있을지 모르나, 공적으로 운영되는 등록부에 의하여 명확한 입증수단이 부여되어 경합하는 당사자들 사이에 확실한 법적 지위가 보장된다든가 하는 利點이 있다.[41]

---

**40)** A案에 찬성하는 입장에서는, 이에 대하여 "조사해 보면 안다는 것은 공시를 하지 않아도 좋다는 데 귀착한다. 왜냐하면 공시제도란 조사해 보지 않아도 공시로써 조사의 코스트를 경감한다는 것이 목적이기 때문이다"라고 반론한다. 앞의 註 28에서 인용한 森田宏樹의 발언을 여기서 상기하여도 좋을 것이다.

**41)** 이에 대하여 A案을 찬성하는 입장에서는, 그것은 對抗要件의 문제가 아니라

(2) 개정법률은 「요강」의 내용을 충실하게 담은 것이다.[42] 「요강」은 앞의 2.에서 본 대로 법인이 하는 동산 일반의 양도를 담보 목적의 유무를 불문하고 등기할 수 있는 것으로 하면서, 그 등기의 효력에 대하여는 앞의 (1)에서 본 대로 그 優先效를 부인하는 것이다. 즉 앞의 2.(2)에서 본 4개의 選擇肢 중에서는 B2案을 채택한 것이다. 구체적인 것은 다음과 같다.

① 등기의 대상: 법인이 양도인인 동산양도를 등기의 대상으로 하고, 그 동산이 개별동산인지, 집합동산인지를 불문한다.

② 등기의 효력: 법인이 양도인인 동산양도는 민법 제178조의 특례로서 등기로써 제3자에게 대항할 수 있는 것으로 한다. 그런데 여기서 「특례」라고 하는 것은, 법인이 양도인인 동산양도에 관하여는 민법상의 대항요건에 관한 규정의 적용을 배제하여 오로지 등기만에 의하여 대항요건으로 한다는 의미가 아니며, 개정법률 제3조 제1항이 등기가 행하여지면 "당해 동산에 관하여 민법 제178조의 인도가 있었던 것으로 본다"고 규정하는 데서도 명확한 대로, 여전히 점유개정을 포함하는 통상의 인도방식을 취할 수 있고 그 경우에도 사후에 행하여진 등기에 의하여 그 효력이 제한되지 않는다.

③ 동산양도등기의 존속기간: 이는 10년을 넘을 수 없는 것으로 한다. 다만 10년을 넘어 존속기간을 정하여야 할 특별한 사정이 있는 경우에는 그러하지 아니하다.

④ 등기사항의 개시

ⓐ 등기사항의 개요는 누구에 대해서도 개시하되, 등기사항 전부를 개시하는 것은 당해 동산양도의 당사자, 당해 동산양도에 이해관계를 가지는 자 또는 양도인의 피용자에 한정한다.

---

점유개정의 공증제도와 같은 것을 도입하자는 것과 다름없다고 반론한다.

42) 개정법률 중 동산양도에 관한 개정법률의 규정 중 주요한 것을 [附錄 II]로 말미에 붙이기로 한다.

ⓑ 동산양도등기가 행하여지는 때마다 등기사항의 개요를 양도인의 법인등기부에 기록하는 제도는 두지 아니하며, 양도인의 본점 또는 주된 사무소의 소재지의 등기소에 양도인마다 편성되는 「동산양도등기사항개요파일」(가칭)을 비치하고, 누구라도 당해 파일에 기록되어 있는 사항을 증명하는 서면의 교부를 청구할 수 있도록 하는 제도를 마련한다. 이에는 다음과 같은 방법으로 등기사항의 개요를 기록한다.

(i) 동산양도등기를 한 등기공무원은 양도인의 본점 또는 주된 사무소의 소재지의 등기소에 대하여 당해 등기에 의한 등기사항의 개요를 통지하여야 한다. 「등기사항의 개요」란 등기가 행하여졌다는 뜻, 양수인의 표시, 등기번호 및 등기연월일을 말한다.

(ii) (i)의 통지를 받은 등기소의 등기공무원은 「동산양도등기사항개요파일」에 당해 등기에 의한 등기사항의 개요를 기록한다. 한편 法務省令으로 양도인에 대하여 商號變更의 등기 등이 있은 경우에는 「동산양도등기사항개요파일」에 그 변경내용이 반영되도록 하는 뜻의 규정을 마련한다.

⑤ 제3자의 직접점유 아래 있는 동산의 양도: 제3자가 직접점유하고 있는 동산에 대하여 동산양도등기상의 양수인이 대리인에 대하여 당해 동산의 인도를 청구한 경우에는 직접점유자는 지체없이 본인에 대하여 당해 청구에 대하여 이의가 있으면 상당한 기간 내에 이를 진술할 것을 최고하고, 그 기간 내에 본인이 이의를 진술하지 아니한 때에는 그 양수인에게 당해 동산을 인도하여도 본인에 대하여 손해배상의 책임을 지지 않는 것으로 한다.

## Ⅳ. 小　結

일본에서 최근 행하여진 동산담보제도 개혁의 과정을 더듬어 가면, 우리는 애초 점유개정에 의한 동산양도담보의 「약점」이라고 지적되고 있는 公示의 不完全性에 대한 예리한 의식이 점차로 둔화되고 희박해지는 것을 알 수 있다. 그리하여 동산양도 일반에 대한 새로운 등기제도는 민법이 정하고 있는 동산양도의 대항요건으로서의 세 가지의 인도방식(특히 점유개정에 의한 인도방식)과 **병렬적으로** 인정되는 제4의 인도방식으로 마련된 것으로서, 이에 의하여도 점유개정에 의한 양도담보가 배제되지 않으며, 또한 어떠한 의미에서도 그에 우선하는 효력을 가지는 것이 아니다. 그러므로 이 새로운 동산양도에 관한 등기제도가 과연 어느 만큼 활용될까는 거래당사자들의 자유로운 선택에 달린 것으로서, 그 需要를 어디서 발견할 것인지는 그야말로 미지수라고 할 것이다.

결국 종래의 점유개정형 양도담보도 "일단 안정되게 운용되고 있"으므로, 이를 뒤흔드는 동산저당제도를 이 동산양도의 공시제도를 개혁하는 첫걸음부터 도입하는 것은 바람직하지 않다는 실제적 판단이 그러한 「최소한의」 개정에 귀착하도록 한 것으로 생각된다. 그렇다면 [附錄 I]에서도 보는 바와 같은 일견 장대한 構想이 이와 같이 초라한 모습에 귀결된 것을 보면 서글픈 생각이 들지 않는 것도 아니다. 그렇다면 이는 책상머리에서 세상을 보는 「연구자들」[43]의 섣부른 개혁적 열정이 세상의 찬바람에 몸을 드러내 놓고 있는 냉정한 금융실무가들을 이기지 못한 것이라고 하여야 할까? 아니면 어디서나 「개혁」에 완강하게 저항하는 旣成慣行의 끈질김을 여기서도 한탄할 수밖

43) 앞의 註 29에서 인용한 실무변호사의 발언 참조.

에 없는 것인가?

[後　　記]

本稿를 완성하여 제출한 다음에 일본의 금융법학회에서 펴낸 정기간행물 『金融法研究』의 21호(2005), 55면 이하에 「동산·채권양도 공시제도의 정비를 향하여」라는 심포지엄에서 행하여진 鎌田薰, 山田誠一, 森田宏樹의 각 보고와 그에 대한 질의응답이 70여 면에 걸쳐 수록되어 있는 것을 발견하였다. 이 자료는 자못 흥미로운 바 있는데, 본고의 교정단계에서 그 내용에 반영할 수 있을 만큼 간단한 것은 아니었음을 부기하여 둔다.

# [附錄 I]

## 松本財團財產立法硏究會, 動產擔保法要綱試案*

## 제 1 장 動產의 擔保

### 제 1 절 動產質 [생략]

### 제 2 절 動產抵當

#### 제 1 관 個別動產抵當

[201] 제1 [動產抵當의 意義·適用法規]

1. [動產抵當·讓渡抵當] 채무자 또는 제 3 자는 점유를 이전함이 없이 동산을 채무의 담보로 제공할 수 있으며, 이를 동산저당으로 함. 채무의 담보를 위하여 소유권을 이전하고 목적물의 점유를 이전하지 않는 것(동산의 양도저당)도 동산저당에 포함됨.
2. [適用法規] 동산저당에 관하여는 本款의 규정에 의하는 외에 滌除의 규정을 제외하고 저당권에 관한 민법의 규정을 준용함.

[202] 제2 [動產抵當權의 內容]

동산저당권자는 저당권의 목적인 동산에 관하여 다른 채권자에 우선하여 자기 채권의 변제를 받을 수 있음.

[203] 제3 [動產抵當權에 관한 對抗要件 등]

1. [抵當權의 對抗要件과 對抗力]

A案 [登錄을 對抗要件으로 하는 案] 동산저당권의 得喪 및 변경은 [212 A]에 좇아 등록을 하지 아니하면 제 3 자에게 대항할 수 없는 것으로 함. 다만 악의의 제 3 자에 대하여는 등록 없이 대항할 수 있음.1)

B案 [公正證書의 作成을 對抗要件으로 하는 案] 동산저당권의 득상 및 변경은 [212 B]에 좇아 공정증서로 작성하지 아니하면 제 3 자에게 대항할 수 없는 것으로 함. 다만 악의의 제 3 자에 대하여는 공정증서의 작성 없이 대항할 수 있음.

---

* 私法, 31호(1969), 6면 내지 14면. 「要綱試案」에 달려 있는 「注」는 번역하지 아니하였다.

1) 原文에는 "대항할 수 없는"으로 되어 있으나, 誤記인 것으로 보인다.

2. [第三者의 善意取得]

(1) 1.의 규정은 등록(B안을 취하는 경우에는 공정증서의 작성) 후라도 민법 제192조부터 제194조까지의 규정의 적용을 막지 아니함. 다만 설정자의 처분이 동산저당권의 설정인 경우에는, 상대방은 차순위의 저당권을 취득하는 데 그침.

(2) 설정자로부터 목적물의 처분을 받은 제 3 자가 동산저당의 등기를 참조하지 아니하는 것은 그 과실이 되는 것으로 추정함. 다만 등록의 참조를 기대할 수 없는 사정이 있는 경우에는 그러하지 아니함.

(3) 저당동산의 소유자가 이를 양도하거나 다른 채무의 담보로 제공하려고 하는 때에는 상대방에 대하여 저당권이 존재한다는 뜻을 고지하여야 함.

[204] 제4 [設定者의 權利에 관한 對抗要件]

동산저당권에 관하여 등록이 행하여진 경우(B안을 취하는 경우에는 공정증서의 작성)에도 목적물의 소유권의 득상의 대항요건은 민법의 일반원칙에 의함.

[205] 제5 [設定에 있어서의 善意取得]

타인의 물건에 대하여 동산저당권이 설정된 경우에도 저당권자가 등록의 신청(B안을 취하는 경우에는 공정증서의 작성)시에 선의무과실인 때에는 그 물건에 대한 저당권을 취득함.

[206] 제6 [物上代位]

1. [押留의 效果] 동산저당권자가 민법 제372조 · 제304조에 좇아 대위물인 채권을 압류한 경우에 관하여는 [102][2]의 1.을 준용함.

2. [第三債務者에의 單獨通知權] 동산저당권자는 동산저당에 관한 등록(B안을 취하는 경우에는 공정증서)의 등본을 첨부하는 때에는

---

2) 要綱試案 [102]는 다음과 같다.

[102] 제2 [物上代位]

1. [押留의 效果] 동산질권자가 민법 제350조 · 제304조에 좇아 대위물인 채권을 압류한 경우에는 그 채권 위에 대항요건을 구비한 채권질이 성립하는 것으로 함.

2. [擔保權의 對抗力의 繼續] 대항력을 구비한 동산질권의 목적물에 관하여 대위물이 발생한 경우에는 그때부터 2주 이내에 당해 대위물에 대하여 본법 기타의 법률이 규정하는 대항요건을 구비한 경우에 한하여 대위물 위의 담보권은 여전히 제 3 자에 대하여 대항력을 보유하는 것으로 봄.

3. [設定者가 代位物인 債權을 推尋 · 處分한 境遇] 1.의 압류 이전에 설정자가 대위물인 채권을 추심하거나 처분한 경우에는 동산질권자는 설정자에 대하여 상당한 대체담보를 세울 것을 청구할 수 있음.

대위물인 채권에 대하여 자신이 담보권을 가진다는 뜻을 단독으로 제3채무자에 대하여 통지할 수 있고, 이 통지가 행하여진 때에는 민법 제364조 제 1 항의 통지 있는 채권질이 성립한 것으로 간주함.

3. [擔保權의 對抗力의 繼續] 대항력 있는 동산저당권에 관하여 대위물이 발생한 경우에 대하여는 [101]의 2.를 준용함.

4. [設定者가 代位物인 債權을 推尋·處分한 境遇] 설정자가 1.의 압류 또는 2.의 통지 이전에 대위물인 채권을 추심하거나 처분한 경우에 관하여는 [102]의 3.을 준용함.

[207] 제7[3] [先取特權과의 優劣]

동일한 동산에 대하여 저당권 및 선취특권이 경합하는 경우에는 저당권은 민법 제330조 제 1 항에 규정하는 제1순위의 선취특권과 동순위로 함.

[208] 제8 [設定者의 義務]

1. [善管義務] 설정자는 동산저당권의 목적물을 보관 또는 이용함에 관하여는 선량한 관리자의 주의로써 하여야 함.
2. [目的物의 處分] 설정자는 동산저당권자의 승인 없이 목적물을 처분하여서는 안 됨.
3. [第三者의 使用] 설정자는 동산저당권자의 승인 없이 목적물을 제 3 자로 하여금 사용하도록 하여서는 안 됨.
4. [目的物의 所在 變更] 설정자는 동산저당권자의 승인 없이 목적물의 소재를 변경하여서는 안 됨.
5. [分別管理義務] 설정자는 동산저당권의 목적물이 특정성을 잃지 않도록 다른 재산으로부터 분별하여 관리하여야 함.
6. [報告義務] 설정자는 동산저당권의 목적물에 대하여 양도하거나 담보권을 설정한 경우 멸실·훼손 기타의 異狀이 발견된 경우, 제 3 자로부터 권리의 주장을 받은 경우, 또는 제 3 자가 압류를 한 경우에는 지체없이 이를 저당권자에게 보고하여야 함.
7. [義務違反의 效果] 설정자가 1.부터 6.까지의 의무에 위반한 때에는 동산저당권자는 채무자로 하여금 기한의 이익을 상실하게 할 수 있도록 함.

[209] 제9 [動産抵當權의 實行]

1. [擔保物의 引渡請求] 동산저당권자는 저당동산에 의하여 만족을 얻으려고 하는 경우에는 설정자에 대하여 저당동산의 인도를 청구할

---

3) 原文에는 없으나 보충한다.

수 있음.

2. [實行方法] 동산저당권의 실행에 대하여는 [104][4)]의 1.을 준용함.

---

4) 要綱試案 [104]는 다음과 같다.

[104] 제4 [動産質權의 實行]

1. [實行方法] 精算型 외에 流質型을 인정하고, 어느 편인지 불명인 경우에는 정산형으로 추정하는 것으로 함.
2. [精算型인 경우]
 (1) [換價의 方法] 동산질권자는 환가방법으로 다음 중 하나를 선택할 수 있음.
  (가) 거래상 합리적인 가격으로 제3자에게 매각하는 것.
  (나) 경매
  (다) 감정인의 평가에 좇아 질물을 바로 변제에 충당하는 것을 법원에 청구함으로써 질권자가 스스로 취득하는 것. 다만 목적물이 일반적인 표준가격이 있는 종류인 경우에는 법원에 청구함이 없이 그 가격에 의하여 스스로 취득할 수 있는 것으로 함.
 (2) [競賣 이외의 換價의 경우]
  (가) 동산질권자가 (1)(다) 본문에 의하여 법원에 청구함에는 미리 그 뜻을 채무자에게 통지하여야 하며, (1)의 (가) 및 (다) 단서에 의하여 담보물을 처분하는 경우에는 미리 그 뜻을 채무자에게 통지하고, 또 처분한 경우에는 지체없이 그 뜻 및 계산의 결과를 채무자에게 통지하여야 함.
  (나) (1)의 (가) 또는 (다) 단서의 처분이 거래상 합리적인 가격에 의하여 행하여지지 않은 경우에는 채무자는 질권자에 대하여 손해배상을 청구할 수 있음.
  (다) 질권자가 (가)의 의무를 게을리한 때에는 설사 환가액이 채무액에 부족한 경우라도 그 차액을 청구할 수 없으며, 나아가 채무자가 그로 인하여 손해를 입은 경우에는 그 배상을 하여야 함.
 (3) [辨濟期 경과 후의 辨濟] 변제기를 경과하여도 담보물이 환가되기까지는 채무를 변제하여 담보물의 반환을 청구할 수 있음.
3. [流質型인 경우]
 (1) [流質의 效果의 發生] 유질의 효과는 채무자의 채무불이행 후 동산질권자의 의사표시에 의하여 발생하는 것으로 함.
 (2) [流質과 一般財産에 대한 執行과의 關係] 유질형의 경우에는 동산질권자는 담보물에 의하여 외에는 변제를 받을 수 없는 것으로 함. 다만 목적물의 멸실훼손에 의하여 목적물의 가치가 감소한 경우에는 그 한도에서 채무자의 일반재산에 대하여 집행할 수 있음.
 (3) [辨濟期 경과 후의 辨濟] 변제기를 경과하여도 동산질권자가 유질의 의사표시를 하기까지는 채무자는 채무를 변제하여 담보물의 반환을 청구할 수 있음.
 (4) [流質의 경우의 不當利得] 유질의 효력이 발생하는 때에는 특약이 없는 한 채무자는 그때까지 지급한 금액의 전부의 반환을 청구할 수 있는 것으로 함.

3. [精算型의 境遇]

(1) [換價方法] 저당동산의 환가의 방법에 대하여는 [104]의 2.(1)을 준용함.

(2) [競賣의 경우]

제1안 저당동산의 경매에 관하여는 「농업용동산저당권실행령」 제1조부터 제7조까지와 같은 취지의 규정을 마련함.

제2안 저당동산의 경매에 관하여는 「자동차 및 건설기계 경매규칙」 제2조부터 제6조까지와 같은 취지의 규정을 마련함.

(3) [第三者에의 賣却에 의하는 경우] 저당동산을 제3자에게 매각하는 경우에 대하여는 [104]의 2.(2)를 준용함.

(4) [辨濟期 經過 후의 辨濟] 변제기 경과 후의 변제에 대하여는 [104]의 2.(3)을 준용함.

4. [流質型의 경우]

(1) [動産質의 規定의 準用] 유질형의 경우에 대하여는 [104]의 3.(1)부터 (3)까지를 준용함.

(2) [流質의 경우의 不當利得] 유질의 효력이 발생한 때에는 특약이 없는 한 채무자는 그 때까지 지급한 元本의 부분의 반환을 청구할 수 있음.

5. [共同抵當] 동일한 채권의 담보로 수개의 동산 위에 저당권이 설정되고 나아가 그 하나의 동산에 대하여 次順位의 동산저당권이 설정된 경우에 대하여는 민법 제392조의 원칙에 따르지 않는 것으로 함.

[210] 제10 [抵當動産의 損傷·隱匿의 경우]

동산저당권에 손해를 가할 목적으로 저당동산을 손상하거나 은닉한 자에 대하여는 일정한 형벌을 과함.

[211] 제11 [所有者에 의한 抵當權 侵害의 경우]

저당동산의 소유자가 저당권자에게 손해를 가할 목적으로 그 동산에 관하여 양도, 질입 기타 저당권을 침해하는 행위를 한 때에는 일정한 형벌을 과함.

[212A] 제12A [A案을 취한 경우의 登錄에 관한 節次 등]

1. [登錄의 申請]

(1) 등록의 신청은 동산저당권의 설정자 및 저당권자의 협력에 의하여 행함.

(2) 등록을 신청함에는 법정의 등록용지에 3.에 게기하는 사항을 기재하여 등록소에 제출하여야 함.

2. [管轄登錄所]

제1안　전국에 하나의 등록소를 두어, 동산저당권의 등록은 모두 거기서 행하도록 함.

제2안　관할 등록소는 목적물의 소재지를 관할하는 등기소로 함.

3. [登錄申請書의 記載事項]

(1) [設定의 경우]

(가) 동산저당권의 설정에 관한 등록신청서에는 다음의 사항을 기재하여야 하고, 그 어느 하나의 기재를 결한 경우에는 등록소는 그 신청을 수리하지 아니함.

(a) 설정자, 채무자[5] 및 채권자의 성명 및 주소(법인의 경우에는 그 명칭 및 사무소)

(b) 목적물의 상세한 목록

(c) 목적물의 소재 장소

(d) 동산저당권을 설정하는 것에 대한 합의

(e) 피담보채권액(근담보의 경우에는 최고액) 또는 (일정한 금액을 목적으로 하지 않는 채권을 담보하는 경우에는) 피담보채권의 가격

(f) 동산저당권의 순위

(g) 계약의 年月日

(나) 변제기의 정함, 이자에 관한 약정, 기타 (가)에 게기한 것 이외의 사항은 등록신청서에 기재된 경우에만 대항력을 가짐.

(2) [變更의 경우] 동산저당에 변경이 생긴 경우의 신청서에는 다음의 사항을 기재하고, 그 어느 하나의 기재를 결한 경우에는 등록소는 그 신청을 수리하지 아니함.

(a) 원계약과의 동일성을 식별하기에 족한 표시

(b) 변경의 개소 및 그 내용(관계인에 변경이 생긴 경우에는, 나아가 그 원인)

(c) 변경의 年月日

4. [登錄의 受理 및 效力의 發生]

(1) 등록의 신청이 있는 때에는 등록공무원은 3.(1)(가)[6] 또는 3.(2)의 법정기재사항이 기재되어 있는 것 기타를 확인하고 이를 수리하여야 함.

---

5) 原文에는 "채권자"로 되어 있으나, 誤記인 것으로 보인다.

6) 原文에는 "3.1.(a)"로 되어 있으나, 誤記인 것으로 보인다.

(2) 등록의 효력은 (1)의 수리에 의하여 발생하는 것으로 함.

5. ［登錄簿］

(1) ［編綴］

(가) 동산저당권의 설정에 관한 등록신청서는 이를 그대로 등록부에 철함.

(나) 동산저당의 변경에 관한 등록신청서는 이미 등록부에 철하여진 설정에 관한 등록신청서에 첨부함.

(2) ［編成의 基準］ 등록부는 설정자를 기준으로 하여 편성함.

6. ［登錄簿의 閱覽, 謄本의 交付］

(1) ［登錄簿의 閱覽］ 등록부의 열람은 정당한 이해관계 있는 자에 대하여만 인정함.

(2) ［謄本의 交付］ 등록에 관하여 정당한 이해관계 있는 자가 신청한 경우에는 등본을 교부할 수 있음.

7. ［證明書의 發行］ 등록소는 설정자로 등록되어 있지 아니한 자에 대하여 등록되어 있지 아니하다는 증명서를 발행할 수 있도록 함.

8. ［登錄의 抹消］

(1) 동산저당권이 소멸한 경우에 있어서의 등록의 말소는 양 당사자의 협력에 의하여 행함.

(2) 동산저당권이 소멸한 경우에는 저당권의 소멸에 의하여 이익을 받는 당사자는 등록의 말소에 대한 동의서의 교부를 청구할 수 있음. 다만 변제에 의한 소멸의 경우에는 채무자는 변제와 상환으로 동의서의 교부를 청구할 수 있음.

(3) 동산저당의 당사자가 저당권의 소멸을 원인으로 하여 등록의 말소를 구하는 소를 제기한 경우에는 부동산등기법 제3조에 준하여 예고등록을 하는 것으로 함.

(4) 등록의 말소는 말소되어야 할 등록신청서를 朱抹하고, 또 이를 등록부로부터 분리함으로써 행함.

(5) 등록부로부터 분리된 등록신청서는 등록소에 30년간 보관함.

［212b］ 제12B ［B案을 취한 경우의 公正證書의 記載事項］

1. ［設定에 관한 公正證書］

(1) 동산저당의 설정에 관한 공정증서에는 다음의 사항을 기재하여야 하고, 그 어느 하나의 기재를 결한 공정증서는 대항력을 가지지 못하는 것으로 함.

(가) 설정자, 채무자[7] 및 채권자의 성명 및 주소(법인의 경우에는 그 명칭 및 사무소)
(나) 목적물의 상세한 목록
(다) 목적물의 소재 장소
(라) 동산저당권을 설정하는 것에 대한 합의
(마) 피담보채권액(근담보의 경우에는 최고액) 또는 (일정한 금액을 목적으로 하지 않는 채권을 담보하는 경우에는) 피담보채권의 가격
(바) 동산저당권의 순위
(사) 계약의 年月日

(2) 변제기의 정함, 이자에 관한 약정, 기타 (1)에 게기한 것 이외의 사항은 공정증서에 기재된 경우에만 대항력을 가짐.

2. [變更에 관한 公正證書] 동산저당에 변경이 생긴 경우에는 다음의 사항을 기재하여야 하고, 그 어느 하나의 기재를 결한 공정증서는 대항력을 가지지 못하는 것으로 함.
(가) 원계약과의 동일성을 식별하기에 족한 표시
(나) 변경의 개소 및 그 내용(관계인에 변경이 생긴 경우에는, 나아가 그 원인)
(다) 변경의 年月日

## 제 2 관 集合動產抵當

[221] 제1 [集合動產抵當의 意義 · 適用法規]

1. [集合動產抵當] 구성부분이 변동하는 집합동산은 이를 어떠한 방법에 의하여서 포괄적으로 특정할 수 있는 경우에는 저당권의 목적으로 할 수 있으며, 이를 집합동산저당으로 함.
2. [適用法規] 집합동산저당에 대하여는 本款의 규정에 의하는 외에 제1관의 규정을 준용함.

[222] 제2 [過當擔保]

1. [設定의 경우] 채무자의 궁박에 편승하여 피담보채권액을 현저히 넘는 가치를 가지는 집합동산에 대하여 저당권이 설정된 경우에는 설정자는 저당권자에 대하여 상당한 부분을 저당권으로부터 해방할 것을 청구할 수 있음.
2. [目的物 增大의 경우] 동산저당권의 목적인 집합동산의 증대에 의

7) 原文에는 "채권자"로 되어 있으나, [212A]의 3.(1)(가)(a)에서와 같이 誤記인 것으로 보인다.

하여 목적물의 가치가 피담보채권액을 현저히 넘게 된 경우에는 설정자는 저당권자에 대하여 상당한 부분을 저당권으로부터 해방할 것을 청구할 수 있음.

[223] 제3 [集合動産抵當에 있어서 目的物의 變動에 관한 原則]

1. [一般原則]

(1) [設定者의 權能] 구성부분이 변동하는 집합동산저당에 있어서 설정자는 통상의 경영상 필요한 범위에서 집합동산을 구성하는 물건을 자신의 이름으로 처분할 수 있음.

(2) [設定者의 補充義務]

(가) 설정자가 (1)의 규정에 좇아 처분한 경우에는 설정자는 특약이 없는 한 통상의 경영상 필요한 법위에서 이에 갈음하는 물건을 보충할 의무를 부담함.

(나) 설정자가 위의 의무를 게을리한 경우에는 저당권자는 목적물의 매각에 의하여 생기는 대금채권의 이전이나 추심권의 수여 또는 대금 상당액의 교부를 설정자에 대하여 청구할 수 있음.

(3) [設定者의 價値維持義務] 목적물의 가치가 피담보채권액(설정 당시의 목적물의 가치가 피담보채권액에 미치지 않는 경우에는 특약이 없는 한 설정 당시의 가치)에 미치지 않게 된 경우에는 저당권자는 특약이 없는 한 상당한 기간을 정하여 보충을 최고하여 채무자의 기한의 이익을 상실시킬 수 있으며, 이 경우에는 목적물의 매각에 의하여 생긴 대금채권은 [211]의 2.에 의해 준용되는 [201]의 2.(민법 제304조) 및 [206]의 「대위물」로 봄.

(4) [離脫 및 編入의 效果]

(가) 설정자가 통상의 경영상 필요한 범위에서 목적물을 처분한 경우에는 그 물건에 대한 동산저당권의 효력은 소멸함.

(나) 설정자가 통상의 경영의 범위를 넘는 처분을 한 경우에는 일반원칙에 의하는 것으로 함.

(다) 동산저당권의 효력은 집합동산에 편입된 물건에 미침. 다만 제 3자가 그 물건에 대하여 가지는 권리의 주장에는 영향이 없음.

2. [加工材料의 動産抵當에 관한 特則]

(1) [設定者의 權能]

(가) 가공재료에 대하여 동산저당권이 설정된 경우에는 특약이 없는 한 설정자는 목적물에 관하여 그 본래의 사명에 좇은 가공을 할 수 있음.

(나) 동산저당권의 효력이 (2)(나)에 의하여 제품에 미치는 경우에도 설정자는 1.(1)에 좇아 이를 처분할 수 있음.

(2) [設定者의 補充義務·價值維持義務]

(가) 설정자는 특약이 없는 한 1.에서 규정하는 보충의무 및 가치유지의무를 부담하지 않음.

(나) 설정자가 (1)(가)의 규정에 의하여 목적물에 대하여 가공을 행할 경우에는 특약이 없는 한 저당권의 효력은 가공에 의하여 생긴 제품에 미침.

(다) 설정자가 제품을 처분한 경우에는 그 매각대금채권은 [221]의 2.에 의해 준용되는 [201]의 2.(민법 제304조) 및 [206]의「대위물」로 봄. 설정자가 특약에 의하여 보충의무를 부담하는 경우에는 1.의 (2) 및 (3)의 규정이 준용됨.

[224] 제4 [設定者의 目的物識別義務]

1. [記帳義務] 설정자는 장부(재고품대장)에 집합동산의 구성부분의 변동을 기입하여야 하며, 동산저당권자는 위의 장부를 언제라도 열람할 수 있음.
2. [點検受忍義務·目錄作成義務] 동산저당권자는 자신의 저당권을[8] 보전할 필요가 있는 경우에는 설정자에 대하여 목적물의 점검을 구하거나 재고품목록의 調製, 교부를 청구할 수 있음.
3. [義務違反의 效果] 설정자가 1. 또는 2.의 의무에 위반한 경우에 대하여는 [208]의 7.을 준용함.

[225] 제5 [集合動產抵當權의 實行]

1. [擔保物의 引渡請求權의 制限] 채무불이행의 결과 동산저당권자가 집합동산의 인도를 청구하는 경우에는 설정자는 채무의 변제에 필요한 한도에서 인도할 수 있음. 다만 유질형 동산저당의 경우에는 저당권자는 전부의 인도를 구할 수 있음.
2. [包括的 賣却의 請求權] 집합동산이 분할하여 매각되면 현저히 그 가치가 감소할 우려가 있는 경우에는 설정자 또는 그 채권자는 동산저당권자 또는 경매기관에 대하여 저당권의 목적인 집합동산을 포괄적으로 매각할 것을 청구할 수 있음.

[226] 제6 [登錄申請書의 記載事項]

1. [目的物의 表示] 동산저당권의 목적인 집합동산을 등록신청서(B안

---

8) 原文에는 "동산저당권자는 자기의 저당권자는 자기의 저당권을"이라고 되어 있으나, 誤記인 것으로 보인다.

을 취하는 경우에는 공정증서)에 표시함에는 어떠한 방법에 의하여 포괄적으로 다른 재산과 구별됨에 족한 기준을 기재하여야 하며, 또 기재하면 족함.

2. [其他의 記載事項] 동산저당권의 목적물이 집합동산인 경우에는 그 용도의 種別 및 평가액을 등록신청서(B안을 취하는 경우에는 공정증서)에 기재하여야 함.

## 제 2 장 指名債權의 擔保 [생략]

## 제 3 장 有價證券의 擔保 [생략]

[附錄 Ⅱ]

# 「動產 및 債權의 讓渡의 對抗要件에 관한 民法의 特例 등에 관한 法律」중 動產讓渡에 관한 重要規定

제3조 [動產讓渡의 對抗要件의 特例 等] ① 법인이 동산(당해 동산에 관하여 화물상환증, 예탁증권 및 질입증권, 창고증권 또는 선하증권이 작성되어 있는 것을 제외한다. 이하 같다)을 양도한 경우에 당해 동산의 양도에 관하여 동산양도등기파일에 양도의 등기가 행하여진 때에는 당해 동산에 관하여 민법 제178조의 인도가 있었던 것으로 본다.

② 대리인에 의하여 점유되고 있는 동산의 양도에 관하여 前項에 규정하는 등기(이하 「동산양도등기」라고 한다)가 행하여져서, 그 양수인으로 등기되어 있는 자가 당해 대리인에 대하여 당해 동산의 인도를 청구한 경우에, 당해 대리인이 본인에 대하여 당해 청구에 대하여 異議가 있으면 상당한 기간 내에 이를 진술할 것을 지체 없이 최고하고, 본인이 그 기간 내에 이의를 진술하지 않은 때에는, 당해 대리인은 그 양수인으로 등기되어 있는 자에게 당해 동산을 인도함으로써 본인에게 손해가 발생한 때라도 그 배상의 책임을 지지 아니한다.

③ 前2항의 규정은 당해 동산의 양도에 관한 제10조 제1항 제2호에서 드는 사유에 기하여 행하여진 동산양도등기의 말소등기에 대하여 이를 준용한다. 이 경우에 前項 중 「양수인」으로 되어 있는 것은 「양도인」으로 바꾸어 읽는다.

제5조 [登記所] ① 동산양도등기 및 채권양도등기에 관한 사무 중 제7조부터 제11조까지 및 제12조 제2항에 규정하는 사무는 법무대신이 지정하는 法務局 또는 지방법무국 또는 이들의 지국이나 이들의 출장소(이하 「지정법무국 등」이라고 한다)가 등기소로서 이를 관장한다.

② 동산양도등기 및 채권양도등기에 관한 사무 중 제12조 제1항, 제3항 및 제13조 제1항에 규정하는 사무는, 양도인의 본점 또는 주된 사무소(본점 또는 주된 사무소가 외국에 있는 때는 일본에서의

영업소(외국회사의 등기를 한 외국회사로서 일본에 영업소를 두지 아니한 것에 대하여는, 일본에서의 대표자의 주소. 제7조 제2항 제3호에 있어서도 같다)의 소재지를 관할하는 법무국 또는 지방법무국 또는 이들의 지국이나 이들의 출장소(이하 「본점 등 소재지 법무국 등」이라고 한다)가 등기소로서 이를 관장한다.

③ 제1항의 지정은 고시함으로써 하여야 한다.

제7조 [動産讓渡登記] ① 지정법무국 등에 磁氣디스크(이에 준하는 방법에 의하여 일정한 사항을 확실하게 기록할 수 있는 물건을 포함한다. 다음 조 제1항 및 제12조 제1항에서도 같다)로써 調製하는 동산양도등기파일을 비치한다.

② 동산양도등기는 양도인 및 양수인의 신청에 의하여 동산양도등기파일에 다음의 사항을 기록함으로써 행한다.

1. 양도인의 상호 또는 명칭 및 본점 또는 주된 사무소
2. 양수인의 성명 및 주소(법인에 있어서는 상호 또는 명칭 및 본점 또는 주된 사무소)
3. 양도인 또는 양수인의 본점 또는 주된 사무소가 외국에 있는 때에는 일본에서의 영업소 또는 사무소
4. 동산양도등기의 등기원인 및 그 일자
5. 양도의 목적인 동산을 특정하기 위하여 필요한 사항으로 법무성령으로 정하는 것
6. 동산양도등기의 존속기간
7. 등기번호
8. 등기의 年月日

③ 前項 제6호의 존속기간은 10년을 넘을 수 없다. 다만 10년을 넘는 존속기간을 정하여야 할 특별한 사유가 있는 경우에는 그러하지 아니하다.

④ 동산양도등기(이하 이 항에서는 「舊登記」라고 한다)가 행하여진 양도의 대상이 되는 동산에 관하여 양수인이 다시 양도를 하고, 구등기의 존속기간의 만료 전에 동산양도등기(이하 이 항에서는 「新登記」라고 한다)가 행하여진 경우에 신등기의 존속기간이 만료하는 날이 구등기의 존속기간이 만료하는 날보다 후에 도래하는 때에는 당해 동산에 관하여는 구등기의 존속기간은 신등기의 존속기간이 만료하는 날까지 연장된 것으로 본다.

⑤ 동산양도등기가 행하여진 양도의 대상이 되는 동산에 관하여 양

수인이 다시 양도를 하고, 당해 동산양도등기의 존속기간의 만료 전에 민법 제178조의 인도가 행하여진 경우(제3조 제1항의 규정에 의하여 동법 제178조의 인도가 있었던 것으로 보는 경우를 제외한다)에는 당해 동산에 관하여는 당해 동산양도등기의 존속기간은 無期限으로 본다.

제12조 [登記事項概要파일에의 記錄 등] ① 본점 등 소재지 법무국 등에 磁氣디스크로써 조제하는 동산양도등기사항개요파일 및 채권양도등기사항개요파일을 비치한다.

② 동산양도등기 또는 채권양도등기나 말소등기를 한 등기공무원은 본점 등 소재지 법무국 등에 대하여 당해 등기를 한 것 기타 당해 등기에 의한 등기사항의 개요 중 법무성령으로 정하는 것을 통지하여야 한다.

③ 前項의 규정에 의한 통지를 받은 본점 등 소재지 법무국 등의 등기공무원은 지체없이 통지를 받은 등기사항의 개요 중 법무성령으로 정하는 것을 양도인의 동산양도등기사항개요파일 또는 채권양도등기사항개요파일(다음 조 제1항 및 제18조에서는 「등기사항개요파일」이라고 총칭한다)에 기록하여야 한다.

(서울대학교 法學 46권 3호(2005.9), 1면 이하 所載)

# 8. 保證의 成立에 관한 프랑스의 法理*
## ── 法的 去來에서 書面의 意味에 대한 一考

## Ⅰ. 序

**1.** 필자는 1999년 2월부터 시작된 민법개정작업에 관여하면서[1] 보증에 관하여 「보고위원」[2]이라고 부를 수 있는 직무를 담당한 관계로 입법론적 시각에서 보증에 관하여 몇 개의 글을 쓴 바 있다.[3] 보증 규정에 관한 개정작업에서 논의되었던 초점의 하나는, 보증의 성립요건으로 일정한 방식을 요구할 것인가, 요구한다면 어떠한 내용을 정할 것인가 하는 점이었다.

---

* 이 글은 2007년 1월 말부터 약 1개월 동안 프랑스의 파리에 체재하면서 프랑스 민법학의 一端을 엿본 결과로서 작성된 것이다.

1) 그 민법개정작업의 경과와 내용 등에 대하여는 梁彰洙, "민법개정작업의 경과와 채권법의 개정검토사항 I(채권총칙)", 民事法學 19호(2000), 11면, 특히 12면 이하(本書, 37면 이하 所載); 同, "最近의 韓國民法典改正作業", 서울대학교 法學 43권 3호(2002. 9), 47면 이하(후에 同, 民法硏究, 제 7 권(2003), 1면 이하에 再錄) 참조.

2) 이에 대하여는 梁彰洙(前註. 民事法學), 17면 참조("각 소위의 작업은 각 소속 위원별로 그 분장범위를 나누어 그 범위에 속하는 개정착안점을 심도 있게 검토하여 관련 자료 및 의견을 제시·보고하고, 이를 바탕으로 소위 위원 전원이 결론을 내는 방식으로 진행되었다").

3) 梁彰洙(註 1. 民事法學), 32면 이하; 同, "債權者의 保證人에 대한 配慮義務에 관한 序說 ── 獨逸民法을 중심으로 한 立法例", 서울대학교 法學 41권 1호(2000. 3), 97면 이하(同, 民法硏究, 제 6 권(2001), 385면 이하에 再錄); 同, "繼續的 保證에서 保證人의 解止權과 責任制限", 民法硏究, 제 6 권(2001), 419면 이하; 同, "民法改正案의 保證條項에 대하여 ── 改正趣旨와 解釋論", 서울대학교 法學 45권 3호(2004. 9), 37면 이하(同, 民法硏究, 제 8 권(2005), 287면 이하에 再錄) 등(이상의 글 중 『民法硏究』에 재록된 것은 그에 의하여 인용한다).

이와 관련하여 필자에 의하여 애초에 제안된 민법개정안은 제428조의2로 다음과 같은 규정을 신설하는 것이었다.

> ① 보증은 보증의 의사가 보증인의 서명이 있는 서면으로 표시되어야 효력을 발생한다. 특히 주채무가 금전채무인 경우에는 그 서면에 보증인의 책임액이 숫자로 기재되지 아니하면 보증은 효력이 없다.
>
> ② 대리인에 의하여 보증을 하는 경우에 그 수권행위가 제1항에서 정하는 방식에 의하지 아니하면 보증은 효력이 없다.
>
> ③ 보증인의 책임을 그에 불리하게 변경하는 경우에도 제1항과 같다.
>
> ④ 보증인이 보증채무를 이행한 경우에는 제1항 내지 제3항의 규정에 의한 하자는 그 한도에서 치유된다.

그런데 민법개정위원회의 심의를 거쳐[4] 최종적으로 확정된 민법개정안은 다음과 같다. 이 최종적인 개정안은 주채무가 금전채무인 경우에 보증인의 책임액이 숫자로 기재될 것을 요구하는 제1항 단서 및 대리인에 의한 보증과 관련한 제2항이 삭제된 것 외에는 앞서 본 필자의 제안과 동일하다.

> 제428조의2(보증의 방식)을 다음과 같이 신설한다.
>
> ① 보증은 그 의사가 보증인의 기명날인 또는 서명이 있는 서면으로 표시되어야 효력이 발생한다.
>
> ② 보증인의 채무를 불리하게 변경하는 경우에도 제1항과 같다.
>
> ③ 보증인이 보증채무를 이행한 경우에는 그 한도에서 제1항 및 제2항이 정한 방식의 하자를 이유로 보증의 무효를 주장할 수 없다.

4) 위원회의 정식 명칭은 「법무부 법무자문위원회 민법(재산법)개정특별분과위원회」이다. 제428조의2에 대한 민법개정위원회의 심의경과에 대하여는 우선 法務部, 民法(財産法) 改正 資料集(2004. 11), 649면 이하 참조.

그 후 위와 같은 내용을 포함한 민법개정안은 2004년 6월 14일에 법무부 공고 제2004-25호로 입법예고가 행하여졌다.[5] 그리고 정부는 동년 10월 21일에 국회에 이를 제안하여, 다음날 의안번호 제170611호로 법제사법위원회에 회부되어 동년 12월 24일에 동 위원회에 상정되었고, 2005년 6월에 동 위원회 전문위원의 검토보고서(이는 국회의 인터넷사이트에서 「의안정보시스템」을 통하여 검색해 볼 수 있다)가 제출되었다. 그러나 그 후로 지금까지 2년 이상 민법개정안에 대한 심의는 완전히 멈추어 선 상태이다.

그런데 정부는 2007년 6월 28일에 「보증인 보호를 위한 특별법안」을 국회에 제안하였다(의안번호 제176944호). 그 법안 제3조는 다음과 같이 정하고 있다.

> 제3조(보증채무 최고액의 특정) ① 보증계약을 체결할 때에는 보증채무의 최고액(最高額)을 서면으로 특정(特定)하여야 한다. 보증기간을 갱신할 때에도 또한 같다.
>
> ② 불확정 다수의 채무에 대한 보증계약으로서 제1항에 위반되는 것은 그 효력이 없다.
>
> ③ 보증인이 보증채무를 이행한 경우에는 그 한도에서 제2항에 따른 보증계약의 무효를 주장할 수 없다.

이 규정은 무엇보다도 보증계약 일반이 서면으로 행하여질 것을 요구하지 아니하고, 「보증채무의 최고액」만을 서면으로 특정할 것을 요구하며, 그 요구가 충족되지 않는 경우에는 「불확정 다수의 채무에 대한 보증계약」, 즉 이른바 根保證契約에 한하여 이를 무효로 한다는 점에서 민법개정안과 다르다. 이와 같이 그 내용에는 차이가 있지만 어떻든지 서면방식에 의하여 보증인의 보호를 도모한다는 기본방향에 있어서는 민법개정안과 일치한다.[6] 그리고 「보증채무의 최고액」을 서

5) 官報 15718호(2004년 6월 14일 자), 36면 이하.

면으로 특정할 것을 요구하는 점에서는 앞서 본 필자 제안의 제428조의2 제1항 단서와 통하는 점이 없지 않다.

그러므로 민법개정안이 마련되기까지의 논의 및 그에 관련한 입법자료 등은 그 한도에서 여전히 실제적인 의미를 잃지 않는다고 할 수 있다.

**2.** 필자는 앞서와 같이 민법개정작업에 관여하면서 민법 중 보증규정에 관한 입법자료로서 주요한 다른 나라의 관련 입법례를 조사한 바 있다. 그 대상이 된 것은 주로 유럽대륙의 여러 나라, 즉 독일, 스위스, 오스트리아, 네덜란드, 프랑스, 이태리 등이었다. 그런데 앞의 1.에서 본 보증의 방식에 관하여는 위와 같은 외국의 입법례 중 프랑스에 대하여 필자는 프랑스민법 제2015조[7]("보증은 추정되지 아니한다. 보증은 명시적으로 행하여져야 하며, 그것이 체결된 한도를 넘어서 확대되어서는 안 된다")만을 들고 있다.[8]

그러나 프랑스에서 보증에 있어서 서면이 가지는 의미는 위의 제2015조에서 보는 바와 같이 「명시적 의사표시」를 요청하는 데 그치지 않는다. 그것은 기본적으로 민법 제1326조가 편무계약상의 채무에 대하여 그 「채무의 증거(preuve des obligations)」로 일정한 방식의 서면을 요구하는 것에 기한다.

**3.** 이 글은 우선 보증과 관련하여 프랑스민법 제1326조가 가지는 의미를 살펴봄으로써 보증의 성립에 대한 외국 입법례에 관하여

---

6) 그 외에 채권자의 통지의무(민법개정안 제436조의2), 근보증기간의 제한(민법개정안 제448조의3) 등도 위 법안 제4조, 제5조에 거의 같은 내용으로 승계되어 있다.

7) 이하 프랑스민법의 조항은 단지 「민법」으로 인용한다. 한편 본문에서 본 제2015조는 현재 제2292조가 되었다. 그 경위에 대하여는 뒤의 Ⅲ.1.(2) 참조.

8) 梁彰洙(註 1. 民事法學), 32면; 同(註 3. 民法研究 제8권), 293면 등.

필자가 앞서 본 바와 같이 행한 자료 조사를 뒤늦게나마 보완하려고 하는 것이다. 그리고 나아가 이를 통하여 계약 내지 법률행위에서 요구되는 「서면」이 가지는 의미 내지 기능의 다양성을 확인해 봄으로써, 일반적으로 계약 내지 법률행위에서 방식의 문제를 생각해 보는 어떠한 시각을 획득하고자 하는 것이다.

## Ⅱ. 프랑스民法上「書面」에 관한 規定의 基本構圖 — 書證優先主義

### 1. 證明에 관한 規定

프랑스민법은 권리의무의 실체적 요건과 내용뿐만 아니라, 그 증명의 문제도 아울러 정한다.[9] 관점을 바꾸어 말하면, 프랑스에서 민사증거법은 민법·상법 등의 실체법과 민사소송법에 나누어 규정되어 있는데, 전자에서는 증거의 종류는 무엇이며, 어떠한 증거가 허용되는가 등에 대하여 정하고, 후자에서는 주로 「증거의 재판상 제출」에 대하여 정한다.

전자에 대하여는 후에 보기로 하고, 여기서는 후자에 대하여 간략하게 소개한다. 새로운 민사소송법[10] 제1부("모든 법원에 공통적인

9) Philippe Malaurie, *Cours de droit civil. T.1: Introduction à l'étude du droit*, 2e éd.(1994), n° 301(p. 111)은 "증거는 소송절차와 실체적 법리의 교차점에 있다. 따라서 그 규정도 복잡하다. 즉 그것은 법관의 행위와 실체적 법을 동시에 그 대상으로 한다."고 한다. 同書, n° 305(p. 112)에서 그는 "진실이 정의는 아니지만, 법은 진실 없이는 그 역할을 다할 수 없다. 不正義한 법은 진정한 법이 아니다. 부정의는 거짓이며, 거짓과 부정의는 반항을 불러일으키고 정당화한다. 이들은 인간을 경시하는 것이기 때문에, 극히 反法的(anti-droit)이다"라고 한다. 이것이 법에서 「진실의 실현」에 직접 관계되는 증거에 관한 규정을 민법에 둔 사상적 배경일는지도 모른다.

10) 프랑스에서 1042개조로 된 1806년의 민사소송법은, 공개주의와 당사자주의를 철저하게 하고, 또 변론의 구술주의, 필요적 판결이유 제시, 법관의 자유심증 등

규정")의 제 1 편 제 1 장은 "소송의 지도적 원칙(Les principes directeurs du procès)"을 정하는데, 그 제 4 절(제 9 조 내지 제11조)이 증거에 대하여 규정한다. 여기서는 법관의 직권증거조사를 원칙적으로 허용하는 규정도 포함한다(제10조: "법관은 법률상 허용되는 모든 증거조사를 직권으로(d'office) 명할 권한을 가진다"). 그리고 구체적인 증거의 제출 및 조사에 대하여는 「증거의 재판상 제출(administration judiciaire de la preuve)」이라는 표제를 단 위 제 1 부의 제 7 편(제132조 내지 제322조)에서 규정되어 있다.[11]

## 2. 民法上의 法定證據主義

(1) 민법 제 3 권("소유권을 취득하는 여러 태양") 제 3 편("계약 또는 합의에 의한 채권관계 일반")의 제 6 장은 "채무 및 변제의 증거에 대하여(De la preuve des obligations et de celle du paiement)"라는 표제를 붙이고 있다. 그리고 여기서 「채무 및 변제의 증거」가 될 수 있

---

을 정한다는 측면에서 근대적 민사소송법전의 효시라고 할 수 있다. 동시에 이는 다른 한편으로 1667년 4월의 이른바 루이14세 民事訴訟王令(정확하게는 「司法改革에 관한 民事王令」 Ordonnance civile touchant la réformation de la justice)을 이어받은 측면이 적지 않았다. 특히 1935년 이후로 중요한 개정이 행하여졌으나, 이들은 기본적으로 부분개정에 그쳤다. 그러다가 1969년에 장 포와이에(Jean Foyer) 교수를 위원장으로 하는 「민사소송법개정위원회(Commission de réforme du Code de procédure civile)」가 설치되고 그 위원회의 작업에 기하여 민사소송에 관한 각각의 사항에 대하여 정하는 1971년 9월 9일의 데크레부터 1973년 12월 17일의 데크레에 이르기까지 4개의 데크레가 마련되면서(또 법률사항에 대하여는 1972년 7월 5일의 법률이 공포되었다), 위 민사소송법의 관련규정은 폐지되었다. 이들 4개의 데크레를 통일하면서 나아가 일정한 사항을 추가하는 1975년 12월 5일의 데크레 제1123호에 의하여 모두 972개조로 된 새로운 「민사소송법」이 제정되어(다만 제606조부터 제638조는 당시는 아직 마련되지 아니하였다가 1979년 11월 7일의 데크레 제941호에 의하여 채워졌다), 1976년 1월 1일부터 시행되고 있다. 위의 두 민사소송법은 전자를 「구 민사소송법」, 후자를 「신 민사소송법」이라고 불러 구별하는 것이 통상인데, 이 글에서도 이에 따른다.

11) 프랑스의 민사소송 일반에 대하여는 우선, 법원행정처, 외국의 민사소송 ── 미국, 영국, 독일, 프랑스, 오스트리아, 스위스, 일본 ──, 사법정책연구자료 96-2호(1996), 79면 이하, 특히 증거조사에 대하여는 同書, 91면 이하 참조.

는 것을 법률로 정하여 제한함으로써 증거방법에 관하여 이른바 法定證據主義(principe de la légalité des preuves)를 취하고 있음을 명확하게 한 것이다.

그러나 채권법 전반에 걸쳐서 법정증거주의가 채택되어 있는 것은 아니다. 앞서 말한 제6장이 속하는 제3편이 "계약 또는 합의에 의한 채권관계 일반"이라는 표제를 붙이고 있는 데서 알 수 있는 것처럼, 의사표시를 요소로 하는 법률행위(actes juridiques), 다시 말하면 계약, 그리고 나아가 채권채무를 소멸시키는 변제에 한하여 증거를 제한하는 것이다. 그러므로 의사표시를 수반하지 아니하고 일정한 법률효과를 발생시키는 불법행위와 같은 법률사실(faits juridiques)에 대하여는 증거의 자유가 인정되어 모든 종류의 증거로 입증될 수 있다. 민법 제1348조 제1항은 이 점을 분명하게 하여, "당해 채권이 준계약(quasi-contrat)·불법행위·준불법행위[12]에 의하여 발생한 경우"에는 뒤의 4.에서 보는 서면우선주의를 취하지 않는다고 정한다.[13]

프랑스법은 이와 같이 이 문제에 대하여 「절충적 태도(système intermédiaire)」를 취한다고 일컬어진다.[14]

**(2)** 프랑스민법은 앞서 본 제3권 제3편 제6장에서 5개의 증거방법에 대하여 각 1개의 節을 배정하여 이를 규정한다. 즉, ① 서면에 의한 증거(preuve littérale), 즉 서증, ② 증언에 의한 증거(preuve testimoniale), 즉 인증, ③ 추정(présomptions), ④ 당사자의 자백(aveu de la partie), ⑤ 선서(serment)가 그것이다(민법 제1315조의1. 2000년 3월 13일 개정 전의 제1.316조). 이들에 관한 규정은 현재 제1316조부터 제1369조까지 모두 58개조에 이른다.[15]

---

12) 준불법행위(quasi-délit)란 過失不法行爲를 말한다.

13) 민법 제1384조 제1항에서 정하는 그 이외의 예외에 대하여는 뒤의 4.(4)(c) 참조.

14) Malaurie(註 9), n° 380(p.140).

15) 2000년 3월 13일의 개정으로 電子文書 등에 관한 제1316조의1부터 제1316조

그 중에서 「서면에 의한 증거」, 즉 서증에 관한 제 6 장 제 1 절은 다시 ① 公正證書(titre authentique), ② 私署證書(acte sous seing privé), ③ 尺帶(tailles),[16] ④ 증서의 등본(copies des titres), ⑤ 승인증서 및 추인증서(actes récognitifs et confirmatifs)의 다섯 款으로 구분되어 상세한 규정을 두고 있다.

## 3. 公正證書와 私署證書

증서로서는 실제적으로 公正證書와 私署證書가 중요하다.

(1) 공정증서 또는 公署證書란 공서성을 부여할 권한을 가지는 公職人(officier public)[17]이 그 권한에 기하여 작성한 문서를 말한다(민법 제1317조 제 1 항). 그 중에서 公證證書(acte notarié)는 私人 간의 약정에 대하여 독점적 권한이 주어진 공증인이 작성한 문서이다. 실제로 이는 법으로 정하여진 경우에 한정되지 아니하고, 매우 다양한 장면에서 작성된다. 예를 들면 프랑스에서 사인 간에 부동산매매계약이 체결되는 경우에는 법이 이를 요구하고 있지 않아도 으레 공증인 앞에서 증서가 작성된다. 이는 프랑스의 토지공시제도가 기본적으로 공정증서를 공시한다는 입장을 취하는 것[18]과도 관련이 없지 않

의4까지의 4개조가 추가되었다. 이 개정법률에 대하여는 뒤의 註 37 및 그 본문도 참조.

16) 이 번역은 명순구 역, 프랑스민법전(2004), 569면에 따른 것이다. 이는 외상으로 물건을 판매하는 때에 외상 값을 長短으로 나타내는 금을 새긴 막대기를 말한다.

17) 이는 공증인은 물론이고, 신분공무원(officier de l'état civil) 및 집행공무원(huissier de justice) 등을 포함한다.

18) 프랑스에서 부동산공시제도에 관한 기본법인 1955년 1월 4일의 데크레 제22호의 제 4 조는 등기소에서 공시되어야 하는 모든 서류는 "공정증서의 형태로(en la forme authentique)" 작성되어야 한다고 정한다. 그러므로 공정증서의 작성이 「謄記(inscription)」의 요건이다. 무엇보다 Philippe Malaurie, *Code civil. Les Biens*; *Les Publicité Foncière*, 5$^{e}$ éd.(2002), n° 1205(p. 378) 참조. 프랑스에서의 등기신청절차에 관하여는 우선 呂河潤, 債權者代位權에 관한 硏究 ── 프랑스민법상의 間接訴權과의 비교를 중심으로 ──, 2007년도 서울대학교 법학박사 학위논문, 109면 이하 참조.

겠으나, 그에 앞서서 공증인이 프랑스사람의 일상적 법생활에서 영위하는 不可缺의 後見的 役割에 기한 것이다.[19)]

공정증서는「민사소송에 의한 위조의 신고(inscription de faux)」가 행하여지기까지 완전한 증명력을 가진다(민법 제1319조). 위조신고소송[20)]은 시간이 걸릴 뿐 아니라 패소자에게는 민사벌 및 손해배상의

19) 이를 선명하게 보여주는 자료로서 우리가 쉽게 접근할 수 있는 것은 아마도 알퐁스 도데의 文名을 높인 출세작인 단편소설집『풍차방앗간에서 온 편지(Lettres de mon moulin)』(1869년)의 序文이라고 생각된다. 거기에는 도데가 풍차방앗간을 구입하는 것에 관한 공증인 작성의 증서가 그대로 轉載되어 있고, 또 그 서문은 그 공증증서만으로 되어 있다. 이 서문은 위 책의 근자에 나온 우리말 번역판(예를 들면 조동환 역, 풍차방앗간에서 온 편지(1997) 등)에는 유감스럽게도 실려 있지 않으므로, 프랑스의 공증증서 작성의 예로 Alphonse Daudet, *Lettres de mon moulin,* Éditions Gallimard(1975), p. 13 et s.에 의하여 여기에 새로 옮겨 보기로 한다.

"팡페리구스트 주재의 공증인 오노라 그라바치 씨의 面前에서,

「시갈리에르라고 불리는 토지를 소유하는 이로서 동소에 거주하는 비베트 코르니유의 남편 가스파르 비티플로 씨 출두:

同人은 이 증서에 의하여 법적 및 사실적 보증 아래, 그리고 일체의 채무, 선취특권, 저당권의 목적이 되지 아니한 것으로서,

여기에 출두한 매수인 파리 거주의 詩人 알퐁스 도데 씨에게,

프로방스 한복판으로 론느 강 流域의, 소나무와 상록의 견목이 밀생하는 언덕위에 있는 製粉風車(moulin à vent et à farine)를 매도하고 양도하였고, 위 도데 씨는 이를 인수하였다; 위 풍차는 그 날개의 끝까지 올라 붙은 야생포도, 이끼, 로즈마리나무 및 기타의 기생식물로 덮여 있는 것에 의하여 명백한 대로, 20년 이상 방치되어 있으며 또한 제분의 기능을 할 수 없는 상태에 있다;

이와 같은 상태에 더하여, 大輪이 파손되고 바닥에는 벽돌 사이로 잡초가 무성함에도 불구하고, 도데 씨는 위 풍차가 자신에게 적절함을 언명하고, 또 詩作에 도움이 될 수 있다고 하여 일체의 위험과 손해를 부담하며, 그에 행하여질 수도 있는 修繕을 이유로 매도인에 대하여 어떠한 상환도 청구하지 아니하는 것을 약속하고, 이를 인수하기로 한다.

이 매매는 위 시인 도데 씨가 협정가격에 기하여 사무실에 가져와서 맡긴 통화로써 일괄하여 이루어졌고, 그 금전은 바로 위 미티플로 씨에 의하여 수령되었다. 이는 모두 아래에 서명하는 공증인 및 증인의 입회 아래 행하여졌고, 그 영수증이 교부되었다.

이 증서는 팡페리구스트에 있는 '오노라 법률사무소'에서 나팔쟁이 프랑스 마마이 및 白衣懺悔會(pénitents blancs)의 십자가잡이로서 통칭 르 끼끄라고 하는 루이제가 있는 앞에서 작성되었다.

위 두 사람은 증서가 낭독된 후 당사자 및 공증인과 같이 서명하였다.」"

20) 그 구체적인 절차에 대하여는 신 민사소송법 제303조 이하의「공서증서에 대

제재가 따르므로, 실제로 거의 행하여지지 않는다.

(**2**) 私署證書는 원칙적으로 당사자의 서명 외에는 아무런 방식을 요하지 않는다. 다만 사서증서에 의하여 쌍무계약을 체결하는 경우에는 이해관계를 달리하는 당사자의 수만큼 正本이 작성되어야 한다(이른바 複本方式 formalité du double)(민법 제1325조 제1항). 그러므로 그 각 정본에는 당사자들의 서명이 들어 있어야 함은 물론이고, 그마다 작성된 원본의 수가 기재되어야 한다(동조 제3항). 그러나 이 요건을 충족하지 못하였다고 해서 그 계약이 무효가 되거나 그 증서가 전혀 증명력을 가지지 못하는 것이 아니라, 단지 그 증명가치를 저하시킬 뿐이다. 즉 그러한 증서라도 이른바 「書證의 端緖(commencement de preuve par écrit)」[21]로서의 효력은 이를 가지는 것이다.

사서증서의 증명력은 공정증서에 비하면 열후한 것이다. 예를 들어 채권자라고 주장하는 원고가 피고를 상대로 채무의 이행을 청구하면서 피고의 서명이 있는 사서증서를 증거로 제출한 경우에, 피고가 그 증서의 서명이나 필적을 부인하면,[22] 원고는 사실조사, 즉 필적감정(vérification d'écriture)의 절차[23]에 의하여 그 眞正함을 입증하여야 한다(민법 제1324조). 한편 편무계약에 관한 사서증서에 대하여는 특별한 규정이 있는데, 이에 대하여는 항목을 바꾸어 설명한다(아래 6.을 보라).

## 4. 書證優先主義

「채무의 증거」에 관한 가장 중요한 원칙은 통상 중요한 의미가

---

한 위조의 신고」에 관한 규정 참조.

**21**) 이에 대하여는 뒤의 4. (4) (b) 참조.

**22**) 채무자의 상속인 또는 승계인이 증서의 내용이나 서명을 알지 못한다고 주장하는 경우에도 마찬가지이다(프랑스민법 제1323조 제2항).

**23**) 그 구체적인 절차는 신 민사소송법 제287조 이하에 규정되어 있다.

있는 민사거래로 인한 채무는 **일반적으로** 서증에 의해서만 입증되어야 하며 증언에 의한 증거, 즉 人證은 허용되지 않는다는 것이다. 이러한 서증의 우월은 통상 "서면은 증인에 앞선다(Lettres passent témoins.)"라는 法諺으로 표현되는 프랑스 증거법의 역사적 발전방향에 있어서 그 종점을 이루는 것으로서,[24] 「緩和된 要式主義(formalisme atténué)」라고 불린다.[25]

(1) 「증언에 의한 증거」에 관한 冒頭規定인 민법 제1341조 제1항은 "데크레에 의하여 정하여진 금액 또는 가액을 초과하는 모든 사항(toutes choses)에 관하여는, 비록 임의임치라고 하여도,[26] 공증인의

24) Malaurie(註 9), n° 373(p. 137 f.) 참조.

25) 예를 들면 Terré/Simler/Lequette, *Droit civil. Les obligations,* 7e éd.(1999), n° 143(p. 147) 참조. 또는 「증명에 관한 요식주의(formalisme probatoire)」라고도 한다.

26) 이 규정에서 특히 「임의임치」가 그 적용범위에 포함됨을 명문으로 지적하고 있는 것은 역사적 이유에 기한다. 프랑스에서는 16세기 중반까지는 일반적으로 서증보다 증인이 선호되어, "증인은 서면에 앞선다(Témoins passent lettres.)" 내지는 "살아 있는 소리에 의한 증인은 서면을 파괴한다(Témoins par vive voix détruissent lettres.)"는 원칙이 적용되고 있었다. 이를 결정적으로 뒤집은 것은 1566년 샤를 9세의 「사법개혁에 관한 王令(Ordonnance sur la réforme de la justice)」(물랭의 왕령 Ordonnance de Moulins이라고도 한다)이었다. 이 왕령 제54조는 "100리브르의 금액 또는 가액을 넘는 모든 사항(toutes choses)"에 관하여는 공증인 또는 증인의 면전에서 「계약서가 작성(passer contrats)」되어야 하며, 이 계약서만이 완전한 증거가 되고, 계약의 내용이 아닌 것으로서 그 계약 전후 및 계약시에 합의되었다고 주장되는 사항에 대하는 어떠한 증인에 의한 증거도 수리되지 않는다고 정하였다. 이 「개혁」은 증인에 의한 입증을 허용함으로써 소송에 많은 불편과 혼란을 가져오고 특히 복잡한 소송사건이 증가하는 것을 방지하기 위하여 도입된 것이라고 한다. 그 배경으로는 우선 당시의 소송구조, 특히 증인신문절차가 지나치게 번잡한 것, 나아가 15세기의 인쇄기술의 발견과 그 지식의 유포 등을 배경으로 한 거래에서의 서면의 보급, 공증인제도의 발전 등과 같이 사회상황이 변화한 것, 또한 증인의 기억 착오나 買收의 위험이 있는 것 등을 들고 있다. 그런데 여기서 「모든 사항」과 관련하여서는 부수적 합의 등이 이에 포함되는가 등의 논의가 있었다. 그리하여 파리고등법원(parlement)의 판례는 임치계약은 서면에 의하여 행하여지지 않는 것이 통상이므로, 그 입증에 관하여 위 규정을 적용하지 아니하고 증인을 허용하였다고 한다. 이 점에 관하여 1667년의 민사소송왕령(이에 대하여는 앞의 註 10 참조)은 건물의 화재나 붕괴 등의 경우에 인정되는 필요임치와 임의임치를 구별하여, 전

면전에서 또는 私署에 의하여 증서(acte)를 작성하여야 하며, 증서의 내용에 반하거나 그 내용이 아닌 사항 및 증서의 작성 전, 작성 시 또는 작성 후에 진술되었다고 주장되는 사항에 대하여는, 위 금액 또는 가액를 넘지 않는다고 하더라도, 증언에 의한 증거가 허용되지 아니한다"고 정한다.

그리고 거기서 말하는 데크레상의 금액 또는 가액(이하 단지「금액」이라고 한다)이란 2005년 1월 1일부터는 1천5백 유로(2007년 8월 현재의 환시세에 의하면, 우리 돈으로 2백만원에 조금 못 미친다)이고, 그 전에는 8백 유로였으며, 2002년 1월 1일까지는 5천 프랑이었다.[27] 그리고 위의 금액을 넘지 않는다는 입증은 위 규정의 적용을 면하고자 하는 측에서 행하여야 한다. 그러므로 "소송물의 가치가 확정되지 않는 급부의 경우에는 항상 서면에 의한 증거가 요구된다."[28]

이와 같이 프랑스법에서는 계약상 채무 일반에 관하여 원칙적으로 일정한 서면의 작성이 증거의 측면에서 사실상 강제되고 있다. 그러나 반면에 프랑스에서 채권계약은 당사자의 합의만에 의하여 유효하게 성립하는 것이 원칙이다.[29] 이와 같이 채권채무의 실체적 유효성에 관하여는 이른바 不要式主義 내지 諾成主義(consensualisme)가 지배한다. 그러나 다른 한편으로 이는 계약상 채권채무의 증명에 관한 法定證據主義 내지는 要式主義(formalisme)와 사고상 엄밀하게 구분되어야 한다.

---

자에 한하여 증인에 의한 증언을 허용하였다(제20장 제3조). 그것이 프랑스민법전에도 그대로 이어져서, 필요임치에 대하여는 뒤의 註 34의 본문에서 보는 대로 그 취지가 민법 제1950조에 규정되고, 임의임치에 대하여는 여기 본문에서 보는 대로 민법 제1341조에 명문으로 이에 대하여 서증우선주의가 적용됨을 규정한 것이다.

**27**) 1980년 7월 15일의 데크레 제533호; 2001년 5월 30일의 데크레 제476호 및 2004년 8월 20일의 데크레 제836호 참조.

**28**) François Terré, *Introduction génerale au droit*, 6e éd.(2003), n° 516(p. 494).

**29**) 나아가 매매목적물의 소유권은 인도 등을 기다리지 아니하고 원칙적으로 계약의 성립만으로 매수인에게 이전한다(민법 제711조, 제1138조, 제1583조).

(2) 위 규정상의 증서작성의무는 계약의 유효요건으로 정하여진 것이 아니라, 증거법의 맥락에서 요구되는 것이다. 그러므로 이에 위반하였다고 해도 계약이 실체법적으로 무효가 되지는 않으나, 증서 이외의 증거방법은 현저하게 제한된다. 즉, 증거는 서증에 한정되는 것이 원칙이며, 계약의 존재가 상대방에 의하여 부인되는 경우에는 그 입증을 위하여 증인을 세우는 것은 금지되는 것이다. 또 앞의 2. (2)에서 본 증거방법 중 推定에 의한 입증(민법 제1349조 이하)도 금지된다.[30]

(3) 나아가 위 규정은 증서의 내용에 반하거나 그에 포함되지 아니한 사항(contre et outre le contenu d'un écrit)에 대한 증거는 금액을 불문하고 허용되지 않는다고 정한다. 증서가 작성된 한에서는, 그 내용이 당사자들의 합의를 정확하게 반영하지 못하고 있다는 점은 물론이고, 그 증서가 계약내용을 전부 담고 있지 않고 계약서에 기재된 사항 외에 당사자들 사이에 합의한 바가 있다는 점도 증인에 의하여 입증할 수 없다. 즉 계약에 관한 증서가 부정확하거나 불완전하다는(inexact ou incomplet) 점에 대하여 증언에 의하여 증명하는 것은 허용되지 않는 것이다.

그러나 이러한 규정에 의하여 계약의「해석」이 배제되는 것은 아니다. 즉 계약의 내용이 불분명하거나 모순되거나 하는 경우에는 법관은 모든 증거방법에 의하여 그 의미를 밝혀낼 수 있다. 이는 계약에 존재한다고 주장되는 각종의「흠」, 즉 사기나 착오 등은 물론이고 ―프랑스법에 고유한 바인― 계약의 원인(cause)과 관련한 하자(그 흠결, 위법 또는 부도덕 등)에 대하여도 마찬가지이다.[31]

(4) 위와 같은 원칙에 대한 주요한 예외는 다음과 같다. 이러한

30) 그 외에 앞의 2. (2)에서 본 증거방법 중 자백이나 선서에 의한 입증은 허용된다. 이에 대하여는 우선 Terré(註 28), n° 518(p. 495) 참조.

31) 이상에 대하여는 우선 Terré(註 28), n° 517(p. 494 et s.) 참조.

예외는 민법 제1341조 전체에 대한 것으로서, 이들에 있어서는 당사자 일방이 계약의 존재를 입증하려고 하는 경우뿐만 아니라, 계약에 관한 증서의 내용에 반하거나 그 내용 밖의 사항을 입증하려고 하는 경우에도 증인에 의한 입증이 허용된다.

(**a**) 우선 프랑스상법 제110조의3(L. 110-3)(구 상법 제109조)은 "商人에 관하여는 商行爲(acte de commerce)는 법률에 다른 정함이 없는 한 모든 방법에 의하여(par tout moyen) 증명될 수 있다"고 정한다. 한편 민법 제1341조 제 2 항은, 同條 제 1 항의 규정이 "商事에 관한 법률의 적용을 방해하지 않는다"고 하여, 위 상법규정을 뒷받침하고 있다.

(**b**) 나아가 「서면에 의한 증거의 단서(commencement de preuve par écrit)」 또는 「書證의 端緖」란 완전한 증명력을 가지는 증서는 아니나 서신 기타 동등한 서면(예를 들면 일기, 가계부 등)과 같이 주장사실을 진실이라고 추단하게 하는 정황증거로서의 성질을 가지는 것을 말하며, 서증이 요구되는 경우에도 이것이 제출되면 증언에 의한 증명이 허용된다.

민법 제1347조는 서증의 단서가 있는 경우에는 증언에 의한 증명이 허용된다고 정하면서, "피고 또는 피고의 대리인의 증서로서 주장사실을 疏明하는 것(rendre vraisemblable)"은 서증의 단서가 된다고 정하는 것이다. 그러나 종래부터 여기서의 「서증의 단서」는 판례에 의하여 매우 확장되어 해석되어 왔다.[32] 그리하여 1975년 7월 9일의 법률 제596호에 의하여 민법 제1347조 제 3 항이 추가되어, 당사자 본인의 법정출두(comparution personnelle)[33]에 있어서 본인이 행한 진술 및 답변 거부, 나아가 법정불출석을 서증의 단서에 상당하는 것으로

---

32) 그 상세에 대하여는 우선 Terré(註 28), n° 525(p. 497 et s.) 참조.

33) 프랑스 신 민사소송법 제184조 이하 참조. 이는 우리 민사소송에서 당사자신문(민사소송법 제367조 이하)에 해당한다.

간주할 수 있다고 정하여졌다.

(c) 한편 "당사자 일방이 계약에 관한 증서를 취득할 수 있는 물질적 또는 정신적 가능성이 없거나 우연한 사고 또는 불가항력으로 인하여 서증으로 사용될 수 있는 증서를 상실한 때"에도 예외적으로 증인에 의한 입증이 허용된다(민법 제1348조 제1항). 전자의 「물질적 또는 정신적 가능성」이 없는 경우의 구체적인 예로서 민법은 必要任置(dépôt nécessaire)[34]에 대하여 "그 목적물의 가액이 제1341조에 정한 액수를 넘는 때에도 증인에 의한 증명이 허용된다"고 정한다(제1950조).

(5) 위와 같은 민법상의 서증우선주의는 실제의 소송에서 어떠한 내용으로 실현되고 있는가? 판례는 일관하여 민법 제1341조에 대하여 公序(ordre public)로서의 성질을 부인하고 「사적 질서(ordre privé)」에 해당하는 것으로 파악하고, 이에 관한 당사자들의 자유로운 「처리」를 인정하고 있다.[35]

첫째, 법원은 직권으로 증인에 의한 입증을 금지할 수는 없다. 민법 제1341조가 적용되려면, 당사자가 위 규정을 들어 법원에 대하여 상대방이 신청한 증인을 불허할 것을 요구하여야 한다.

둘째, 당사자들은 합의로 민법 제1341조의 원칙을 변경할 수 있다.

셋째, 당사자는 민법 제1341조에 위반되었다고 주장하는 것을 명시적 또는 묵시적으로 포기할 수 있다. 허용되지 않는 증인의 신문에 이의 없이 참여하는 것은 통상 묵시의 포기로 인정된다.

넷째, 민법 제1341조의 불준수를 상고심인 파기원에 이르러 비로

34) 「필요임치」란 우리 민법상의 임치에 상응하는 任意任置(dépôt volontaire)(이에 대하여는 앞의 註 26 참조)와 對를 이루는 것으로서, "화재·붕괴·약탈·破船과 같은 재해 또는 기타 예견할 수 없는 어떠한 사고로 인하여 강제되는 임치(forcé par quelque accident)"를 말한다(민법 제1949조 참조). 이는 프랑스에서는 계약으로 법구성되는 임치의 한 종류로 규정되어 있으나, 우리 민법으로 말하면 오히려 事務管理에 해당한다고 하는 것이 정확한 파악일 것이다.

35) 이 항목에 대하여는 Gilles Gorbeaux et Philippe Bihr, Preuve, *Répertoire de procédure civile* (1979), n° 1258 et s. 참조.

소 주장할 수는 없다.

## 5. 有效要件으로서의 方式 —— 嚴肅契約

한편 프랑스법에서는 일정한 방식의 서면이 작성되지 않으면 실체법적으로 효력을 가지지 못하는 일련의 계약이 있다. 이는 통상 嚴肅契約(contrat solennel)이라고 불리는데, 민법상으로는 (i) 증여(제931조), (ii) 부부재산계약(제1394조), (iii) 저당권설정계약(제2127조) 등이 있다. 이들 계약은 모두 앞의 3. (1)에서 보는 공증증서로 작성되어야 하며, 이 요건을 준수하지 아니한 계약은 실체법상으로 절대적으로 무효이다.

이와 같이 일정한 방식의 서면이 작성되는 것이 실체법상의 유효요건이 되는 예외적인 경우를 제외하고, 서면은 증거를 위하여(ad probationem) 작성된다.

## 6. 片務契約에서의 方式 要求

한편 당사자 일방만이 금전을 지급하거나 대체물을 인도할 의무를 부담하는 계약, 즉 片務契約에서는 私署證書라도 당사자의 서명만으로는 불충분하다. 그 외에 이행할 금액이나 수량에 대하여 문자와 숫자의 쌍방(en toutes lettres et en chiffres)을 「자신의 손으로(de sa main)」 기재하여야 한다(민법 제1326조).[36] 여기서 「자신의 손으로」라는 문언은 2000년 3월 13일의 법률 제230호[37]로 「자신에 의하여(par

36) 동조 제2문은 문자표시와 숫자표시가 서로 다른 경우에는 문자표시에 의한다고 정한다.

37) 이 법률은 「증거법의 정보기술에의 적응과 전자서명(adaptation du droit de la preuve aux technologies de l'information et signature électronique)」에 관한 것이다. 이 법률은 "서면에 의한 증거 또는 문서에 의한 증거는, 그 매체 및 전달수단의 여하를 불문하고, 글자 · 문자 · 숫자 혹은 이해가능한 의미를 가진 다른 모든 기호 또는 표상으로 성립한다"는 정의규정을 도입하고(제1316조), 나아

lui-même)」로 개정되었는데, 이는 전자문서의 법적 취급을 정하는 위 법률의 입법취지에 비추어 전자매체에 의한 직접 작성을 포괄하기 위한 것이다.[38]

보증에 관한 규율에서 이와 같은 保證債務額에 대한 自書記入(mention manuscrite)의 요건이 어떠한 역할을 하는가에 대하여는 항목을 바꾸어 살펴보기로 한다.

## Ⅲ. 保證에서「緩和된 要式主義」의 意味

### 1. 프랑스民法에서 保證의 地位

(1) 프랑스민법전에서 계약에 대한 규정은「소유권을 취득하는 여러 양태」라는 제목을 가지고 있는 제 3 편에 포함되어 있는데, 이는 둘로 나누어져 있다. 하나는 同編의 제 3 장으로「계약 또는 합의에 의한 채권채무관계 일반」이라는 제목이 붙어 있다. 여기에 포함되어 있는 규정들은 통상「계약의 일반이론(théorie générale du contrat)」이라는 표제로 다루어진다. 다른 하나는 제 6 장(「매매」)부터 제16장(「중재」)까지의 개별 계약유형을 정한 것으로,[39] 이들은 일반적으로「계약각칙(contrats spéciaux)」의 이름 아래 통괄된다.[40]

가 "전자매체에 의한 문서(écrit sur support électronique)는 종이매체에 의한 문서와 동일한 증명력을 가진다"(제1316조의3)는 등의 규정을 신설하였다.

38) Capitant/Terré/Lequette, *Les grands arrêts de la jurisprudence civile,* T.2: Obliagtions, Contrats spéciaux, Sûretés, 11[e] éd.(2000), p. 597 n. 1 참조.

39) 그리고 제17장의「질권」, 제18장의「선취특권 및 저당권」등으로 이어진다.

40) 이와 같이 프랑스민법전의 구성상으로는 일응 계약총칙과 계약각칙이 준별되어 규정되어 있지만, 실상 兩者의 관계는 훨씬 복잡하다. 그것은 무엇보다도「계약각칙」중에서 특정한 유형의 계약에만 한정되지 않고 보다 일반적인 의미를 가지는 규정 내지 법리를 추출하여 이른바「계약각칙의 일반이론(théorie générale des contrats spéciaux)」을 구성하고 있기 때문이다. 즉 모든 계약에 일반적으로 적용되는 것은 아니나, 공통의 성질을 가지는 일정한 계약유형들을

바로 뒤의 (2)에서 보는 담보법의 대개정 이전에 「보증(cautionnement)」은 그 중에서 제14장(제2011조 내지 제2043조)으로 자리하고 있었다. 그리고 보증이 채권자와 보증인 사이의 계약으로 성립한다는 점에 이론이 없었다. 그러나 학설은 이를 「계약각칙」에서 계약의 한 유형으로 다루지 않고 「담보법(droit des sûretés)」에서 다루는 것이 일반이다.[41]

(**2**) 담보법의 대개정을 도모하는 2006년 3월 23일의 행정법률(ordonnance) 제346호는 프랑스민법전의 체계에 커다란 변화를 가져왔다. 즉 제 3 편 다음에 「담보」에 관한 제 4 편을 새로이 편입한 것이다. 그리고 그 아래에 「인적 담보(sûretés personnelles)」를 다루는 제 1 장과 「물적 담보(sûretés réelles)」를 다루는 제 2 장을 두고 있다. 「보증」에 관한 종전의 제 3 편 제14장은 모두 삭제되고, 그 규정은 역시 「보증」이라는 제목을 달고 있는 제 1 장의 제 1 절(제2288조 내지 제2322조)로 옮겨 왔다.[42] 그리고 보증은 추정되지 않으며 또한 명시적이어야 한다는 종전의 제2015조도 그대로 제2292조가 되었다.

(**3**) 실제로 보증제도는 오늘날의 프랑스 담보법에서 가장 중요한 지위를 차지하고 있다. 종전에는 친족들이나 지인들 사이에서 호

---

하나의 「契約類(famille de contrats)」로 분류하고 이에 일반적으로 적용되는 법리를 구성하는 것이다. 예를 들어 매매 · 도급 · 교환이라는 개별 계약유형을 넘어서 물건의 소유권의 이전을 포함하는 계약 일반에 타당한 법리가 그것이다. 이러한 「계약각칙의 일반이론」은 「계약의 일반이론」과 각종 계약에 고유한 법리의 중간에 위치하는 것으로 파악된다. Malaurie/Aynès/Gautier, *Droit civil. Contrats spéciaux,* 13$^{e}$ éd.(1999), n$^{o}$ 54(p. 61 f.) 참조.

**41**) 여기서 보증을 다루는 담보법 교과서를 일일이 들 필요는 없을 것이다. 특히 Alain Bénabent, *Droit civil. Les contrats spéciaux*(1993), n$^{o}$ 9(p. 7)은 민법 · 상법상의 각종 계약에 대하여 「논의가 행하여지는 장소(lieu d'étude)」를 표로 제시하고 있는데, 민법에서 규정하고 있는 제 3 편 제 9 장(제1832조 이하)의 組合(société civile)이 「단체법(droit des sociétés)」에서 다루어지듯이, 당시의 민법 제 3 편 제14장의 보증은 담보법에서 다루어진다고 명확하게 말한다.

**42**) 이어지는 제 2 절은 「독립적 보증(garanties autonomes)」, 제 3 절은 「신용보증장(lettre d'intention)」에 대하여 각각 규정한다.

의관계에 기하여 행하여지는 담보수단으로 관념되었으나, 1970년대 이래 급속히 거래의 중심으로 진출하였다. 그것은 우선 물적 담보에 비하여 그 설정이 단순하고, 비용이 거의 들지 않는다는 이점이 있다. 그러나 무엇보다도, 주채무자가 무자력에 빠진 경우에, 주채무자의 재산에는 이미 복수의 담보가 설정되어 경합하는 경우가 적지 않고, 특히 프랑스에서는 公示 없이 우선변제권을 가지는 채권이 다수 인정되고 있어서, 채권자의 충분한 만족이 보장되지 못하는 경우가 빈발하기 때문이다.[43] 그러므로 특히 은행거래에서 "일반적으로 요구되는 인적인 담보는 보증이며, 보증은 은행의 모든 거래유형에서 두루 사용"되는 것이다.[44]

## 2. 保證에서「保證額의 自書記入」의 要件을 둘러싼 論議

(1)「보증액의 자서기입」을 요구하는 제1326조는 어떠한 성질을 가지는 규정인가? 즉 이는 증거규정인가, 방식규정 내지 효력발생규정인가? 다시 말하면 보증인의 서명은 있으나 보증액의 자서기입에 흠결이 있는 경우, 즉 그것이 없거나 불충분한 경우, 채권자는 보증인에 대하여 보증책임의 이행을 실효 있게 소구할 수 있는가?

이 문제에 대하여 민법 제정 이래 1970년대 초까지는 보증액의 자서기입에 흠결이 있어도 보증서면에 서명이 있는 한 이는 최소한 「서증의 단서」로서의 효력을 가진다는 점에 의문이 없었다.[45] 그러므로 채권자는 보증서면 이외의 증거, 예를 들면 보증이 있기 전 또는 후에 당사자들 사이에 교환된 書信에 의하여[46] 보증의 구체적인 액수

43) Capitant/Terré/Lequette(註 38), p. 596

44) Alain Cerles, *Le cautionnement et la banque* (2004), p. 17.

45) 同旨의 재판례에 대하여는 Philippe Simler, *Cautionnement et garanties autonomes*, 3e éd.(2000), n° 395 n. 218을 보라.

46) Cass. com., 9 mars 1976, *Bull. civ.* Ⅳ, n° 84.

를 입증할 수 있었다.

(2) 그런데 1970년대에 이르러 하급심법원에서 자서기입이 철저하게 이루어지지 않은 보증거래에 대하여 그 효력을 부인하는 재판례를 내기 시작하였다. 파기원은 이러한 하급심 재판례의 당부를 정면에서 심사하기를 회피하다가, 1983년에 이르러[47] 파기원 제1민사부는 적어도 보증 당시 보증액이 확정되거나 수치화할 수 있는 경우[48]에 대하여는 적극적으로 그 액수를 문자와 숫자로 자서기입하는 것을 보증의 실체적 유효요건이라고 하는 태도를 취하기에 이르렀다.[49]

즉 파기원 제1민사부는 "민법 제1326조와 제2015조를 결합시키면, 자서기입에 관한 요건은 단순한 증거규칙이 아니라 보증인의 보호를 그 목적으로 한다는 결론이 도출된다"고 설시하면서,[50] 이로부터 자서기입에 흠결이 있는 경우에는 서면이 증거방법으로서 효력이 없을 뿐만 아니라 그 보증약정 자체가 무효라는 태도를 취하였다. 그 후로도 동일한 취지의 재판례는 상당한 기간 동안 이어졌다.[51] 이러

47) 그 선구를 이루는 것은 Cass. 1re civ., 19 avr. 1983, *Bull. civ.* I, n° 122, *D.* 1984, IR 83, obs. Vasseur, *JCP* 1983. II. 20122 note Mouly et Delebecque이다.

48) 그런데 보증 당시에 보증액이 확정될 수 없는 경우(이른바 불확정보증 cautionnement indéterminé)에 대하여는 "명료한 방식으로 보증채무의 성질과 범위를 인식하고 있음을 자서로 표현하는 것"이 요구되었다. Cass. 1re civ., 3 mars 1970, *Bull. civ.* I, n° 80; 20 juin 1978, *Bull. civ.* I, n° 234; 4 févr. 1986, *Bull. civ.* I, n° 5, *Banque* 1986. 401 obs. Rives-Lange 참조. 이른바 무제한의 불확정보증의 허용문제를 포함하여 불확정보증의 법문제 일반에 대하여는 우선 Simler(註 45), n° 391 et s.(p. 357 et s.) 참조.

49) 그러나 예를 들면 Cass. 1re civ., 29 févr. 1984, *Bull. civ.* I, n° 20; 20 nov. 1984, *Bull. civ.* I, n° 311; 9 déc. 1986, *Bull. civ.* I, n° 271, *D.* 1987, Som. com. 144, obs. Aynès, *JCP* 1988. II. 20921 note Starck 등은 보증서에 원본액의 自書 외에 단지 "이자, 비용, 중개수수료 및 부가채무(accessoires)를 보증한다"고 기입되어 있고 그 이자 등의 액의 자서가 없는 경우에도 보증인이 그 이자 등을 부담하여야 한다는 태도를 취하였다.

50) 예를 들면 Cass. 1re civ., 30 juin 1987, *Bull. civ.* I, n° 210 참조.

51) 그 외에도 예를 들면 Cass. 1re civ., 22 juin 1983, *Bull. civ.* I, n° 182, *Defrénois* 1984. 367, obs. Aubert; 22 fév. 1984, *JCP* 1985. II. 20442 note Starck 등이 있다.

한 판례의 태도는 학자에 따라서 「자서기입의 절대적 우선성(primauté absolue de la mention manuscrite)」이라고 불리기도 한다.[52)]

하나의 예로 파기원 제1민사부의 1989년 11월 15일 판결에 대하여 살펴본다.[53)] 이 사건의 사실관계는 다음과 같다. 원고 회사는 1981년 2월 26일 및 동년 3월 2일 A 회사에 일정한 컴퓨터를 매월 16,654유로의 차임으로 50개월 동안 임대하는 계약을 체결하였다. A 회사의 대표인 피고는 동년 2월 25일에 "나는 개인적으로 위 계약에서 정하여진 매월 16,654 유로의 차임을 위 날짜[컴퓨터가 A 회사에 설치되어 작동을 개시한 날]로부터 기산하여 개인적으로 보증한다"라고 自書한 내용이 포함된 서신을 송부하였다. 원고 회사는 위 계약대로 컴퓨터를 인도하여 작동시켰으나, A 회사가 위 차임을 제대로 지급하지 않았다. 이 사건에서 원고 회사는 피고를 상대로 하여 보증책임의 이행을 구하였다. 원심법원은 원고의 청구를 인용하였다. 그러나 파기원은 다음과 같이 판시하여, 원심판결을 파기하였다.

> "보증인에 의하여 서명되는 약정은 그의 서명을 포함하여야 하고, 나아가 그 약정 당시에 확정할 수 있는 모든 채무의 액이 문자와 숫자로 스스로의 손으로 기입된 것을 포함하여야 한다. 이 증거규칙[54)]은 보증인의 보호를 그 목적으로 한다(ces règles de preuve ont pour finalité la protection de la caution). … 앞서 인용한 서신은 민법 제1326조 및 제2015조의 요건을 충족하는 보증인의 약정이라고 할 수 없다고 피고가 주장한 것에 대하여, 제2심 법원은 그 서신이 관계자의 서명 외에 그가 보증하려는 채무액의 自書를 포함한다는

52) Capitant/Terré/Lequette(註 38), p. 598.

53) Cass. 1re civ., 15 nov. 1989, *D.* 1990. 177, note C. Mouly, *JCP* 1990. Ⅱ. 21442, note D. Legeais, *Defrénois* 1990. 442, obs. Aynès.

54) 여기서 「증거규칙」이라는 용어가 사용된 것을 들어 뒤의 4.에서 보는 태도의 전환이 이미 예고된 것으로 보는 견해도 있다. 예를 들면 Jean Carbonnier, *Droit civil,* Vol. Ⅱ(2004), n° 1017(p. 2092)가 그러하다.

이유로 피고의 위 방어주장을 배척하였다. 그러나 원심법원의 판시에 의하면 문제가 되는 서면에서 그 채무액이 숫자로는 쓰여졌을지라도 문자로 쓰여지지는 않았다. 그러한 문자의 기재는 앞서 본 조항들에 의하여 반드시 요구되는 바이므로, 위 서신상의 기재는 적법한 보증의 서면을 구성하지 않는다(ne constitue pas un acte de cautionnemnet régulier). 따라서 원심법원은 위와 같이 판시함으로써 위 규정들을 위반한 것이다."

(3) 한편 파기원은 같은 맥락에서, 민법 제1326조 및 제2015조의 위반을 이유로 하는 상고에 대하여 비록 그 위반이 하급심에서 주장된 바가 없다고 하더라도 순수한 법문제로서(de pur droit) 그 상고를 받아들여 인용하는 태도를 대체로 취하였다.[55]

그 결과로 하급심 차원에서 보증약정의 무효를 인정하는 재판례가 적지 않게 나왔다. 그러나 종전 판례의 태도에 충실한 하급심 재판례도 상당수에 이른다.[56]

### 3. 破棄院 제 1 민사부의 態度에 대한 批判

(1) 앞의 1. (3)에서 본 대로 보증이 단순히 친척이나 지인들의 범위를 넘어서 일반적인 인적 담보로 보편화되기에 이르면서, 보증인에 대한 보호를 구상할 필요가 있다는 점에 대하여는 대체로 반대가 없다.[57]

---

55) Cass. 1re civ., 16 déc. 1986, *Bull. civ.* I, n° 298 및 Cass. 1re civ., 3 mars 1987, *Bull. civ.* I, n° 77 등. 한편 반대의 태도를 취하는 재판례도 없지 않았다. 이 점에 대하여는 Simler(註 45), n° 336 n. 223(p. 362) 참조.

56) 그 각 구체적 하급심 재판례에 대하여는 Simler(註 45), n° 336 n. 224(p. 362)(새로운 판례에 따른 것) 및 n° 336 n. 229(p. 363)(종전의 판례에 따른 것)를 각 참조하라.

57) 우선 Capitant/Terré/Lequette(註 38), p. 596 et s.; Sargos, Le cautionnement: dangers, évolution et perspectives de réformes, *Rapport de la Cour de cassation 1986,* p. 33 et s. 참조.

보증인, 특히 非專門의 보증인(cautions profanes)은 자신이 부담하게 되는 책임의 의미와 내용을 잘 알지 못하는 경우가 많다. 나아가 주채무자가 무자력하게 되거나 채무의 이행에 무관심하여 주의를 기울이지 않는다는「의외의 사태」에 대하여 보증인은 속수무책이다. 또한 보증은 실제로는 통상 연대보증의 형태로 행하여지므로, 채권자는 주채무자와 보증인 중 누구를 상대로 채권의 만족을 추구할 것인가를 자유로 선택할 수 있고, 보증인은 그 선택에 대하여 이의를 제기할 수 없는 것이다.

(**2**) 그러나 그 보호의 법적 수단은 민법 제2105조, 특히 제1326조에서 구하여 양자의 결합으로부터 하나의 방식규정(règle de forme)을 읽어내는 것은「대담한」[58] 혹은「무모한」일이다.[59]

민법 제2105조가 의도하는 바는 보증이 명시적으로 행하여져야 하며, 보증인의 침묵 기타 소극적인 행태로부터 추단되어서는 안 된다는 것이다. 다시 말하면 동조는 하나의 해석규정(règle d'interprétation)으로서, 실제의 거래에서 보증을 내용으로 하는 서면이 작성되고 그 안에서 명확한 문언이 사용되면 이 요건은 충족되는 것이다.

문제는 제1326조이다. 이 규정의 취지는, 편무계약에서는 앞의 Ⅱ. 3. (2)에서 본 바 있는 複本方式이 요구되지 않아서 채권자가 통상 유일한 채무증서를 소지하게 되는데 채권자가 그 서면상의 채무액 등을 변개할 우려가 있으므로 이를 막고자 하는 것이었다.[60] 그리고 무엇보다도 이 규정은 증거에 관한 것으로서, 이 점은 이 규정이 자리

---

**58**) Capitant/Terré/Lequette(註 38), p. 597의 표현: "대담한 판례(jurisprudence audacieuse)"

**59**) 이하의 비판은 특히 Simler(註 45), n° 396(p. 362 et s.); Malaurie et Aynès, *Droit civil. Les sûretés*; *La publicité foncière*, 9$^{e}$ éd.(1998), n° 205(p. 63 et s.)에 의하여 제기되었다. 그 내용에 대하여는 우선 Capitant/Terré/Lequette(註 38), p. 600 et s. 참조.

**60**) Capitant/Terré/Lequette(註 38), p. 597 참조.

잡고 있는 제 3 편 제 3 장 제 6 절의 제목("채무 및 변제의 증거에 대하여")에서부터 명확하다. 나아가 민법 제1326조에 기하여 또는 그것에 민법 제2105조를 가함으로써 보증에 관한 실체적 유효요건으로서의 방식을 이끌어내는 것은 채권자를 희생으로 보증인에게 지나친 배려를 베푸는 것으로서, 자신의 의사에 기하여 분명히 보증을 의욕한 보증인이 이와 같이 방식의 흠결을 이유로 해서 자신의 책임을 부정할 수 있는 일반적·체계적인 수단을 부여하는 것은 「계약상 신의」를 저해하는 것이다. 또한 그렇게 되면, 금융기관과 같은 전문적 채권자는 보증을 담보로 하여 금융을 주는 것을 꺼리게 되어, 결국 담보로서의 보증제도 자체의 기능을 다하지 못하게 한다.[61)]

(3) 뿐만 아니라 논자들은 위와 같은 파기원의 재판례는 어디까지나 제 1 민사부에서 나온 것이고, 같은 기간 동안 파기원의 商事部는 여전히 종전과 같이 민법 제1326조를 증거규정으로 보는 태도를 유지하여 왔음[62)]을 지적한다. 이러한 「재판례의 부조화」가 바람직하지 아니함은 물론이다.

## 4. 證據規定으로의 態度轉換

결국 파기원 제 1 민사부는 1991년 10월 15일의 판결[63)]로 종전의

61) 특히 Terray, Le cautionnement, une institution en danger, *JCP* 1987. 1. 3275 참조.

62) 예를 들어 Cass. com., 21 juin 1988, *Bull. civ.* Ⅳ. n° 212는 자서기입이 없어도 보증서면은 「서증의 단서」가 될 수 있다고 하고, 원심법원이 증거가 될 수 있는 다른 증거를 충분히 조사하지 아니한 것을 탓하고 있다. 그 외에 Cass. com., 15 nov. 1988, *D.* 1990. 3, note P. Ancel; 19 juin 1990, *JCP* 1990. Ⅱ. 21578, note D. Legeais 등. 한편 Simler(註 45), n° 396(p. 363)에 의하면, 파기원 제 1 민사부 자신이 뒤의 4.에서 보는 명시적인 태도 전환이 있기 전에도 최소한 한 차례는 상사부와 같은 태도를 취한 바 있다고 한다.

63) Cass. 1re civ., 15 oct. 1991, *JCP* 1992. Ⅱ. 21923 note Simler. 한편 Simler(註 45), n° 397(p. 364)은, 이 판결이 파기원이 公刊하는 판결집인 *Bulletin des arrêts de la cour de cassation en matière civile* (*Bull. civ.*은 그 略語이다)에 수

태도로 회귀하였다. 즉 동 판결은 다음과 같이 설시한다. 원심법원이 민법 제1326조에서 요구되는 자서기입의 흠결은 보증을「부적법한 것(irrégulier)」으로 만들기는 하지만, 그 서면은「서증의 단서」로서 다른 증거들에 의하여 보충될 수 있고, 따라서 자서기입의 흠결이 보증을 무효로 한다는 결론을 내지 않은 것은 타당하다는 것이다.[64] 다시 말하면 자서기입의 흠결은 보증의 효력에는 영향을 미치지 않으며 단지 그 서면의 증거력을 약화시킬 뿐이어서 이제 서면은「서증의 단서」로 평가된다는 것이다. 이는 그 핵심에 있어서 종전의 입장, 즉 민법 제1326조가 증거규정이라고 하는 입장으로 선회하였음을 의미한다

그 후로는 같은 취지의 판결이 이어지고 있으며,[65] 파기원 상사부와의「태도의 불일치」도 청산된 것으로 평가되고 있다.

## 5.「克服된 判例」가 미친 影響

(1) 그러나 위와 같이 파기원 제1민사부의「한때의 판례」는 그 후 스스로 이를 번복함으로써 아주 역사의 뒤편으로 사라진 것은 아니었다. "의심할 여지 없이 변경되기 전의 판례의 태도에 자극을 받아서"[66] 소비자금융 등의 분야에서 입법이 명문으로 자서기입을 보증의 유효요건으로 정하기에 이르렀던 것이다.

즉 1989년 12월 31일의 법률 제1010호("개인과 그 가족의 過負債

록되지 않았음을 지적하면서, 공간의 판결집에 수록된 것으로는 Cass. 1re civ., 22 oct. 1991, *Bull. civ.* I, n° 259이 최초라고 한다.

64) 나아가 원심법원이 보충증거들에 의하여 보증인이 자신의 보증책임의 성질과 범위를 인식하고 있었음을 인정한 것도 타당하다고 하여서, 보증인의 보증책임을 긍정하고 있다.

65) 그 재판례에 대하여는 Capitant/Terré/Lequette(註 38), p. 601; Simler(註 45), n° 397(p. 364); Carbonnier(註 52), n° 1017(p. 2092) 참조.

66) Simler(註 45), n° 254(p. 231). Carbonnier(註 52), n° 1017(p. 2092)도 同旨.

와 관련한 어려움의 방지 및 처리에 관한 법률")는 1978년 1월 10일의 법률 제22호("일정한 금융거래의 영역에서의 소비자의 정보제공 및 보호에 관한 법률")를 개정하여,[67] 다음과 같은 취지의 규정을 후자의 법률 제7조의1로 신설하였다. 즉 자연인[68]이 「소비를 위한 금융(crédit à la consommation)」[69]에 관하여 사서증서로 보증을 함에 있어서는 거기에 다음과 같은 自書記入을 한 다음에 곧바로 이어서 서명을 하여야 하고, 그 요건이 갖추어지지 않으면 "그 약정은 무효가 된다(à peine de nullité de son engagement)"는 것이다.

> "본인은 금 ○○의 범위에서 원본, 이자 또 필요하다면 위약금 또는 지연이자에 관하여 ○○의 기간 동안 X[주채무자]의 보증인이 되어, X가 스스로 이를 이행하지 않는 경우에는 본인의 수입과 재산으로 위의 부채액을 대주에게 상환할 것을 약속합니다."

그리고 이는 그 후 1993년 7월 26일의 법률 제949호로 「消費法典(Code de la consommation)」이 제정되면서, 위의 규정은 동법 제313조의7이 되었다.[70]

(2) 그러나 위의 새로운 규정은 채무액을 문자와 숫자의 쌍방으로 기재할 것을 요구하지는 않는다. 이는 "프랑스민법전의 제정 이래 그 제1326조에 의하여 금액을 문자로 기재할 것을 요구하는 것이 불

67) 그 외에 1989년 12월 31일의 법률 제1010호는 1979년 7월 13일의 법률 제596호("부동산 영역에서의 금전차주의 보호 및 정보제공에 관한 법률")도 개정하여 본문에서 본 것과 동일한 규정을 신설하였다. 이에 의하여, 본문에서 설명한 바는 기본적으로 이른바 부동산금융(crédit immoblier)에도 그대로 타당하다.

68) 따라서 금융기관 기타 법인이 행하는 보증에 대하여는 그 적용이 없다.

69) 위 규정이 적용되지 않는 범위의 상세에 대하여는 소비법전 제311조의3 참조. 예를 들어 "직업활동의 요구에 자금을 공급하기 위한(à financer les besoins d'une activité professionnelle)" 금융이 그러하다(동조 제3호).

70) 그 외에 주택임대차(bail d'habitation)에서 임차인의 채무에 대한 보증에 관하여 1994년 7월 21일의 법률 제624호가 제22조의1을 신설하여, 보증인의 자서기입을 요구하고 있다.

가결의 보호책으로 생각되어온 만큼, 입법자가 그러한 규정을 두지 않는 것은 놀라운 일"이라고 평가되고 있다.[71]

## Ⅳ. 小 結

**1.** 우리는 우선 프랑스에서도 다른 주요한 대륙법계의 나라들에서와 마찬가지로 보증에 관하여 비록 완화된 형태이기는 하나 서면주의를 취하고 있음을 확인할 수 있다. 프랑스의 파기원 제1민사부가 민법 제1326조에 보다 심중한 의미를 주어 서면의 작성을 효력요건으로 해석하던 중간적 시기에 있어서는 더 말할 것도 없고, 그 전 및 그 후에도 이러한 태도는 기본적으로 일관하여 유지되어 왔다. 다만 프랑스의 법리에 특이한 점이 있다면, 그것은 그러한 서면에의 요구가 증거법상의 法定證據主義를 배경으로 하여 증거법의 차원에서 행하여지고 있다는 사실이다.

**2.** 우리 민법으로 돌이켜 보면, 우리는 계약 내지 법률행위에 있어서의 方式의 문제에 대하여 보다 유연한 시각을 가질 필요는 없을까 하는 생각을 하게 된다. 불요식주의와 요식주의 사이에는 다양한 법적 처리가 있을 수 있는 것이다. 그렇게 보면 계약에 관하여 不要式主義를 취하여 諾成契約을 원칙으로 하는 우리 민법에서 증여에 관하여도 이를 관철하면서도, 서면에 의하지 않은 증여는 이를 당사자들이 자유롭게 해제할 수 있게 하되, 이미 이행한 것에 대하여는 그 해제가 "영향을 미치지" 못하도록 하는 태도를 취하는 것(민법 제554조, 제555조, 제558조)도 그 체계적인 의미를 다시 음미해 볼 필요

71) Simler(註 45), n° 259(p. 234).

가 있다고 하겠다. 그리고 방식의 문제를 검토함에 있어서는 민사소송에서의 증거라는 차원도 아울러 고려에 넣음이 마땅할 것이다.

(서울대학교 法學 48권 3호(2007. 9), 77면 이하 所載)

# 9. 特許權 侵害로 인한 損害賠償 試論
## ── 특허법 제128조 제1항의 立法趣旨와 解釋論

## Ⅰ. 序

**1.** 特許法 제128조는 「손해액의 추정 등」이라는 표제를 달고 있다. 그런데 이는 2001년 2월 3일의 법률 제6411호로 개정되어 다음과 같이 정하는 제1항이 신설되었고,[1] 종전의 제1항 내지 제3항은 이제 제2항 내지 제4항으로 項의 번호가 하나씩 뒤로 밀리게 되었다.

> "특허권자 또는 전용실시권자는 고의 또는 과실로 인하여 자기의 특허권 또는 전용실시권을 침해한 자에 대하여 그 침해에 의하여 자기가 입은 손해의 배상을 청구하는 경우 당해 권리를 침해한 자가 그 침해행위를 하게 한 물건을 양도한 때에는 그 물건의 양도수량에 특허권자 또는 전용실시권자가 당해 침해행위가 없었다면 판매할 수 있었던 물건의 단위수량당 이익액을 곱한 금액을 특허권자 또는 전용실시권자가 입은 손해액으로 할 수 있다. 이 경우 손해액은 특허권자 또는 전용실시권자가 생산할 수 있었던 물건의 수량에서 실제 판매한 물건의 수량을 뺀 수량에 단위수량당 이익액을 곱한 금액을 한도로 한다. 다만, 특허권자 또는 전용실시권자가 침해행위 외의 사유로 판매할 수 없었던 사정이 있는 때에는 당해 침해행위 외의 사유로 판매할 수 없었던 수량에 따른 금액을 빼야 한다."

그리고 동일한 취지의 규정은 商標法 제67조 제1항, 意匠法 제

1) 이특허법 개정법률은 동법 부칙 제1항에 따라 2001년 7월1일부터 시행되었다.

64조 제1항,[2] 「부정경쟁 방지 및 영업비밀 보호에 관한 법률」 제14조의2 제1항에도 신설되었고,[3] 그에 따른 항 번호의 정리가 특허법에서와 마찬가지로 행하여졌다. 한편 실용신안법 제46조는 여전히 특허법 제128조를 준용하고 있다.[4] 그러므로 위와 같은 내용의 규정은 각종의 산업재산권에 관한 법률에서 두루 찾아볼 수 있게 되었다.[5] 이하에서는 특허권 제128조 제1항에 대해서만 논의하지만, 그 취지는 기본적으로 위와 같이 신설된 다른 규정들에 대해서도 말하여질 수 있는 것이라고 하겠다.

**2.** 위와 같은 특허법 제128조 제1항이 특허권자 또는 전용실시권자(이하에서는 논의의 편의상 단지 「특허권자」라고만 한다. 또한 「특허권」이라고만 하여도 이는 전용실시권을 포함하는 의미로 사용하는 것이다)가 특허권이 침해되었음을 이유로 하여 침해자에 대하여 손해배상청구를 하는 경우에 그 손해액의 입증을 용이하게 하려는 목적으로 새로이 마련된 것임은 쉽사리 짐작할 수가 있다.

그런데 소유권이나 생명·신체 등이 침해된 경우에는 인정되지

2) 2004년 12월 31일의 법률 제7289호에 의하여 의장법은 그 명칭이 디자인보호법으로 변경되었다. 그러나 규정의 내용은 물론 그 조문순서 등 체제도 종전과 다름이 없으며, 다만 「의장권」을 「디자인권」으로 바꿔 부르고 있을 뿐이다. 그리하여 종전의 의장법 제64조에서 규정되어 있던 바는 이제 디자인보호법 제64조에서 그대로 정하고 있다.

3) 이들 신설규정도 특허법 제128조 제1항과 마찬가지로 2001년 7월 1일부터 시행되었다.

4) 한편 著作權法은 현재의 특허법 제128조 제2항 내지 제5항과 같은 취지를 제93조 제1항 내지 제3항 및 제94조에서 정하고 있는데, 신설된 특허법 제128조 제1항에 상응하는 규정은 두고 있지 않다.

5) 한편 「半導體集積回路의 配置設計에 관한 法律」 제36조는 산업재산권에 관한 다른 법률들에서와 같이 침해자가 배치설계권 등을 침해하여 얻은 이익의 액을 배치설계권자가 입은 손해액으로 추정하고 또 통상의 실시료를 청구할 수 있다고 하는 등으로 손해배상에 관한 특칙을 두고 있다. 그러나 특허법 제128조 제1항과 같은 규정을 신설하는 개정은 행하여지지 않았다. 일본에서도 위와 같은 이름의 법률에 대하여는 뒤에서 보는 특허법 등에서와 같은 개정이 없었다.

않는 위와 같은 특별한 취급이 특허권 침해의 경우에는 허용되는 이유는 과연 무엇일까? 또 종전부터 특허권 침해로 인한 손해배상과 관련하여서는 침해자가 특허권을 침해하여 얻은 이익의 액을 특허권자가 입은 손해액으로 추정한다거나(종전의 특허법 제128조 제1항) 또 통상의 실시료를 청구할 수 있다는(종전의 同條 제2항) 등으로 손해배상액의 산정을 용이하게 하려는 취지의 특별한 규정들이 마련되어 있었다. 그런데도 이번에 다시 위의 신설조항과 같은 규정을 가하게 된 것은 종전 규정들의 내용 또는 그 실제적 운용에 무슨 문제가 있어서일까? 위의 특허법 제128조 제1항에 관하여 논의한 우리 나라의 문헌들을 읽으면 이러한 문제시각에서의 음미가 충분하지 못하였다는 느낌을 떨칠 수 없다.

本稿는 이상과 같은 의문을 해명하고, 그 해명에 비추어 위의 신설조항이 구체적으로 어떻게 해석되어야 하는지를 제안하려는 것이다. 그리고 이러한 문제들을 追究하여 가는 과정에서 우리는 그것이 종전부터 논의되어 오던 손해배상의 일반법리의 어느 측면에 대하여 새로이 반성하게 되는 계기를 가지게 될 것이다.

**3.** 本稿는 우선 특허법 제128조 제1항의 입법경과를 살펴보기로 한다(Ⅱ). 이 신설규정에 대하여는 어느 대법원판결에서 제시된 기준을 반영한 것이라거나 미국 판례의 태도를 「도입」한 것이라는 설명이 행하여지고 있는데, 여기서는 그러한 설명이 과연 타당한지도 아울러 검토한다(그 3. 및 4.). 이어서 위 규정의 직접적 모델이라고 할 일본 특허법 제102조 제1항이 어떠한 논의를 배경으로 해서 어떠한 목적으로 신설되기에 이르렀는지를 살핀다(Ⅲ). 이는 우리 나라의 입법과정이 뒤에서 보는 대로 우리의 의문에 충분히 의미 있는 대답을 주지 않기에 부득이한 것이다. 그런 다음 특허법 제128조 제1항의

체계적 지위를 탐색하여 본다(Ⅳ). 여기서는 특허권 침해를 이유로 하는 손해배상청구가 특별한 취급을 받는 것을 정당화하는 특허권 내지 특허권 침해의 특성이 검토되고, 또한 손해배상의 일반법리의 관점에서 이러한 특별취급이 설명된다. 그리고 마지막으로 특허법 제128조 제1항의 구체적인 해석론이 제안된다(Ⅴ).

## Ⅱ. 特許法 제128조 제1항의 立法經過

**1.** 특허법 제128조 제1항의 신설을 포함하는 특허법 개정법률안은 2000년 11월 13일 정부안으로 제안되었다. 위 규정을 포함한 「특허법 개정법률안」은 本稿의 주제와는 관련이 없는 약간의 수정을 거쳐 동년 12월 20일 所管委인 산업자원위원회를 통과하였고,[6] 이어 2001년 1월 9일 국회본회의를 통과하였다.

특허법 제128조 제1항의 신설과 관련하여 정부는 제안이유로 "특허권 등의 침해에 대한 손해액의 산정에 있어서 침해자가 판매한 수량에 권리자의 원가계산에 의한 이익액을 곱한 것을 권리자의 손해액으로 할 수 있도록 함으로써 **판매수량만을 확인하면 손해액을 쉽게 산정할 수 있도록 함**"(강조는 인용자가 가한 것이다. 이하 같다)이라는 설명을 행하고 있다.[7] 국회 산업자원위원회 수석전문위원회의 「검토보고서」도 동일한 설명을 반복하면서, 나아가 "이는 권리자가 침해소송에서 손해액을 산정하기 위해서는 침해자가 가지고 있는 자료가 필

6) 제16대 국회 제216회 국회(임시회) 산업자원위원회 회의록(2000년 12월 18일자), 제1호, 8면 및 10면에서도 유사한 산업자원부 장관의 제안설명과 수석전문위원의 검토보고가 행하여지고 있다.

7) 이는 「特許法 中 改正法律案」(의안번호 294)(이는 국회의 인터넷사이트에서 「국회정보시스템」 중 「의안정보시스템」을 통하여 검색할 수 있다)에 대한 「의안원문」(이는 「제안이유」 및 「주요내용」 등으로 구성되어 있다) 참조.

요하나, 침해자가 관련 자료를 제출하지 않으면 권리자가 손해액을 산정하기 어려우므로 **침해자의 판매수량만을 확인하면 쉽게 손해액을 산정할 수 있도록 하여 특허권자의 권익 보호를 강화하려는 것으로서 보다 합리적인 손해액 산정기준으로 활용될 수 있을 것**으로 여겨집니다"라고 덧붙이고 있다.[8] 한편 특허청은 위 신설규정에 대하여 "권리자의 손해액에 대한 입증을 쉽게 하기 위한 것"이라고 설명하고 있다.[9]

**2.** 특허법 제128조 제1항이 신설되기까지의 입법경과로부터 우리는 다음과 같은 것을 확인할 수 있다. 즉 이 규정은 특허권자의 권익 보호를 강화하려는 목적으로 신설된 것으로서, 특허권자가 권리가 침해되었음을 이유로 손해배상을 청구하는 경우에 "권리자의 손해액에 대한 입증을 용이하게 하려는 것"을 입법취지로 한다. 그리고 그 구체적인 내용은 "권리자가 판매수량만을 확인하면 손해액을 쉽게 산정할 수 있도록 한다는 것"이다.

그러므로 위 규정을 해석함에 있어서는 ──法解釋方法論에서 널리 받아들여지고 있는 대로── 그와 같은 입법취지를 충분히 살릴 수 있도록 주의하여야 할 것이다.[10] 그러나 다른 한편으로 위와 같은 입법과정에서의 설명은 권리자의 손해액에 대한 입증을 보다 용이하게 하여야 할 이유가 어디 있는지에 대하여는 별다른 설명이 없는 것은 아쉬운 점이다.

---

8) 이 역시 前註에서 본 「의안정보시스템」에서 「검토보고서」로 검색할 수 있다.

9) 特許廳, 改正 特許法·實用新案法·商標法·意匠法·不正競爭防止法 및 營業秘密保護에관한法律의 主要內容(2001. 2), 28면.

10) 오늘날 법률의 해석에서 소위 「객관설」("법률은 입법자보다 더욱 현명하다")을 주장하는 사람들도 입법자료로부터 인식되는 입법자의 규율의도가 법해석에 있어서 일정한 역할을 한다는 것을 부인하지는 않는다. 우선 Karl Larenz, *Methodenlehre der Rechtswissenschaft*, 6. Aufl.(1991), S. 328 ff.; Ernst Kramer, *Juristische Methodenlehre*(1998), S. 101 ff. 등 참조.

**3.** 그런데 신설된 특허법 제128조 제1항에 관하여는, 그것이 "대법원 1997. 9. 12. 선고 96다43119 판결에서 제시된 기준을 반영한 것"이라는 견해가 있다.[11] 이는 쉽사리 납득하기 어렵다.

위 대법원판결(공보 하, 3083)은, 상표권 침해자가 당해 침해행위로 얻은 이익을 상표권자의 일실이익액으로 추정하는 당시의 商標法 제67조 제1항(현재는 同條 제2항)을 적용하면서 그 침해자이익을 산정함에 있어서 "침해자가 받은 이익의 액은 침해 제품의 총판매액에 그 순이익률을 곱하거나 또는 그 제조판매수량에 그 제품 1개당 순이익액을 곱하는 등의 방법으로 산출함이 원칙이지만, 통상 상표권의 침해에 있어서 침해자는 상표권자와 동종의 영업을 영위하면서 한편으로 그 상표에 화체된 상표권자의 신용에 무상으로 편승하는 입장이어서, 위와 같은 신용을 획득하기 위하여 상표권자가 투여한 자본과 노력 등을 고려할 때, 특별한 사정이 없는 한 침해자의 위 순이익률은 상표권자의 해당 상표품 판매에 있어서의 순이익률보다는 작지 않다고 추인할 수 있으므로, 침해자의 판매액에 상표권자의 위 순이익률을 곱하는 방법으로도 침해자가 받은 이익의 액을 산출할 수 있"다고 판시하는 것이다.

물론 위 판결이 침해자이익을 산정함에 있어서 기준이 되는 침해자의 순이익률을 권리자의 순이익률보다 「작지 않다」고 하여 결과적으로 권리자의 순이익률에다 침해자가 판매한 침해물건의 수량을 곱한 액을 침해자가 배상하여야 할 손해액으로 정하고 있기는 하다. 그러므로 피고에게 배상을 명하는 손해액이 결과에 있어서 위 신설된 특허법 제128조 제1항을 적용한 것과 같이 된다고 할 수 있는지 모른다. 그러나 그것은 어디까지나 권리자의 일실이익으로 추정되는 바

---

11) 丁相朝, 知的財産權法(2004), 203면 註 238. 宋永植·李相程·黃宗煥, 知的所有權法, 제8판(2003), 466면 註 328-1도 위 판결(다만 사건번호는 오기되어 있다)을 신설의 특허법 제128조 제1항과 같은 취지를 밝힌 판결로 인용한다.

**의 침해자이익을 산정하는 하나의 방법, 그것도 원칙이 아닌 예외적 방법**으로 인정되고 있는 것에 불과하다. 그렇게 보면 권리자의 손해액 그 자체를 침해자의 판매수량에 권리자의 이익률을 곱하여 정하는 위 신설규정이 위 판결에서 제시된 기준을 「반영」한 것이라고 하기는 어려울 것이다.

또한 위 대법원판결이 침해자의 순이익률이 권리자의 순이익률보다 작지 않다고 「추인」할 수 있다고 판단하는 이유로 상표권 침해에 있어서의 일정한 특수사정들을 들고 있다는 것도 주목을 요한다. 즉 상표권의 침해에서는 통상 ① 침해자는 상표권자와 동종의 영업을 영위하고 있다는 점, 그리하여 ② 그 상표에 화체된 상표권자의 신용에 무상으로 편승하는 입장이라는 점 등이 지적되고 있으며, 이러한 점에다가 ③ 상표권자가 그러한 신용을 획득하기 위하여 상표권자가 투여한 자본과 노력 등을 고려하여 위와 같은 「추인」을 승인하고 있는 것이다. 그러므로 상표권이 아닌 지적재산권의 침해의 경우에도 과연 ① 내지 ③과 같은 특별사정들을 인정할 수 있을는지는 신중한 검토를 요한다고 할 것이다.

**4.** 한편 신설된 특허법 제128조 제1항이 "미국 판례의 이론을 도입한 것"이라는 견해가 있다. 그리고 이 견해는 위 규정이 도입하였다는 「미국 판례의 이론」으로 미국의 Panduit Corp. v. Stahlin Bros. Fibre Works, Inc., 575 F. 2d 1152, 197 U.S.P.Q. 726(6th Cir. 1978) 판결[12]에서 일실이익의 인과관계의 입증에 관한 기준의 하나로 천명된 소위 「팬뒤트테스트(Panduit test) 요건」을 들고 있다.[13] 그에

12) 이 팬뒤트 판결에 대한 보다 상세한 설명은, 임호, 특허법(2003), 666면 이하를 보라.

13) 尹宣熙, "特許權侵害에 있어서 損害賠償額의 算定 —— 특허법 제128조 제1항의 이해", 저스티스 80호(2004. 8), 115면은, 신설된 특허법 제128조 제1항이 "권리자의 손해액 입증의 용이를 위하여 미국 판례의 이론을 도입한 것"이라고

의하면, 특허권자가 다음 네 가지 사항을 입증하면 일실이익액의 추정을 받는다는 것이다. 즉, ① 특허제품에 대한 수요가 있는 것, ② 권리자에게 제조 및 마케팅의 능력이 있는 것, ③ 非侵害의 대체품(acceptable non-infringing substitutes)이 존재하지 아니하는 것, ④ 침해행위가 없었다면 얻었을 이익액 또는 권리자가 판매에 의하여 이익을 얻었으리라는 것 등이 그것이다.

그러나 위의 우리 특허법 제128조 제1항의 직접적 모델이라고 할 수 있는 일본 특허법 제102조 제1항의 입법과정을 살펴보면, 미국의 판뒤트테스트 요건에 언급하고 있는 것은 특허권자가 당해 특허권을 실시하고 있지 아니하는 경우에도 일정한 「추정」을 인정하여 입증의 완화를 인정할 것인지를 논의하는 맥락에서뿐이다. 위의 견해가 우리 특허법 제128조 제1항이 미국의 판례이론을 도입하였다고 주장하는 근거로 제시하는 유일한 자료인 일본 工業所有權審議會의 『答申』[14]으로부터의 인용개소[15]를 보면, 「各國에 있어서의 不實施의 取扱」이라는 표제 아래 미국, 독일, 영국, 프랑스의 예를 들고 있는데, 그 중에서 미국에 대하여는 "미국에서는 일실이익의 배상을 청구하는 경우의 인과관계 등의 입증은 확실하다고는 말할 수 없어도 합리적 개연성으로 족하다고 하고 있고, 특허권자가 스스로 소송의 대상인 특허를 실시하고 있는 것이 반드시 요구되지는 않으며, 권리자의 제조 및 마케팅능력을 입증하면 된다(팬뒤트테스트)"라고 서술되어 있을 뿐이다. 그러므로 팬뒤트테스트 요건을 굳이 위의 신설 특허법 제128

한다. 또 同所, 114면은 "특허법 제128조 제1항은 미국의 판례이론을 참조하여 규정된 것으로 볼 수 있다"고 말한다.

14) 이 『답신』에 대하여는 뒤의 Ⅲ.1.(2) 참조.

15) 尹宣熙(註 13), 115면, 註 26은, 그 주장의 근거자료로 "日本 工業所有權審議會, 特許法等改正に關する答申[損害賠償制度等の見直について], 1997년 12월 16일, 63면"만을 들고 있다. 이 자료는 뒤의 註 22 및 그 본문에서 보는 대로 同審議會의 「손해배상 등 위원회」의 報告書, 63면을 가리킨다. 이하에서는 단지 「답신」이라고 인용하기로 한다.

조 제1항과 관련을 시킨다면, 이는 실시능력에 대하여 정하는 同項 제2문의 한도 내에서일 것이다.

그리고 더욱 중요한 것은, 일본의 위 신설규정의 입법과정 중에는 특허권자에게 실시능력이 있는 경우와 관련하여서는, 뒤의 Ⅲ.3.에서 보는 대로 팬뒤트테스트 요건, 특히 그 중 비침해의 대체품이 없어야 한다는 ③의 요건은 그 채택이 부인되고 있다는 점이다. 즉 일본의 신설 제102조 제1항을 도입하기 위한 준비작업에서 침해자의 침해물건의 판매수량을 침해행위가 없었다면 권리자가 판매할 수 있었던 수량으로 추정하는 규정을 두자는 제안에 대하여, 그 추정규정의 합리성을 담보하기 위하여는 실시능력의 요건에 부가하여, 나아가 미국의 「팬뒤트테스트」에서와 같이 특허제품의 대체품의 부존재라는 요건(앞서 본 ③의 요건)이 필요하다는 지적이 행하여졌는데,[16] 이러한 지적은 결국 **받아들여지지 않았던 것**이다.

그러므로 위의 신설 특허법 제128조 제1항이 미국의 「판례이론」, 즉 팬뒤트테스트 요건을 도입하였다거나 그것을 참조하여 규정하였다는 주장도 받아들이기 어렵다고 하겠다. 그런데 일본에서도 "答申[이는 앞서 본 일본 공업소유권심의회의 『答申』을 말한다]에서는 일실이익의 배상을 인상하기 위하여 입증을 용이화하는 수단으로 특허권자의 실시능력을 한도로 침해자가 판매한 침해품의 分만큼 특허권자가 판매하였을 것이라는 추정을 인정하는 안이 **Panduit Test를 참고로 해서 제언되고 있다**"고 설명하는 문헌이 있다.[17] 그리고 그와 같은 설명의 근거로 이 문헌은 위 ③의 요건이 필요하다는 「지적」이 행해지고 있는 『答申』의 개소를 인용하고 있다.[18] 그러나 앞서 말한 대

16) 答申, 59면.

17) 竹中俊子, "米國判例法における特許權侵害賠償論と平成10年改正特許法102條の解釋 : 比較法的考察", AIPPI 49卷 3號(2004), 212면. 우리 나라에서의 앞서 본 바와 같은 주장은 혹 이 문헌의 영향을 받았는지도 모른다.

18) 竹中俊子(前註), 212면, 221면 註 128.

로, 위와 같은 추정규정의 구체적인 내용이 마련되는 데에 판뒤트테스트 요건이 「참고」가 된 것은 실시능력을 요구할 것인가 하는 한정된 범위에서일 뿐이다. 그리고 실시능력 이외의 추정요건과 관련하여서는 오히려 그 요건을 도입하자는 주장은 위에서 말한 바와 같이 결국 받아들여지지 않았다. 그러므로 마치 일본 특허법 제102조 제1항이 전체적으로 「판뒤트테스트」 요건을 참고로 해서 제언되었다고 읽히는 서술은 사실에 부합하지 않으며, 오해를 불러일으키기 쉬운 왜곡된 설명이라고 하겠다.[19] 이와 관련하여서는 대표적인 일본의 지적재산권법 학자가 "3배액 배상이나 징벌적 손해배상에서 보는 대로 손해배상에 관한 사고방식이 일본과 미국 사이에서는 근본적으로 다르며, 반드시 미국에 追隨할 필요는 없다"고 말하고 있는 것[20]도 주목할 필요가 있다고 생각된다.

## Ⅲ. 日本 特許法 제102조 제1항 新設의 經過와 立法理由

**1.** 위와 같이 신설된 우리 특허법 제128조 제1항은 일본에서 1998년에 행하여진 특허법의 개정으로 새로 도입된 同法 제102조 제1항과 대체로 동일한 내용을 정하고 있다. 아마도 위 제128조 제1항의 규정은 그 문언만을 보아도 일본 특허법의 위 규정을 받아들인 것임을 알 수 있다.

(1) 일본의 同規定은 다음과 같이 정한다.

19) 그 문헌의 필자(竹中俊子)가 미국의 워싱톤대학 로스쿨의 「準教授」로 봉직하는 사람이라는 사실이 이러한 「왜곡」을 설명하는 人的 要素가 될까?

20) 中山信弘, 工業所有權法, 上卷: 特許法, 제2판(1998), 353면 註 23.

> "특허권자 또는 전용실시권자가 고의 또는 과실로 인하여 자기의 특허권 또는 전용실시권을 침해한 자에 대하여 그 침해에 의하여 자기가 입은 손해의 배상을 청구하는 경우에, 그 자가 그 침해의 행위를 組成한 물건을 양도한 때에는, 그 양도한 물건의 수량(이하 이 항에서 「양도수량」이라고 한다)에 특허권자 또는 전용실시권자가 당해 침해행위가 없었다면 판매할 수 있었던 물건의 단위수량당 이익액을 곱하여 얻은 액을 **특허권자 또는 전용실시권자의 실시의 능력에 상응한 액을 넘지 아니한 한도에서** 특허권자 또는 전용실시권자가 입은 손해액으로 할 수 있다. 다만 양도수량의 전부 또는 일부에 상당하는 수량을 특허권자 또는 전용실시권자가 판매할 수 없었던 사정이 있는 때에는 그 사정에 상당하는 수량에 따른 금액을 공제하는 것으로 한다."

일본의 이 규정과 우리 특허법의 제128조 제1항과의 차이는, 첫째, 우리 법의 규정이 생산능력에 관한 정함을 별도의 문장으로 하여 동항 제2문에서 두고 있음에 반하여, 일본의 규정은 이를 보다 일반적으로 「실시의 능력」이라고 하면서 동항 제1문의 문장구조 안에 포함시키고 있는 점이다. 그리고 둘째, 우리 법규정은 동항 단서에서 "특허권자 또는 전용실시권자가 **침해행위 외의 사유로** 판매할 수 없었던 사정이 있는 때"에는 그 사유로 판매할 수 없었던 수량에 따른 금액을 공제하여야 한다고 정함에 대하여, 일본의 법규정은 단지 "**양도수량의 전부 또는 일부에 상당하는 수량**을 특허권자 또는 전용실시권자가 판매할 수 없었던 사정이 있는 때"라고 하는 점이다. 그러나 그러한 규정의 차이에 어느 만큼의 의미를 부여할 것인지는 검토를 요한다.

이하에서는 일본에서 위와 같은 규정이 도입된 경과와 그 입법취지를 살핌으로써 앞의 Ⅱ. 2.에서 말한 바와 같이 우리 규정의 입법취지와 관련하여 아쉬운 점을 메꾸어 보기로 한다.

(2) 일본의 1998년 특허법 개정은 직접적으로는 일본 특허청에 설치되어 있는 「공업소유권심의회」가 1997년 12월 15일에 행한 『특허법 등의 개정에 관한 答申』에 연원을 두고 있다.[21] 그리고 이 『답신』은 그 심의회가 1997년 4월 24일 그 「法制部會」 아래 설치한 「손해배상 등 소위원회」가 제출한 보고서[22]를 그대로 채택한 것이다.[23] 그 소위원회는 토쿄대학의 지적재산권법 교수인 中山信弘을 위원장, 와세다대학의 민법 교수인 鎌田薫을 위원장대리로 하여, 학계·행정부·법원·변호사·산업계·언론계 등에서 위촉된 21인의 위원으로 구성되었다.

그런데 위의 『보고서』는 그 보고의 기초가 된 재판실무예나 그 경향 등의 객관적 자료에 있어서는 1996년 3월에 나온 「財團法人 知的財産研究所」의 조사연구보고서[24](이하 이를 「제1보고서」라고 한다)를 주로 이용하고 있다. 그리고 또한 그 제안의 이론적 뒷받침에 있어서는 같은 연구소에서 나온 다른 조사연구보고서[25](이하 「제2보고

21) 이에 대하여는 우선 中山信弘 編著, 注解 特許法, 上卷, 제3판(2002), 977면 이하(青柳昤子 집필) 참조.

22) http://www.jpo.go.jp/shiryou/toushin/toushintou/kouson.htm(일본 특허청 인터넷사이트)을 통하여 다운로드받을 수 있다. 이 『보고서』는 「知的財産權의 强한 保護」라는 부제를 달고 있다.

23) http://www.jpo.go.jp/shiryou/toushin/toushintou/toshin.htm에서 검색할 수 있는 일본 특허청의 "特許法等の改正に關する工業所有權審議會答申について" (1998년 11월 25일 자) 참조.

24) 財團法人 知的財産研究所, 知的財産權侵害にかかる民事的救濟の適正化に關する調査研究報告書(平成7年度工業所有權制度問題調査報告書)(1996.3).

25) 財團法人 知的財産研究所, 知的財産權侵害に對する損害賠償·罰則のあり方に關する調査研究報告書(平成9年度特許廳工業所有權制度問題調査報告)(1998.3). 이 조사연구보고서는 1998년 3월에 발간되었으나, 그 내용은 1997년 6월부터 8월까지 행하여진 個別報告를 묶어서 발간된 것이다(同報告書, 4면 참조). 이와 같이 이들 개별보고는 본문에서 본 「손해배상 등 소위원회」의 보고서가 마무리된 同年 11월 25일 이전에 행하여졌다. 또한 이 조사연구보고서의 작성을 위한 위원회와 「손해배상 등 소위원회」의 각 개최일시 및 의사내용(전자의 제2보고서, 2면 및 후자의 報告書, 5면 참조)을 비교하여 보면, 前者가 後者의 직접적인 준비작업으로서의 의미를 가지는 것으로 여겨진다. 그리고 전자의 위원회도 후

서」라고 한다)의 내용을 거의 그대로 차용하고 있다. 그러므로 이하에서는 우선 이들 보고서의 내용을 보기로 한다.

**2.** 우선 제1보고서 중 특허권 침해로 인한 손해배상소송사건에 대한 분석 중 일실이익의 배상청구에 대한 부분[26]을 요약한다. 이 분석은 앞에서 본 『답신』에서도 그대로 원용되고 있다.[27]

(1) 제1보고서는 침해자가 침해행위로 얻은 이익(이하 단지 「침해자이익」이라고 한다)을 권리자의 손해로 추정하는 등으로 손해배상액의 산정에 관한 특칙을 신설한 특허법 개정법률이 1959년에 시행된 때로부터 1995년 말까지 사이에 특허권 또는/및 실용신안권이 침해되었음을 이유로 해서 손해배상이 청구된 사건 중 **침해 자체가 인정된** 103건을 대상으로 분석하고 있다. 그런데 한 건의 소송사건에서 일실이익이나 침해자이익 또는 실시료 상당액 중 하나의 배상만이 청구되는 것이 아니고 그 중 여럿을 구하는 경우가 많으므로, 결국 법원이 판단을 내린 대상이 된 소송상 청구의 수는 모두 190건에 이른다고 한다.

이 190건 중 배상청구의 내용이 일실이익인 것은 모두 27건(그 중 주청구는 26건. 이하 괄호 안은 주청구의 수이다)이고, 침해자이익이 73건(66건), 실시료 상당액이 90건(73건)이다. 이와 같이 주청구를 기준으로 하여 보면 일실이익의 배상이 구하여진 것은 15.8%에 불과하고, 나머지 84.2%는 침해자이익(40%)이나 실시료 상당액(44.2%)이 청구되고 있다.

논의를 일실이익의 배상청구에 한정하여 보면, 그 청구가 인용되

자의 소위원회에서와 같이 그 위원장이 中山信弘이고, 위원장대리(또는 위원장 대행)가 鎌田薫이다.

26) 제1보고서, 33면 내지 38면.

27) 答申, 24면 이하.

는 것은 10건으로 전체의 37%(전체 190건에 대하여는 5%에도 미치지 못한다)이고, 기각된 것이 나머지 17건으로 63%에 이른다. 나아가 인용된 것 중 전부인용된 것은 5건(18.5%)에 불과하다.

(**2**) 종전의 재판례는, 일실이익의 침해를 이유로 손해배상을 인정하는 데는 침해제품의 판매가 권리자 제품의 판매의 감소(또는 판매가격의 저하 등)를 일으켰음(인과관계)이 인정되는 것이 필요하다고 한다. 그리고 그 인정을 위하여는 구체적으로 다음과 같은 요건이 충족되어야 한다는 것이다.[28]

① 피고의 제품이 원고의 특허 발명품과 유사(「酷似」)하고, 그 작용·효과가 동일한 것;

② 원고의 제품이 그 용도의 면에서 다른 제품으로 갈음하는 것(「대체상품」)이 곤란한 것(또는 대상제품에 관한 시장에서 원고가 독점적 지위를 가지는 것);

③ 원고와 피고가 거래의 대상수요자를 공통으로 하고 있을 것(시장의 동일성);

④ 원고에게 공급능력이 있을 것.

그리고 이들 네 가지 점에 대한 입증책임은 원고에게 있다고 한다. 실무적으로는 그 입증은 결코 용이하지 않다. 특히 위 ②와 관련하여서는, 많은 경우 대체상품이 존재하여, 특별한 경우를 제외하고는 이를 충족하기가 至難하다. 특허권 등의 침해로 인한 손해배상사건에서 위에서 본 바와 같이 일실이익의 청구가 기피되는 것은 주로 이러한 이유에 기한다.

일단 위와 같은 사실이 모두 인정되어 인과관계가 긍정되는 경우

---

**28**) 다음 5건의 東京地方裁判所 판결이 인용되고 있다. 1963(昭 38).9.14(下民集 14-9, 1778; 判タ 152, 163); 1963(昭 38).9.21(判タ 154, 138); 1963(昭 38).9.21(判タ 154, 150); 1963(昭 38).10.3(判タ 155, 205); 1963(昭 38).12.25(判タ 156, 218)이 그것이다.

에 그 일실이익액(판매감소액)은「피고의 판매수량×원고의 판매가격×원고의 순이익률」로 산정된 예가 많다고 한다. 이는 비록 어렵기는 하여도 위와 같이 해서 인과관계가 긍정되는 한에서는 배상청구액에 대한 인용액의 비율이 높다는 것을 의미한다.[29]

(3) 청구액의 일부가 인용되는 경우에도 그 인용을 위하여 위의 네 가지 요건이 요구됨에는 다름이 없다. 일부가 기각된 이유는, 예를 들어 원고가 침해제품이 넷이라고 주장한 데 대하여 그 중 하나에 대하여는 침해가 인정되지 않는다거나,[30] 침해제품이 반품된 것은 제외되어야 한다거나,[31] 전용실시권 침해사건에서 당해 전용실시권 설정 전의 침해품은 제외하여야 한다거나,[32] 권리자의 제품가격의 하락을 이유로 하는 사건에서 권리자가 행한 실제의 하락가격이 아니라 합리적으로 하락되어야 할 가격을 기준으로 산정되어야 한다는[33] 등으로, 말하자면 당연한 감액이라고 할 것이다.

(4) 특허권 등의 침해가 인정되었음에도 일실이익의 상실이 부인되어 청구를 기각한 판결례에서 그 부인의 이유는 다양하다.

우선 원고가 그 권리를 실시하지 않고 있다는 것, 따라서 그의 제품 판매의 감소가 관념되지 않는다는 것이 적지 않다.[34]

그 외에도 "피고의 침해행위가 없었다면 피고가 판매한 수와 동일한 수의 제품을 원고가 원고 주장의 판매가격 및 이익액으로 판매

---

29) 그리하여 일실이익의 청구사건에서의 인용액 비율은 85%에 이른다. 그에 반하여 침해자이익의 청구는 53%, 실시료 상당액의 청구는 63% 정도에 그친다고 한다.

30) 東京地判 1963(昭 38).9.21(判タ 154, 150)을 든다.

31) 東京地判 1977(昭 52).3.14(無體集 9-1, 251)이 그러하다.

32) 名古屋地判 1983(昭 58).3.18(判タ 514, 291)이 그러하다.

33) 東京地判 1984(昭 59).10.31(判タ 543, 200)이 그러하다.

34) 東京地判 1971(昭 46).6.14(判タ 266, 220); 大阪地判 1980(昭 55).6.17(無體集 12-1, 242); 東京地判 1989(平 1).10.13(判特實 402-12, 1; 無體集 12-1, 242) 등이 그것이다.

할 수 있었다고 인정할 수 있는 증거가 없다"고 하거나,[35] "원고의 판매가 저지된 臺數를 확정할 수 있는 증거가 없다"고 하거나,[36] "피고가 제조하지 않았다면 원고가 제조할 수 있는 餘力이 남아 있었다거나 확실히 같은 수를 판매할 수 있었다고 할 증거가 없다"고 하거나,[37] "침해제품의 구입자가 침해가 없었다면 반드시 원고로부터 구입하였을 것이라고 인정할 증거가 없다"고 하는[38] 등으로, 손해가 발생하였음은 인정하면서도 그 범위를 확정할 수 없다고 하여 청구 전부를 기각하고 있다.

이와 같이 일실이익의 배상청구에서 침해와 손해와의 인과관계는 말하자면「全部 아니면 無」의 방식으로 해결되었다고 할 수 있다.

(4) 이상과 같은 재판례의 분석을 배경으로 하여 위의 보고서는「문제점과 그에 대한 대응」을 다음과 같이 정리하고 있다.[39] 이는 매우 중요하다고 생각되므로 全文을 인용하기로 한다(점선은 인용자가 생략한 부분을 가리킨다).

> "특허침해로 인한 손해배상사건라고 하여도 원래는 통상의 손해배상과 다름이 없고, 그 산정이 곤란한 것은 분명하다고는 하지만, 그 기본은 침해행위에 의한 일실이익이다.
>
> 또 과거의 재판례를 보아도, 청구액에 대한 인용액의 비율이 높은 것은 일실이익에 기한 청구의 경우이고, 권리자에의 적절한 보상의 관점에서도 일실이익에 의한 청구방법을 적극적으로 활용하는 것이 바람직하다고 말할 수 있다.
>
> 그러나 재판례의 동향을 보면 침해와 손해와의 상당인과관계의

35) 東京地判 1963(昭 38). 12. 25(判タ 156, 218); 大阪地判 1991(平 3). 10. 30(判工所 II 2399, 195) 등.

36) 大阪地判 1968(昭 43). 5. 20(判タ 225, 209).

37) 大阪地判 1991(平 3). 3. 25(判特實 258, 1; 特許廳取消集(23) 470).

38) 東京地判 1993(平 5). 8. 30(判工所 II 2359, 409).

39) 제 1 보고서, 70면.

입증의 엄격성으로 인해서인지 일실이익이 인정되는 사례는 적다. 또 일실이익으로 인정되는 내용도 이론적으로는 판매감소뿐만 아니라 가격하락, 나아가서는 악세사리의 판매감소 등의 간접손해도 생각될 수 있는데, 과거의 판례에서는 그 거의 전부가 판매감소만에 한정하고 있다. 나아가 침해 또는 손해의 발생 그 자체는 인정하면서도 그 범위가 확정되지 않는다고 하여, 전액에 대하여 청구를 기각하는 예도 散見된다.

이상의 점을 생각하여 보건대, 특히 지적 재산권의 특질, 즉 침해되기 쉽다는 점에서 침해의 입증에 대하여는 원고에게 책임을 지운다고 해도, **손해의 범위에 대해서는 예를 들면 미국과 같이 합리적 개연성까지의 입증으로 족한 것으로 하고, 피고측에서 이 추정을 뒤엎는 주장입증을 행하는 경우에는 이를 고려한다는 운용으로 바꿀 수는 없을까?** 또 앞서 말한 바와 같이, 우리나라에서는 침해에 의한 손해의 발생을 인정하면서도 그 범위가 확정되지 않는다고 해서 전부기각하는 실무례가 형성되어 있는데, 전부가 손해라고 인정할 수 없음은 분명하다고 하지만 그 중 일부는 손해로서 인정할 수 있는데, 이렇게 바꿀 수는 없을까?(예를 들면, 被侵害品의 시장점유율 등을 참고로 하는 등) …

다음으로 일실이익배상에 있어서의 구체적 손해액의 산정에 있어서 다수는 피고의 판매수에 원고의 이익액을 곱하여 산정하고 있다. 이 점에 대하여 판례 등에서는 별로 논의를 함이 없이 평균적인 순이익을 사용하고 있다고 보이는데, 이미 제조하고 있는 경우에는 추가적으로 제조하는 경우의 비용은 변동비용뿐이므로, 정확하게는 매상액으로부터 [그 제조에 직접 관계 있는 원재료비나 인건비, 판매비 등의] 한계비용을 뺀 액(한계이익)을 써야 할 것이다.”

(5) 결국 특허권 침해가 인정되는 경우에 특허권자의 손해배상청구에 관한 종전의 실무처리에 대하여는 다음과 같은 점이 문제점으로 지적되고 있는 것이다.

첫째, 실무상으로 일실이익의 배상청구는 권리자의 판매감소를 내용으로 하는 것이 대부분인데, 침해행위와 권리자의 판매감소 사이의 인과관계를 인정하기 위한 기준이 극히 엄격하여 그 배상청구가 인정된 것은 특허권 침해가 인정되어 손해배상이 청구된 총건수의 5%에도 미치지 못한다. 그 점을 고려하여 특허권자들은 침해자이익을 권리자의 손해액으로 추정하는 규정이나 실시료 상당액을 최저한의 손해액으로 하는 손해배상액의 산정에 관한 규정을 원용한다. 그러나 이들 규정의 실제의 적용을 보건대, 권리자가 불실시이었던 경우 등에는 손해의 발생이 없다고 해서 침해자이익을 손해액으로 하는 추정을 부인하고(그 결과 실시료 상당액이 손해로 되었다), 또 실시료 상당액을 청구한 경우에도, 결국은 고의의 권리침해에 의한 배상액이 성실하게 라이센스 교섭을 행하여 정하여진 라이센스료와 동일한 액이 되어 버려서, 결과적으로 극히 불공평하게 되는 것을 용인하는 경향이 있음은 부인할 수 없다고 생각된다. 그리고 지적 재산권 특유의 문제인 침해 발견의 곤란성을 고려에 넣는다면, 그 불공평은 더욱 명확하게 되고, 자칫하면 처음부터 실시료를 지급하여 실시권을 설정하느니보다 잠자코 침해하는 편이 ── 권리자가 눈치채지 못하는 경우도 있고 해서 ── 득이라고까지 말할 수 있게 된다. 이와 같이 「침해하는 것이 오히려 이득」이라는 현상을 타파하는 것이 무엇보다도 중요하다.

둘째, 이러한 현상을 타파하기 위하여는 「손해배상의 기본」인 일실이익의 배상을 보다 내실 있게 하는 것이 요구된다. 이는 일정한 내용의 추정규정을 도입하는 것으로 해결되어야 한다. 그리고 오히려 피고쪽에서 그 추정을 뒤집는 사정을 주장 · 입증하도록 하는 것이다. 그런데 이 단계에서는 그 추정의 내용으로 「합리적 개연성」의 입증으로 충분하다고 하는 것만이 생각되고 있다는 것은 흥미를 끈다.

셋째, 「전부 아니면 무」의 해결은 止揚되어야 한다. 특히 손해가 어느 정도 발생하였다는 것은 이를 인정할 수 있는데 원고가 주장하는 구체적인 액이 증거로 뒷받침되지 않는다고 해서 그 전부를 기각하는 처리는 허용되어서는 안 된다. 그러한 경우에는 말하자면「비율적 인정」이 인정되는 방향으로 처리되어야 한다.

넷째, 실제 사건에서 일실이익의 손해배상이 인정되는 경우에는 그 하나의 기준인「원고의 단위당 이익액」은 순이익이 아니라 한계이익으로 계산되어야 한다.

그리고 이상의 네 가지 사항은 그 후의 개정작업에서 반복적으로 초점이 되는 점이다.

**3.** 그런데 구체적으로 일실이익의 배상청구와 관련하여 구체적으로 어떠한 내용의 추정규정을 둘 것인지 하는 緊要한 問題에 대하여는 제2보고서의 제안이 결정적인 의미를 가지고 있다. 여기서 처음으로 침해자의 매출물품의 수를 권리자가 침해행위가 없었다면 판매할 수 있었을 물품의 수로 추정한다는 방향이 제시되고 있는 것이다. 이하에서 그러한 제안을 하는 제2보고서의 제2장 부분[40]을 살펴보기로 한다.

(1) 손해배상에 관한 일반적 법리의 틀 내에서 특허권의 침해로 인한 배상액 산정의 합리적 규칙을 생각함에 있어서는,「권리자의 배타적 이용에 결부되어 있는 권리자의 市場機會(Marktchance)」의 침해 내지「시장기회의 배타적 이용권」의 침해에 의한 불이익을 손해로 파악하고,[41] 이것을 금전으로 평가하기 위한 합리적인 룰을 만들어가

40) 제2보고서의 제2장은 "지적 재산권 침해에 의한 손해배상에 관한 규정의 개정의 방향 —— 실체법의 관점에서의 입법론적 검토"라는 제목이 붙어 있다. 이는 민법 전공의 森田宏樹 교수(당시는 東北大學에 재직하고 있었으나, 그 후 東京大學으로 옮겼다)에 의하여 집필되었다. 제2보고서, 1면 및 4면 참조.

41) 여기서 田村善之, 知的財産權と損害賠償(1993), 124면 이하가 인용되고 있다. 同所에서 田村은 독일의 Theo Fischer의 논의를 소개하고 있는데, 그 부분은 대

는 작업을 진행하여야 할 것이다.[42]

이와 같이 특허권이 권리자에게 시장기회의 배타적인 이용을 보장하는 것이라고 한다면, 특허권자가 시장기회를 이용하는 방법에는 두 가지가 있을 수 있다. ① 특허권자 자신이 특허발명을 실시하여 거기서 이익을 얻는 방법이고, ② 제 3 자에게 특허발명의 실시를 허락하여 실시료를 얻는 방법이다. 그리고 그 각 방법에 따라 특허권자의 일실이익도 다르게 된다. 그리고 ①의 경우, 즉 특허권자(또는 전용실시권자)가 특허발명을 현재 실시하고 있거나 적어도 실시할 능력이 있는 경우에 권리자의 일실이익은 권리자가 침해가 없었다면 얻을 수 있었을 판매수량에 단위당 이익액을 곱하는 방식으로 산정된다. 여기서 하나의 방법으로 생각할 수 있는 것이, 침해자가 실제로 판매한 수량을 특허권자가 얻을 수 있었을 판매수량으로 추정하는 것이다.[43]

우리는 실로 **일본특허법 신설 제102조 제 1 항의 단초를 우리는 여기서 발견할 수 있다.** 그 내용은 다음과 같이 상설된다.[44]

(i) 우선 이 유형에서는 판례가 그렇게 하고 있는 대로 특허권자가 특허발명을 실시할 능력을 가지고 있는 것을 요건으로 하는 것이 필요하다. 그 실시능력이 없다고 하는 경우에까지 위와 같은 추정을 인정하는 것은 이상하다. 그리고 프랑스, 독일, 미국에서도 마찬가지의 요건이 요구되고 있다.

---

체로 다음과 같다. "무체재산권의 재산적 가치는 침해를 배척하여 권리의 경제적 이익을 배타적으로 향수하는 권리라는 점에 존재한다. 침해자는 허락 없이 [무체재산권을] 실시함으로써 권리자의 배타적인 이용가능성(Alleinnutzungs-möglichkeit)을 收奪하고 있다. 그 **침해 자체가 손해를 구성**하므로 이를 원상으로 회복하여야 한다. 그러나 원상회복은 대체로 불가능하므로, 금전에 의해 배상이 행하여지게 된다."(강조는 인용자가 가한 것이다)

42) 제 2 보고서, 39면 내지 40면.

43) 제 2 보고서, 43면 내지 44면.

44) 제 2 보고서, 45면 내지 46면.

(ii) 나아가 침해자가 실제로 행한 판매수량을 특허권자가 특허제품에 관하여 할 수 있었던 판매수량으로 추정한다. 그리고 침해자측에서 침해자의 판매수량에 대하여 특허발명 이외의 요인이 기여하였다고 평가되는 분(소위 기여도 또는 기여요인)이 작용하였음을 입증한 경우에는 그 한도에서 앞서의 추정이 복멸되어, 비율적인 판매수량의 인정을 법관이 행한다는 규정을 정하는 것이 생각된다. 여기서 특허발명 이외의 「기여요인」이란 침해자의 자본, 영업능력, 선전광고, 상품의 품질, 제조기술, 상표, 의장, 기업의 신용, 판매의 계열화 등의 여러 가지 요인이 있을 수 있는데, 특히 한정을 붙일 필요는 없을 것이다.[45] 또 제품의 일부만이 특허권 침해품인 경우에도 침해품을 포함한 제품 전체의 판매수량을 권리자가 판매할 수 있었던 수량이라고 추정해 놓고, 제품 전체와 특허기술이 불가분한 관계에 있는지 여부나 제품 전체에 대한 당해 특허권의 이용률·기여율에 대하여 입증이 이루어진 경우에도 손해액의 비율적인 인정을 행하는 것이 될 것이다.

(iii) 권리자의 이익액을 곱한다. 여기서의 문제는 권리자가 침해자와 같은 제품판매수량을 실현할 수 있었던 경우에는 거기서 얼마만큼의 이익이 얻어졌을 것인가 하는 권리자의 일실이익의 문제이므로, 권리자의 순이익을 따져야 할 것이다. 그렇다면 그 내용은 판매비·일반관리비 등의 제비용 중 당해 특허제품의 판매에 밀접하게 관련되는 범위의 비용, 즉 변동비용만이 공제의 대상이 될 것이다.[46]

(3) 중요한 것은 위와 같은 규정과 손해배상의 일반원칙과의 관

45) 여기서 中山信弘 編著, 注解特許法, 제 2 판, 上卷, 872면(靑柳昤子 집필)을 참조하도록 지시하고 있다.

46) 제 2 보고서, 46면은 이어서, 여기서의 「권리자의 이익액」은 권리자가 동수의 판매수량을 얻었다고 하면 어느 정도의 이익액이 되었을까 하는 가정적인 이익의 액이 문제가 된다고 하면서, 이것은 어디까지나 가정적인 사실이므로, 이를 입증하기 위하여 현재 침해자가 행한 판매에서의 이익액·이익률이라는 것을 그 추계자료로서 빌려 온다는 것도 생각할 수 있다고 한다.

계, 즉 "이러한 추정규정을 도입하는 경우에 그것을 민법의 불법행위에서의 손해배상의 일반원칙과의 관계애서 어떻게 설명 내지 정당화할 수 있는가"의 문제이다.[47] 이를 森田는 두 가지 관점에서 논의한다.

(가) 하나는 "손해배상의 일반원칙을 엄격한 차액설에 입각하여 이해하는 경우"이다. 이 경우에 손해액의 추정은 사실인정의 차원에서의 문제이므로, 경험칙에 의하여 정당화되는 범위에서 그러한 추정은 합리성을 가진다. 그러나 설사 거기서 벗어난다고 하는 경우에도 이는 제재적·억지적 기능을 가지는 「규범적 손해」의 개념을 인정하는 것이라고 설명될 수 있다고 한다.

제재적·억지적 기능은 손해배상제도를 구상함에 있어서 보충적으로 고려될 수 있는 것이다.[48] 손해(액)의 입증이란 자연과학적인 사실의 입증과는 달리 법관의 창조적·재량적인 역할이 介在하는 법적인 조작이다. 따라서 손해에도 일정한 폭이라는 것을 관념할 수 있는 터이고, 한 점의 의문도 용납하지 않는 정도로 손해를 인정하는 것은 어려운데, 그렇다고 해서 손해가 전혀 없다고 잘라 말할 수 없는 회색지대가 존재한다. 그 때 피해자인 권리자에게 엄밀한 입증을 요구하면 그 귀결로서 많은 경우에 실제의 손해액보다고 적은 손해액이 인정되기 쉽다. 그런데 오히려 역으로 이러한 회색지대 안에서는 적극적으로 손해액을 추정하여 침해자가 반증에 성공하지 않는 한 손해를 인정한다는 해결이 바람직하다고 말할 수 있다. 그러한 추정을 정당화함에 있어서 제재적·억지적 기능을 보충적으로 고려하는 것은 이론적으로도 가능하다. 그리고 이러한 고려라면 실손해가 없음이 명확한 경우에 그것을 넘는 징벌적인 손해배상을 긍정하는 것이 아니므로, 현행의 실정법체계에서의 손해배상의 일반법리의 틀 내에서도 충분히 가미할 수 있다는 것이다.

---

47) 제 2 보고서, 46면 내지 48면.

48) 이하의 논의는 제 2 보고서, 36면에서 행하여지고 있다.

(나) 그러나 森田가 더욱 강조하는 것은「다른 관점」으로서, 이는 이론적으로 충분히 가능한 것이다. 앞서 본 대로 특허권을「시장기회의 배타적인 이용권」이라고 파악한다면, 침해자의 특허권 침해에 의하여 권리자가 입은 손해란 특허기술을 시장에서 독점적으로 실시하는 기회를 빼앗긴 것, 즉 침해행위에 의하여 시장에서 일정한 범위의 잠재적 고객을 빼앗긴 것에 의하여 상실된 이익이라고 할 수 있다. 그러면 이러한 불이익을 어떻게 금전으로 산정할 것인가가 다음의 문제이다.

이러한 손해는 시장이 개재되어서 생기는 것이므로 잠재적 고객을 빼앗김으로 해서 잃은 이익을 직접 입증하는 것은 성질상 곤란하다. 즉 특허권 침해가 없었다면 권리자가 어느 만큼의 판매를 올릴 수 있었는가 하는 假定的 사실을 권리자가 고도의 개연성을 가지고 입증하여야 한다고 하면 권리자에게 입증상의 곤란을 강요하는 것이 되고 또한 손해의 인정이「전부 아니면 무」의 방식으로 행하여지기 쉽다. 이러한 불합리를 피하기 위하여는 권리자의 일실이익을 推計하기 위한 무언가의 지표가 필요하게 된다. 앞서 제시한 새로운 규정은 권리자의 일실이익을 추정하기 위한 기초지표로 침해자의 판매수량을 제시함으로써 일실이익의 합리적인 산정을 가능하게 하려는 것이다. 즉 이는 **시장이 개재하여 발생한 권리자의 불이익을 금전(손해액)으로 평가하기 위한 실체법상의 합리적인 규칙**을 정하는 것이라고 할 수 있다. 이렇게 파악한다면, 이 규정은 손해배상의 일반원칙에 의하여 정당화할 수 없는 것이라고는 말할 수 없고 오히려 그 구체화라고 하여야 할 것이다.

그런데 특허권자가 특허발명을 현재 실시하고 있든가 적어도 실시능력이 있는 경우에 특허권자가 어떠한 일실이익도 없다고는 생각하기 어렵다. 그러나 그렇다고 해서 반대로 침해자의 판매수량의 전부에 관하여 특허제품의 판매가 가능하였다고는 말할 수 없는 것이 대체적인 경우일 것이다. 앞서 본 규정에 의하면, 일실이익을 산정하는 지표로서 침해자의 판매수량을 출발점으로 하면서 그 중 특허발명 이외의 요인이 기여한 것에 의한 부분에 관하여 침해자가 입증한 경우에는 그 한도에서 그 추정이 복멸되어, 판매수량으로부터 그 부분을 빼는 프로세스를 통하여 법원이 판매수량 중 특허제품의 구매수요에 할당된 부분에 관하여 **비율적인 인정**을 행하게 된다. 이와 같이 침해자의 판매수량을 지표로 사용하면서, 이를 출발점으로 해서 침해행위에 의하여 권리자가 시장에서 빼앗긴 이익의 액을 추계하기 위한 기초자료를 당사자에게 제출시키는 것을 통하여 법원이 이를 평가하여 상당한 일실이익의 액을 산정하는 것이 가능하게 되는 터이다.

나아가 침해자의 판매수량을 지표로 사용하면, 그 중 어느 부분이 특허발명의 구매수요에 할당된 것인가, 반대로 말하면 어느 부분이 특허발명 이외의 요인에 의한 것인가 하는 점의 비율적 인정을 하기 위한 사정을 당사자 중 누구에게 입증하도록 할 것인가 하는 소송상의 문제도 있다. 이 점에 대해서는, 앞서 본 규정에 의하면, 침해자측이 특허 이외의 요인이 기여한 부분에 관하여 입증할 책임을 지게 된다. 무릇 판매수량에 의해 「추정」한다고 해도 이 「추정」은 앞서 본 **사실인정의 차원에서 경험칙을 기초로 한 통상의 추정과는 그 성질을 달리한다**는 것에 주의할 필요가 있다. 앞서 말한 대로 오히려 일실이익의 손해액의 산정 그 자체는 법원의 재량적 평가에 맡겨지는 것이라고 본다면, 엄밀한 의미에서의 입증책임의 문제라고 하기보다도 비율적 인정의 기초가 되는 자료를 제출할 책임이라고 해야 할지도 모른다. 이러한 전제에 선다면, 침해자측에 「추정」을 뒤엎기 위한 기초자료를 제출할 책임을 지우게 되어도, 그것이 침해자에게 부당하게 곤란을 강요한다고는 할 수 없고, 또 특허권이 침해되었다는 것이 이러한 추정의 전제가 되고 있는 점도 아울러 고려하면 공평에 맞는 것이라고 할 수 있을 것이다.

나아가, 이러한 입증책임의 분배에 의하면, 권리자의 손해가 그 정도로는 존재하지 않는 경우에도 손해배상액이 인정될 수 있는 「가능성」이 논리적으로 허용된다. 이 점에서, 권리자가 입증할 수 없다고 해서 실제의 손해보다도 적은 손해액이 인정되기 쉽게 됨으로써 전보되지 않는 손해가 방치되는 입증책임의 법리보다는 합리성이 있다. 그리고 이에 대한 설명으로서는, 특허권 침해의 특수성에 비추어, 제재적·억지적인 기능이라는 것도 보충적으로 고려할 수 있다는 것도 들 수 있을 것이다.

**4.** 앞의 1.(2)에서 본 「공업소유권심의회」의 「특허법 등의 개정에 관한 答申」은 일실이익의 산정에 관한 한 이상의 두 보고서에 기초를 두고 있다.

(1) 우선 특허권 침해를 이유로 하는 손해배상청구사건의 처리현황에 대하여 그 문제점이 다음과 같이 지적된다. ① 인과관계의 입증이 곤란하여서 민법 제709조에 기하여 하는 일실이익의 청구가 인정되기 어렵고, ② 침해자이익에 의한 일실이익의 추정(특허법 제102조 제1항)에 기한 청구를 하는 경우에는 침해자이익의 입증이 곤란하고, ③ 그 결과로 실시료 상당액의 배상청구(특허법 제102조 제2항)에 의존하지 않을 수 없으며,[49] ④ 그렇게 되면 이는 성실하게 특허권자와의 사이에 라이센스(사용허가) 교섭을 하여 허가를 얻은 경우에 지급하는 실시료와 같은 정도의 배상액에 그치게 되어 「허가를 얻지 않고 불법으로 침해하는 것이 오히려 이득」이라는 등의 문제가 지

49) 이와 같은 일이 일어난 결과, 손해배상액이 전체적으로 低額이 되고 있다고 한다. 이는 특히 미국 등에 비교하면 현저하게 된다.

적되고 있다.[50)]

(가) 논의를 민법 제709조에 기하여 일실이익의 배상을 청구하는 경우에 한정하여 보면, 특허권자는 침해행위와 인과관계가 있는 손해 및 그 액수, 즉 침해행위가 없었다면 그가 얻을 수 있었을 이익액을 입증하여야 한다. 그러나 특허제품이 판매되는 시장에서는 침해물건 외에도 代替品이 존재하는 등 여러 요인이 존재하기 때문에 인과관계의 엄밀한 입증은 극히 곤란하다는 점이 지적되고 있다. 이로 말미암아 일실이익의 청구를 하여도 청구가 기각되는 경우가 많은 것이라고 생각된다.

(나) 이렇게 보면 현행의 특허법 제102조 제1항이 침해자이익을 권리자의 손해액으로 추정하는 것은 일정한 의미가 있다고 할 것이다. 그러나 그 규정에 의하여 손해배상청구를 하는 경우 권리자는 침해자이익을 입증하여야 하는데, ① 입증에 필요한 서류는 침해자측에 偏在하고 있으며, 또 이익의 산정에 필요한 서류를 입수할 수 있다고 해도 침해자의 매출액으로부터 공제되어야 할 액의 특정이 곤란하여 그 입증에는 곤란이 수반되고, ② 침해자이익을 순이익으로 보는 경우에는 침해행위와 직접적인 관계가 없는 비용까지 공제되어서(이에 대하여는 바로 다음의 (2)(가)에서 설명한다) 손해배상액이 줄어들게 되는 부당함이 있다고 일컬어지고 있다.

**(2)** 이러한 관점에서, 손해배상의 기본인 일실이익의 입증을 보다 용이하게 하기 위한 구체적인 방안으로 다음과 같은 두 가지 제안이 행하여지고 있다.

우선 A案은, 침해자이익을 일실이익으로 추정하는 현행의 특허법 제102조 제1항의 틀 안에서 일정한 수정을 가하는 것이다.[51)]

---

**50)** 答申, 44면 내지 48면.
**51)** 答申, 49면 내지 54면.

이는 다시 두 가지 방안을 생각할 수 있는데, 우선 하나는 침해행위로 얻은 수입으로부터 공제되어야 할 액의 입증책임을 침해자에게 전환하여 침해자이익의 입증을 용이하게 하는 방안으로서,[52] 앞의 (1) (나)에서 본 문제점 중 ①에 대응하는 것이다.

다른 하나는 그 문제점 중 ②에 대응하는 것으로서, 위 규정상의 침해자이익이 소위 「限界利益」임을 규정하는 방안이다.[53] 이에 대하여는 종전에 논의가 있던 바를 명확하게 하려는 것이다.

(3) 그런데 B案은 침해자이익을 일실이익으로 추정하는 A案과는 전혀 시각을 달리하여, 침해자가 판매한 침해물건의 수량을 권리자가 판매할 수 있었을 것으로 추정하는 방안이다.[54]

즉 일실이익의 청구에서 침해행위와 손해와의 인과관계의 입증은, 주로 문제되는 권리자의 판매감소로 인한 손해의 경우에 있어서는 침해행위가 없었다면 권리자가 얻었을 수 있었을 이익을 입증함으로써 행하여진다. 그런데 그러한 권리자의 일실이익이란 곧 침해행위가 없었다면 권리자가 판매할 수 있었을 물품의 수량에 권리자의 이익률을 곱하는 방식으로 산출될 수 있다. B案은 여기서 침해자의 판매수량을 「권리자가 판매할 수 있었을 물품의 수량」으로 추정할 것을 제안하는 것이다. 이 案이 후에 일본 특허법 제102조 제 1 항의 신설로 이어지는 것임에는 의문의 여지가 없다.

(가) 이 案에 대하여는 다음과 같은 설명이 「注釋」의 형태로 행하여지고 있다.[55] 이것이 대체로 앞의 3. 에서 본 森田宏樹의 논의

52) 미국의 상표법과 저작권법에서는 이러한 태도가 취하여지고 있다고 한다. 예를 들어 미국상표법 제1117조 (a)는 "… 이득을 평가하는 것과 관련하여, 원고는 피고의 판매액만을 입증하는 것이 요구된다. 피고는 경비의 일체의 구성요소를 주장하고 입증하여야 한다"고 규정한다는 것이다.

53) 「한계이익」 및 이에 대응하는 「순이익」의 개념내용 등에 대하여는 뒤의 Ⅴ.3. (1) 참조.

54) 答申, 55면 내지 59면.

55) 鎌田薫, "特許權侵害と損害賠償 —— 工業所有權審議會答申と特許法等改正案

를 옮긴 것임은 쉽사리 알 수 있다.

첫째, 특허권을 시장기회의 배타적 이용권이라고 파악하면, 특허권 침해에 의하여 권리자가 입은 손해란 기술을 시장에서 독점적으로 실시하는 기회를 빼앗긴 것, 즉 침해행위에 의하여 시장에서 일정한 범위의 잠재적 고객을 빼앗김으로 상실한 이익이라고 할 수 있다. 이 손해는 시장이 개재되어 발생한 것이어서 이를 하나의 사실로서 직접 입증하는 것은 그 성질상 어렵다. 즉 특허권 침해가 없었다면 권리자가 어느 만큼의 수량을 판매하였을 것인가 하는 가설적 사실을 권리자가 고도의 개연성 있게 입증하여야 한다면, 이는 입증상의 곤란을 강제하는 것이 되고, 또「전부 아니면 무」의 손해 인정이 되기 쉽다.

둘째, 이러한 불합리를 회피하기 위하여 **권리자의 일실이익을 추정하기 위한 기초가 되는 지표로 침해물품의 판매량을 이용함으로써 그 일실이익의 합리적 산정을 가능하게 하고자 하는 것**이다. 구체적으로는, 침해자의 판매량을 출발점으로 하면서, 그 중 특허발명 이외의 요인으로 인한 부분에 대하여 침해자가 입증한 경우에는 그 한도에서 그 추정이 복멸되어, 판매량으로부터 그 부분을 감액하는 방법을 통하여 법원이 권리자의 감소된 판매량에 관하여 비율적인 인정을 하게 된다.

셋째, B案은 시장이 개재되어 발생한다는 손해의 특수성을 고려하여 일정한 요건 아래서 손해액 입증의 증명도를 감경하는 것이다.[56] 이러한 규정에 의하여 침해자측에 추정을 뒤집기 위한 기초자료를 제출할 책임을 부담시키게 되어도 이것이 침해자에게 부당하게

について", CIPICジャーナル 79號(1998), 1면 이하도 대체로 일본 특허법 제102조 제1항의 개정취지에 대하여 이러한 취지를 반복하고 있다. 그가 工業所有權審議會의「손해배상 등 소위원회」의 위원장대리의 직에 있었으므로, 이는 오히려 당연하다고 해야 할는지도 모른다.

56) 여기서 B案의「추정」규정은 그러한 의미에서 사실인정의 차원에서의 경험칙을 기초로 하는 통상의 추정과는 그 성질을 달리한다고 덧붙이고 있다.

곤란을 강요하는 것이라고는 말할 수 없고, 또 특허권 침해가 인정된다는 것이 그 추정의 전제임을 고려한다면 공평에 맞는 것이라고 생각된다.

넷째, B案은 일실이익의 청구를 용이하게 하기 위한 규정에 불과하며, 권리자는 이와는 별도로 예를 들면 권리자 자신이 가격인하를 하지 않을 수 없었음에 의한 일실이익을 입증하여 청구하는 것은 허용된다.

(나) 이 안에 대하여는 다음과 같은「지적」이 있었다고 한다.

① 손해배상청구에 있어서의 판례가 나타나 있는 손해론과의 관계를 검토할 필요가 있다.

②「추정」이라는 법기술이 이 맥락에서 과연 적절한가에 대하여는 더 한층의 검토가 필요하다.

③ 추정에는 그 근거가 되는 蓋然性의 존재가 전제가 된다고 생각되어 왔는데, 그것과의 정합성을 검토할 필요가 있다.

④ 인과관계의 부존재의 입증을 침해자측에 과하는 것은 침해자측에게 가혹하다.

⑤ 새로운 민사소송법 제248조의 입법취지가 이 場面에서 적용될 수 있는지 검토를 요한다.

⑥ B안(및 뒤에서 보는 B-2案)에 의한 손해액의 산정은 필요 이상의 손해액의 고액화를 초래할 우려가 있다. 이러한 규정이 있게 되면 소송외의 교섭이 진척되기 어렵게 되고 또 실시허가에 대하여 억제적인 효과를 가져 올 가능성이 있다는 지적이 있는 한편으로, 고액의 배상이 억지력이 되어 소송외의 교섭이 오히려 진척되기 쉽게 된다는 지적도 있다.

(다) 여기서 특히 위 ③의 지적에 대한 대응으로, B-2案이 제안되었다. 그것은 그러한 추정을 권리자가 실시하고 있거나 실시능

력이 있는 경우에 한정하여 인정하는 것을 내용으로 한다. 이에 대하여는 의문의 여지가 없다.

이 B-2案에 대하여는, 침해물건이 시장에 나와 판매되고 있기 때문에 권리자가 실시능력을 확대하지 못하는 경우 등도 있으므로, 「실시능력의 한도에서」라는 규정은 지나치게 제한적이라는 지적이 있었다. 그리고 B案의 추정규정의 합리성을 담보하기 위하여는, 실시능력의 요건에 부가하여, 앞의 Ⅱ.4.에서 본 바와 같은 미국의 「팬뒤트테스트(Panduit test)」에서처럼 특허제품의 대체품의 부존재라는 요건(同所에서 언급하는 ③의 요건)이 필요하다는 지적이 행하여졌다(그러나 거기서도 말한 대로 이러한 지적은 결국 받아들여지지 않았다).

**5.** 1998년의 개정으로 신설된 일본 특허법 제102조 제1항이 앞의 4.(3)에서 본 『答申』의 B-2案을 채택하여 마련된 것임에는 의문의 여지가 없다. 그렇다면 우리는 일본 특허법 제102조 제1항의 입법이유를 다음과 같이 정리할 수 있겠다.

첫째, 특허권 침해를 이유로 권리자가 판매감소를 들어 일실이익의 배상을 구하는 경우에 침해행위와 그러한 假定的 판매감소 및 그 구체적 수량과의 인과관계를 종전의 재판실무에서와 같은 기준(앞의 2.(2) 참조)에 의하여 입증하도록 하는 것은, 그 손해가 다수의 매우 복잡한 요인이 작용하는 市場이 개재하여 발생하는 것임을 적절하게 고려하지 못한 것이다.

둘째, 특허권 침해로 인한 판매감소의 손해에 관하여는 과거의 「사실」로서 확인할 수 있는 침해물품의 판매수량을 그 손해산정의 「출발점」으로 하여도 무방하다. 그런 다음 그 침해물품의 판매수량의 전부 또는 일부가 특허권의 침해와 무관함을 침해자가 입증한 경우에는 침해자의 손해배상액에서 이를 감경하도록 한다. 이와 같이 침해자의 판매수량은 손해배상청구를 하는 권리자가 그 입증자료를 제출하도록 하고, 그 중 특허권 침해와 무관한 수량에 대하여는 침해자가 그 입증자료를 제출하도록 하는 것은, 특히 그것이 특허권 침해가 이미 확인되었음을 전제로 손해배상액을 산정하는 단계에서 논의되는 사항임을 고려할 때, "침해자에게 부당하게 곤란을 강요하는 것이라고는 말할 수 없다."

셋째, 다만 그러한 「추정」은 권리자에게 특허권을 실시할 능력이 있음을 전제로 하는 것이다.

이상의 입법이유에 대하여는 신설된 우리 특허법 제128조 제 1 항을 해석함에 있어서도 충분한 주의를 기울여 그 규정이 소기의 목적대로의 효능을 달성할 수 있도록 하고 그 입법취지가 몰각되는 일이 없도록 하여야 할 것이다. 특히 그 해석론으로 同項의 적용에 지나치게 엄격한 요건을 요구함으로써 무엇 때문에 이러한 규정을 두었는지를 알 수 없게 되어서는 안 된다.

## Ⅳ. 特許法 제128조 제 1 항에 대한 基本的 視角

**1.** 특허법 제128조 제 1 항은 특허권이 불법으로 침해되었다는 것이 인정되는 경우에 그로 인한 손해를 산정함에 있어서 그 손해액에 관한 특허권자의 입증의 부담을 경감하려는 취지에서 마련된 규정임에는 의문의 여지가 없다.[57] 그런데 이와 같은 규정이 왜 필요한지를 제대로 이해하기 위하여는 특허권의 특질, 그리고 그 침해에 대하여 그 특질에 상응한 적절한 구제수단이 요청되는 이유를 생각해 볼

57) 金元俊, 特許法(2001), 587면도 특허법 제128조 제 1 항에 대하여 "본 조항은 현행법에서 신설된 조항으로 판매수량만 확인하면 권리자의 원가계산기준에 의해 손해액을 쉽고 적정하게 산정할 수 있으며, 침해자가 그것을 부인할 경우에는 그 입증책임을 지게 되므로 손해배상청구액의 입증이 용이하다"라고 설명한다.

필요가 있다.

(1) 민법 제750조에서 정하여진 불법행위책임은 종래 주로 소유권이나 생명·신체의 침해를 염두에 두고 논의되어 왔다. 이들은 모두 눈에 보이는 물건이나 인체를 보호객체로 하는 것이다. 그리고 물건이나 인체는 그 권리자의 「점유」에 의하여 타인의 권한 없는 간섭을 사실적으로 배제할 수 있다. 이에 대하여 특허권과 같은 知的財產權[58]에 대하여는 사실적인 「점유」가 불가능하고, 가령 물건에 대한 간섭을 직접의 점유에 의하여 애초 배제하는 것과 같이 타인이 그것을 이용하는 것을 **사실적으로** 배제할 수는 없다. 사실의 차원에서는 누구도 자유롭게 타인의 발명 기타 정신적 창작물을 이용할 가능성을 가지는 것이다. 그러한 의미에서 특허권의 내용을 이루는 것은 利用上의 排他性이 없는 公共財이다.

특허권은 이와 같이 사실로서는 간섭을 배제할 수 없는 지적 창작물에 대하여 **인공적으로** 배타적 지배영역을 설정하는 것이다. 이와 같이 말하자면 「인공적인 절대권」으로서의 특허권의 제도가 제대로 기능하려면, 그것이 침해된 경우에 위와 같은 권리로서의 특질에 비추어서 적절한 구제수단이 마련되어야 한다. 그렇지 않으면, 인공적으로 설정된 그 권리가 그림의 떡에 불과하게 될 우려가 있다. 그러므로 특허권의 침해를 이유로 민법 제750조에 기한 손해배상청구가 행하여진 경우에 있어서도 그 점에 일정한 배려를 할 필요가 있다.

(2) 특히 특허의 경우에는 그 내용인 발명을 공개하여 누구라도 이를 이용할 수 있는 상태로 하는 것(특허법 제216조, 동법 시행령 제120조 등도 참조)이 특허권으로 인정받기 위한 요건이다. 그만큼 침해가 일어나기 쉽다. 다른 한편 예를 들어 타인이 내 소유의 토지를 불

---

58) 이하에서는 특허권을 들어 논의하나, 그 논의는 특별한 지적이 없는 한 저작권을 포함하여 지적 재산권 일반에 타당하다고 할 것이다.

법으로 점유·이용한다면, 내가 이를 사용할 수 없기 때문에 그 침해를 바로 알 수 있다. 그러나 특허권에서 특허권자는 이를 종전과 같이 이용할 수 있으므로, 그 침해를 탐지·인식하기가 상대적으로 어렵다. 설사 침해가 의심된다고 해도, 특히 물건의 발명이 아니라 방법의 발명의 경우에는 상대방의 공장에 가서 그 공정을 구체적으로 알아보는 등의 방법에 의하지 아니하고는 침해 여부를 확정할 방법이 궁색한 것이다.

침해자 또는 침해하려는 자의 입장에서 보면, 침해하기는 용이하면서 그 침해가 발견될 가능성은 적다. 그리고 발명을 이룩하는 데는 통상 상당한 비용과 노력이 들어간다. 따라서 그만큼 남의 발명을 무단으로 이용하고 싶은 강한 경제적 인센티브가 존재한다.

이와 같이 특허권에는 소유권이나 신체 등에서는 쉽사리 상정하기 어려운 위와 같은 「위험」이 항상 도사리고 있는 것이다. 그러므로 특허권 침해로 인한 손해배상에 있어서는 이와 같이 특허권 침해에의 「유혹」을 저지하기 위하여 보충적으로는 예방적·억지적 기능도 아울러 고려될 수 있다고 하겠다.

(3) 한편 특허권으로 인한 재산손해란 결국 대체로 시장에서의 판매를 둘러싼 경쟁과 관련되는 것이다. 그런데 시장에서 물품수요자(고객)의 구매는 물건의 품질이나 성능 이외에도 선전 등 마케팅 기타의 다양한 요소에 의하여 영향을 받음은 우리가 익히 아는 바이다. 그러므로 침해자가 특허권을 침해하여 물품을 제조·판매한 경우에 그로 인하여 특허권자의 판매가 얼마나 감소하였는지, 나아가 그 판매감소로 인한 손해의 구체적인 액을 권리자가 입증하는 것은 至難한 일이고, 많은 경우에는 거의 불가능에 가깝다고 해도 과언이 아니다. 이러한 일을 그대로 방치하는 것은 특허권제도 자체의 존재이유를 減殺하는 결과를 낳을 것이다.

(4) 이상과 같은 점을 고려하여, 위의 특허법 제128조 제1항은 특허권이 불법으로 침해되었다는 것이 인정되는 경우에 그로 인한 손해를 산정함에 있어서 그 손해액에 관한 특허권자의 입증의 부담을 경감하려는 규정인 것이다. 그러므로 그 규정이 "[일본의 새로운 규정을] 우리의 산업환경에 대한 전반적인 고찰 없이 단편적이며 무비판적으로 [우리의] 입법에 반영"한 것이고 그리하여 "종전의 불충분한 손해액 배상의 문제를 과잉배상의 문제로 전환시키는 결과"를 낳을 우려가 있다는 주장[59]에는 도저히 수긍할 수 없다.

**2.** 위와 같은 주장은 위 규정으로 인하여 "우리 손해배상법 일반원칙에 반하는 논리구성을 배경으로 한 과도한 손해액 청구소송이 제기되는 등 많은 문제가 발생하고 있"다고 역설한다.[60] 그러나 특허법 제128조 제1항은 손해배상의 일반법리의 관점에서도 충분히 설명될 수 있다.

(1) 불법행위는 손해를 원칙적으로 금전에 의하여 배상시키는 제도이므로(민법 제763조, 제394조), 종국적으로는 일정액의 금전 지급을 내용으로 하는 채권관계를 발생시킨다. 문제는 이 경우 「일정한 금액으로 표시되는 불이익」이 손해인가, 아니면 「법적으로 보호되는 이익에 발생한 불이익」 그 자체가 손해이고 이를 일정 금액으로 산정하는 것은 손해의 금전적 평가라고 하는 별개의 작업인가의 점이다.

종래의 판례·통설은 —— 적어도 일반적 추상론의 차원에서는 —— 불법행위의 요건으로서의 손해를 "불법행위가 없었다면 있었을 재산상태와 불법행위의 결과로 발생한 재산상태와의 차"라는 소위 差額說의 입장에 서는 것으로 이해되고 있다.[61] 그런데 여기서 말하는 「재

59) 尹宣熙(註 13), 110면 이하.

60) 尹宣熙(註 13), 111면.

61) 하나의 예를 들면, 근자의 大判 2000.11.10, 98다39633(공보 2001상, 6)은 고

산상태」란 금전으로 표시되는 것이니만큼, 그 입장에서는 결국 손해를 「일정한 금액으로 표시되는 불이익」이라고 하는 결과가 된다. 그리고 실무상으로 그러한 손해액을 치료비, 목적물의 대체구입으로 인한 대금차액, 상실한 전매이익 등으로 개별적인 손해항목을 인정하여 그 각각의 액을 더해 가는 방식으로 산정하고 있으므로, 결과적으로 위와 같은 손해개념은 별다른 위화감을 주지 않는다. 이러한 입장에 따르면, ① 구체적인 금액의 산출이 있어야 비로소 손해의 증명이 있게 되고, ② 그 손해의 유무를 판단하려면 「불법행위가 없었다면 있었을 재산상태」를 알아야 하는데, 이는 곧 불법행위와 인과관계 있는 결과를 파악하는 것에 다름아니어서 「손해」의 인정에 인과관계의 문제가 아울러 다루어지게 되고, 그리하여 침해행위와 구체적인 금액 사이에 인과관계가 증명되어야 비로소 손해가 인정되게 되며, 나아가 ③ 구체적인 금액 사이에 차이가 없으면 비록 피해자의 법익이 손상되더라도 손해는 부인된다는 귀결에 이른다.

**(2)** 그러나 논의의 범위를 재산적 손해에 한정하여 보더라도, 위와 같은 차액설의 입장이 전면적으로 관철되고 있다고는 하기 어렵다.

우선 大判 99.6.11, 98다22857(공보 하, 1361)은, 다운증후군을 가지고 태어난 사람이 의료과오를 주장하여 향후 치료비 및 양육비 등의 손해배상을 청구한 사건에서, "인간의 존엄(헌법 제10조)에 비추어, 인간 또는 태아가 타인에게 자신의 출생을 막아 줄 것을 요구할 권리가 없고, 장애 있는 출생 자체를 인공임신중절로 출생하지 않은 것과 비교하여 법률적으로 손해라고 단정할 수도 없으며, 치료비 등 비용이 많이 소요되더라도 그 장애 자체가 누구의 과실로 인한 것이

객이 주식에 관한 포괄적 일임매매약정을 철회하였음에도 증권회사의 직원이 임의로 주식매매거래를 한 사안에서 고객이 입은 손해의 범위와 관련하여 "무릇 불법행위로 인한 재산상의 손해는 위법한 가해행위로 인하여 발생한 재산상의 불이익, 즉 불법행위가 없었더라면 존재하였을 재산상태와 불법행위가 가해진 이후의 재산상태의 차이를 말하는 것"이라고 추상적인 설시를 하고 있다.

아닌 이상 선천적 장애아 자신이 청구할 수 있는 손해라고 할 수 없다"고 판시하고, 원심판결이 원고의 청구를 일부 인용한 것을 파기하고 있다. 이는「손해」유무의 인정이 단순히 재산상태의 비교로써 행하여지는 것이 아닌 하나의「규범적 개념」을 웅변으로 말하여 주는 것이다.

나아가 보다 구체적으로는 예를 들어 人身事故로 인하여 稼動能力의 일부를 상실하였으나 사고 전의 소득을 그대로 얻고 있는 사안에 대하여, 예를 들어 大判 1990.11.23, 90다카21022(공보 1991, 170)은, "타인의 불법행위로 인하여 상해를 입고 노동능력의 일부를 상실한 경우에 피해자가 입은 일실이익의 산정방법에 대하여서는 일실이익의 본질을 불법행위가 없었더라면 피해자가 얻을 수 있는 소득의 상실로 보아 불법행위 당시의 소득과 불법행위 후의 향후 소득과의 차액을 산출하는 방법(소득상실설 또는 차액설)과 일실이익의 본질을 소득창출의 근거가 되는 노동능력의 상실 자체로 보고 상실된 노동능력의 가치를 사고 당시의 소득이나 추정소득에 의하여 평가하는 방법(가동능력상실설 또는 평가설)의 대립이 있는데, 당해 사건에 현출된 구체적 사정을 기초로 하여 합리적이고 객관성 있는 기대수익액을 산정할 수 있으면 족한 것이고 반드시 어느 하나의 산정방법만을 정당한 것이라고 고집해서는 안 된다고 할 것이지만 사고 전후에 있어서의 현실적인 소득의 차액이 변론과정에서 밝혀지지 않고 있는 경우에는 앞에서 본 차액설의 방법에 의하여 일실이익을 산정하는 것은 불가능하고 평가설의 방법에 의하여 산정하는 것이 합리적이고 정의와 형평에도 합당하다"라고 판시하고 있다.[62] 그리고 이러한 입장을 이

62) 이 판결에 대한 판례연구인 朴海成, "勞動能力을 喪失한 者가 從前 職場에 그대로 다니는 경우의 逸失利益", 民事判例硏究 14집(1992), 253면은, "대법원의 판례는 종래 위와 같은 경우 소득상실설에 입각하여 일실이익 손해가 없다고 판결한 것과 가동능력상실설에 입각하여 일실이익 손해가 있다고 판결한 것이 나뉘어져 있었는바, 이에 대하여 이번 판결에서 위와 같은 경우는 가동능력상실설

어받고 있는 재판례는 상당한 수에 이른다.[63)]

여기서 실무가 취하고 있는 가동능력상실설, 나아가 이를 보다 일반화한 법익침해설에 의하면, ④ 손해의 증명이란「법익에 발생한 불이익의 사실」(예를 들면 가동능력의 상실)이 증명됨으로써 족하고, 그 금전적 평가는 그 사실에 대한「평가」이고 사실인정의 문제가 아니므로 입증책임과는 무관하며, 당사자에 의한 구체적 금액의 주장이나 그 입증은 그 평가를 뒷받침하는 자료의 제출로서의 의미를 가지고, ⑤ 인과관계는 위법행위와「불이익의 사실」사이의 문제가 되며, ⑥ 재산상태의 구체적인 금액에 차이가 없어도 손해는 인정될 수 있다는 것 등이 귀결된다.[64)]

(3) 이러한 人身損害에 관한 가동능력상실설의 입장은 결국 당해 불법행위의 보호법익인 人身의 고유한 성질에 배려한 것이라고 설명될 수 있다. 앞서 본 대로 우리 특허법 제128조 제1항도 그 보호법익인 특허권의 고유한 성질을 고려하여 마련된 것이다.

이 규정의 배경에 있는「손해」는 시장기회의 박탈로 설명되고 있다. 이러한 설명은 일본 특허법 제102조 제1항에 관하여 일본에서 다수의 학설에 의하여 지지되고 있는 것이다. 예를 들면 앞서 본 입

---

에 따라 손해액을 산정하는 것이 타당하다고 함으로써 입장을 확실하게 하였다"고 설명하고 있다.

63) 하나의 예를 들어 大判 1997.7.22, 95다6991(集 45-3, 4; 공보 하, 2602)은, "법원이 피해자의 노동능력 상실률을 정당하게 인정 평가하였다면 피해자가 사고로 인한 후유장애에도 불구하고 사실심의 변론종결시까지 종전과 같은 직장에서 종전과 다름없이 수입을 얻고 있었다고 하더라도 피해자가 신체적인 기능의 장애로 인하여 아무런 재산상의 손해를 입지 않았다고 단정할 수는 없"다고 하여 원칙적으로는 소득, 즉 재산상태에 변화가 없더라도 손해를 인정하여야 할 것이라고 하면서, 그러나 "손해배상제도는 피해자에게 생긴 구체적인 현실의 손해를 전보하는 것을 목적으로 하는 것이므로 달리 **특별한 사정이 있는 경우**에는 손해가 있다고 볼 수 없"다고 설시하고 있다.

64) 이상에 대하여는 우선 沖野眞已, "損害賠償額の算定 — 特許權侵害の場合", 法學教室 219號(1998.12), 60면 이하 참조.

법준비작업에서의 森田宏樹의 설명은 더 말할 것도 없고, 앞의 1.(2)에서 본 대로 『答申』을 마련한 공업소유권심의회의 「손해배상 등 소위원회」의 위원장대리인 鎌田薰은 특허법 개정안에 대하여 "현행[즉 개정 전의] 제102조 제1항은 침해자측의 利益이 어떠한가를 문제로 하고 있지만, 그것이 아니라 권리자가 어느 만큼의 시장기회를 빼앗겼는가 하는 것을 살펴 권리자의 이익률을 생각하지 않으면 이상하다. … 권리자는 빼앗긴 시장에 의하여 권리자 자신의 이익이 어느 만큼 감소되었는가 하는 것으로 손해액을 인정한다. 이러한 제도를 만들려고 생각하였던 것입니다"라고 한다.[65] 그리하여 일본의 통설은 특허권 침해로 인한 손해를 ―마치 우리 판례가 인신사고로 인한 일실손해를 가동능력의 상실로 파악하는 것과 마찬가지로― 「시장기회의 상실」로 파악하고 있는 것이다.[66]

그리고 이를 금전으로 평가함에 있어서 침해자의 판매수량을 출발점으로 하되, 그 손해가 특허침해 이외의 사유에 그 원인이 있는 것에 대하여는 이제 침해자로 하여금 주장·입증하도록 하는 것은 "'손해'가 아닌 것을 '손해'로 정당화"하려는 것[67]이 아니라, 앞서 본 특허권 및 그 침해의 특수성에 비추어 **손해배상액의 산정이라는 국면에서 손해액에 관한 특허권자의 입증의 부담을 경감시키려는 것뿐**이다. 즉 앞의 Ⅲ.5.에서도 말한 대로, 침해자의 판매수량은 손해배상청구를 하는 권리자가 그 입증자료를 제출하도록 하고, 그 중 특허권 침해와 무관한 수량에 대하여는 침해자가 그 입증자료를 제출하도록 하는 것은, 특히 그것이 특허권 침해가 이미 확인되었음을 전제로 손해배상액을 산정하는 단계에서 논의되는 사항임을 고려할 때, 침해자에

65) 鎌田薰(註 55), 16면 이하.

66) 그 외에 학설로서 沖野眞已(註 64), 62면; 茶園成樹, "特許權侵害による損害賠償", ジュリスト 1162號(1999. 9), 52면; 澁谷達紀, 知的財産權講義 I: 特許法·實用新案法·種苗法(2004), 197면 등 참조.

67) 尹宣熙(註 13), 114면 참조.

게 침해자에게 부당하게 곤란을 강요하는 것이라고는 생각되지 않는다. 그리고 재판에서의 「증명」 또는 「입증책임의 분배」에는 항상 인간의 인지능력의 한계로 인한 고유한 위험이 따르는 것인데, 이를 강조하여 「작은 배상」만이 善이라고 말할 수는 없을 것이다.

## V. 特許法 제128조 제1항에 대한 具體的 解釋論

**1.** 우선 「침해자가 그 침해행위를 하게 한 물건을 양도한 때」란 그 양도의 수량과 함께 손해배상청구를 하는 특허권자가 입증하여야 할 사항이다.[68] 여기서 「침해행위를 하게 한 물건」이라 함은 제126조 제2항에서 정하는 「침해행위를 조성한 물건」과 같은 의미라고 할 것이다. 그러므로 후자의 규정에서 보는 대로, 물건을 생산하는 방법의 발명인 경우에는 침해행위로 생긴 물건을 포함하는데, 그 외의 방법의 특허에는 위 제128조 제1항은 적용이 없다고 해석된다.[69]

한편 위 제128조 제1항이 적용되는 것은 침해자가 침해물건을 「양도」한 경우에 한정되고, 침해물건을 대여한 경우에는 적용이 없다. 그 규정은 일실이익의 산정과정을 조문으로 定型化할 수 있는 전형적인 경우에 적용대상을 한정하고 있다고 이해할 것이기 때문이다.

**2.** 나아가 「침해행위가 없었다면 판매할 수 있었던 물건」이란 침해자의 제품과 대체가능성이 있는 제품으로서 특허권자가 판매할 용의 또는 예정이 있는 것을 가리킨다고 할 것이다.[70] 여기서 「대체

---

68) 이에 대하여는 서류제출명령에 관한 특허법 제132조가 유용하게 활용될 수 있을 것이다.

69) 田村善之, "損害賠償に關する1998年特許法改正について", 同, 知的財産權と損害賠償, 新版(2004), 312면 참조.

70) 일본의 학설로 仙元隆一郎, "特許權侵害と損害賠償額の證明", 民事法情報 149

가능성」이란 완전히 대체하는 것을 의미하지 않으며, 제품의 종류라는 관점에서 "침해물건으로부터 조금이라도 권리자의 제품에 수요가 돌아가는 성질의 것"이면 족하다. 가격이나 품질을 달리하는 등의 이유로 침해자의 제품의 수요 전부가 특허권자의 제품으로 돌려질 것이라고는 상정할 수 없다고 해도, 이는 但書에 의하여 추정액으로부터의 공제의 증명책임을 지는 침해자가 증명하여야 할 사항이다.

(1) 학설 중에는 특허법 제128조 제1항은 침해자의 판매수량은 침해로 인하여 감소한 권리자의 판매량으로 추정한다는 논리구조를 가지고 있으므로, 침해자의 판매수량이 침해로 인한 권리자의 매출액 감소를 推認할 수 있는 정도의 사정이 존재할 것을 요한다고 하는 견해가 있다.[71] 이 견해는 나아가 비교적 시장구조가 단순하고 특허침해자가 1인인 경우 또는 특허제품과 침해제품 이외에 대체상품이 없어 그 둘 사이에만 상호경쟁관계에 있는 경우(소위 two-supplier market)에 한하여 이 방식에 의한 손해산정방식이 합리성을 띠게 되며, 대체품이 다수 존재하는 경우에는 이 방식에 의한 손해산정방식을 취하기 어렵다고도 한다.[72]

그러나 이러한 견해는 특허법 제128조 제1항의 입법취지를 전적으로 몰각하는 것이다. 만일 침해자의 판매수량이 침해로 인한 원고의 매출액 감소를 「추인」할 수 있는 정도의 사정이 존재한다면, 굳이 특허법 제128조 제1항을 신설하지 아니하더라도 특허권 침해로 인한 일실이익의 산정에 관한 종전의 방식에 의하여서 권리자의 매출감소로 인한 일실이익의 배상을 인정할 수 있을 것이다. 또 대체품이 다수 존재한다고 해서 특허법 제128조 제1항을 적용하지 못할 이유는

號(1999. 2), 4면; 茶園成樹(註 66), 51면; 注解 特許法(註 21), 1003면(靑柳昤子 집필); 田村善之(前註), 312면 등.

71) 宋永植 등(註 11), 466면.

72) 宋永植 등(註 11), 466면 및 同所 註 328-3.

없다. 우리 특허법 제128조 제1항의 적용은 미국의「팬뒤트테스트」에서와는 달리 비침해의 대체품이 존재하지 않을 것을 일실이익 추정의 요건으로 하지 않는다. 만일 침해자의 침해물건이 없었더라면 그에 대한 수요의 전부 또는 일부가 권리자의 제품이 아닌 제3자의 대체품으로 향하였을 것이라면, 침해자가 이를 주장·입증함으로써 同項 단서에 의하여 배상되어야 할 일실이익액으로부터 공제되면 족한 것이다.[73]

또한 특허발명의 실시부분이 침해자나 특허권자의 제품의 일부에 그친다고 해서「침해행위가 없었다면 판매할 수 있었던 물건」이 아니라고 할 것은 아니다. 침해자의 제품과 특허권자의 제품 사이에 대체가능성이 있는 한, 이 요건은 충족되는 것으로 하는 것이 그 규정의 취지에 맞는다고 하겠다. 일본의 학설 중에는 실시부분의 제품 전체에 대한「기여율」이라고 할 것을 산정하여 按分하여야 한다는 듯한 견해도 있다.[74] 그러나 실시부분이 제품의 일부라고 해도 그것이 침해자의 제품에 대한 수요자의 구매동기를 형성한다고 생각되는 경우에는 전액에 대하여 추정이 유지되어야 할 것이고,「기여율」이라는 표현에는 오해의 소지가 있다.

**(2)** 또 학설 중에는 침해물건이 권리자의 특허물건과 유사·동일한 것이 요구된다고 한다.[75] 그러나 유사·동일 등의 요건은 위 특허법 제128조 제1항이 신설되기 전에 종전의 인과관계 인정에서 기준이 되던 바(앞의 Ⅲ.2.(2)의 ① 참조)로서, 위 규정의 신설은 바로 이러한 인과관계 인정의 틀을 넘으려고 하는 것이므로, 법문에도 없

---

**73)** 다른 한편으로 宋永植 등(註 11), 467면 註 329-1에서는 "종래 침해와 일실이익 사이의 인과관계를 부정하는 요인이었던 것을 감액요소로 하여 침해자에게 입증책임을 전환한 것"이라고 앞서 인용한 바와는 모순되는 취지로 설명하고 있다.

**74)** 鎌田薫(註 55), 23면.

**75)** 尹宣熙(註 13), 118면.

는 요건을 여기서 새삼 요구할 필요는 없을 것이다.

**3.** 「단위수량당 이익액」이란 침해가 없었다면 증가하였을 것으로 상정되는 대체제품의 단위당 매출액으로부터 그것을 달성하기 위하여 증가하였을 것으로 상정되는 단위당 비용을 공제한 액(소위 한계이익액)을 말한다고 할 것이다.

(1) 이와 관련해서는, 권리자의 매출액 중 어떤 경비를 공제하고 산정된 금액을 이익액으로 할 것인가를 두고 논의가 있다. 이는 대체로 매출액에서 재료비 · 운송비 · 보관비 등의 변동경비와 설비비 · 임차료 · 인건비 등의 고정경비를 모두 공제하여 산출하는 순이익설과 변동경비는 공제하되 고정경비는 추가 생산의 경우라도 반드시 공제하여야 하는 것이 아니라고 하는 한계이익설로 나누어진다.

그러나 우선 특허법 제128조 제1항은 "당해 침해행위가 없었다면 판매할 수 있었던 물건의 단위수량당 이익액"이라고 규정하고 있다. 이는 원고가 과거에 판매한 부분에 대한 단위수량당 이익액이 아니라, 침해자의 침해행위로 인하여 감소된 판매수량을 생산 · 판매하기 위하여 추가되는 비용을 기준으로 하고 있다. 다시 말하면, 위 규정은 침해행위가 없었다면 특허권자가 추가로 생산하여 판매할 수 있었을 수량에 대한 비용을 분석하여 그 이익액을 산정하도록 하고 있는 것으로, 특허법은 한계이익을 기준으로 원고의 손해액을 산정하여야 함을 명시적으로 밝히고 있는 것이다.

나아가 경제적인 관점이나 손해배상의 일반원칙에 비추어 보더라도 한계이익설이 타당하다. 권리자의 실시능력이 있는 한도에서는 위와 같이 추가로 생산 · 판매되는 수량에 대하여 설비비나 개발비, 관리부분의 기본적 인건비 등의 고정경비는 더 이상 발생하지 않고, 단지 원료비 · 운반비 · 보관비 등과 같은 변동경비만이 추가로 발생하게 된다. 순이익설은 생산수량이 증가함에 따라 동일한 비율로 그 비용(변동비와 고정비)이 증가한다는 발상에 기초하는 것인지도 모르나, 공장·기계 등과 같은 고정설비에 의한 생산에 있어서는 그 설비의 가동능력 한도에서는 원료비 등과 같은 변동비용의 투입만으로 생산이 가능하게 되는 것이 기본이다.[76] 따라서 추가로 생산이 가능한 수량에 관하여는 그 설비의 한계에 달할 때까지 더 이상의 고정경비가 투입되지 않고, 변동경비만이 투입되는 것이 당연하다. 이렇게 보면 위 규정상의「단위수량당 이익액」의 산정에 있어서도 한계이익설을 적용하는 것이 타당함은 물론이다. 반대로 순이익설에 의하면 추가 생산분에 대하여는 고정비 부분에서 다른 비용이 추가되지 않는 경우에도 그에 대하여 추가 생산분의 비율에 상응하는 고정비가 지출되는 것처럼 계산되어서 부당하다.

**(2)** 여기서 말하는 단위수량당 이익액을 한계이익으로 파악하여야 한다는 것은 앞의 Ⅲ.2.(4) 및 3.(1)ⅲ 등에서 본 대로 일본 특허법 제102조 제1항의 신설에 있어서 뚜렷이 지향되었던 내용일 뿐 아니라, 현재 일본의 통설[77]이며 판례[78]이기도 하다. 예를 들어 東京地判 2001(平 13).7.17.[79]; 東京地判 2002(平 14).3.19.[80]; 東京地判 2002(平 14).4.25.[81] 등은 모두,「단위수량당 이익액」이란 가령 특허권자가 침해품의 판매수량에 대응하는 수량의 권리자제품을 추가적으

76) 자본주의에서 공장제 생산에 의한 효율성 추구는 이러한「한계비용」의 개념에 입각하고 있는 것이다.

77) 일본의 통설이다. 田村善之, 知的財産法, 제3판(2003), 278면 이하; 仙元隆一郎(註 70), 4면 등.

78) 嶋末和秀, "特許法102條1項の解釋·運用に關する下級審判決例の動向", 知財管理 53卷 2號(2003), 191면은, "「단위수량당 이익액」에 관하여는 일반론으로서는 소위 한계이익설의 思考方式을 채용하는 방향으로 하급심재판례는 거의 일치하고 있다"고 한다.

79) 荒垣恒輝, 知的財産權重要判例要約集: 侵害訴訟編(2003), 331면 所載.

80) 荒垣恒輝(前註), 345면 所載.

81) 荒垣恒輝(註 79), 351면 所載.

로 제조판매하였다면 당해 추가적 제조판매에 의하여 얻었을 이익의 단위수량당 액, 즉 추가적 제조판매에 의하여 얻었을 매출액으로부터 추가적으로 제조판매하는 데 들였을 비용(비용의 증가분)을 공제한 액을 추가적 제조판매수량으로 나눈 액을 말한다고 판시하고 있다.[82)]

(3) 우리 나라에는 앞의 Ⅱ.3.에서 본 大判 1997.9.12, 96다43119(공보 하, 3083)이 순이익설을 인정하였다고 서술하는 문헌이 있다.[83)] 그 대법원판결은 그곳에서 서술한 대로 침해자가 침해행위로 얻은 이익을 권리자의 손해로 추정하는 당시의 상표법 제67조 제1항에 대하여 논의하면서 예외적으로는 "침해자의 판매액에 상표권자의 위 **순이익률**을 곱하는 방법으로도 침해자가 받은 이익의 액을 산출할 수 있다고 할 것"이라고 설시하고 있다. 그리고 원심이, 상표권자인 원고 회사의 영업이익률은 7.608% 정도인 사실을 인정하고 특별한 사정이 없는 한 피고가 위 상표권을 침해한 표장을 부착한 상품의 매출액에 원고 회사의 위 영업이익률을 곱하는 방법으로 산정한 금액이 피고의 위 상표권 침해로 인한 이익의 액이라고 보아 이를 원고가 입은 손해의 액으로 추정한 것을 긍정하고 있다. 그러나 위 판결은 앞서 본 대로 침해자이익에 대하여 판단한 것일 뿐만 아니라, 상표권자인 원고 회사 자신이 침해자인 피고의 순이익률이 그의 「영업이익률」보다 작지 않다고 주장하여 이를 기준으로 침해자이익을 산정한 것을 그대로 수긍한 것에 그친다. 그러므로 그 판결이 판시하는 바는 신설된 특허법 제128조 제1항에서 정하는 「단위수량당 이익액」의 구체적 내용에 대하여는 기준이 될 수 없다고 하겠다.

---

**82**) 그 외에 東京地判 2003(平 15).3.25.(荒垣恒輝(註 79), 370면 所載)은, 특허권자의 「단위수량당 이익액」을 원고제품의 평균판매단가(구체적 출하가격)에서 직접의 재료비(그 65%)만을 공제한 액으로 산정하고 있다.

**83**) 尹宣熙(註 13), 119면. 한편 尹宣熙, 特許法(2003), 685면은 신설된 특허법 제128조 제1항을 설명하면서 돌연 「침해자의 이익」을 논의의 대상으로 삼고 그 구체적인 의미로서는 순이익설이 타당하다고 한다.

**4.** 한편 특허법 제128조 제1항의 제2문이 "이 경우 손해액은 특허권자 또는 전용실시권자가 **생산할 수 있었던 물건**의 수량에서 실제 판매한 물건의 수량을 뺀 수량에 단위수량당 이익액을 곱한 금액을 한도로 한다"라고 정하는 것은 특허권자에게 특허권을 실시하여 제품을 생산할 수 있는 능력이 있는 한도에서만 同項 제1문의 규정이 적용됨을 의미한다.

(1) 위 규정에 상응하는 일본 특허법의 규정은 「實施의 能力의 한도에서」라고 정하고 있다. 그런데 일본 특허법의 규정상 「실시」는 판매 기타의 양도를 포함하는 것으로 되어 있다(동법 제2조 제3항 참조). 그런데 위 규정의 원래의 취지는 침해행위가 없었다면 실현되었을 특허권자의 想定增產能力을 의미한다.[84] 바로 뒤에서 보는 바와 같이 일본의 판례도 특허권자가 권리의 존속기간 내에 설비투자를 행하는 등으로 생산을 할 수 있는 잠재능력이라고 해석한다. 이렇게 보면 우리 특허법의 규정이 문언상 명백하게 「생산」의 능력만을 들고 있는 것도 이해되지 않는 바도 아니다.

여기서는 「생산할 수 있었다」고 함은 침해물건의 판매시에 엄밀하게 대응하는 시기에 있어서의 구체적인 제조능력만을 가리키는 것이 아니며, 특허권자가 금융기관 등으로부터 융자를 받아 설비투자를 행하는 등으로 당해 특허권의 존속기간 내로서 특허권 침해의 영향이 미치는 기간 동안 제품을 생산할 잠재능력이 있는 경우에는 원칙적으로 이 요건을 충족하는 것으로 새길 것이다.[85]

---

84) 日本 特許廳 工業所有權制度改正審議室 編, 平成10年改正工業所有權法の解說(1999), 19면 참조.

85) 澁谷達紀(註 66), 204면; 田村善之(註 69), 316면 이하도 同旨. 앞의 註 83에서 본 東京地判 2001(平 13).7.17.(荒垣恒輝(註 79), 331면 所載); 東京地判 2002(平 14).3.9(判時 1803, 78)도 일본 특허법의 해석으로 같은 뜻을 판시한다.

**(2)** 앞의 Ⅲ.1.(1)에서 본 대로 위 제2문에 상응하는 규정이 일본의 특허법 제102조 제1항에서는 同 제1문에 한 구절로 삽입되어 있고, 그 삽입의 취지에 비추면, 이에 대한 입증책임은 손해배상청구를 하는 특허권자에게 있다고 한다.[86] 이는 우리 특허법에서 마찬가지로 해석되어도 좋을 것이다. 무엇보다도 특허권자의 생산능력이나 「실제 판매한 물건의 수량」 등은 특허권자측의 사정으로서 그가 이를 보다 용이하게 입증할 수 있는 지위에 있기 때문이다.

**5.** 그런데 특허권자가 "침해행위 외의 사유로 판매할 수 없었던 사정이 있는 때에는 당해 침해행위 외의 사유로 판매할 수 없었던 수량에 따른 금액을 빼야 한다."(특허법 제128조 제1항 단서) 이는 그 규정의 구조상으로만 보아도 침해자가 주장·입증하여야 하는 것이다.

**(1)** 同項에 의한 일실이익의 배상액을 감액하는 사정으로서는, 예를 들면 침해자의 제품이 저렴하다는 사실, 침해자의 매출액 중에는 특허발명의 실시에 기인한다고 하기보다는 침해물건의 다른 특징으로 인한 부분이나 침해자의 광고 등의 판매노력 기타 마켓팅능력에 의존하는 부분이 있다는 사실, 그 외에도 경합제품이 있어서 침해자의 매출액 전부가 권리자의 제품으로 향하지는 아니하였을 것이라는 사실 등을 들 수 있다.

**(2)** 그러한 감액사유는 특허권자가 그 사유로 인하여 「판매할 수 없었던 수량에 따른 금액」만큼, 즉 뒤집어 말하면 그러한 감액사유와 침해자의 판매수량과의 인과관계가 인정되는 비율만큼을 앞의 1. 내지 4.에서 본 바에 따라 산정된 액에서 빼야 한다. 그러므로 그러한 사유가 있다고 하여 앞에서 말한 바와 같은 「추정」이 전면적으

86) 澁谷達紀(註 66), 204면 등.

로 복멸되는 것은 아니고, 단지 비율적인 배상액이 인정되는 것이다. 또한 위의 감액사유와 침해자의 판매수량과의 인과관계는 법관의 합리적 재량판단에 의하여 "…%을 밑돌지 않는다"는 방식으로 산정될 수도 있을 것이다.

**6.** 이와 같이 하여 밝혀진 침해자의 판매수량에 권리자가 판매할 수 있었던 물건의 단위수량당 이익액을 곱한 금액을 「특허권자가 입은 손해액으로 할 수 있다」.

(1) 특허법 제128조 제1항은 그 문언상으로 보면 손해의 발생자체에 대한 입증을 완화하는 것은 아니라고 할 수 있을 것이다. 그러나 앞서 본 대로 그 규정이 특허권 침해로 인한 손해를 「시장기회의 상실」로 파악하는 것을 전제로 한다고 이해한다면, 이는 별다른 문제가 되지 않는다고 할 수 있다. 또 실제로 앞의 Ⅱ.3.에서도 본 大判 1997.9.12, 96다43119(공보 하, 3083)도 상표권 침해자의 이익액을 상표권자의 손해액으로 추정하는 종전의 상표법 제67조 제1항(현재의 同條 제2항)에 대하여 상표권자의 손해를 추정하는 것은 아니라고 하면서도, "위 규정의 취지에 비추어 보면, 위와 같은 손해의 발생에 관한 주장·입증의 정도에 있어서는 손해 발생의 염려 내지 개연성의 존재를 주장·입증하는 것으로 족하다고 보아야 할 것이고, 따라서 상표권자가 침해자와 동종의 영업을 하고 있는 것을 증명한 경우라면 특별한 사정이 없는 한 상표권 침해에 의하여 영업상의 손해를 입었음이 사실상 추정된다고 볼 수 있을 것"이라고 판시한 바 있는 것이다.

(2) 여기서 「손해액으로 할 수 있다」고 하는 것이 사실인정의 차원에서 적용되는 통상의 의미에서의 「추정」인지, 아니면 그와는 성

질을 달리하는 손해의 금전적 산정이라는「평가」의 차원에서 적용되는「준칙」[87]인지는 단순히 용어의 문제 이상의 의미가 있다고 생각되나, 여기서는 더 이상 논의하지 않기로 한다. 요컨대 그것은 침해자의 판매수량에 권리자가 판매할 수 있었던 물건의 단위수량당 이익액을 곱한 금액을 침해자에 의한 감액사유의 주장·입증이 없는 한 특허권자의 일실이익액으로 한다는 의미이다.

(3) 특허권자가 특허권 침해로 인한 손해의 배상을 주장하는 경우에, 법원은 "[특허법 제128조에서 정하는] 여러 손해액 산정 규정을 선택적 또는 중첩적으로 채택할 수 있겠다. 즉 법원으로서는 손해액 산정을 위한 당사자의 법률조항 주장에 구속되지 않고 원고 주장의 손해액 한도 내에서 손해액을 산정하게 된다"는 견해가 있다.[88] 그러나 만일 이 견해가 예를 들어 특허권자가 특허법 제128조 제1항에 의하여「추정」되는 손해액의 배상을 구하였는데「그에 구속되지 않고」同法 제3항에 의하여 실시료 상당액의 배상을 인정할 수 있다고 하는 것이라면, 이에는 찬성할 수 없다. 특허법 제128조의 各項에 규정되어 있는 각각의 손해액 산정방식은 특허권자가 그 중 하나의 적용을 자유롭게 구할 수 있는 것이고, 나아가 특허권자는 이를「선택적 또는 중첩적으로」주장할 수 있다. 그런데 이는 어디까지나 그 규정들이 특허권자의 손해액 증명을 완화하기 위한 규정으로서, 그를

87) 平井宜雄, 債權各論 II: 不法行爲(1992), 75면 이하는, 손해배상에서 손해의 금전적 평가를 손해의 인정이나 배상범위의 획정(민법 제393조)과는 별개의 차원에서 파악되어야 함을 역설한다. 同書, 132면은 손해의 금전적 평가 그 자체는 법관의 裁量的·創造的 작업이지만, "이러한 재량적·창조적 작용도 손해배상의 기본적 이념에 의하여 일정한 틀에 맞추어 행하여져야 할 것이고, 또 그 작용의 가이드라인의 역할을 할 객관적·합리적 준칙이 정립될 수 있다면, 이를 넘어서는 안 된다"고 한다. 沖野眞已(註 64), 61면 이하는 일본 특허법 제102조 제1항이 바로 이러한「가이드라인의 역할을 할 객관적·합리적 준칙을 제시하는 것」이라고 하며, 이는 통상의 의미의「추정」과는 그 성질을 달리한다고 한다. 그 외에 앞의 Ⅲ.3.에서 본 森田宏樹의 설명도 참조하라.

88) 尹宣熙(註 13), 113면 이하.

말하자면「돕기 위하여」특별히 마련된 것이라는 취지를 살리지 않으면 안 된다. 그러므로 특허권자가 同條 제1항에 기한 일실이익의 배상을 청구하였는데, 법원이 그 조항의 적용요건을 심리하지 아니하고 특허권자의 의사에 반하여 同條 제2항이나 제3항에 의한 일실이익액을 인정하는 것은 허용되지 않는다고 할 것이다.

## Ⅵ. 小　結

2001년의 개정법률로 신설된 특허법 제128조 제1항은, 손해배상의 일반법리의 관점에서도 특허권 침해로 인한 일실이익의 배상이라는 개별적 문제영역의 처리라는 관점에서도 매우 흥미로운 규정이다.

이 규정은 단순히 종전의 실무처리에 대한 불만을 대응요법적으로 처리하려고 도입된 것이 아니라, 특허권 및 그 침해의 특성을 엄밀하게 고려하여 그 침해로 인한 손해배상의 문제에 대한 현명한 방안을 손해배상의 일반법리에 어긋나지 않는 내용으로 가공하여 담고 있는 것이다. 그러므로 이는 입법목적을 잘 살펴서 그 취지를 적극적으로 살리는 방향으로 운용되어야 하며, 이를 우리의 처지에 대한 고려 없이 다른 나라의 입법에 맹종한 것으로 근거없이 배척되어서는 안 된다.

(法曹 588호(2005.9), 19면 이하 所載)

[後　記]

이 글이 나온 후에, 이 글이 다룬 문제와 관련하여, 박성수, 특허침해로 인한 손해배상액의 산정(2007)이 발간되었다. 이 책에 대하여는, 우선 자신의 견해와 다르다고 스스로 措定한 학설에 대하여 그 내용이나 문제의식, 논증방식 등을 충분히 음미하였는지 의문이 가는 점이 적지 않다. 이에 대하여는 더 이상 논의하지 않기로 한다.

나아가 이 책은 결론적으로 "추상적인 이용가능성조차도 없는 예외적인 사유가 없다면 … 일실판매이익이나 일실실시료 등이 없더라도 기술독점상태를 훼손하므로 추상적인 독점적 이용가능성이 침해되어 손해를 구성한다고 볼 것"(187면)이라고 하는 이른바 기술독점훼손설을 극력 주장한다.

그런데 이러한 견해에 따르면, 특허권의 침해가 있으면 언제나 손해의 발생(여기서 논의되는 것은 특허법 제128조 제1항이 정하는 바인 손해배상액의 산정이 아니라 그에 앞선「손해의 발생」여부이다)이 인정된다는 결과가 된다. 특허**권**이란 주지하는 대로 바로 특허기술의 독점적 실시가능성을 그 본질적 내용으로 하며(특허법 제94조 참조: "특허권자는 업으로서 그 특허발명을 실시할 권리를 독점한다"), 다른 한편으로 무형의 특허기술에 대하여「추상적」인 이용가능성조차 없는 경우란 상정될 수 없기 때문이다. 그리하여 위 견해도 "특허침해로 인한 손해의 개념을 기술독점훼손설에 따라서 특허침해가 있는 한 항상 손해는 있다고 이해"(187면)한다.

그러나 우리 법은 법적 구제수단의 구상에 있어서 권리 침해와 손해 발생을 구분하는 태도를 기본으로 한다(이 점에 대하여는 우선 金炯錫, "所有物妨害排除請求權에서 妨害의 槪念", 서울대학교 法學 45권 4호(2004), 395면 이하 참조). 무엇보다도 예를 들어 소유권이「방해」되면 그 침해자에게 귀책사유가 없어도 소유물방해배제청구권이 발생하지만, 그 방해로 인한 손해를 배상함에는 원칙적으로 침해자의 귀책사유가 요구되는 것이다. 또한 판례도 大判 85.10.22, 85다카689(集 33-

3, 87)("불법점거를 당한 부동산의 소유자는 불법점거자에게 불법점거로 인하여 상실한 임료 상당 이익에 대한 손해배상을 청구할 수 있으나 불법점거가 없었다고 하여도 부동산소유자에게 임료 상당 이익이나 기타 소득이 발생할 여지가 없는 특별한 사정이 있는 때에는 손해배상을 청구할 수 없다." 同旨의 재판례가 다수 있다); 大判 2003. 3. 28, 2003다5917(공보상, 1063)("소유권에 기한 방해배제청구권에 있어서 '방해'라 함은 현재에도 지속되고 있는 침해를 의미하고, 법익 침해가 과거에 일어나서 이미 종결된 경우에 해당하는 '손해'의 개념과는 다르다 할 것") 등에서 이 점을 분명히 밝힌다.

위의 견해는 전자의 판결을 자신의 태도를 뒷받침하는 재판례로 들고 있으나, 그 판결은 부동산의 불법점유만으로 바로 손해의 발생을 인정하는 것이 아니라, "불법점거로 인하여 상실한 임료 상당 이익"이라고 하여 소유자가 불법점유로 입은 이용가능성 상실의 손해(그 손해의 금전적 평가액이 목적물의 임료 상당액이다)를 배상하라는 것이며, 다만 自由心證에 의하는 **소송상 사실인정의 차원에서는** 거기서 말하는 「특별한 사정이 없는 한」 불법점유가 있으면 그러한 손해의 발생이 긍정되어도 좋다는 점을 밝히는 것뿐이라고 이해할 것이다. 한편 위의 견해는 인신사고의 경우에 가동능력의 상실 자체를 손해로 파악하는 일련의 재판례를 원용하고 있으나, 그 재판례들은 신체 침해 자체가 아니라 그 침해의 결과로 일어난 가동능력의 상실을 「손해」로 파악하는 것이다(신체의 훼손이 그 자체로 가동능력의 상실을 의미하지 않음은 물론이다).

본문에서 본 시장기회의 상실은 바로 특허권 침해로 발생한 결과를 파악하려는 것으로서, 위와 같은 법논리를 배경으로 구상된 것이다. 위의 견해는 "시장기회라는 특허권의 비본질적 효과에 불과한 개념"을 매개로 끌어들이는 것을 비난하나(186면), 우리 법은 권리 침해 자체가 아니라 그 침해의 ── 위의 표현을 굳이 차용하자면 ──

「비본질적 효과」에 대해서만 손해의 발생을 긍정하는 것이다.

[제3쇄에 따른 後記]

필자는 이 글에서, 법원은 특허법 제128조상의 여러 손해액 산정 규정을 선택적 또는 중첩적으로 선택할 수 있고, 손해액 산정을 위한 당사자의 법률조항 주장에 구속됨이 없이 원고 주장의 손해액 한도 내에서 손해액을 산정하면 족하다는 주장에 의문을 제기한 바 있다. 또 특허권자가 동조 제1항에 기한 일실이익의 배상을 청구하였는데 법원이 그 조항의 적용요건을 심리하지 아니하고 특허권자의 의사에 반하여 同條 제2항이나 제3항에 의한 일실이익을 인정하는 것은 허용되지 않는다고 주장하였다(앞의 V. 6. (3)[本書, 254면 이하] 참조).

그 후 大判 2014.5.29, 2013다208098(미공간)은 위 문제에 대하여 필자의 주장과 같은 취지로 이해되는 판단을 하고 있다. 그 사건에서 실용신안권의 침해를 주장하여(그 경우에도 실용신안법 제30조에 의하여 특허법 제128조가 준용된다) 손해배상을 구하는 원고가 특허법 제128조 제1항에 기한 손해액 산정을 주장하였음에도, "원심은 이 주장에 대하여 심리하지 아니한 채 동조 제2항에 기한 손해액 산정이 곤란하다는 이유로 동조 제5항에 기하여 손해액을 산정하였다." 그러나 대법원은 "원심으로서는 먼저 원고의 주장에 따라 동조 제1항에 기하여 손해액을 산정하는 것이 가능한지부터 심리하였어야 할 것이고, 동조 제5항에 기하여 손해액을 인정하고자 하는 경우에도 먼저 동조 제1항에 기한 손해액에 관한 심리를 거쳐 그 손해액의 입증이 극히 곤란하다는 점이 인정되어야 할 것"이라고 판시하여 법리오해 등을 이유로 원심판결을 파기하였던 것이다.

# 10. 目的土地上 根抵當權의 被擔保債務를 변제한 時效取得者의 債務者에 대한 求償權

—대법원 2006년 5월 12일 판결 2005다75910 사건(판례공보 2006상, 1039면)

[事實關係]

**1.** 원고가 피고 소유의 부동산을 점유하여 1995년 2월 민법 제245조 제1항에서 정하는 바의 취득시효가 완성되었다. 그 후 1996년 2월에 피고는 자신이 A(농업협동조합)에 대하여 현재 및 장차 부담하는 채무의 담보로 위 부동산에 관하여 A 앞으로 채권최고액 6천만원의 근저당권을 설정하여 주었다.

**2.** A가 2000년 11월 위의 근저당권에 기하여 위 부동산에 대하여 임의경매를 신청함으로써 경매절차가 진행되어 2001년 9월에 낙찰허가결정이 있었다. 원고는 이 결정에 즉시항고하면서 A를 피공탁자로 하여 5천2백여만원을 변제공탁하였다. 그 후 원고는 다시 A에게 5백여만원을 지급하였고, 그러자 A는 2002년 3월 임의경매신청을 취소하고, 나아가 근저당권등기를 말소하였다.

**3.** 원고는 이 사건에서 이해관계 있는 제3자로서 위와 같이 A

에 대한 피고의 채무금 합계 5천7백여만원을 대위변제하였다는 이유로 그 돈 및 이에 대한 지연손해금의 지급을 청구하였다(예비적으로 부당이득반환청구도 하였다). 이에 대하여 피고는 취득시효가 완성되면 그 목적물상의 근저당권 등 물적 부담도 시효취득자에게 이전되므로 원고가 A에게 변제한 것은 피고의 채무를 대위변제한 것이 아니라 자기의 채무를 변제한 것이어서 원고의 청구는 이유없다고 주장하였다.

**4.** 원심법원은 원고의 청구를 기각하였는데, 대법원도 다음과 같이 판시하여 원고의 상고를 기각하였다.

## [判決趣旨]

"특별한 사정이 없는 한 원소유자는 점유자 명의로 소유권이전등기가 마쳐지기까지는 소유자로서 그 토지에 관한 적법한 권리를 행사할 수 있다. … 이 경우 시효취득자로서는 원소유자의 적법한 권리행사로 인한 현상의 변경이나 제한물권의 설정 등이 이루어진 그 토지의 사실상 혹은 법률상 현상 그대로의 상태에서 등기에 의하여 그 소유권을 취득하게 된다. 따라서 시효취득자가 원소유자에 의하여 그 토지에 설정된 근저당권의 피담보채무를 변제하는 것은 시효취득자가 용인하여야 할 그 토지상의 부담을 제거하여 완전한 소유권을 확보하기 위한 것으로서 그 자신의 이익을 위한 행위라 할 것이니, 그 변제액 상당에 대하여 원소유자에게 대위변제를 이유로 구상권을 행사하거나 부당이득을 이유로 그 반환청구권을 행사할 수는 없다 할 것이다"(점선은 인용자가 생략한 부분을 가리킨다)

# [評 釋]

## 1. 評釋의 要旨

결론을 미리 말한다면, 위 판결취지에 찬성할 수 없다. 어떠한 부동산을 오래 점유하여 그에 관하여 취득시효가 완성되었으나 아직 그 점유자 앞으로 소유권이전등기가 행하여지기 전에 저당권(이 사건에서는 근저당권이 문제되나, 통상의 저당권의 경우와 달리 취급할 이유는 없겠다)이 설정된 경우에 그로 인하여 저당권의 부담을 져야 한다고 하더라도, 이는 물적 부담의 차원에서 그러할 뿐이다. 시효취득자 또는 소유권 취득 전의 시효완성점유자가 그 피담보채무를 변제한 것은 어디까지나 타인의 채무를 대위변제한 것이다. 그러므로 그는 원래의 채무자를 상대로 구상할 수 있다고 함이 타당하다.

## 2. 取得時效 완성 후 등기 전 所有者의 處分의 效力

취득시효(이하에서는 부동산소유권의 장기취득시효, 즉 민법 제245조 제1항에서 정하는 취득시효만을 문제삼기로 한다)가 완성되었으나 아직 그 점유자 앞으로 소유권이전등기(이하에서 등기라고 하면 소유권이전등기만을 말한다)가 경료되지 않은 상태, 즉 점유자가 아직 소유권을 취득하지 못한 상태(그러한 상태의 점유자를 이하에서는 시효완성점유자라고 한다)에서, 목적물의 소유자가 행한 목적물에 대한 저당권의 설정 기타 부담설정행위는 특별한 사정이 없는 한 유효하고, 그리하여 나중에 소유권등기를 이전받은 시효취득자는 저당권 등의 부담이 있는 상태로 소유권을 취득하게 된다.

취득시효의 완성으로 인하여 시효취득자는 등기가 행하여진 때 목적물을 취득하므로(민법 제245조 제1항), 취득시효로 인한 권리변동이 원시취득이라고 하는 통상적인 설명을 밀고 나간다면, 등기 당시에 목적물에 존재하던 부담은 모두 소멸한다고 해야 할는지 모른다. 그러나 확고한 판례준칙에 의하면, 취득시효의 완성 전에 소유권 양도가 있었던 경우와는 달리, 취득시효 완성 후 원래의 소유자가 그 소유권을 양도하였으면 그 양도는 특별한 사정이 없는 한 유효하고, 시효완성점유자는 이제 그 적법한 양수인에 대하여 시효의 완성을 주장할 수 없다고 함은 주지하는 대로이다. 그렇다면 이때 소유자가 소유권의 양도가 아니라 저당권의 설정과 같은 부담설정의 처분행위(이하에서는 저당권 설정의 경우만을 논의한다)를 하였으면 어떤가? 위와 같은 판례준칙을 전제로 하는 한, 역시 "대는 소를 포함한다"는 논리에 좇아 그 저당권 설정은 유효하고, 시효취득자는 저당권의 부담이 있는 채로 소유권을 취득한다고 하여야 할 것이다. 이미 大判 91.2. 26, 90누5375(集 39-1, 특503)가 시효완성 후 국세징수법에 의한 압류가 행하여진 경우에 대하여 기본적으로 같은 취지를 밝힌 바 있고, 大判 99.7.9, 97다53632(공보 하, 1567)도 시효완성 후 목적물이 소유자에 의하여 사실적으로 변경된 경우[1]에 대하여도 동일한 뜻으로 판시하였다. 물론 민법 제247조 제1항은 취득시효로 인한 소유권 취득의 효력이 점유를 개시한 때에 소급한다고 정하지만, 이는 시효취득자의 점유가 소급하여 적법한 것이 된다는 등의 의미를 가지는 것이고, 시효완성 후 종래의 소유자가 한 처분의 효력을 반드시 배제하는 취지는 아니라고 해석될 수 있다.

### 3. 所有者의 處分의 有效性과 時效完成占有者의 人的 債務

그러나 이상은 어디까지나 물적인 부담에 관한 것이고, 그와 관

1) 한편 이와 관련하여 大判 2005.3.25, 2004다23899등(공보 상, 662)이 시효완성점유자가 점유권에 기한 방해배제청구는 이를 할 수 있다고 판시하였음은 주의를 요한다. 이 대법원판결에 대하여는 우선 梁彰洙, "2005년도 民事判例 管見", 서울대학교 法學 47권 1호(2006.3), 297면 이하(本書, 284면 이하) 참조.

련되는 채권적 법률관계까지 시효취득자에게 이전되는 것은 아니다. 즉 시효취득자에게 소유권 취득이라는 물적 관계에 부수하여 저당권의 부담을 지울지언정, 그 피담보채무의 인적 관계까지 그에게 돌릴 근거는 어디에도 없다. 우리는 저당권의 부담과 그 피담보채무가 서로 다른 사람에게 귀속하는 예를 무엇보다도 물상보증의 경우 또는 담보물의 제3취득자의 경우에서 발견한다. 그리고 종래의 소유자가 시효완성 후 등기가 넘어가기 전에 ―자기 채무의 담보를 위해서건 다른 제3자의 채무의 담보를 위해서건― 저당권을 설정하여 준 경우에도, 시효취득자는 물상보증 등에서와 같이 단지 물적 부담만을 지는 것이고 그 이상은 아니다. 그러므로 시효취득자가 그 피담보채무를 변제하였다면, 이는 타인의 채무를 대위변제하는 것이다. 그렇다면 그 채무자에 대하여 당연히 구상할 수 있다고 하여야 하지 않을까?

### 4. 求償權 발생의 原因

대상판결도 시효취득자 또는 시효완성점유자가 저당권의 피담보채무의 채무자가 된다고는 말하지 않으며, 다만 시효취득자의 변제가 "그 토지 상의 부담을 제거하여 완전한 소유권을 확보하기 위한 것으로서 그 자신의 이익을 위한 행위"이기 때문에 구상할 수 없다고 한다. 그런데 일반적으로 채권자에 대하여 채무의 변제를 한 사람이 타인에게 그 출연에 관하여 구상할 권리를 가지는지 여부는 실질적인 관점에서 그 채무가 종국적으로 누구의 부담으로 돌아가야 할 것인가에 달려 있고, 그 변제가 변제자 자신의 이익을 위한 것인지 여부와는 별다른 상관이 없다. 예를 들어 타인과 사이에 위임계약을 체결하여 그 타인의 채무를 변제할 것을 위탁받은 사람이 그 채무를 변제하는 경우에 그 변제는 자신의 위임사무처리의무를 이행하기 위한 것으로서, 자신의 이익을 위한 행위이다. 그럼에도 그는 위임인에 대하여 구상할 수 있다(민법 제688조). 또 연대채무자 중 1인이 변제를 하는 것은 자신의 연대채무에서 벗어나려고 하는 것이고, 보증인의 변제는 자신의 보증책임을 면하기 위한 것으로서, 각기 그들 자신을 위한 것이다. 그러나 이들 경우에 그 변제로 인한 구상권이 발생함은 법에 명문으로 정하여져 있는 바이다(민법 제425조, 제441조 이하). 변제가 변제자 자신의 이익을 위한 것인지 여부는 사무관리의 성립 여부를 판단함에 있어서는 의미가 있겠지만, 사무관리가 구상권 발생의 유일한 원인은 아닌 것이다.

## 5. 他人債務의 辨濟와 求償權

다른 한편 "자기 소유의 물건에 존재하는 물적 부담을 제거하고 완전한 소유권을 확보하기 위하여 타인의 채무를 변제한 경우"에 그 변제자는 구상권을 가진다. 앞의 4.에서 본 바와 같이 연대채무나 보증채무에 있어서는 자신의 채무를 이행한 경우에도 구상권이 인정되거늘, 하물며 타인의 채무를 변제한 경우에 구상권이 발생함에는 이론이 없는 바이다(물론 그 발생원인은 다양하고, 또 증여의 의사로 변제한 경우는 예외이다).

우선 민법 제341조가 질권과 관련하여 물상보증인의 구상권을 明定하고 있으며, 이 규정은 민법 제370조에 의하여 저당권에 준용된다.

나아가 담보목적물의 제 3 취득자가 그 담보권의 피담보채무를 변제한 경우에 채무자에 대하여 구상권을 가짐에도 의문이 없다. 물론 민법 제341조가 제 3 취득자에게 준용되지는 않는다고 할 것이지만, 그것은 그 구상권의 내용을 同條에서 말하는 대로 "보증채무에 관한 규정에 의하여" 정하여서는 안 된다는 것일 뿐, 구상권 자체가 발생하지 않는다는 것은 아니다. 그리고 시효취득자가 앞의 2.에서 본 바와 같이 저당권의 부담을 안게 된 경우를 물상보증인이나 담보물의 제3취득자와 달리 볼 이유는 없다.

실질적으로 보더라도, 채무의 담보를 위하여 저당권이 설정된 부동산이 그 전에 우연히 제3자에 의하여 시효취득되었고 그 피담보채무의 변제가 시효취득자에 의하여 저당권의 부담을 면하기 위하여 이루어졌다고 해서 채무자가 구상의무를 부담하지 않는다면 그는 아무런 出捐 없이 자신의 채무로부터 해방되는 불의의 이득을 얻게 되어 명백히 부당한 것이다. 혹 시효완성으로 소유권을 잃게 되는 원래의 소유자로서는 그 부동산으로 담보된 채무를 면하는 정도의 이득을 얻을 만하고, 반면에 별다른 출연 없이 소유권을 시효취득하게 되는 점유자가 자신의 종국적인 부담으로 그 정도의 出捐은 해도 무방하다고 생각할는지도 모른다. 그러나 우선 원래의 소유자가 아니라 제3자가 그 피담보채무의 채무자인 경우도 얼마든지 있을 수 있는데 그러한 채무자에 대하여는 위와 같은 생각은 적용의 여지가 없다. 나아가 원래의 소유자가 그 채무자인 경우에도, 채권자가 여전히 그에 대하여 채무의 이행을 청구하고 또 책임을 물을 수 있는 이상(채권자는 여전히 그의 다른 재산으로부터 채권의 만족을 얻을 수 있는 것이다), 채무로부터의 해방이라는 이익을 타인의 급부에 의하여 얻었다면 당연히 그 변제자에게 이를 상환하여야 할 것이다. 그리고 문제의 부동산의 시가가 피담보채무액보다 낮은 경우에는, 설령 시효완성점유자가 「별다른 출연 없이 소유권을 취득」하는 것이라고 하여도,[2] 그 채무액을 그가 종국적으로 부담할 이유는 없다고 할 것이다. 그렇다고 부동산의 가액까지만 구상권이 발생한다고 말할 수는 없을 것이다.

---

2) 반드시 그렇게 볼 수 있는지 의문이다. 이 점에 대하여는 여기서 길게 논의할 수는 없으나, 大判 97.8.21, 95다28625(集 45-3, 84) 이후로 타인의 부동산을 무단점유하는 자의 자주점유 추정이 부정됨으로써 이제 시효완성점유자는 대부분의 경우에 그 점유 취득에 있어서 ── 비록 소유자에게 행하여진 것은 아니라고 하여도 ── 일정한 재산적 출연을 수반하는 것으로 생각된다.

## 6. 時效完成占有者가 目的物上의 抵當權의 被擔保債務를 辨濟한 경우

이 사건의 경우에는 아직 등기를 얻지 아니한 상태의 시효완성점유자인 원고가 피고가 부담하는 채무를 변제하였다. 그러나 적어도 구상권의 문제에 관한 한 시효완성점유자가 장차 취득할 목적물에 존재하는 저당권의 피담보채무를 변제한 경우를 시효취득자가 그 채무를 변제한 경우와 달리 취급할 이유는 없다. 두 경우 모두 타인의 채무를 대위변제한 점에는 차이가 없기 때문이다. 또한 시효취득자와 마찬가지로 시효완성점유자도 물상보증인이나 담보물의 제3취득자와 같이 "이해관계 있는 제3자"로서 타인의 채무를 그 채무자의 의사에 반하여도 변제할 수 있다고 할 것이다(민법 제469조 참조). 이 사건의 사실관계에서 명백히 드러나는 바와같이, 그 변제로써 저당권이라는 물적 부담, 특히 그 실행을 면할 수 있기 때문이다.

## 7. 參照判決 인용의 適否

한편 대상판결은 참조재판례로 大判 91.2.26, 90누5375; 大判 95.7.11, 94다4509; 大判 99.7.9, 97다53632를 들고 있다. 그러나 이들 재판례는 모두 시효완성점유자가 소유권을 취득하기 전에 목적물의 소유자가 행한 법률적·사실적 처분 그 자체의 효력 유무 또는 그 처분으로 그가 손해배상책임을 지게 되는가에 대한 것이다(그들 중 大判 91.2.26.와 大判 99.7.9.에 대하여는 앞의 2.에서 살펴본 바 있다). 이들은 당사자들 사이에 존재하던 채권적 법률관계의 귀추에 대한 것이 아니며, 더군다나 시효완성된 토지에 설정된 근저당권의 피담보채무가 시효취득점유자에 의하여 변제된 사안에 대한 것은 아니다. 그러므로 이들 재판례는 이 사건에서 사건 해결의 결론을 좌우하는 직접적인 쟁점에 대하여 선례적 의미가 없다.

(法律新聞 3473호(2006.7.10), 15면 所載)

[後　　記]

이 글이 발표된 후 대상판결의 태도에 대하여 찬성하는 견해가 발표되었다. 이 찬성견해에 대한 비판적 검토로서, 梁彰洙, "2006년 民事判例 管見", 서울대학교 法學 48권 2호(2007.6), 126면 이하(本書, 354면 이하) 참조.

[제 2 쇄에 따른 後記]

대상판결에 대한 연구로 그 후에 崔復奎, "부동산점유취득시효 완성자의 채무변제와 구상권", 民事裁判의 諸問題 16권(2007.12), 417면 이하가 있다. 그 필자는 결론적으로 "대상판결은 이와 같은 사정 [원고가 피고의 동생으로서, 매매를 원인으로 하여 소유권이전등기를 청구하여 소송이 진행 중 예비적 청구로서 이 사건에서 문제된 취득시효의 완성을 주장하였고, 피고가 그 시효완성 전에 원고 점유의 토지에 근저당권을 설정한 일이 있어서 원고가 애초 소유권이 없었을 가능성이 적지 않아 보인다는 등의 사정] 하에서 양 당사자 사이의 이해조정과 형평을 위하여 X[원고]의 청구를 기각한 것으로 이해할 수 있을 것 같다. [改行] 그럼에도 대상판결의 원심판결이 설시한 법리와 이를 그대로 수용한 듯한 대상판결의 법리는 '공평 또는 이해의 조정'이라는 일반조항에 기대어 법논리상 수용할 수 있는 한계를 벗어나 있는 것이 아닌가 하는 생각을 떨치기 어렵다"고 한다(419면 이하). 본문과 같은 취지라고도 보인다.

# 11. 公序良俗에 反하는 利子約定에서 任意로 支給된 過剩利子의 返還請求

## ── 대법원 전원합의체 2007년 2월 15일 판결 2004다50426사건(법률신문 3536호, 10면; 판례공보 2007상, 437면)

[判決趣旨]*

금전소비대차계약과 함께 이자의 약정을 하는 경우, 양쪽 당사자 사이의 경제력의 차이로 인하여 그 이율이 당시의 경제적·사회적 여건에 비추어 사회통념상 허용되는 한도를 초과하여 현저하게 고율로 정하여졌다면, 그와 같이 허용할 수 있는 한도를 초과하는 부분의 이자 약정은 대주가 그의 우월한 지위를 이용하여 부당한 이득을 얻고 차주에게는 과도한 반대급부 또는 기타의 부당한 부담을 지우는 것이므로 선량한 풍속 기타 사회질서에 위반한 사항을 내용으로 하는 법률행위로서 무효라 할 것이다.

이와 같이 선량한 풍속 기타 사회질서에 위반하여 무효인 부분의 이자 약정을 원인으로 차주가 대주에게 임의로 이자를 지급하는 것은 통상 불법의 원인으로 인한 재산 급여라고 볼 수 있을 것이나, 불법원인급여에 있어서도 그 불법원인이 수익자에게만 있는 경우이거나 수익자의 불법성이 급여자의 그것보다 현저히 커서 급여자의 반환청

* 사실관계 및 少數意見에 대하여는 뒤의 [後記] 참조.

구를 허용하지 않는 것이 오히려 공평과 신의칙에 반하게 되는 경우에는 급여자의 반환청구가 허용된다고 해석되므로(대법원 1993.12.10. 선고 93다12947 판결 등 참조), 대주가 사회통념상 허용되는 한도를 초과하는 이율의 이자를 약정하여 지급받은 것은 그의 우월한 지위를 이용하여 부당한 이득을 얻고 차주에게는 과도한 반대급부 또는 기타의 부당한 부담을 지우는 것으로서 그 불법의 원인이 수익자인 대주에게만 있거나 또는 적어도 대주의 불법성이 차주의 불법성에 비하여 현저히 크다고 할 것이어서 차주는 그 이자의 반환을 청구할 수 있다고 봄이 상당하다.

## [評　　釋]

**1.** 금전소비대차에서 행하여진 이자약정이 공서양속에 위반하는 것을 이유로 일부무효인 경우에는 차주가 그 무효부분의 이자를 임의로 지급하였어도 부당이득을 이유로 그 반환을 청구할 수 있다는 이번 대법원판결의 취지에 찬성한다. 필자는 1998년 초에 폐기되기까지 시행되던 이자제한법(이하 「종전의 이자제한법」이라고 한다) 아래에서도 임의로 지급된 제한 초과의 이자에 대하여 차주는 그 반환을 청구할 수 있다고 하여야 한다는 입장이었는데, 이번 판결은 기본적으로 그와 입장을 같이하는 것이다.

다만 필자는 다수판결과 같이 굳이 불법원인급여에서의 이른바 위법성 비교론을 적용하여 그 결론을 정당화할 필요는 없고, 이 사건과 같은 경우는 민법 제746조 단서에서 명문으로 정하는 "그 불법원인이 수익자에게만 있는 때"에 그대로 해당하므로 불법원인급여를 이유로 하는 반환청구 배제는 인정되지 않는다고 하는 것이 더욱 적절하지 않았을까 생각한다. 물론 이는 결론에 차이를 가져오는 것이 아니고, 그런 의미에서 사소한 것인지도 모른다.

**2.** 종전의 이자제한법 아래서 채무자가 그 법 소정의 제한이율을 넘는 이자를 임의로 채권자에게 지급한 경우에 채무자는 이를 반환청구할 수 있는지의 문제에 대하여, 판례가 일관하여 이를 부인하여 그 반환을 청구할 수 없다고 하였음은 소수의견에서 밝히는 대로이다. 나아가 大判 62.4.26, 4294민상1542(集 10-2, 248)이 채무자가 채권자와 합의하여 제한 초과의 이자채권을 상계한 경우에도 그 효력이 부인되지 않는다고 하는 것도 이와 궤를 같이하는 것이다.

당시의 다수설은 제한초과의 이자를 지급하는 것은 불법원인급여에 해당한다고 하여 판례의 태도에 찬성하였다. 이 입장에서는 나아가 이러한 반환청구를 인정하면 오히려 서민들의 신용획득을 막게 되는 폐해를 가져 온다고 하거나, 또는 일단 임의로 지급한 이자를 나중에 반환청구하는 것은 선행행태에 모순되는 것으로서 신의칙상 허용되지 않는다는 것을 들기도 하였다.

**3.** 판례가 종전의 이자제한법 아래서 위와 같은 태도를 취한 것에는 일본의 영향이 있지 않았나 추측된다. 일본의 舊 利息制限法(1877년 제정)은 그 제한에 위반하는 약정의 효력에 대하여 "재판상 무효인 것으로 하고 각 그 제한까지 삭감하여야 한다"고 규정하고 있었다(제2조). 여기서 「재판상 무효」의 의미에 대하여는 논의가 있었으나, 판례는 초과이자의 지급을 소구할 수 없으되 임의로 지급한 것의 반환도 이를 청구할 수 없다는 것으로 해석하였다. 우리나라에서 이자제한법이 제정되기 전에 시행되던 利息制限令(1911년 制令 제13호)은 제한 위반의 이자약정은 「무효」라고만 규정하였음에도, 日政時代 이래 판례는 그 적용에 있어서 위의 일본판례와 같은 태도를 취하

였고, 이는 종전의 이자제한법 아래서도 견지되었다.

그 후 일본에서는 1954년에 「이식제한법」이 새로 제정되면서, 제한 초과의 이자를 임의로 지급한 경우에는 그 반환을 청구할 수 없다는 명문의 규정을 두었다(제1조 제2항). 그런데 그 후 일본의 最判(大法廷) 1964.11.18(民集 18, 1868)은 위 규정은 반환청구에만 적용이 있으며 제한초과이자는 원본에 충당된다고 하였다. 또한 日最判(大法廷) 1968.11.13(民集 22, 2526)은 위와 같이 초과지급부분을 원본에 충당하여 가서 결국 원본이 완제된 후에는 이제 그 반환을 청구할 수 있다는 태도를 취하였다. 그 이유는 위의 규정은 원본채권의 존재를 전제로 하는 것이어서 원본채권이 없어지면 적용되지 않는다는 것이었다. 이리하여 위 규정은 "판례입법이라고 할 일련의 판결에 의하여 사실상 개정된 것에 가깝게 되었다"고 평가되고 있다(林良平 등, 債權總論, 제3판(1996), 56면).

**4.** 생각해 보면, 불법원인급여는 어떠한 급부가 범죄를 조장한다든가 도덕관념에 비추어 용납될 수 없는 행위(또는 그러한 행위의 지속)를 유인하는 등으로 급여의 원인에 윤리적인 비난을 가할 수 있는 경우에 한정하여 인정되어야 할 것이다. 그런데 법이 상한으로 정한 이율을 넘는 이자를 지급하여서라도 금융을 얻으려는 차주가 후에 그 약정에 좇아 이자를 지급한 것에 무슨 윤리적인 비난가능성이 있다고 하기는 아무래도 어렵다. 그러니 그의 이자지급에 「불법의 원인」이 있다고 할 수 없는 것이다. 그리하여 종전의 판례에 반대하여 반환청구를 할 수 있다는 입장에서는 제한 초과의 이자가 임의로 지급되더라도 "그 불법원인은 이자수령자에게만 있을 뿐"이라고 하므로(민법 제746조 단서) 반환청구를 할 수 있는 경우에 해당한다고 주장하였다. 결국 제한 초과의 이자를 지급한 것은 단순한 비채변제로서

당연히 반환되어야 하는 것이다.

그리고 이러한 반환청구를 인정한다고 해서 서민들의 신용획득을 막게 될 것이라는 주장은 적어도 오늘날의 사정 아래서는 입증되지 아니한 가설에 그친다. 오히려 채무자를 과도한 이자의 부담으로부터 보호하고자 하는 종전의 이자제한법의 입법취지는 제한초과이자를 임의로 지급한 경우에도 그에게 반환청구를 인정하는 방법으로 관철되었어야 할 것이다. 특히 이자를 지급하지 않은 채무자는 同法의 보호를 받고, 오히려 이자를 약정대로 지급한 채무자는 그 보호를 받지 못하는 결과가 되는 것은, 균형이 맞지 않는다.

이에 대하여는 이 경우 채무자의 초과이자지급이 단순한 비채변제라고 해도 채무자는 그 지급의무가 없음을 알면서 이를 지급하였으므로 그는 반환청구를 할 수 없다고 해야 한다고 주장할는지 모른다(민법 제742조 참조). 그러나 비채변제의 반환청구가 배제되려면, 변제자가 지급 시에 채무의 부존재를 확정적 · 적극적으로 인식하고 있었어야 하고, 단지 채무가 없을지도 모른다는 의심이나 그것을 인식하였어야 했다는 과실만으로는 부족하다. 또 설령 변제자가 채무 없음을 적극적으로 인식하였다고 해도 채무자가 변제하여야 할 만한 합리적 사정이 있으면 반환청구는 배제되지 않는다고 해야 하는데, 그 합리적 사정이란 통상 전형적인 힘의 불균형이 있으면 긍정되어야 하는 것이다(이상에 대하여는 民法注解[XVIII], 392면 이하(梁彰洙 집필) 참조).

**5.** 이자제한법이 폐지되어 이자 제한의 강행규정이 없어진 이상 이제 과도한 이자에 대한 규율은 일반규정인 민법 제103조의 문제가 되었다. 물론 민법 제104조의 적용도 고려될 수 있으나, 그 주관적 요건을 주장 · 입증하는 것은 쉬운 일이 아니어서 통상 민법 제103조로 처리될 수밖에 없다.

외국의 예를 보면, 원래부터 이자제한법이 없는 한편 우리 민법 제103조 및 제104조와 동일한 내용의 규정을 그 민법 제138조 제1항, 제2항으로 두고 있는 독일의 경우가 우리의 법상태에 가장 가깝다고 할 것인데, 독일에서도 과도한 이자에 대한 규율기준은 동 민법 제138조 제1항이라고 한다(우선 Palandt, *BGB*, §138 Rn. 25(65. Aufl., 2006, S. 129) 참조). 그런데 독일에서는 그러한 과도한 이자를 이유로 위 민법 제138조 제1항이 적용되는 경우(이른바 폭리적 소비대차 Wucherdarlehen 또는 과도한 이자약정 überhöhte Verzinsung)에는 이번의 대법원판결이 과도한 이자약정부분만을 무효로 하는 것과는 달리 이자약정을 포함하여 소비대차계약 전부가 무효라고 한다. 그렇다고 해서 대주가 바로 원본의 반환을 청구할 수는 없고 借主는 약정기한까지 원본을 이용할 수 있다. 그렇게 하지 않으면 위 민법 제138조 제1항의 적용으로 의도하는 차주의 보호가 실현되지 않기 때문이다. 그러나 貸主는 그에 대하여 아무런 이자도 청구하지 못하며, 이는 이자약정(물론 효력이 없다)에 기하여서는 물론이고 부당이득을 이유로 하여서도 마찬가지이다. 왜냐하면 대주가 이제 과도이율이 아니라 통상적 이율에 의하여 산정한 원본 사용료 상당의 금전의 지급청구를 부당이득으로 청구할 수 있음을 승인하는 것은 스스로 불법을 저지른 사람에게 법의 구조를 거부하는 불법원인급여제도의 정신에 반하기 때문이다. 적어도 이상이 판례(BGH NJW 1989, S. 3217 등)의 태도이고 학설에서도 광범위한 지지를 얻고 있는 견해이다(우선 Larenz/Canaris, *Lehrbuch des Schuldrechts*, Bd. Ⅱ/2, 13. Aufl.(1994), §68 Ⅲ. 3. c (S. 163f.) 참조).

그리고 독일에서는 위와 같이 양속 위반을 이유로 무효인 소비대차에서 차주가 이미 지급한 이자는 당연히 반환청구를 할 수 있다(우선 Palandt, 전게서, §817 Rn. 10 u. 21(S. 1212f.)를 보라). 위와 같은 폭리적 소비대차에서의 이자 지급은 이제 그 반환을 구하는 차주의 입장에서는 애초 독일민법 제817조 제2문에서 정하는 불법원인급여에 해당하지 않는다는 데 異論이 없다. 독일민법 제817조는 그 제1문에서 "급부의 목적이 수령자가 그 급부를 수령함으로써 법률상의 금지 또는 선량한 풍속에 위반하게 되는 것인 때에는 급부수령자는 반환의 의무를 진다"고 하고, 이어서 제2문은 "급부자도 **역시** 이러한 위반을 범하게 되는 때에는 반환청구를 할 수 없다"고 정한다. 이 제812조 제2문이야말로 불법원인급여로 인한 반환청구 배제를 정하는 것으로서 우리 민법 제746조에 해당하는 것이다(이와 같이 불법원인급여에 관한 법규정에서 원칙/예외의 구성은 우리 민법 제746조와는 반대로 되어 있다). 그런데 폭리적 소비대차의 경우에 借主는 동 제1문에서 정하는 바의 양속 등의 위반을 범한 것이 아니므로, 위 제2문의 「역시」의 요건을 충족하지 않는다는 것이다(Larenz/Canaris, 전게서, 동소 참조).

**6.** 우리의 경우에 민법 제103조를 적용하되 과도한 이자약정에 대하여 과도한 부분에 한하여 무효를 인정하는 것은 우리 법원의 일부무효법리 운용의 실태에 비추어, 또한 이자제한에 관한 법적 규율의 역사에 비추어 이해할 수 있는 태도이다. 그런데 그 경우에 그 무효인 부분에 해당하는 이자가 이미 지급되었으면 借主는 그 반환을 청구할 수 있다고 하여야 함은 이자제한법이 있거나 없거나 다를 바 없으며, 이는 독일의 예에 의해서도 뒷받침되는 바이다.

소수의견(뒤의 [後記] I.2.를 보라)은, 이자제한법이라는 강행법규의 규정에 의해서가 아니라 공서양속이라는 일반규정에 의하여 과도한 이자가 규율되는 경우에는 그 무효 여부 및 무효의 범위를 알기 어려우므로 과도한 이자를 지급받는 대주에게 명확한 불법성의 인식이 있다고 하기 어렵고, 결국 그 급부의 불법원인은 대주와 차주에게 모두 있다고 할 수밖에 없다고 한다. 그러나 우선 대주에게 불법성의 인식이 없다고 해서 차주에게까지 불법원인이 있다고 하는 것은 논리적으로 충분히 납득이 가지 않는다. 그리고 더욱 문제가 되는 것은, 소수의견이 위와 같이 민법 제746조 단서의 적용에 있어서 수익자에게 불법의 인식이 있었는지를 고려하여야 한다는 태도를 전제로 한다는 점이다. 그렇지만 불법원인이 수익자에게만 있는 경우에 그가 받은 급부가 반환되어야 한다는 위 단서규정의 규범목적은 재화의 귀속을 실체적 법질서에 합치하도록 바로 잡아주는 데 있으므로, 그 경우에는 수익자의 불법의 인식은 문제되지 않으며, 그의 불법성은 객관적으로 평가되어야 한다. 이는 민법 제103조에서 행위자에게 공서양속 위반의 인식이 필요하지 않다는 것과 궤를 같이한다. 따라서 수익자의 급부 수령이 객관적으로 공서양속에 반하여 불법이면 급부자는 그 급부의 반환을 청구할 수 있다고 할 것이다(同旨: 金亨培, 事務管理·不當利得(2003), 137면. 이는 독일의 통설이기도 하다. 同所는 다수의 독일문헌을 인용하고 있다).

또한 소수의견은 담보가 부족한 차주에게 자금을 대여하는 대주측의 대출위험 및 과도한 이자를 지급하여서라도 금융을 얻고자 하는 차주측의 경제적 필요를 지적한다. 그러나 이러한 사정들은 그들 사이에 행하여진 이자약정이 공서양속에 반하는지 여부 및 어느 범위에서 반하는지를 판단함에 있어서 충분히 고려될 수 있고 또 고려되어야 하는 것이지, 일단 차주의 보호를 위하여 이자약정이 그 「과도한」 부분에서 공서양속에 반한다고 판단된 마당에 그 약정에 기하여 지급된 이자가 차주에게 반환되어야 하는가를 생각함에 있어서 새삼 이를 문제삼을 이유는 없다고 하겠다.

**7.** 한편 다수의견이 말하는 바와 같이, 차주에게도「불법의 원인」이 있기는 한데 그 불법성의 정도가 貸主보다 훨씬 낮기 때문이라고 해야 할 것인가? 물론 그러한 이른바 위법성비교론은 이번 판결이 말하는 대로 大判 93.12.10, 93다12947(集 41-3, 319)에서 처음으로 채택된 이래 大判 97.10.24, 95다49530(공보 하, 3570)(사기도박의 피해자가 도박채무의 변제로 유일한 재산인 주택을 양도한 사안); 大判 99. 9.17, 98도2036(공보 하, 2267)(포주가 보관 중인 윤락녀의 화대를 임의소비하여 횡령죄로 기소된 사안에서, 원심은 불법원인급여에 해당하여서 반환청구가 배제되므로 포주가 애초부터 그 금전의 소유자라고 하여 무죄판결을 선고하였으나, 대법원은 이를 파기하였다) 등에서 적용되어, 불법원인급여제도의 허점을 메우는 데 중요한 역할을 해 왔고, 필자도 이에 찬성이다. 그러나 이 사건에서 문제된 폭리적 이자약정의 경우에는 독일에서와 같이 그 불법성이 폭리를 취하는 측에게만 있다고 해도 좋을 것이다.

**8.** 한편 국회는 2007년 3월 6일에 이자제한법을 통과시켜 약 9년 만에 이자에 대한 일반적 규제를 부활시켰다. 그 중에는 "채무자가 최고이자율을 초과하는 이자를 임의로 지급한 경우에는 초과 지급된 이자 상당 금액은 원본에 충당되고, 원본이 소멸한 때에는 그 반환을 청구할 수 있다"는 규정이 포함되어 있다(제2조 제4항). 이 법은 공포 후 3개월이 경과한 날부터 시행되나, 그 시행 전에 성립한 대차관계도 그 시행일 후부터는 이 법에 따라야 한다(부칙 제1항, 제2항). 그러므로 실제 사건에서 위의 새로운 이자제한법 규정에 의한 원본충당이 아니라 이번에 나온 대법원판결이 밝힌 반환청구 허용의 법리가 적용되는 예는 많지 않을 것이다.

그러나 이 대법원판결은 공서양속에 반하는 법률행위의 효과 일반과 관련하여 시사하는 바가 적지 않다. 공서양속의 위반은 여러 유형으로 나눌 수 있는데, 그 중에는 暴利型이라고 부를 만한 것이 있다. 그러한 유형에서는 비록 민법 제104조의 요건이 충족되지 않더라도 민법 제103조의 적용으로 무효가 될 수 있는 것이다. 이번 판결의 논리를 보다 일반화하면, 이러한 폭리형 법률행위로 불이익을 당한 당사자는 자신이 행한 과도한 급부를 부당이득을 이유로 폭리자에 대하여 반환청구할 수 있으며, 불법원인급여는 그 청구를 배제할 사유가 못된다는 것이다. 이것이 민법 제104조가 직접 적용되는 경우에도 타당함은 물론이다.

(法律新聞 3542호(2007. 4. 2), 14면 및 15면 所載)

[後　　記]

**I.** 이 글은 『法律新聞』에 실리는 판례평석의 포맷에 맞추어 쓰여진 것으로서, 분량에 제한이 있어서 대상판결의 사실관계는 물론이고, 「판결취지」 중에 소수의견을 적시하는 것도 생략하지 않을 수 없었다. 이 기회에 이 점들을 아래에 보충하고자 한다. 그리고 본문에서 보는 바와 같이 필자는 다수의견에 찬성하는데, 아래에서 소수의견을 적는 것을 기회로 소수의견에 대한 필자의 견해를 본문에서 보충하였음(위 6. 의 제 2 단락과 제 3 단락)을 덧붙여 둔다.

**1.** 사실관계를 대상판결로부터 알 수 있는 한도에서 정리하면 다음과 같다.

(1) 원고는 피고에게 1999년 9월부터 1년 이상의 기간 동안 여

러 번에 걸쳐 利子附로 금전을 대여하였고, 피고는 그에게 계속해서 이자를 지급하여 왔다. 이 사건에서 원고는 피고를 상대로 대여금의 반환을 청구하였다. 이에 대하여 피고는, 그 이자약정 중 일정한 이율을 넘는 부분은 공서양속에 반하여 무효이므로 원고는 위 이자약정에 기하여 이미 지급받은 이자 중 위 무효부분에 해당하는 금액을 피고에게 반환하여야 하는데, 이 반환채권으로써 원고의 대여금채권을 대등액에서 상계한다고 항변하였다.

(2) 원심(서울중앙지방법원)은, 年 66%의 이율(이는 이 사건 당시 시행되던 「대부업의 등록 및 금융이용자보호에 관한 법률」 소정의 제한최고이율이다)을 넘는 부분의 이자약정이 공서양속에 반하여 무효임을 인정하면서도, "당사자 사이에 약정된 이율의 일부가 사회질서에 반하는 것으로서 일부 무효가 된다 하더라도 채무자가 그 이율에 따라 이자를 임의로 지급한 경우에는 그 반환을 구할 수 없다"고 판시하고, 따라서 피고가 주장하는 상계의 자동채권은 존재하지 않는다고 보아 그 상계항변을 배척하였다.

이에 대하여 피고가 대법원에 상고하였다.

**2.** 대법원은 전원합의체에서 이 사건을 재판하였다. 다수의견(9인의 대법관)은 본문의 [判決趣旨]에서 적시한 바와 같이 판단하여 원심판결을 파기하였다.

한편 상고는 기각되고 원심판결이 유지되어야 한다는 少數意見(4인의 대법관)의 요점은 다음과 같다.

> "사회통념상 허용될 수 있는 한도를 초과하는 부분의 이자 약정이 일정한 요건 하에 민법 제103조에 위반된 법률행위로서 무효로 평가될 수 있다 하더라도, 사회통념상 허용될 수 있는 한도란 약정 당시의 경제적·사회적 여건의 변화에 따라 유동적일 수밖에 없고

법률적인 평가나 가치판단이 개입되어야만 비로소 그 구체적인 범위를 확정할 수 있어 그 무효의 기준과 범위에 관하여 대주에게 예측가능성이 있다고 보기는 어려우며, 따라서 대주가 차주로부터 적정이율을 초과하는 이자를 지급받았다고 하더라도 대주가 명확하게 불법성을 인식했다고 평가하기는 어렵다. 적정이율을 초과하는 이자약정이 민법 제103조에 위반되어 무효라고 보더라도 당사자 사이의 약정에 따라 이자가 지급된 이상 그 불법원인은 대주와 차주 쌍방 모두에게 있다고 볼 수밖에 없고, 일반적으로 차주가 대주보다 경제적으로 열악한 지위에 있다는 점을 감안하더라도 대주가 불법성을 명확하게 인식했다고 평가하기는 어렵다는 점에 비추어 보면, 일률적으로 대주의 불법성이 차주의 그것에 비해 현저히 크다고 단정할 수만은 없으며, 임의로 이자를 지급함으로써 이미 거래가 종료된 상황에서 다시 차주의 반환청구를 허용한다면 법적 안정성을 해칠 우려도 있으므로 결국 민법 제746조 본문에 따라 차주의 반환청구는 허용될 수 없다."

한편 소수의견은 다음과 같은 점도 지적하고 있다.

"특히, 이 사건과 같이 금융기관과 사이의 거래가 아닌 사인 간에 거래를 함에 있어 아무런 물적 담보 없이 차주나 보증인의 신용만을 담보로 금원을 대여하는 경우 대주로서는 차주의 파산이나 도피, 사망 등의 사유로 인해 채권을 회수할 수 없게 되는 위험을 감수하는 대가로 고율의 이자를 요구하는 것이 일반적이고, 반면 차주로서는 금융기관으로부터 대출을 받을 경우에 비해 고율의 이자를 부담해야 하지만 만약 이러한 부담을 감수하지 않는다면 달리 마땅한 자금 융통의 수단이 없기 때문에 다소 고율의 이자를 부담하더라도 그것이 경제적으로 보아 유리하다는 판단 아래 금원을 차용하게 될 것이다. 이와 같이 대주로서는 고수익을 올릴 수 있는 대신 그만큼 고위험의 부담을 안을 수밖에 없는 점, 차주의 경제적 필요에 의해 금전거래가 이루어진다고 볼 수 있는 점 등을 감안하여 볼 때, 오로지 대주에게만 불법성이 있다고 보거나 대주의 불법성만을 지나치게 강조하는 것은 결코 적절치 않다고 할 것이다.

과거 이자제한법이 적용되던 사안에 관하여 대법원은 이자제한법 소정의 제한이율을 초과한 이자를 임의로 지급한 경우 이는 불법원인급여에 해당하고, 그 불법원인이 대주와 차주 쌍방에게 있어 차주는 지급된 이자의 반환을 구할 수는 없다고 판시하여 왔는바(대법원 1961.7.20. 선고 4293민상617 판결; 대법원 1988.9.27. 선고 87다카422, 423 판결; 대법원 1994.8.26. 선고 94다20952 판결 등 참조), 명확한 무효의 기준이 없어진 현 상황에서 오히려 대주의 불법성을 강조하는 것은 균형이 맞지 않는 해석이라 아니할 수 없다."

Ⅱ. 본문의 8.에서 본 이자제한법은 이 글을 쓸 당시에는 아직 공포되지 않았었다. 그 후 그 법률은 2007년 3월 29일의 법률 제8322호로 공포되어, 동년 6월 30일부터 시행되고 있다.

# 12. 2005년 民事判例 管見

## Ⅰ. 序

2003년 및 2004년과 마찬가지로[1] 한 해를 단위로 "필자 개인의 입장에서 볼 때 이론적으로 논의할 필요가 있다고 생각되는" 민사재판례를 골라서 이하에서 살펴보기로 한다. 전에 말한 대로, "「논의」라기보다는, 그것이 필자의 사고를 자극한 바, 마음 속에 의문 또는 숙제로 느껴지는 바를 적어 보려는 것이다. 그러므로 아직 무슨 확고한 발언이라고 할 것이 있지 않으며, 오히려 「感想」이라고 하는 편이 적절할지도 모른다."

이번에도 「2005년」의 민사재판례라고 하지만, 엄밀하게는 2005년도의 『판례공보』에 실린 것을 가리키는 것이다. 그러므로 재판을 한 시기로 보면, 2004년 11월 하순부터 2005년 11월 말경까지가 된다. 그리고 필자의 전공 기타의 이유로 민사재판례 중 민법, 그 중에서도 특히 재산법에 관련된 것에 중점을 두기로 한다.

---

1) 梁彰洙, "2003년 民事判例 管見", 人權과 正義 332호(2004. 4), 53면 이하; 同, "2004년 民事判例 管見", 人權과 正義 344호(2005. 4), 79면 이하(이상 각기 同, 民法硏究, 제 8 권(2005), 361면 이하, 411면 이하에 각기 所載. 아래에서는 이에 의하여 인용한다).

## Ⅱ. 取得時效 完成 후 登記 전에 所有者가 目的土地 위에 설치한 담장에 대한 撤去請求의 可否

**1.** 大判 2005. 3. 25, 2004다23899등(공보 상, 662)은 종전에 별로 의식되지 아니하였던 문제를 다루고 있다. 이 사건에서는, 부동산에 대한 취득시효가 완성되었지만 아직 그 점유자(원고) 앞으로 소유권 이전등기가 경료되기 전이어서 아직 소유권을 잃지 않은 소유자(피고)가 그 부동산 위에 있던 담장을 헐고 새로이 담장 및 슬레이트 지붕을 축조하였다는 것이다. 이 사건에서 원고는 피고를 상대로 시효취득을 원인으로 하는 소유권이전등기와 함께 위 담장 등의 철거를 청구하였다.

원심법원은 소유권이전등기청구를 인용하면서도, 담장 등의 철거 청구는 이를 기각하였다. 그 이유는 "시효취득이 완성되었으나 아직 소유권이전등기를 경료하기 전의 시효취득자에게는 취득시효 완성 그 자체의 효과로서 토지소유자가 그 토지 위에 설치한 담장의 철거를 구하는 등의 물권적 청구권이 발생하지 않는다고 할 것"이라는 데 있다.

그러나 대법원은 원고의 이 부분 상고를 받아들이고, 원심판결을 파기하였다. 대법원은 "취득시효가 완성된 점유자는 **점유권에 기하여** 등기부상의 명의인을 상대로 점유방해의 배제를 청구할 수 있다"(강조를 위한 고딕체는 인용자가 가한 것이다. 이하 같다)고 전제한 다음, "원고는 … 소유권에 기한 방해배제청구권에 기하여 위 담장 등의 철거를 구한 바 없고, 오히려 '피고가 기존의 담장을 허물고 새로운 담장을 쌓은 것은 원고의 점유를 침탈한 행위에 해당한다.'고 주장하였으며(기록 551면 참조), 원심의 변론종결 직전에는 소유권에 기한 주장은 하지 아니하고 담장 등 철거청구도 시효취득에 의하여서만 구하는 것이라고 진술하였는바, 그렇다면 원고는 점유권에 기한 방해배제청구권의 행사로서 피고를 상대로 담장 등의 철거를 청구하고 있는 것으로 보아야 한다. 따라서 원심이 취득시효 완성 후 아직 등기를 하지 않은 상태에서는 소유권이 없다는 이유로 담장 등의 철거청구를 기각한 조치는 원고가 이 부분 청구원인으로 주장하는 취지를 오인하여 판단을 유탈한 위법이 있다"(점선부분은 인용자가 생략한 것을 가리킨다. 이하 같다)고 판단하였다.

**2.** 위 대법원판결의 主旨는 혹 원심판결이 원고의 주장취지를 오해하였다는 점에 있는 것인지도 모른다. 즉 원고는 담장 등의 철거를 점유권에 기한 방해배제로서 구하는 것이고 소유권에 기한 물권적 청구권을 주장하고 있는 것이 아님에도 원심법원은 후자에 대하여만 판단하고 있다는 것이다.

그렇다고 하더라도 대법원의 판시 중 "취득시효가 완성된 점유자는 점유권에 기하여 등기부상의 명의인을 상대로 점유방해의 배제를 청구할 수 있다"고 설시하는 부분에 대하여는 주의를 요한다. 원고는 단순한 점유자로서가 아니라 이른바 시효완성점유자(Ersitzungsbesitzer)로서 이 사건 청구를 하는 것으로 여겨진다. 단순히 점유권에 기한 방해배제청구를 하는 것이라면, 앞의 1.에서 인용한 대법원판결의 설시에서도 알 수 있는 바와 같이 "원심의 변론종결 직전에는 소유권에 기한 주장은 하지 아니하고 담장 등 철거청구도 **시효취득에 의하여서만 구하는 것**이라고 진술"하지는 않았을 것이다. 요컨대 이 사건에서 문제되는 것은 부동산의 취득시효가 완성된 후 아직 등기를 경료하지 아니한 시효완성점유자의 법적 지위 여하이고, 만일 단순한 점유자의 그것만을 문제 삼는다고 한다면, 사태의 본질을 가린다는 비난을 받기 쉬울 것이다. 위 대법원이 굳이 "**취득시효가 완성된 점유자**는 점유권에 기하여 등기부상의 명의인을 상대로 점유방해의 배제를 청구할 수 있다"고 설시하는 것도 그러한 이유에 기한 것이리라.

**3.** 취득시효가 완성되면 다른 경우에는 바로 점유자가 목적물의 소유권[2]을 취득한다(민법 제245조 제2항, 제246조 참조). 예외는 민법 제245조 제1항에서 정하는 부동산장기취득시효의 경우뿐이다. 동 규정은 그 경우에 점유자는 "등기함으로써 그 소유권을 취득한다"고 규정한다. 시효완성점유자가 이와 같은 등기를 하기 전에 어떠한 법적 지위를 가지는가 하는 것은 아마도 민법에서 가장 어려운 법문제의 하나라고 여겨진다.

(1) 이와 같이 취득시효가 완성되어도 등기가 있어야 비로소 목적물의 소유권을 취득한다는 태도를 취하는 것은 일본[3]은 물론이고, 독일[4]이나 프랑스[5]에서도 예를 찾을 수 없다. 다만 스위스민법에서 취득시효는 원칙적으로 소유자 아닌 사람이 등기부상 소유자로 등기되어 있었던 경우에만 인정된다(제661조)(이른바 통상취득시효 *ordentliche Ersitzung* 또는 등기부취득시효 *Tabularersitzung*). 그러나 예외적으로 미등기부동산[6]을 30년간 계속 자주점유한 경우에 그 점유자는

2) 이하에서는 논의의 필요상 소유권을 취득시효하는 경우에 한정하여 보기로 한다.

3) 일본에서는 20년 간 일정한 양태의 점유를 계속하는 것으로써 바로 목적물(동산·부동산을 불문한다)의 소유권을 취득한다. 일본민법 제162조 참조.

4) 독일에서 부동산에 대한 취득시효는 소유자 아닌 사람이 등기부에 소유자로 일정 기간 등기되어 있는 경우에만 인정되며(이른바 등기부취득시효), 30년 간의 자주점유로 바로 소유권을 취득한다. 독일민법 제900조 제1항 참조.

5) 프랑스에서 취득시효는 일정한 기간의 점유로써 완성되며, 그 효과는 점유자의 원용에 의한 소급적 권리취득이다. 프랑스의 점유 및 취득시효제도에 대하여는 우선 南孝淳, "프랑스民法上의 占有 및 取得時效", 判例實務研究 제1집(1997), 173면 이하를 보라.

6) 등기된 부동산의 경우에도 등기부상으로 소유자가 누구인지 알 수 없는 때 또

"자신이 소유자로 등기될 것을 청구할 수 있"는데(제662조 제1항), 이 등기는 공시최고절차를 거쳐 법원의 판결에 의하여서만 행하여질 수 있다고 한다(동조 제3항)(이른바 특별취득시효 *ausserordentliche Ersitzung* 또는 登記簿外取得時效 *Extratabularersitzung*). 종전의 통설은, 시효완성점유자는 소유권을 자신에게 귀속시키는 것에 대한 公法上의 請求權을 가지며, 소유권은 위와 같은 판결의 효력에 의하여 비로소 취득된다고 하였다고 한다.[7] 그러나 현재의 통설은 30년 시효기간의 종료로 법률의 힘에 의하여 소유권을 취득하며 공시최고절차 및 법원의 판결은 선언적인 의미를 가질 뿐이라고 한다.[8] 그리고 스위스연방대법원의 재판례 중에는 등기에 의하여 비로소 소유권이 취득된다는 태도를 취한 것이 있는데(BGE 76 I 184), 그 후에 나온 다른 재판례(BGE 93 Ⅱ 35)가 이를 이어받고 있는지 의문이 있다고 한다.[9] 어쨌거나 스위스에서 부동산에 대한 장기취득시효는 극히 예외적으로밖에 문제되지 않아서, 아직 등기가 행하여지지 않고 있는 동안의 다양한 법문제를 다룬 문헌은 찾기 어렵다.

요컨대 "등기함으로써 그 소유권을 취득한다"고 명문으로 정하는 우리 민법의 해석에 직접적으로 참고가 될 만한 외국의 논의는 쉽사리 찾을 수 없는 것으로 보인다.

---

는 시효기간의 기산시에 이미 그가 30년 이상 사망하였거나 실종선고를 받고 있는 때에는 예외적으로 취득시효가 인정된다. 스위스민법 제661조 제2항 참조.

7) 소수설은 점유요건의 구비 및 공시최고절차의 종료로 점유자가 소유권을 취득하며, 판결은 단지 선언적 효력이 있을 뿐이라는 태도를 취하였다고 한다. 스위스법에 관한 본문 및 이상의 서술에 대하여는 Haab et al., *Das Sachenrecht. 1. Abt: Das Eigentum*, Art. 641 bis 729, Kommentar zum Schweizerischen Zivilgesetzbuch, Bd. 4(1977), S. 282(이 부분은 원래 Haab에 의하여 쓰여져서 1933년에 分冊으로 발간되었다) 참조.

8) 우선 Meier-Hayoz, in: *Berner Kommentar zum ZGB*, Art. 662 Rn. 22ff.(S. 137f.)(1974); Heinz Rey, *Die Grundlagen des Sachenrechts und das Eigentum* (1991), Nr. 1640f. m.w.N.(S. 346f.); Tuor/Schnyder, *Das Schweizerische Zivilgesetzbuch*, 10. Aufl.(1986), S. 633f. 참조.

9) 前註의 문헌, 특히 Meier-Hayoz 및 Tuor/Schnyder 참조.

(2) 우리 민법의 입법과정에서도, 애초의 「민법전편찬요강」[10]은 "20년간 소유의 의사로써 평온하고 공연하게 타인의 부동산을 점유한 자가 **공시최고절차에 의하여 법원의 제권판결을 얻어 등기를 한 때**에는 시효로 인하여 그 부동산의 소유권을 취득한다"는 항목을 담고 있었고, 민법안 제235조 제1항도 이 요강에 좇아 "20년간 소유의 의사로 평온, 공연하게 부동산을 점유하는 자는 법원의 판결을 얻어 등기함으로써 그 소유권을 취득한다"고 하였다. 그런데 法司委의 심의과정에서 그 중 「법원의 판결을 얻어」의 부분을 삭제하자는 수정안이 나와서, 이 수정안이 본회의에서 채택되었다. 그 수정제안의 이유[11]는, 요컨대 한편으로 시효완성점유자는 어차피 자기 앞으로 등기를 넘기려면 시효완성의 효과로 주어지는 실체법상의 등기청구권에 기하여 통상 법원의 판결을 얻어야 할 것이므로 굳이 이를 법문에 내걸 필요가 없다는 것이고, 다른 한편으로는 민법에서 채택된 물권변동에 관한 등기주의와의 절충이 필요하다는 것이라고 정리할 수 있겠다.

그러나 이러한 입법과정으로부터 그 등기 전의 시효완성점유자의

---

10) 이는 張厚永, 現行民法總則(1950), 307면 이하에 수록되어 있는데, 梁彰洙, 民法硏究, 제1권(1991), 100면 이하에 轉載하였다. 본문에서 인용한 항목은, 同所, 102면.

11) 그 이유는 다음과 같다(民法案審議錄, 上卷, 152면 下段 이하. 띄어쓰기나 맞춤법 등을 수정하였다).

"前所有者의 登記를 抹消함에는 亦是 體制上「法院의 判決」이 있어야 하지 않을까 라는 意見도 있으나 그러나 所有者 自身이 所在不明인 때에는 公示送達에 依하여 移轉登記를 命하는 裁判을 받으면 足하고 無主의 不動産은 第242條 第2項에 依하여 國有가 되기 때문에 問題가 없다. 未登記인 境遇에는 保存登記에 依하고 旣登記인 境遇에도 當然히 登記請求權이라는 實體的 權利에 依하여 判決을 얻게 되는 것이므로 草案의「判決을 얻어」라는 것은 必要 없는 規定이다.

뿐만 아니라 原所有者가 時效에 依하여 그 所有權이 移轉되었다는 것을 스스로 是認하고 移轉登記에 協力하는 境遇에는「法院의 判決」을 얻을 必要가 없는 것이다.

또 이와는 딴 問題이나 不動産取得時效에 있어서는 占有만이 아니라 登記까지도 要件으로 하는 獨逸民法主義에 相當한 理由가 있으나 草案은 登記와 占有가 具備한 때에는 十年을 取得時效로 하고 占有만인 境遇에는 그 取得時效를 二十年으로 하여 折衷主義를 採擇하고 있는 것이다."

법적 지위, 특히 그「등기청구권이라는 실체적 권리」의 법적 성질 등의 문제에 대한 결정적인 단서를 얻을 수는 없다고 생각된다.

(3) 이 문제와 관련하여 지금까지 나온 판례의 태도를 일관되게 설명하는 것은 어려운 일이다. 물론 시효완성점유자가 소유자를 상대로 하여 소유권이전등기청구를 할 수 있다는 점에 대하여는 의문이 없다. 그런데 판례의 태도를 어떻게 이해할 것인지를 문제삼는 그 소유권이전등기청구권은 종전에 흔히 설명되어 오던 것처럼 통상의 채권적 청구권, 예를 들면 매매계약으로부터 발생하는 소유권이전등기청구권과 같은 이론틀에는 썩 원만하게 끼워 넣어지지 않는 점이 적지 않다.

**(a)** 판례는 주지하는 대로 시효완성점유자가 소유권등기를 경료받지 못하고 있는 동안 소유자로부터 이를 양수한 제3자에 대하여 시효취득의 효과를 주장하지 못한다는 태도를 견지하고 있다.[12] 이와 같이 하여 시효완성점유자의 소유권 취득을 좌절시킨 소유자는 그 점유자에 대하여 어떠한 책임을 지는가?

大判 95.7.11, 94다4509(공보 2747)는, 시효완성 후에 소유자가 목적 부동산을 제3자에게 양도함으로써 소유권이전등기의 실현이 불가능하게 되었음을 이유로 해서 점유자가 그 소유자를 상대로 채무불이행에 기한 손해배상을 청구한 사건에서, "시효취득으로 인한 소유권이전등기청구권이 있다고 하더라도 이로 인하여 부동산소유자와 시효취득자 사이에 계약상의 채권·채무관계가 성립하는 것은 아니므로" 피고의 채무불이행책임을 묻을 수 없다고 판시하여, 시효완성점유자의 손해배상청구를 기각하였다.

12) 이러한 취지의 재판례는 大判 65.7.6, 65다914(集 13-2, 13) 이래 일일이 들 필요가 없을 정도로 많다. 우선 全元烈, "不動産의 占有取得時效完成 後의 法律關係에 관한 考察", 司法硏究資料 22집(1995), 266면 주 43에서 들고 있는 30개 이상의 재판례를 보라. 大判 95.5.9, 94다22484(공보 2078)는 그것이「이미 확정된 판례」의 태도라고 설시한다.

그런데 일반적으로 채무불이행책임은 계약상 채무의 불이행에 한정해서만 인정되는 것이 아니며, 그 발생원인을 불문하고 모든 채무의 불이행에 대하여 인정되는 것이다. 예를 들어 불법행위로 인한 손해배상책임을 묻는 경우에 불법행위시부터 지연손해금을 가하는 것이 쉽사리 이를 뒷받침하여 준다. 그런데도 위 판결은 부동산소유자와 시효완성점유자 사이에 「계약상」의 채권·채무관계가 성립하지 않는다는 이유로 위와 같은 경우에 소유자의 채무불이행책임을 물을 수 없다고 한다.[13] 그 전에 나온 大判 93.2.9, 92다47892(공보 955)는, 유사한 사안에서 시효취득의 목적물을 처분한 소유자가 어떠한 요건 아래서 **불법행위책임**을 지는가를 논의하면서, "부동산소유자가 부동산을 제3자에게 처분하여 소유권이전등기를 넘겨 줌으로써 취득시효완성을 원인으로 한 소유권이전등기의무가 **이행불능**에 빠짐으로써 시효취득을 주장하는 자가 손해를 입었다면" 운운하여 적어도 문언상으로는 소유권이전등기의무의 이행불능, 즉 채무불이행의 객관적 양태를 인정한 바 있었음에도 말이다.

그런데도 위와 같이 쉽사리 지적될 수 있는 법논리의 무리 또는 수미일관성의 결여를 감행하면서까지 소유자의 채무불이행책임을 부정할 만한 무슨 다른 이유가 있는 것은 아닐까?

**(b)** 大判 92.5.12, 92다4581등(集 42-1, 21) 이래 판례는 채무자가 이행불능에 빠진 경우의 일반적 법률효과로서 채권자는 대상청구권을 가진다는 태도를 취하고 있다. 그리고 大判 94.12.9, 94다25025(공보 1995, 450)는 "취득시효가 완성된 토지가 수용됨으로써 취득시효 완성을 원인으로 하는 소유권이전등기의무가 **이행불능이 된 경우**에는, 그 소유권이전등기청구권자는 소위 대상청구권의 행사로서, 그 토지의 소유자가 그 토지의 대가로서 지급받은 수용보상금의 반환

---

13) 이 점을 지적하는 것으로 沈俊輔, "取得時效와 代償請求權", 民事判例研究 20집(1998), 105면 이하도 참조.

을 청구할 수 있다"고 판시하였고, 이러한 태도는 그 후에 나온 大判 95.7.28, 95다2074(공보 2973); 大判 95.8.11, 94다21559(공보 3118); 大判 95.12.5, 95다3209(공보 1996상, 195)에서도 유지되고 있었다. 이러한 재판례들은 취득시효의 완성으로 인하여 시효취득점유자가 가지는 소유권이전등기청구권이 통상의 채권적 청구권과 다를 바 없다는 관점에서 설명되기 쉬울 것이다.

그런데 大判 96.12.20, 94다43825(集 44-2, 350)[14]에 이르러서는, "점유로 인한 부동산 소유권 취득기간 만료를 원인으로 한 등기청구권이 이행불능으로 되었다고 하여 대상청구권을 행사하기 위하여는, **그 이행불능 전에 등기명의자에 대하여 점유로 인한 부동산 소유권 취득기간이 만료되었음을 이유로 그 권리를 주장하였거나 그 취득기간 만료를 원인으로 한 등기청구권을 행사하였어야** 하고, 그 이행불능 전에 그와 같은 권리의 주장이나 행사에 이르지 않았다면 대상청구권을 행사할 수 없다고 봄이 공평의 관념에 부합한다"고 판시한다. 일반적으로는 대상청구권이 인정되는 요건으로 채권자가 이행불능 전에 권리를 주장하였거나 행사하였어야 한다는 것이 요구되지 않는데, 이 경우에만 특히 이것이 요구되는 이유는 무엇일까? 이 판결에 대한 재판연구관의 해설[15]을 보면, "시효취득으로 인한 등기청구권의 경우에도 대상청구권이 널리 인정된다면 시효취득 완성 후 목적물을 처분한 소유자의 책임을 제한적으로 인정하여 온 기존 판례의 입장과 실질적으로 상충하게 되므로 대상청구권의 인정범위를 적절히 조절할 필요가 있[어서] … 전보배상청구권이나 그에 상당하는 불법행위로 인한 손해배상채권도 인정되지 않는 범위까지 대상청구권을 인정하는 것은

14) 이 판결이 취득시효 완성에서의 대상청구권의 문제에 관한 다른 재판례들과는 달리 유독『대법원판례집』에 수록된 것도 심상하게 볼 것이 아니다.

15) 李載桓, "時效取得 후 등기청구권을 주장, 행사하지 않은 사이 목적물이 양도된 경우에도, 時效取得者에게 代償請求權이 인정되는지 여부", 대법원판례해설 27호(1996년 하반기)(1997), 86면 이하, 92면 이하.

적절치 않다"(꺾음괄호 안은 인용자가 부가한 것이다. 이하 같다)라고 한 다음, "그렇다면 시효취득자에게 대상청구권을 인정함에 있어서도 … **불법행위책임의 성립기준과 유사**하게, 등기청구권이 이행불능상태에 빠지기 전에 시효취득자가 소유자에 대하여 시효취득의 주장을 하였거나 그로 인한 등기청구권을 행사하였어야 대상청구권이 인정된다고 봄이 상당하다"고 설명하고 있다.

이는 시효완성점유자의 소유권이전등기청구권에 대하여 다름아닌 그 의무자인 소유자에 대한 관계에서 어떠한 요건 아래 어떠한 내용의 보호를 줄 것인가에 관하여 그 실질적인 기준이 대상청구권을 포함하는 채무불이행의 일반적 법리가 아니라 불법행위의 법리[16]에 준함을 선언한 것이다. 이상은 결국 시효완성점유자의 소유권등기 전의 법적 지위는, 그 이행불능 등의 언사에도 불구하고, 통상의 채권관계라거나 그에 유사하다는 것으로는 충분히 해명되지 않음을 의미한다.[17] 이는 大判 95.12.5, 95다24241(集 43-2, 359)과 같이 "부동산에 대한 점유취득시효 완성을 원인으로 하는 소유권이전등기청구권은 **채권적** 청구권"이라고 명확하게 설시하는 재판례가 주지하는 바와 같이 다수 존재함[18]에도 불구하고 그러하다는 점에서 더욱 흥미로운 것이

16) 취득시효 완성 후에 소유자가 처분한 경우에 그의 불법행위책임을 인정하는 요건 등에 대한 판례의 전개에 대하여는 우선 梁彰洙, "最近重要民事判例動向(Ⅱ) ── 土地所有權에 대한 長期取得時效完成의 效果", 同, 民法硏究, 제 4 권(1997), 419면 이하 참조.

17) 沈俊輔(註 13), 112면은 위 大判 96.12.20.에 대하여 결론적으로 "취득시효에 관하여 대상청구권을 인정함으로써 기존판결과의 이론적 모순을 피하지 못했고, 대상청구권의 성립에 필요한 특수한 요건을 특별한 논리적 근거 없이 도입함으로써 대상청구권에 관한 법리형성에 혼란을 초래하였으며, 그 달하려고 한 목적을 추구함에 있어서도 節度를 지키지 못했다고 볼 수밖에 없을 것"이라고 비판한다.

18) 그러나 여기서 그 이전등기청구권이 「채권적」 성질의 것이라고 하는 것이 어느 경우에나 채권 일반에 관한 법리, 예를 들어 채무불이행책임이 그대로 적용됨을 의미한다고 해야 할 필요는 없을 것이다. 그것은 시효완성 당시의 소유자에 대한 권리이고, 기타의 제 3 자(예를 들어 시효완성 후의 목적물의 양수인

다.

(c) 한편 이번에 나온 大判 2005. 5. 26, 2002다43417(공보 하, 1007)도 적어도 그 법논리에 있어서 설명이 용이하지 않은 판단을 내리고 있다. 이 판결은 예외적인 경우에는 "취득시효 완성 당시 진정한 소유자는 아니지만 소유권보존등기명의를 가지고 있는 피고에 대하여 직접 취득시효완성을 원인으로 하는 소유권이전등기를 청구할 수 있다"고 한다. 그 이유는 다음과 같다.

"이 사건에서는 앞서 인정한 사정에 비추어 보면 이 사건 토지가 누구에겐가 사정된 것은 분명하되 현존하는 토지조사부로는 사정명의인을 도저히 확인할 수 없게 되었고 지적원도 기타 지적공부를 가지고도 원고가 사정명의인 또는 그의 상속인을 찾을 수 없어 취득시효완성을 원인으로 하는 소유권이전등기에 의하여 소유권을 취득하는 것이 사실상 불가능하게 되었다고 볼 여지가 있는바, 그럼에도 불구하고 단지 피고의 위 보존등기가 무효라는 이유만으로 피고의 원고에 대한 소유권이전등기의무를 부정한다면 원고는 취득시효가 완성되었음에도 불구하고 소유권이전등기청구의 상대방을 찾을 수 없어 소유권이전등기를 구할 수 없게 되어 결국 이 사건 토지의 진실한 소유관계를 등기부상에 제대로 그것도 영구히 공시하지 못하게 되는 불합리한 결과에 이르게 된다.

… 점유취득시효 완성의 효과로서 소유자에 대한 이전등기청구권이 발생함에 불과하나 이 경우에도 소유자가 시효취득자에 대하여 소유권을 주장하여 부동산의 인도를 구하는 것이 허용되지 않는 등 시효취득자의 소유권이전등기청구권은 법률행위에 기한 채권적 권리보다 강하게 보호받는다는 점, 나아가 기록에 의하여 인정되는 바와 같이 원고는 갑의 차남인데 갑의 장손인 을은 이 사건 토지를 원고가 갑으로부터 증여받아 경작하여 온 사실을 인정하고 있으며, 피고

---

등)에 대한 권리(그러한 의미에서「대세적」, 즉「물권적」권리)가 아니라는 의미에서 쓰인 것이라고 이해할 가능성도 없지 않다.

[국가이다]도 원고의 점유사실 자체는 다투지 않고 오히려 이 사건 토지는 원고가 주장하는 취득시효완성일 무렵 査定名義人의 소유였다가 피고가 그 후 국유재산법의 절차에 따라 소유권을 취득하였다고 주장함으로써 그 주장 자체로 보더라도 결국 피고 명의의 소유권보존등기는 무효라는 점을 자인하는 것이나 마찬가지인데다가 피고 이외에는 이 사건 토지의 등기부상 다른 이해관계인이 존재하지 않기 때문에 직접 원고에게 소유권이전등기를 하더라도 이로 인하여 불이익을 받는 자가 없다는 점까지 모두 고려할 때 이 사건의 경우에는 원고는 취득시효완성 당시 진정한 소유자는 아니지만 소유권보존등기명의를 가지고 있는 피고에 대하여 직접 취득시효 완성을 원인으로 하는 소유권이전등기를 청구할 수 있다고 할 것이다."

이러한 이유제시는 예를 들어 부동산매수인이 누구로부터 부동산을 매수하였는지는 분명하지 않아도 일정한 예외적 사정이 있으면 "현재의 소유권등기명의인에게 소유권이전등기를 청구할 수 있다"고는 쉽사리 말할 수 없는 것과 현저한 대조를 이룬다.

**4.** 시효취득점유자의 소유권이전등기청구권이 ──그것을 물권적 청구권이라고 하는 견해를 제외하고서도── 특수한 성질을 가지는 권리임을 지적하는 論者는 적지 않다. 예를 들면, 소유자는 시효완성점유자에 대하여 「채무(Schuld)」를 부담하는 것이 아니라 기껏해야 법이 부과하는 일정한 「책임(Haftung)」을 부담할 뿐이라거나,[19] 소유전이전등기의무의 "실질은 원시취득인 시효취득의 실현절차상 법률이 요건으로 정하고 있는 등기에 협력할 소극적 지위를 말하는 것일 뿐"

19) 崔秉祚, "代償請求權에 관한 小考", 判例實務硏究 1집(1997), 497면 이하를 보라. 그러나 「책임」이란 통상 채권자의 강제집행 등 攻取에 채무자의 재산 등 특정한 객체가 服하는 권리와 객체 사이의 물적 관계를 말하는 것이다. 그런데 시효취득에서는 시효완성점유자는 부동산의 취득 자체를 목적으로 하는 권리를 가진다고 하지 않을 수 없으므로, 이를 단순히 당해 부동산이 시효취득점유자의 공취에 복하는 물적 관계라고 보기는 어려울 것이다.

이라거나,[20] 나아가서는 취득시효 완성으로 점유자와 소유자 사이에 어떠한 실체적인 채권채무관계가 생기지 않으며 그들 사이의 관계는 의제적인 법률관계에 불과하다고도 한다.[21]

(1) 이 문제에 대하여 여기서 끝까지 논의할 수는 없으나, 필자는 하나의 試論으로 취득시효가 완성된 경우에 **소유자와 점유자 사이에서는** 취득시효제도의 취지에 비추어 법률의 규정(민법 제245조 제1항)에 의하여 인정되는 특수한 법률관계가 성립한다고 설명하면 어떨까 하는 생각도 해 본다.[22] 즉 이는 기본적으로 취득시효제도의 취지, 즉 점유자의 장기점유라는 사실상태를 이제 법적으로 영구히 정당화되는 상태로 고양한다는 취지를 실현하기 위하여 법률이 특별히 인정하는 것으로서, 그러한 목적에 봉사하는 순전히 수단적인 성질을 가진다. 시효완성점유자가 소유자에 대하여 소유권이전등기를 청구할 수 있는 것(이는 앞의 3.(2)에서 본 대로 이미 민법의 입법자가 당초부터 예정하고 있던 바이다)도 위와 같이 「수단적」인 법률관계의 한 내용으로서, 사실상태와 등기를 통하여 공시되는 권리상태의 합치를 꾀하는 방법으로 인정되는 것이다. 다시 말하면 그러한 등기청구권을 긍정하지 아니하면, 시효완성점유자의 점유를 「법상태」 자체로 인정한다는 취득시효제도의 취지는 등기신청에 관한 우리 법의 원칙(부동산등기법 제27조, 제29조 등 참조) 아래서는 달성될 수 없는 것이다.[23] 그리고 이 경우의 등기청구권에 대하여 大判 90.11.13, 90다카25352(공보 1991, 93) 등 판례가 시효완성점유자가 목적 부동산을 점유하고 있는 동안에는 소멸시효가 진행하지 않으며 그 점유를 상실한 때로부터 비

20) 沈俊輔(註 13), 106면.

21) 金元烈(註 12), 291면 이하.

22) 이하의 시도는 앞의 註 20 및 21의 본문에서 본 견해들과 기본적으로 같은 방향에 있으며, 그들을 보다 확충한 것이라고도 말할 수 있겠다.

23) 그러므로 이 경우 시효완성점유자의 등기청구권은 민법 제245조 제1항에 기하여 발생하는 법률상의 등기청구권이다.

로소 소멸시효가 진행한다고 하는 ──통상의 채권적 청구권의 소멸시효 기산에서와는 사뭇 다른── 태도를 취하는 것도 결국 그 청구권이 위와 같은 취득시효제도의 목적에 봉사한다는 것에 의하여 설명될 수 있을 것이다.

그 외에도 소유자가 점유자에 대하여 소유권을 주장하여 토지의 인도나 그 지상 건물의 철거를 청구하지 못하는 것,[24] 점유자가 부동산을 점유하는 동안의 사용이익에 대하여 소유자가 부당이득의 반환을 청구할 수 없는 것,[25] 소유자가 점유자를 상대로 하여 소유권확인의 소를 제기하더라도 받아들여지지 않는 것[26] 등은 시효완성점유자의 지위에 대한 그와 같은 적극적인 공격을 위와 같은 법률관계의 존재로써 방어할 수 있다는 것으로 설명된다. 이와 같이 시효완성점유자와 소유자 사이의 법률관계는 단순히 전자가 후자에 대하여 이전등기청구권을 가진다는 것만에 그치지 않는 보다 포괄적인 것인 것이다.

한편 代償請求權은 이를 아예 부인하는 것이 타당하다. 대상청구권은 기본적으로 적극적으로 일정한 급부를 청구할 수 있는 채권관계를 전제로 하여 그 급부의 실현이 불능인 경우에 그 급부 대신에 언어진 그와 경제적 일체성 있는 이익을 목적으로 하는 것이다.[27] 소유

24) 大判 88.5.10, 87다카1979(공보 948) 등.

25) 大判 93.5.25, 92다51280(공보 1849) 등.

26) 大判 87.10.13, 86다카2928(集 35-3, 149); 大判 96.6.9, 94다13480(공보 하, 2368) 등.

27) 독일민법에서 대상청구권은 제285조(2002년의 채권법 대개정 전에는 제281조)에서 규정되고 있는데, 그에 상응하는 제1초안 제238조에 대하여 『理由書(Motive)』가 "이 원칙은 義務負擔의 意思(Verpflichtungswille)가 그것[代償]에 미친다는 정당한 관념에 근거를 두고 있다"고 설명하는 것(Motive Ⅱ, S. 46 = Mugdan Ⅱ, S. 25)(이 점에 대하여는 우선 梁彰洙, "賣買目的土地의 收用과 補償金에 대한 代償請求權", 同, 民法硏究, 제 3 권(1995), 392면 이하 참조)도 이 맥락에서 흥미를 끈다. 즉 취득시효 완성의 효과로서의 이전등기청구권과 관련하여서는 애초「의무부담의 의사」를 논의할 여지가 없는 것이다. 다른 한편 物權的 請求權, 특히 소유물반환청구권에 기하여서는 그 청구권의 구조 자체는 일반

자가 시효완성 후에 목적물을 처분함으로써 제3자가 이를 유효하게 취득함으로써 또는 목적 부동산이 공공사업자에 의하여 수용됨으로써 ── 확고한 판례준칙에 의하면 ── 이제 점유자가 소유권을 취득할 가능성이 배제되면, 위와 같은 법률관계는 이제 그 **목적을 상실하여** 아예 소멸하는 것이고, 대상청구권으로 전화하는 것이 아니다. 다른 관점에서 말하면, 취득시효제도는 대상의 물적 귀속 자체만을 규율하는 것이고, 그 귀속으로 인한 이익(Interesse)의 실제적 실현까지도 도모하는 것은 아니라고 할 것이다.

나아가 위와 같은 법률관계에 기하여서는 채무불이행책임이 인정될 수 없다. 오히려 위와 같은 법률관계는, 비록 그것이 채권관계와 유사한 측면을 가지고 있다고 하더라도, 채무불이행책임에 친하지 않은 특수한 성질의 그것이라고 말해야 할 것이다. 예를 들어 시효완성 점유자가 소유권이전등기청구소송을 제기하였다고 해서 소유자가 이행지체의 책임을 지지 않으며,[28] 판례가 말하는 대로 제3자의 소유권 취득으로 인한 이행불능, 나아가 제3자에 대한 저당권의 설정 등의 경우에 혹 제기될지도 모르는 불완전급부 등으로 인한 책임은 논의될 여지가 없다. 또 시효완성점유자의 수령지체 등도 문제되지 아니한다.

**(2)** 위의 大判 2005. 3. 25.에서 문제된 소유자가 시효완성 후 목적 토지 위에 시효완성점유자의 동의 없이 담장 등을 축조한 것은 어떠한가?

**(a)** 우선 시효완성을 원인으로 하는 등기가 있기 전에는 시

---

의 채권적 청구권과 다를 바 없음에도 대상청구권이 부인되어야 할 것인데(독일에서의 통설·판례이다. 우선 MünchKomm/Emmerich, §285 BGB, Rn. 12(Bd. 2a, 4. Aufl.(2003), S. 970) 참조), 그 이유도 결국 본문에서 말한 바와 관련된다고 볼 것이다.

**28)** 이는 민법 제392조에서 정하는 이행지체 중의 책임가중에 대하여도 마찬가지임은 물론이다.

효완성점유자가 소유권을 취득하지 못함은 민법 제245조 제1항의 명문에 비추어서도 명백한데, 소유자 없는 사람에게 제214조 등의 물권적 청구권을 막바로 인정하기는 어려울 것이다. 그렇다면 다른 관점에서 접근하여, 시효완성점유자는 시효완성 당시의 점유상태로 소유권을 취득할 수 있는 지위에 있는 것이며, 따라서 취득시효가 완성된 부동산의 소유자는 시효완성 당시의 사실상태를 함부로 변개하지 아니할 의무를 진다고 상정할 수 있을는지도 모른다. 만일 그렇다면 점유자는 그 의무에 위반하여 작출된 상태의 「除却」을 청구할 수 있을 것이다(민법 제389조 제3항). 그러나 위와 같은 부작위의무를 인정하여 소유자와 시효완성점유자 사이의 법률관계를 더욱 「실체화」하는 것은 쉽사리 인정할 수 없다. 또 여전히 소유권을 가지는 소유자가 자신의 소유물에 일정한 변개를 가하더라도, 실제적으로 시효완성 여부 및 그 시점의 판단은 용이하지 아니한 바로서, 과연 자신의 행위가 그 당시의 시점에서 시효완성점유자의 법적 지위를 위법하게 해하는 것인지도 판단하기도 어려운 것이다. 그러므로 시효완성점유자는 그 지위에서 바로 방해배제청구를 할 수는 없다고 할 것이다.

(**b**) 이미 大判 99.7.9, 97다53632(공보 하, 1567)은, "토지를 20년간 소유의 의사로 평온·공연하게 점유한 자는 등기를 함으로써 비로소 그 소유권을 취득하는 것이다. 따라서 점유자가 원소유자에 대하여 점유로 인한 취득시효기간이 만료되었음을 이유로 취득시효완성을 원인으로 한 소유권이전등기청구를 하는 등 그 권리행사를 하거나 원소유자가 취득시효완성 사실을 알고 점유자의 권리취득을 방해하려고 하는 등의 특별한 사정이 없는 한, **원소유자는 점유자 명의로 소유권이전등기가 경료되기까지는 소유자로서 그 토지에 관한 적법한 권리를 행사할 수 있다고 할 것이므로, 그 권리행사로 인하여 점유자의 토지에 대한 점유의 상태가 변경되었다면, 그 뒤 소유권이전등기를 경료**

**한 점유자는 변경된 점유의 상태를 용인하여야 한다**"고 판시한 바 있다.[29)]

이 판결의 사실관계는 다음과 같다. 피고 소유의 갑 토지와 인접하는 원고 소유의 을 토지에 원고가 건물을 소유하고 있는데, 그 건물의 일부(5 평방미터)가 실제로는 갑 토지에 걸쳐 있어서 1988년 3월에 이 부분의 토지에 대하여 취득시효가 완성되었다. 이러한 사실은, 피고가 1991년 말경부터 1992년 3월까지 갑 토지 위에 건물신축공사를 시행하였는데 원고가 그 신축 건물이 자신의 을 토지를 침범하였다고 주장하여 그 부분의 철거 등을 구하는 소송이 진행되던 중에 비로소 밝혀졌다. 그리하여 원고는 그 소송의 청구취지를 취득시효 완성을 원인으로 하는 소유권이전등기청구로 변경하였고, 이 청구가 인용되어 결국 1995년 4월 원고 앞으로 소유권이전등기가 경료되었다. 그리고 이 사건에서 원고는 위 시효완성된 토지의 上空으로 돌출된 피고 소유의 신축건물부분에 대하여 그 철거를 청구하였던 것이다. 요약하자면 문제의 을 토지 5 평방미터에 대하여 취득시효가 완성되었으나 이를 원인으로 해서 원고 앞으로 소유권이전등기가 행하여지기 전에 피고가 위 토지부분에 걸쳐 건물을 신축하였던 것이다.

---

29) 이러한 취지는 추상적인 차원에서 최근의 大判 2006. 5. 12, 2005다75910(공보 상, 1039)에서도 반복되고 있다. 그런데 이 판결은 나아가 "시효취득자가 원소유자에 의하여 그 토지에 설정된 근저당권의 피담보채무를 변제하는 것은 시효취득자가 용인하여야 할 그 토지 상의 부담을 제거하여 완전한 소유권을 확보하기 위한 것으로서 그 자신의 이익을 위한 행위라 할 것이니, 위 변제액 상당에 대하여 원소유자에게 대위변제를 이유로 구상권을 행사하거나 부당이득을 이유로 그 반환청구권을 행사할 수는 없다"고 판시한다. 그러나 만일 시효취득자가 타인(원소유자)의 채무를 변제한 것을 「자신의 이익을 위한 행위」라고 하여 원래의 채무자에 대하여 구상권 등을 가질 수 없다면, 물상보증인이나 특히 제3취득자가 목적물에 애초 존재하는 담보권의 부담을 면하기 위하여 그 피담보채무를 변제하여는 것에 대하여도 마찬가지라고 해야 할 것이고, 이는 우리 민법의 명문규정(제341조, 제370조, 제482조 제 2 항 제 2 호 등 참조)에 정면으로 반하는 파격적인 해석이다. 위 大判 2006. 5. 12.에 대한 보다 상세한 논의로 우선 梁彰洙, "목적 토지상 근저당권의 피담보채무를 변제한 시효취득자의 채무자에 대한 구상권", 法律新聞 3473호(2006. 7. 10), 15면(本書, 259면 이하) 참조.

위 대법원판결은 앞서 인용한 바와 같이 설시하고 따라서 "원고로서는 그 지상에 이 사건 건물부분이 존재한 상태로 이 사건 대지의 소유권을 취득하였다"고 하여 원고의 청구를 기각하였다(상고기각).

만일 위 大判 99.7.9.에서와 같이 취득시효의 완성을 원인으로 소유권이전등기가 행하여진 후라도, 일정한 특별사정이 없는 한은 시효완성 후 그 등기 전에 일어난 「점유상태의 변경」을 용인하여야 한다면, 아직 소유권이전등기를 받기 전의 시효완성점유자라면 더욱 그러할 것이다. 그런데 이번에 나온 大判 2005.3.25.은 위의 大判 99.7.9.에는 전혀 언급하지 않으면서, 시효완성점유자는 자신의 점유권에 기하여 그 방해의 배제를 청구할 수 있다고 한다. 위 大判 2005.3.25.가 가지는 의미는 바로 이 점에 있다고 할 것이다. 즉 시효완성점유자는 점유권에 기하여 소유자가 하는 점유방해행위의 배제를 구할 수 있음을 명확히 밝힌 점이 그것이다.

(c) 점유의 현상을 보호하고자 하는 점유보호청구권의 취지에 비추어 보면, 시효완성점유자라고 해서, 또 그 방해행위가 아직 그 부동산의 소유권을 가지는 사람이 행하는 것이라고 해서, 그 보호가 거부될 이유는 없다고 하겠다(이는 취득시효 완성을 원인으로 소유권이전등기를 경료한 후 종전의 소유자가 점유방해행위를 하는 경우에도 다를 바 없을 것이다). 그러므로 위의 大判 2005.3.25.에서 추상적 법리를 설시하는 부분은 정당하다고 생각된다. 다만 그 경우에는 민법 제205조 제2항, 제3항에서 정하는 점유보전의 소의 발생요건, 예를 들면 「방해가 종료한 날로부터 1년 내에」 행사하여야 한다 등의 제약을 받지 않으면 안 되게 된다. 그러나 이 역시 사실적 지배가 교란된 상태를 조기에 안정시킨다는 관점에서도 실제로 타당하다고 할 것이다.

그런데 이 사건의 사실관계에서는 소유자가 시효완성된 토지 위에 이미 있던 담장을 헐고 담장 및 슬레이트 지붕을 축조하였다고 한다. 그러므로 이제부터의 문제는 과연 그것이 적어도 그 담장의 기지 부분에 대하여 점유의「침탈」또는「방해」가 되는지 기타 점유보호청구권의 요건을 갖추었는지 여부를 확인하는 것이라고 하겠다.

## Ⅲ. 抵當不動產의 占有者에 대한 抵當權에 기한 妨害排除請求權

**1.** 저당권자가 저당권에 기하여 방해배제청구권을 가짐은 민법이 명문으로 인정한다. 즉 민법 제370조는 소유권에 기한 방해배제청구권 등에 관한 동법 제214조를 저당권에 준용하고 있는 것이다. 그런데 그 청구권을 인정하기 위한 요건으로서 저당권에 대한 위법한 현재의「방해」를 어떠한 경우에 인정할 것인지에 대하여는 그 동안 논의된 바가 별로 없었다.[30]

大判 2005. 4. 29, 2005다3243(공보 하, 837)은 처음으로 이 문제에 대하여 판단하고 있다. 이 사건에서는, 서로 인접한 두 토지 위에 같은 구조의 다세대주택 두 동이 각각 건립되어 있는데, 현재 그 중 이 사건 주택(A 다세대주택의 301호)을 점유하고 있는 피고에 대하여 그 주택에 관하여 근저당권을 가지고 있다고 주장하는 원고가 위 주택에 대한 경매개시결정이 있고 난 다음에 원고의 근저당권을 침해하는 것

30) 다만 근자에 金載亨, "抵當權에 기한 妨害排除請求權의 認定範圍 — 독일민법과의 비교를 중심으로", 저스티스 85호(2005. 6), 101면 이하가 있다. 이 글은 저당토지의 소유자가 그 지상에 건물을 신축하는 것이 저당권의 위법한 침해가 되는지를 중심으로 논의하면서, 결론적으로 "저당토지에 건물을 신축하면 토지에 대한 저당권의 실행이 곤란하게 된다. 저당권을 실행하는 단계에서 건물의 존재는 저당권의 담보가치를 손상할 수 있다. 따라서 이러한 경우에는 원칙적으로 저당권 침해를 이유로 공사금지청구를 할 수 있다고 생각된다. 적어도 저당권에 기한 경매절차가 개시된 경우에는 저당권자의 환가권을 침해했다고 볼 수 있을 것"이라고 한다.

이라 하여 근저당권에 기하여 위 주택으로부터의 퇴거를 구하였다.[31] 피고는, 자신이 위 주택을 분양받은 갑으로부터 이를 매수하여 소유권이전등기를 받았으므로 위 주택의 현재 소유자이며, 원고의 근저당권의 목적은 인접 토지에 있는 B 다세대주택의 301호로서 원고는 이 주택의 소유자로부터 근저당권을 설정받은 것이라고 주장하였다. 그리하여 주로 다투어진 것은 오히려 피고가 소유권을 취득한 것이 인접 토지 위의 주택인가, 이 사건 주택인가 하는 점이었던 듯하다. 원심법원은, [i] 이 사건 주택에 대한 소유권의 취득에 관한 피고의 주장을 배척한 다음, [ii] "피고가 소유권을 주장하면서 이 사건 주택을 점유하고 있어 경매법원의 낙찰불허가결정이 내려지고 경매기일이 추정되는 등 경매절차가 제대로 진행되지 못하고 있는 사실 등을 들어 원고의 저당권이 침해되었다고 판단"하여, 결국 원고의 청구를 인용하였다. 그러나 대법원은 [i]에 관하여 원심판결이 심리를 다하지 아니한 위법이 있다고 하고, 나아가 [ii]에 관하여 다음과 같이 판단하였다.

> "저당권은 경매절차에 있어서 실현되는 저당부동산의 교환가치로부터 다른 채권자에 우선하여 피담보채권의 변제를 받는 것을 내용으로 하는 물권으로, 부동산의 점유를 저당권자에게 이전하지 않고 설정되고, 저당권자는 원칙적으로, 저당부동산의 소유자가 행하는 저당부동산의 사용 또는 수익에 관하여 간섭할 수 없고, 다만 **저당부동산에 대한 점유가 저당부동산의 본래의 용법에 따른 사용·수익의 범위를 초과하여 그 교환가치를 감소시키거나, 점유자에게 저당권의 실현을 방해하기 위하여 점유를 개시하였다는 점이 인정되는 등 그 점유로 인하여 정상적인 점유가 있는 경우의 경락가격과 비교하여 그 가격이 하락하거나 경매절차가 진행되지 않는 등 저당권의 실현이 곤란하게 될 사정이 있는 경우에는 저당권의 침해가 인정될 수 있을 것**이다.
>
> 원심은, 피고가 소유권을 주장하면서 이 사건 주택을 점유하고

31) 또 원고는 위 주택 소유자의 방해배제청구권을 대위행사하여 퇴거를 청구하고 있기도 하다.

있어 경매법원의 낙찰불허가결정이 내려지고 경매기일이 추정되는 등 경매절차가 제대로 진행되지 못하고 있는 사실 등을 들어 원고의 저당권이 침해되었다고 판단하였으나, 경매법원이 이 사건 주택의 낙찰불허가결정을 한 것은 이 사건 주택의 소유관계와 그에 기초한 원고의 저당권의 효력에 관한 법률관계를 명확하게 한 이후에 경매를 진행하겠다는 경매법원의 판단에 의한 것이지, 피고의 소유권 주장으로 인한 것이라고는 볼 수 없고, 기록상 그 밖에 피고의 점유가 이 사건 주택의 점유로서는 적정하지 않다거나, 경매절차의 진행이나 경락을 곤란하게 하여 그로 인하여 정상적인 경락가격보다 교환가치를 하락시켜 원고의 저당권을 침해하고 있다고 볼 사정도 보이지 아니하므로, 원고가 이 사건 저당권에 기한 방해배제 또는 소유자의 방해배제청구권을 대위하여 피고에게 이 사건 주택에서의 퇴거를 구하는 것은 받아들이기 어려워 보인다.

그렇다면 원심판결에는 이 사건 주택의 소유관계에 관한 심리를 다하지 아니하였을 뿐만 아니라, 저당권에 기한 방해배제청구권에 관한 법리를 오해하여 판결 결과에 영향을 미친 위법이 있다 …"

그리고 원심판결을 파기하여 환송하였다.

**2.** 위의 사건은 이 사건 주택의 점유자가 그 주택이 자기 소유라고 주장하고 있는 사안에 대한 것이다. 만일 이 주장대로 그가 그 소유자라면, 원고가 가지는 근저당권은 피고가 점유하는 주택을 목적으로 하는 것이 아니어서, 원고의 청구는 기각될 수밖에 없다. 그러므로 논리적으로만 보면, 우선 원고가 다름아닌 이 사건 주택에 대하여 근저당권을 가지고 있는가 하는 점이 선결적으로 해결되어야 하고, 피고가 과연「원고」의 그 근저당권을 현재 위법하게 침해하고 있는가는 그 다음의 문제일 것이다.

그러므로 대법원이 "경매법원이 이 사건 주택의 낙찰불허가결정을 한 것은 이 사건 주택의 소유관계와 그에 기초한 원고의 저당권의 효력에 관한 법률관계를 명확하게 한 이후에 경매를 진행하겠다는 경매법원의 판단에 의한 것이지, 피고의 소유권 주장으로 인한 것이라고는 볼 수 없"음을 지적하여 원심법원의 판단을 뒤집은 것은 이유가 있다고 생각된다.

**3.** 정작 위의 대법원판결에서 중요하다고 생각되는 것은, 원고의 퇴거청구를 부인한 점이 아니라, 앞의 1.에서 인용한 판결문 중 고딕체로 강조하여 인용한 저당권에 기한 방해배제청구권이 인용되는 요건에 관한 추상적 설시부분이다. 그리고 大決 2004. 3. 29, 2003마1753(공보 상, 781)이 지상권에 기한 물권적 청구권을 긍정하고 있는 것에 이어서, 다시금 이번에 저당권에 기한 물권적 청구권이 문제되어 소유권이 아니라 제한물권을 근거로 하는 물권적 청구권의 행사가 눈에 띄게 된 것은 흥미로운 일이다. 그리고 앞서와 같은 추상적 설시가 어떠한 사안에서 어떠한 내용으로 구체화되어 갈 것인지는 장래의 재판례의 추이를 면밀히 살피지 않으면 안 될 것이다.[32]

(1) 종전에 저당권에 기한 방해배제청구에 대하여 판단한 것은 大判 96. 3. 22, 95다55184(공보 상, 1353)가 유일한 것으로 보인다.

이 판결의 사안은 오히려 간단하다. 소외 회사는 원고(중소기업은행)에게 자기가 소유하는 인천시에 있는 공장의 대지·건물 및 기계기구에 대하여 공장저당권을 설정하여 주었다. 그 후 소외 회사는 그 저당권의 목적물에 속하는 이 사건 동산(아마도 기계인 듯하다)을 피고 회사에 임대하는 계약을 원고의 동의 없이 체결하고, 이를 위 공장으로부터 안산시에 있는 피고의 공장으로 반출하였다. 원고는 이

32) 이에 관하여는 이 글 말미의 [後記]에서 보는 大判 2006. 1. 27, 2003다58454(공보 상, 316) 및 同所의 註 75에서 보는 필자의 글 두 편도 참조.

사건에서 피고에 대하여 위 동산의 인도를 청구하는 소송을 제기한 것으로 추측된다. 대법원은 다음과 같이 판시하여, 原審이 피고에 대하여 이 사건 동산을 원래의 설치장소인 소외 회사의 위 공장건물에 원상회복할 것을 명한 것은 정당하다고 판단하였다.

> "저당권자는 물권에 기하여 그 침해가 있는 때에는 그 제거나 예방을 청구할 수 있다고 할 것인바(민법 제370조, 제214조 참조), 공장저당권의 목적 동산이 저당권자의 동의를 얻지 아니하고 설치된 공장으로부터 반출된 경우에는 저당권자는 점유권[「점유할 권리」를 의미한다고 하겠다]이 없기 때문에 설정자로부터 일탈한 저당목적물을 저당권자 자신에게 반환할 것을 청구할 수는 없지만 저당목적물이 제 3 자에게 선의취득되지 아니하는 한 원래의 설치 장소에 원상회복할 것을 청구함은 저당권의 성질에 반하지 아니함은 물론 저당권자가 가지는 방해배제권의 당연한 행사에 해당한다 …"

이 판결은 공장저당권에 기한 방해배제청구권에 대하여 판단하고 있으나, 일반의 저당권에 관하여서도 장래의 실무처리에 대한 지침이 될 수 있다고 여겨진다. 즉 일반의 저당권에 있어서 저당부동산의 구성부분이나 저당권의 효력이 미치는 부합물이나 종물(민법 제358조 참조)이 저당권자의 동의 없이 **저당부동산으로부터 분리·반출된 경우**에 저당권자는 어떠한 구제수단을 가지는가의 문제에 대하여도 위 판결은 발언력을 가지는 것이다.

우리나라의 학설은, 저당산림의 수목이 부당하게 벌채되는 경우를 그 전형적인 예로 들면서,[33] "저당권 자체의 효력에 의하여 위와 같은 사실적 방해행위의 중지(배제)를 청구할 수 있다"고 한다. 그러

33) 그 외에 저당권의 행사를 방해하는 무효등기에 대하여 말소청구를 하는 것이나 저당부동산의 부합물·종물 등에 대한 강제집행에 대하여 제 3 자이의의 소를 제기하는 것을 그 예로 든다. 우선 郭潤直, 物權法, 제 7 판(2002), 355면 이하; 李英俊, 韓國民法論. 物權編, 신정2판(2004), 848면 이하; 民法注解[Ⅶ], 226면 이하(南孝淳 집필) 참조.

나 저당권의 효력이 미치는 부합물 등이 저당부동산으로부터 분리·반출된 경우에 대하여는 아무런 언급이 없다.

일본에서는 대체로 위의 大判 96.3.22.과 같은 견해가 지배적이다.[34] 한편 日最判 1982(昭 57).3.12(民集 36-3, 349)는 위의 우리 大判 96.3.22.와 같은 취지로 판결하여 저당권자는 원래의 설치장소에의 원상회복을 방해배제청구권에 기하여 청구할 수 있다고 판시하였다. 이 판결은 공장저당권의 목적물인 기계를 근저당권설정자인 협동조합의 대표이사가 고물상에게 매도·인도한 사안에 대한 것인데, 거기서는 매수인의 과실이 인정되어 선의취득이 부정되었던 것이다.

(2) 앞의 大判 96.3.22.의 사안에서와 같이 저당권의 목적물인 동산이 그 저당목적물로부터 반출된 경우가 아니라 저당목적물 자체에 대한 「위법한 침해」는 어떠한 경우에 인정될 수 있는지에 대하여 우리나라에서는 그 동안 별다른 논의가 없었던 듯하다.

일본에서는 日最判(連) 1999(平 11).11.24(民集 53-8, 1899)[35]가 무권한점유자에 대하여 저당권에 대한 침해를 인정하여("제3자에 의한 불법점유가 경매절차의 진행을 해하고 적정한 가액보다도 매각가액이 하락할 우려가 있는 등 저당부동산의 교환가치의 실현이 방해되어 저당권

---

34) 우선 道垣內弘人, 擔保物權法(2004), 255면 이하 참조. 我妻榮도 애초에는 "분리된 부가물·종물(벌채반출된 목재 등)의 반환청구권은 이[저당권에 기한 물상청구권]에 포함되지 않는다고 해할 것이다. 왜냐하면 저당권은 목적물을 점유할 권리를 포함하지 아니하기 때문"이라는 견해를 취하였다가(擔保物權法(1936), 273면(同 改版(1947), 186면) 참조), 후에 "분리·반출된 부가물·종물을 저당권자의 점유로 옮기는 내용의 반환청구권을 인정할 것이 아님은 말할 것도 없는데, 일괄하여 경매할 편의를 위하여 저당부동산의 소재장소에 옮기도록 청구하는 권리는 인정할 수 있지 않을까. 무릇 저당권의 본래의 가치를 회복하는 수단이기 때문이다"라고 하여 "舊版의 설을 수정"하고 있다(新訂 擔保物權法(1968), 384면 이하).

35) 이 판결은 일본의 학계와 금융실무계의 뜨거운 주목을 받았다. 매우 많은 평석·연구가 행하여졌는데, 우선 松岡久和, "抵當權に基づく不法占據者に對する明渡請求", 民法判例百選 I: 總則·物權, 제5판(2001), 179면 右段의 「참고문헌」에 언급된 많은 문헌을 보라.

자의 우선변제청구권의 행사가 곤란하게 되는 상태에 있는 때") 그「불법점유의 배제」로서 저당권자에의 점유이전(이른바 관리점유)을 명하고 있다. 그리고 이로써 불법점유에 의하여 저당권이 침해되지 않는다고 하였던 종전의 日最判 1991(平 3).3.22(民集 45-3, 268)의 태도를 변경하였다. 이 판례변경은 이른바 거품경제로 인한 부동산의 하락으로 인한 부동산경매의 저조에 대처하여 저당권의 원만한 실현을 도모하기 위하여 집행방해에 대처할 필요가 강력하게 대두한 것이 그 배경의 하나라고 설명되고 있다.[36)]

그리고 최근의 日最判 2005(平 17).3.10(金融·商事判例 1218, 29)은, **소유자로부터** 점유권원을 설정받아 저당부동산을 점유하는 사람에 대해서도, "그 점유권원의 설정이 저당권설정등기 후에 이루어진 것이고, 그 설정에 저당권의 실행으로서의 경매절차를 방해할 목적이 인정되며, 그 점유에 의하여 저당부동산의 교환가치의 실현이 저해되어 저당권자의 우선변제청구권의 행사가 곤란하게 되는 상태가 있는 경우"라면, 나아가 위와 같은 방해배제청구권의 행사에 있어서 "저당부동산의 소유자에게 저당권에 대한 침해가 발생하지 않도록 저당부동산을 적절하게 유지·관리하는 것이 기대될 수 없는 때"에는 저당권자는 직접 자신에게 저당부동산을 인도할 것을 청구할 수 있다고 판시하였다.[37)]

## Ⅳ. 不動產實名法 제 4 조 제 3 항의「제 3 자」

**1.** 大判 2005.11.10, 2005다34667등(공보 하, 1961)은 다음과 같

36) 이 점에 대하여는 우선 松岡久和(前註), 178면 右段 참조.

37) 이 판결에 대하여는 우선 金融法務事情 1742호(2005.6.25), 9면 이하의 여러 필자의 글 참조.

은 사안에 대한 것이다.

이 사건 토지는 원래 피고가 매입하여 등기한 피고의 소유로서 이를 갑에게 명의신탁하였는데, 을이 자신이 실제 소유자라고 주장하면서 갑을 상대로 소유권이전등기소송을 제기한 바 갑이 이를 인낙함으로써 결국 을 앞으로 소유권이전등기가 경료되었다. 그 후 원고가 을로부터 이 사건 토지를 증여받아 소유권이전등기를 넘겨 받았다. 이 사건에서 원고는 소유권에 기하여 위 토지 위에 있는 피고 소유의 건물의 철거를 청구한 듯하다. 그러자 피고가 반소를 제기하여 피고가 위 토지의 소유자라고 주장하면서 소유권이전등기를 청구하였다.

원심은 원고의 청구를 기각하고, 피고의 반소청구를 인용하였다. 그 이유는, "을은 명의수탁자 갑이 이 사건 토지의 소유자임을 기초로 소유권을 이어받은 것도 아니고 갑과의 사이에 새로운 법률원인으로 이해관계를 맺은 것도 아닐 뿐 아니라, 을의 소유권취득은 피고로부터 소유 명의를 수탁받은 갑의 배임행위에 적극 가담하여 이루어진 반사회적 법률행위에 해당하여, 을은 부동산실명법 제4조 제3항에 정한 제3자에 해당한다고 할 수 없어 그 명의의 등기는 무효이고, 나아가 을로부터 이 사건 토지를 증여받은 원고도 무효인 을 명의의 등기를 승계하였을 뿐 명의수탁자인 갑과의 사이에 새로운 이해관계를 맺은 것이 아니어서 역시 위 규정에 정한 제3자에 해당하지 아니하므로 이 사건 토지에 관한 원고 명의의 등기도 무효"라는 것이다.

대법원은 다음과 같이 판시하여 상고를 기각하였다.

> "부동산 실권리자 명의 등기에 관한 법률(이하 '부동산실명법'이라 한다) 제4조 제3항에서 '제3자'라고 함은 명의신탁약정의 당사자 및 포괄승계인 이외의 자로서 명의수탁자가 물권자임을 기초로 그와의 사이에 직접 새로운 이해관계를 맺은 사람을 말한다고 할 것이므로, 명의수탁자로부터 명의신탁된 부동산의 소유명의를 이어받

은 사람이 위 규정에 정한 제 3 자에 해당하지 아니한다면 … 그 명의의 등기는 실체관계에 부합하여 유효라고 하는 등의 특별한 사정이 없는 한 무효라고 할 것이다. [관련 재판례 인용]

그리고 위와 같이 등기부상 명의수탁자로부터 소유권이전등기를 이어받은 자의 등기가 무효인 이상, **부동산 등기에 관하여 공신력이 인정되지 아니하는 우리 법제 아래서는 그 무효인 등기에 기초하여 새로운 법률원인으로 이해관계를 맺은 자가 다시 등기를 이어받았다면 그 명의의 등기 역시 특별한 사정이 없는 한 무효임을 면할 수 없다고 할 것이고, 이렇게 명의수탁자와 직접 이해관계를 맺은 것이 아니라 부동산실명법 제 4 조 제 3 항에 정한 제 3 자가 아닌 자와 사이에서 무효인 등기를 기초로 다시 이해관계를 맺은 데 불과한 자는 위 조항이 규정하는 제 3 자에 해당하지 않는다**고 보아야 할 것이다."

**2.** 필자는 명의수탁자로부터 직접 소유권등기를 이어받은 사람이 부동산실명법(이하에서는 다른 사정이 없는 한 단지「법」이라고 한다) 제 4 조 제 3 항에서 정한「제 3 자」("제 1 항 및 제 2 항의 무효는 **제 3 자에게 대항하지 못한다**")에 해당하지 않는 경우에도 다시 그 사람과의 사이에 "새로운 법률원인으로 이해관계를 맺어서 다시 등기를 이어받은 사람", 즉 전득자는 동조 제 3 항의「제 3 자」에 해당한다고 하여야 한다고 생각한다. 그러므로 그와 반대의 견해를 취하는 위의 판지에는 찬성할 수 없다.

그 이유에 대하여는 이미 다른 글[38]에서 누누이 밝힌 바 있으므로, 여기서 반복하지 않는다.

**3.** 이상의 문제는 우리의 민법 기타에서 적지 않게 존재하는 넓은 의미의 제 3 자보호규정의 해석과 관련하여 일반적으로 제기되는

38) 梁彰洙, "전득자는 부동산실명법 제 4 조 제 3 항의「제 3 자」가 아닌가? —— 대법원판례 형성의 한 모습에 대한 비판적 고찰을 겸하여", 저스티스 90호(2006. 4), 95면 이하(本書, 101면 이하) 참조.

바이다. 즉 전득자는 **그의 독자적인 지위에서** 그 규정에서 말하는 「제 3 자」에 포함되는가 하는 문제이다.

예를 들어, 계약해제의 효과에 대하여 무엇보다 원상회복의무를 정하는 민법 제548조는 그 제 1 항 단서에서 그러한 원상회복의무는 "그러나 第三者의 權利를 害하지 못한다"고 정한다. 그러므로 가령 갑이 을에게 부동산을 매도하고 을 앞으로 소유권이전등기를 경료하였는데 병이 아무런 원인 없이 을로부터 그 부동산을 매수한 것처럼 관련 서류를 위조하여 자기 앞으로 소유권이전등기를 경료하였다고 하자. 여기서 병은 역시 위의 제548조 제 1 항 단서에서 정하는 「제 3 자」에 속하지 않는다고 할 것이고, 후에 계약이 적법하게 해제되면 갑은 병에 대하여 그 해제로 인한 계약의 소급적 실효(이것이 계약해제의 효력에 관한 판례의 태도이다)를 주장할 수 있다고 할 것이다. 그런데 병이 그 부동산에 관하여 유효한 매매계약에 기하여 정 앞으로 소유권이전등기를 넘겼다면, 이 경우 정은 위 단서규정의 보호를 받아야 하지 않을까?

필자는 위 大判 2005. 11. 10. 의 태도에 반대하는 것이므로, 그 태도가 다른 제 3 자보호규정, 예를 들면 앞서 본 민법 제548조 제 1 항 단서나 민법 제108조 제 2 항 등의 해석에 있어서 선례(「대법원판례」)로서 기능하여서는 안 된다고 주장하고자 한다.

**4.** 부동산실명법 제 4 조 제 3 항의 「제 3 자」와 전득자의 문제에 대하여는 종래 이 점에 관하여 정면으로 판단한 재판례는 없었지 않은가 생각된다.[39] 위 대법원판결은 大判 2003. 5. 16, 2003다11714[40]와

39) 무엇이 「대법원판례의 태도」 내지 「종전 대법원의 입장」인가를 ── 그것을 평가하기 전에 ── 우선 제대로 **인식하는 것**이 재판실무하는 사람에게나 법학하는 사람에게나 매우 중요한 일임은 물론이다. 이에 대하여는 우선 梁彰洙, 民法入門, 제 4 판(2004), 159면 이하 참조.

40) 이 大判 2003. 5. 16.은 『판례공보』는 물론이고 「법고을」이나 대법원의 「종합법

大判 2004. 8. 30, 2002다48771(공보 하, 1589)을 인용하고 있는데, 이는 위 규정상의「제 3 자」의 의미에 관한 추상적 해석론에 관한 설시부분에 대한 것이고, 정작 중요한 문제인「전득자」가 거기서 말하는「제 3 자」에 해당되는가 하는 문제에 대한 판시부분에서는 그 참조재판례로 인용되어 있지 않다.

위의 大判 2004. 8. 30.은 혹 위의 문제에 대한 판시를 담고 있지 않는가 하고 생각될는지도 모른다. 그러나 이 사건은 피고 중 한 사람(여기서는 일단 A라고 해 두자)이 **명의신탁자로부터** 매수하였다고 하고 수탁자로부터 등기를 이전받은 사안에 대한 것이다.[41] 그러므로 그 판결은 위 大判 2005. 11. 10. 에서와 같이 명의수탁자로부터 원인무효의 등기를 얻은 사람으로부터 다시 증여받고 그로부터 등기를 이전받은 사안에 대한 것이 아니었다. 따라서 이는 大判 2005. 11. 10. 에서 위와 같은 문제에 대하여 판단한 부분에 대한 선례가 될 수 없다.

물론 위 大判 2004. 8. 30.에서도 A로부터 다시 등기를 넘긴 다른

률정보」사이트 등 외부에서 가능한 검색장치에 등재되어 있지 않아서, 어떤 사안에 대해서 어떤 판단을 한 것인지 알 수가 없다. 재판례를 법원 밖으로 공개하는 것에 대한 제한의 문제점을 지적한 것으로 梁彰洙, "「법고을」유감", 同, 민법산책(2006), 274면 이하; 박경신, "판결문의 공개 ── 그 필요성과 제안", 사법감시 27호(2006), 2면 이하(同所, 7면 이하에서는, "판결문 공개실태 조사결과"를 밝히고 있는데, 그 중에는 '법관들의 논문 주제가 된 판결도 공개되어 있지 않다'는 중간제목이 달려 있다) 참조.

41) 이와 같이 명의신탁자로부터 매수하고 등기는 명의수탁자로부터 이전받은 경우는 법 제 4 조 제 3 항의「제 3 자」에는 해당하지 않는다고 할 것이다. 그러나 만일 그것이 유효한 매매라면 그 등기는 당연히 유효하고, 위 大判 2004. 8. 30.에서 잠깐 비친 것처럼「실체관계에 부합하는 등기」의 법리를 끌어들일 것도 없을 것이다. 왜냐하면 명의신탁자는 명의수탁자 앞으로 소유권이전등기가 되어 있는 상태에서도 일반적으로 목적 부동산을 처분할 권한을 가진다고 할 것이고, 따라서 그 처분의 상대방이 명의신탁자의 의사에 기하여 명의수탁자로부터 소유권이전등기를 경료받으면 그 명의신탁자의 처분은 유효하고 따라서 상대방은 유효하게 소유권을 취득하기 때문이다. 이 점에 대하여는 梁彰洙, "不動産實名法 제 4 조에 의한 名義信託의 效力 ── 소위 登記名義信託을 중심으로", 同, 民法硏究, 제 5 권(1999), 100면 이하에서 이미 밝힌 바 있다. 또한 大判 88. 9. 13, 86다카1332(공보 1267); 大判 96. 8. 20, 96다19581등(공보 하, 2789) 등도 그러한 전제 위에 서 있다.

피고(여기서는 일단 B라고 해 둔다)가 있다. 그리고 대법원은 그 판결에서 “A는 법 제4조 제3항이 말하는 제3자에는 해당하지 아니하므로 A로서는 위 규정을 들어 그 명의 등기의 유효를 주장할 수는 없다고 할 것이고, 한편 이와 같이 무효인 A 명의의 등기에 기초하여 경료된 B 명의의 등기 역시 달리 그 등기의 유효를 뒷받침할 사정에 대한 주장입증이 없는 한 무효임을 면할 수 없”다고 판시하고 있기는 하다. 그런데 이 부분 판시가 앞에서 논의한 문제, 즉 명의수탁자로부터 원인무효의 등기를 얻은 사람과의 사이에 원인행위를 하고 이전등기를 받은 사람, 즉 전득자가 다름아닌 법 제4조 제3항의 「제3자」에 해당하는지의 문제를 명확하게 의식하면서 그에 대응하여 쓰여졌다고는 말하기 어렵지 않은가 추측된다. 그것은 그 부분 설시의 방식도 그렇거니와, 특히 위 사건에서는 ——대법원판결이 그 이유의 후반(특히 “B의 주장 자체에 의하더라도 B는 갑이 A로부터 이 사건 부동산을 매수하면서 다만 그 등기명의만을 자신에게 신탁하였다는 것”이라는 설시)에서 보는 대로—— B의 등기도 모두 명의신탁에 기하여 행하여진 것으로 어차피 모두 말소될 운명에 있는 것이기에 더욱 그렇게 생각된다. 바로 그렇기 때문에 앞에서 논의한 「전득자」와 관련한 판시부분에 대하여 위의 大判 2005.11.10.에서 앞서 본 大判 2004.8.30.을 선행재판례로 인용하지 않았다고 보는 것이 합리적인 추단일 것이다.

**5.** 한편 부동산실명법의 해석과 관련하여서는 그 외에 무엇보다도 大判 2005.1.28, 2002다66922(공보 상, 391)가 중요하다.[42] 이 판

42) 또한 명의신탁약정에 기한 수탁자 명의의 소유권이전등기가 당연히 불법원인급여에 해당한다고 볼 수 없다고 타당하게 판시한 大判 2003.11.27, 2003다41722(공보 2004상, 19)도 근자에 부동산실명법의 해석과 관련하여 나온 재판례 중에서 매우 중요하다(“부동산실권리자명의등기에관한법률이 규정하는 명의신탁약정은 부동산에 관한 물권의 실권리자가 타인과의 사이에서 대내적으로는 실권리자가 부동산에 관한 물권을 보유하거나 보유하기로 하고 그에 관한 등기는 그 타인의 명의로 하기로 하는 약정을 말하는 것일 뿐이므로, 그 자체로 선량

결은 타당하게도 이른바 계약명의신탁에서 수탁자가 이른바 등기명의신탁에서와는 달리 목적물의 소유권을 종국적으로 유효하게 취득한 경우(부동산실명법 제 4 조 제 2 항 단서 참조)에 그가 신탁자에게 반환하여야 할 것은 그가 애초 신탁자로부터 수령하였던 매수자금에 한정되며 그 부동산 자체가 아니라고 판단하였다.[43]

종전에 大判 2002. 12. 26, 2000다21123(공보 2003상, 452)은 법 시행 전에 계약명의신탁에 의하여 부동산이 취득되었는데 그 후 동법이 시행되고 나서 실명전환을 위한 유예기간(법 제11조 참조)을 도과함으로써 동법 제 4 조의 적용을 받게 된 사안에서 신탁자가 명의신탁약정의 무효(법 제 4 조 제 1 항)로 말미암아 그 원상회복으로서 청구할 수 있는 것은 신탁자가 수탁자에게 제공한 매수자금이 아니라 수탁자가 그것으로 취득한 부동산 그 자체라고 판시한 바 있다. 그 이유는, "이 경우 명의수탁자는 명의신탁약정에 따라 명의신탁자가 제공한 비용을 매매대금으로 지급하고 당해 부동산에 관한 소유명의를 취득한 것이고, 위 유예기간이 경과하기 전까지는 명의신탁자는 언제라도 명의신탁 약정을 해지하고 당해 부동산에 관한 소유권을 취득할 수 있었던 것이므로, 명의수탁자는 부동산실권리자명의등기에관한법률 시행에 따라 당해 부동산에 관한 완전한 소유권을 취득함으로써 당해 부동산

한 풍속 기타 사회질서에 위반하는 경우에 해당한다고 단정할 수 없을 뿐만 아니라, 위 법률은 원칙적으로 명의신탁약정과 그 등기에 기한 물권변동만을 무효로 하고 명의신탁자가 다른 법률관계에 기하여 등기회복 등의 권리행사를 하는 것까지 금지하지는 않는 대신, 명의신탁자에 대하여 행정적 제재나 형벌을 부과함으로써 사적자치 및 재산권보장의 본질을 침해하지 않도록 규정하고 있으므로, 위 법률이 비록 부동산등기제도를 악용한 투기·탈세·탈법행위 등 반사회적 행위를 방지하는 것 등을 목적으로 제정되었다고 하더라도, 무효인 명의신탁약정에 기하여 타인 명의의 등기가 마쳐졌다는 이유만으로 그것이 당연히 불법원인급여에 해당한다고 볼 수 없다"). 이 문제에 대하여는 梁彰洙(前註), 115면 이하 참조.

43) 이 문제에 대하여는 우선 梁彰洙, "不動産實名法의 私法的 規定에 의한 名義信託의 規律 — 소위 契約名義信託을 중심으로", 同, 民法硏究, 제 5 권(1999), 155면 이하(원래는 省谷論叢 28집 3권(1997), 353면 이하) 참조.

자체를 부당이득하였다고 보아야 할 것이고, 부동산실권리자명의등기에관한법률 제3조 및 제4조가 명의신탁자에게 소유권이 귀속되는 것을 막는 취지의 규정은 아니므로"라는 것이다. 그러나 이러한 결론이 금전의 부당이득에서 수익자가 당해 금전을 가지고 취득한 것의 반환청구를 인정하지 아니한다는 일반적 법리에 맞지 않음은 물론이고, 나아가 신탁자가 부동산 자체의 종국적 취득을 인정하는 것은 부동산실명법의 취지를 현저히 몰각하는 것이다.[44] 위 판결은 "부동산실명법 제3조 및 제4조가 명의신탁자에게 소유권이 귀속되는 것을 막는 취지의 규정은 아니"라고 하나, 이른바 계약명의신탁에 관하여 특별히 정하는 동법 제4조 제2항 단서가 바로 신탁자의 소유권 귀속을「막는」것을 내용으로 하는 규정인 것이다. 그러므로 위 大判 2002.12.26.의 판시에는 찬성할 수 없다.[45]

이번에 나온 위의 大判 2005.1.28.이 부동산실명법 시행 후에 행하여진 계약명의신탁에 관하여서이기는 하지만, 신탁자의 반환청구는 그가 제공한 매수자금에 한정되고 부동산 자체에 미치지 않는다는 태도를 밝힌 것은 그나마 다행한 일이다.

## V. 履行期 前의 履行拒絶로 인한 損害賠償請求權

**1.** 채무자가 종국적으로 자기 채무의 이행을 거절한 사안에 있

44) 그 판결의 구체적 사안이 애초의 명의신탁 후 오랜 시간이 경과하고 그 사이에 목적물의 시가가 현격히 상승하여 신탁자에게 매수자금(및 그에 대한 이자 상당 금전)만의 반환을 인정하는 것이 쉽사리 받아질 수 없는 결론일는지 모른다. 그러나 이는 당사자가 부동산실명법의 시행 후에 정하여진 기간 내에 실명전환을 하지 아니함으로 인한 부득이한 결과라고 할 수밖에 없는 것이다.

45) 同旨: 徐正, "名義信託者가 名義受託者를 상대로 不動産 自體를 不當利得返還으로 구하는 請求의 可否 : 이른바 契約名義信託을 중심으로", 民事判例研究 26집(2004), 246면 이하.

어서 재판실무가 그 동안「이행거절」을 이행불능이나 이행지체 등과 같이 그 자체로써 채무불이행책임을 발생시키는 독자적인 채무불이행 유형으로 시인하는 태도를 취하고 있다고 단정적으로 말하기는 어려웠다. 그러한 사안은 많은 경우에 계약불이행을 이유로 하여 해제권의 발생이 문제되는 경우에 통상 요구되는 바인 이행최고가 없이도 해제권이 발생하는 요건으로서의 "채무자가 미리 이행하지 아니할 의사를 표시한 경우"(민법 제544조 단서)와 관련되어 다루어져 왔다. 그리고 반드시 그렇지 아니하고 이행거절 자체를 들어 채무불이행책임을 묻지 않을 수 없는 사안에서도 위와 같은 태도를 정면으로 밝히는 예를 찾아볼 수 없다.[46]

예를 들어 大判 93.6.25, 93다11821(集 41-2, 138)은 다음과 같이 판시하고 있다.

> "원심이 위와 같은 사실을 인정하고 이에 터잡아 위 피고는 중도금의 수령을 거절하고 계약을 이행하지 아니할 의사를 명백히 표시한 것이라고 판단한 것은 옳다 …
>
> 또한 권리의 행사와 의무의 이행은 신의에 좇아 성실히 하여야 하는바, 민법은 채권자가 목적물의 수령을 지체하는 경우 채무자가 이를 공탁하거나 자조매각할 수 있는 제도를 마련하고 있지만(제487조, 제490조 참조), 이는 채무자가 계약내용을 유지하려고 할 때에만 사용할 수 있을 뿐이어서 이 제도들만으로는 채무자의 보호에 불충실하므로, 채권자에게 계약을 이행할 의사가 전혀 없고 채무자로서

46) 그러한 사안에 대한 근자의 재판례로는 大判 2005.1.14, 2002다57119(공보 상, 268)를 들 수 있다. 이 판결은 우수현상광고의 광고자가 그 당선자에게 지급하여야 할 報酬(민법 제678조 제1항 참조)로서 本契約을 체결할 의무가 있음에도 그 본계약의 체결을 진지하게 종국적으로 거절함으로써 부담하게 되는 손해배상채무에 관하여 소멸시효의 기간과 그 기산점에 대하여 판단하고 있다. 물론 그러한 거절은 본계약체결의무의「이행거절」에 해당할 것이고, 위 판결은 그것 자체로 인하여 손해배상채무가 발생함을 인정하고 있기는 하다. 그러나 여기서 다루는 大判 2005.8.19, 2004다53173(공보 하, 1498)처럼 뒤의 3.(2)에서 보는 바와 같은 설시를 명시적으로 하지는 않고 있다.

도 그 계약관계에서 완전히 벗어나기를 원한다면 특별한 사정이 없는 한 채무자의 이러한 의사를 존중함이 신의성실의 원칙에 비추어 타당하다고 할 것이다.

돌이켜 이 사건을 보면 원심이 인정한 대로 피고들은 중도금의 수령을 거절한 데다가 이 사건 매매계약을 이행할 의사가 없음이 분명한데, 만약 원고가 피고들의 중도금 수령거절과 계약이행의 의사가 없음을 이유로 이 사건 매매계약을 해제할 수 없다고 해석한다면, 원고로서는 중도금을 공탁한 후 잔대금 지급기일까지 기다렸다가 잔대금의 이행제공을 하고 피고들이 자기들 의무인 소유권이전등기의무의 이행제공을 하지 아니한 때에야 비로소 위 계약을 해제할 수 있다는 결론에 이르게 되는바, **어차피 피고들이 위 소유권이전등기의무의 이행을 제공하지 아니할 것이 분명한 이 사건에서, 원고에게 위와 같은 방법을 취하라고 요구하는 것은 불필요한 절차를 밟고 또다른 손해를 입도록 강요하는 게 되어 오히려 신의성실에 어긋나는 결과를 초래할 뿐**이라고 여겨지므로 원심이 원고로서도 위와 같은 사유를 내세워 이 사건 매매계약을 해제할 수 있다고 판단하였음은 옳다."

이 판결은 반드시 이행거절을 **독자적인 채무불이행유형**으로 정면에서 의식하고 있었다고는 말하기 어렵다. 그렇기 때문에 「신의성실의 원칙」을 끌어들여 해제권 발생의 결과를 정당화하고 있는 것이 아닐까?

**2.** 그러나 주요한 외국의 예[47]를 보더라도, 또 근자의 세계적인 법통일작업의 성과[48]를 보더라도, 이행거절, 특히 이행기 전의 이행거

**47)** 뒤의 註 49에서 보는 논문이 쓰여진 후의 법동향으로서는 무엇보다도 2002년의 독일민법 대개정에 의하여 새로이 도입된 제286조 제 2 항 제 3 호("채무자가 급부를 진지하게 종국적으로 거절한 때"에는 바로 이행지체에 빠진다), 제323조 제 4 항(이행기 전의 계약해제와 관련하여) 및 同條 제 2 항 제 1 호("채무자가 급부를 진지하게 종국적으로 거절한 때"에는 계약해제에 이행최고를 요하지 아니한다)를 들 수 있을 것이다. 위 제286조 제 2 항 제 3 호의 해석에 대하여는 우선 Staudinger/Otto(2004), § 281 Rn. A29 ff.; MünchKomm/Ernst, § 286 BGB Rn. 64 ff.(Bd. 2a, 4. Aufl.(2003), S. 994 ff.) 참조.

**48)** 뒤의 註 49에서 보는 논문에서는 「국제물품매매계약에 관한 국제연합협약」

절은 독자적인 채무불이행유형으로 인정되고 있다.

그리고 우리 민법에 있어서도, 채무불이행의 객관적 유형으로서는 이행지체, 이행불능, 불완전이행의 셋만이 인정된다는 법률상의 근거도 없는 도그마에 사로잡히지 않고, 민법 제390조를 채무불이행에 관한 일반적·포괄적 규정으로 이해하여 위의 세 유형 이외에도 그와 구별되는 별도의 채무불이행유형을 합목적적으로 「구성」할 수 있다고 한다면(이른바 「열린 類型論」), 이행거절을 독자적 채무불이행유형으로 파악하는 데 별다른 문제는 없다고 생각된다.[49]

**3.** 大判 2005.8.19, 2004다53173(공보 하, 1498)은 이행거절 법리의 판례상 전개에서 매우 흥미로운 지위를 차지한다고 생각된다.

(1) 위 판결은 다음과 같은 사안에 대한 것이다.

원고는 처와의 이혼에 대비하여 처의 재산분할 등 청구를 회피하고자 원고 소유의 이 사건 토지에 관하여 피고 앞으로 실제의 채무 없이 명목상의 근저당권설정등기를 경료하였다. 그런데 피고는 자신

(CISG) 제72조만을 지적하였다. 동 협약(우리나라에서도 2005년 3월 1일부터 효력을 가진다) 아래서 이행거절이 이행기 전에 행하여진 경우에도 손해배상이 인정되어야 한다는 점에 대하여는 우선 Schlechtriem/Schwenzer/Stoll/Gruber, *Kommentar zum Einheitlichen UN-Kaufrecht — CISG —*, 4. Aufl(2004). Art. 74 Rn. 8(S. 698): "영미법에서와 마찬가지로 CISG에서 말하는 계약위반은 어떠한 계약상 의무의 객관적 불이행의 모든 형태를 말한다. … 진지하고 종국적으로 채무자가 아직 이행기가 도래하지 아니한 의무의 이행을 거절하는 것은 … 손해배상의무를 발생시키는 계약위반으로 이해된다." 최근에 나온 것으로서 같은 태도를 명확히 밝힌 것으로 UNIDROIT국제상사계약원칙 제7.3.3조(1994년 5월에 발표된 최초의 내용은 물론이고, 2004년의 수정판에서도 같다. 후자의 번역으로는 박영복, 글로벌시대의 계약법(2005), 641면 참조), 유럽계약법원칙 제9:304조(그 번역으로는 梁彰洙, 民法硏究, 제 6 권(2001), 356면 참조) 등을 들 수 있을 것이다. 이들 규정은 기본적으로 CISG 제72조, 제74조와 궤를 같이하는 것이다.

49) 이상에 대하여는 梁彰洙, "獨自的인 債務不履行類型으로서의 履行拒絶", 同, 民法硏究, 제 4 권(1997), 121면 이하(원래는 民法學論叢·第二(郭潤直 博士 古稀紀念論文集)(1995), 162면 이하); 民法注解[Ⅸ], 221면 이하(梁彰洙 집필) 참조.

의 채권자인 갑에게 위 근저당권에 관하여 채권양도를 원인으로 한 근저당권 이전의 부기등기를 경료하였고, 그 후 갑의 임의경매신청으로 개시된 이 사건 토지에 대한 임의경매절차에서 을이 이를 경락받아 대금을 완납하였다.

원고는 이와 같이 하여 이 사건 토지에 대한 소유권을 상실하게 되자 피고에게 그 책임을 추궁하였다. 이에 피고는 원고와의 금전거래과정에서 아직 변제받지 못한 돈이 남았다고 주장하고 나와서 서로 옥신각신하다가, 결국 2002년 11월에 이르러 원고에게 위와 같은 사실을 인정하면서 "2006년까지 이 사건 토지를 매입하여 원고에게 소유권이전등기해 준다"는 내용의 각서를 교부하였다.

그러나 그 후 피고는 위 각서가 원고의 강요에 의하여 작성된 것이어서 무효이고 이 사건 토지에 관한 피고 명의의 근저당권은 원고에 대한 실재의 채권을 담보하기 위한 것이라고 주장하였다. 그리고 2003년 2월에는 자신의 유일한 재산인 부동산에 관하여 시누이 앞으로 근저당권을 설정하여 주고, 나아가 2004년 3월 이후에 그 부동산을 제3자에게 매도하고 소유권이전등기를 해 주었다.

원고는 이 사건에서 이 사건 토지가 제3자에게 경락된 것으로 인한 손해배상 또는 위 각서상의 소유권이전등기의무에 관한 채무불이행을 이유로 하는 손해배상을 청구하였다.

원심판결은, 위 각서의 교부로써 원고와 피고는 더 이상 이 사건 토지가 제3자에게 경락된 것으로 인한 손해배상을 문제삼지 않고 그 대신 피고가 원고에 대하여 2006년까지 위 토지를 매수하여 소유권이전등기를 경료해 줄 의무를 새로이 부담하기로 합의한 것이고, 따라서 원고로서는 피고에게 위 각서에 기한 소유권이전등기의무의 이행청구 내지 그 의무의 불이행에 따른 손해배상청구를 할 수 있을 뿐이지, 이 사건 토지가 제3자에게 경락된 것에 대한 시가 상당의 손해배상청구를 할 수는 없다고 판단하였다. 이 판단은 대법원판결에서도 긍정되었다.

나아가 원심법원은 위 각서상의 의무에 기한 손해배상청구에 대하여, "피고가 원심 소송 계속 중에 그 소유의 부동산을 제3자에게 매도하여 소유권을 이전해 준 사실 및 피고가 위 각서의 작성이 강요에 의한 것이거나 원고에 대하여 실질적인 채권이 있다는 취지로 원고의 청구를 다투었다는 사정만으로 이행기인 2006년에 이르러서도 원고에게 소유권이전등기의무를 이행할 의사가 없음을 명백히 하였다고 보기 어렵고 달리 이를 인정할 증거가 없다"고 판단하여, 원고의 손해배상청구를 배척하였다. 그러나 대법원은 이 판단에 관하여는 원심판결을 파기하고, 환송하였다.

(2) 대법원은 우선 다음과 같은 추상적 설시를 하고 있다.

> "계약상 채무자가 계약을 이행하지 아니할 의사를 명백히 표시한 경우에 채권자는 신의성실의 원칙상 이행기 전이라도 이행의 최고 없이 채무자의 이행거절을 이유로 계약을 해제하거나 채무자를 상대로 손해배상을 청구할 수 있다."

그리고 "채무자가 계약을 이행하지 아니할 의사를 명백히 표시하였는지 여부는 계약 이행에 관한 당사자의 행동과 계약 전후의 구체적인 사정 등을 종합적으로 살펴서 판단하여야" 하는데, 구체적으로 이 사건에서 인정되는 피고의 행태에 비추어 보면, "이 사건 각서상의 채무를 이행할 의사가 없음을 명백하고도 종국적으로 밝혔다고 봄이 상당하므로, 원고는 그 이행기 전이라도 피고를 상대로 채무불이행을 원인으로 한 손해배상청구를 할 수 있다"는 것이다.

(3) 이 판결의 사안에서 문제된 각서상의 채무는 「2006년까지」 이 사건 토지에 관하여 소유권이전등기를 원고 앞으로 경료한다는 것

이다. 그러므로 위 대법원판결 당시에도 아직 그 채무의 이행기가 도래하였다고 할 수 없음은 물론이다. 그러나 채무자가 그 전에라도 계약을 이행하지 아니할 의사를 명백히 표시한 경우에는 채무자의 「이행거절」을 이유로 채무자를 상대로 손해배상을 청구할 수 있다는 것이다. 특히 그것이 '이행거절'에 해당함을 명확하게 지적하고, 또 바로 그것을 이유로 해서 해제는 물론이고 손해배상을 청구할 수 있다는 취지(주지하는 대로, 이상의 둘이 채무불이행에 대한 일반적 구제수단이다)를 명시적으로 밝힌 대법원 판단은 필자가 아는 한도에서는 이것이 처음이 아닌가 한다. 그리고 손해배상청구를 부인한 원심판결을 이러한 법리를 적용하여 파기하고 사건을 환송함으로써 이제 판례상으로도 이행거절의 법리는 확립되었다고 해도 좋지 않을까 여겨진다. 그러한 의미에서 이 판결은 매우 중요한 의미가 있다고 할 것이다.

다만 위와 같은 법리는 앞의 2.에서 본 대로 민법 제390조의 해석으로부터 얼마든지 도출될 수 있는 것이며, 이를 인정하기 위하여 「신의성실의 원칙」을 끌어들일 필요는 없다고 할 것이다.

## Ⅵ. 賃貸借保證金에서 借賃 등의 當然控除 여부

**1.** 大判 2004.12.23, 2004다56554등(공보 2005상, 187)은 "부동산 임대차에 있어서 수수된 보증금은 차임채무, 목적물의 멸실·훼손 등으로 인한 손해배상채무 등 임대차에 따른 임차인의 모든 채무를 담보하는 것으로서 그 피담보채무 상당액은 임대차관계의 종료 후 목적물이 반환될 때에 **특별한 사정이 없는 한 별도의 의사표시 없이 보증금에서 당연히 공제**되는 것"이라고 판시하고, 그러므로 "임대보증금이 수수된 임대차계약에서 차임채권에 관하여 압류 및 추심명령이 있었

다 하더라도, 당해 임대차계약이 종료되어 목적물이 반환될 때에는 그 때까지 추심되지 아니한 채 잔존하는 차임채권 상당액도 임대보증금에서 당연히 공제된다"고 판시하였다.

이 사건에서는 임대인인 원고가 차임의 미지급으로 인한 임대차계약의 해지를 이유로 임대차목적물의 반환을 청구한 데 대하여 피고는 보증금의 반환과 상환으로만 목적물을 반환하겠다는 동시이행의 항변을 제기한 것으로 보인다. 그리고 위와 같은 판단은 원고가 반환하여야 할 보증금액의 산정과 관련하여 행하여졌다. 즉 피고 = 임차인측에서 원고의 피고에 대한 차임채권에 대하여 압류 및 추심명령이 있었으므로 그 명령이 송달된 후의 차임은 보증금에서 공제할 수 없다고 주장하였던 것이다. 원심법원은 임대인의 차임채권에 대하여 채권압류 및 추심명령이 있었더라도 추심권자가 그 변제를 받기 전에 임대차가 종료되어 임차목적물을 임대인에게 명도할 때에는 그 차임채권은 당연히 임대보증금에서 공제된다고 판시하여, 위 주장을 배척하였다. 그리고 대법원도 위와 같이 설시하여 원심법원의 판단을 긍인하고 피고의 상고를 기각한 것이다.

**2.** 종전에 대법원은 **보증금반환청구권**이 압류된 경우에 대하여 여러 차례에 걸쳐 임대차 존속 중의 차임[50] 등 임대차 관련 채권뿐만

50) 민법상 임차인이 지급하는 목적물 용익의 계약상 대가는 「차임」이라고 하고, 「임료」라고 부르지 않는다(무엇보다 임대차에 대한 정의규정이라고 할 제618조 참조. 이는 의용민법에서도 다를 바 없다). 그럼에도 불구하고 우리 법원이 「임료」라거나 「임료채권」이라고 하는 경우가 적지 않은데, 鎖事인지 모르나, 이 기회에 이러한 점에는 주의를 구하고 싶다. 또 예를 들어 일반적인 채무불이행과 관련하여 "채무의 **본지**에 좇은 이행"이 없었다는 설시(민법 제390조는 "채무의 내용에 좇은 이행"이라고 정하고 있다. 다만 민법 제681조는 위임에 관하여 "수임인은 위임의 본지에 따라 … 위임사무를 처리하여야 한다"라고 정한다)가 아직도 행하여지고 있는 점에 대해서도 마찬가지이다. 위의 大判 2004.12.23.이, 거기서 인용되고 있는 大判 99.12.7, 99다50729(공보 2000상, 147)가 「임료채무」라는 용어를 쓰는 것과는 달리, 「차임채무」라고 하는 것은 기쁜 일이다. 그러

아니라 목적물의 반환에 이르기까지 발생한 각종의 관련 채권(이하에서 보증금에 의하여 담보되는 채권으로는 논의의 편의를 위하여 단지 차임채권만을 문제삼기로 한다)이 공제되고 난 잔액에 대하여만 효력이 있다는 취지로 판단하여 왔음은 주지하는 대로이다.[51] 그러나 위의 대법원판결은 **차임채권**이 압류된 사안에서 보증금으로부터의 차임 공제와의 관계에 관하여 판시한 드문 재판례에 속한다.

(1) 보증금이 지급된 경우에 그로 인하여 담보되는 임대인의 채권이 언제 어떠한 방식으로 만족을 얻는가에 대하여, 판례는 일관하여 ① 임대차관계 종료 후 임차인이 목적물을 임대인에게 반환하는 때에 ② 당연히, 즉 상계에서와 같은 별도의 의사표시 없이 보증금으로부터 공제됨으로써 그 채권이 그 한도에서 ── 역시 당연히 ── 소멸한다는 태도를 취하여 왔다. 이는 大判 87.6.23, 86다카2865(공보 1229)에서 처음으로[52] 정면에서 밝혀진 것으로 보이고, 그 후 大判 99.12.7, 99다50729(공보 2000상, 147) 등에서도 확인되고 있다.[53]

이와 같이 임차인이 임대차 종료 후 목적물을 반환하는 때에 차임채권이 당연히 보증금으로부터 공제되는 것은 보증금의 성질로부터 귀결된다. 정확하게 말하면 그것이 보증금지급약정의 내용이다.[54] 차

---

나 그 후의 나온 뒤의 3.(1)에서 보는 大判 2005.1.13, 2004다19647(공보 상, 241)은 다시 「임료채무」라고 한다.

51) 大判 87.6.9, 87다68(集 35-2, 135) 이래 많은 재판례가 있다.

52) 그 외에 예를 들면 大判 87.6.9, 87다68(集 35-2, 135); 大判 88.1.19, 87다카1315(공보 408) 등과 같이 "건물임대차에 있어서의 임차보증금은 임대차 존속중의 임료뿐만 아니라 건물명도의무 이행에 이르기까지 발생한 손해배상채권 등 임대차계약에 의하여 임대인이 임차인에 대하여 갖는 일체의 채권을 담보하는 것으로서 임대차 종료 후에 임차건물을 임대인에게 명도할 때에 체불임료 등 **모든 피담보채무를 공제한 잔액이 있을 것을 조건으로 하여** 그 잔액에 관한 임차인의 보증금반환청구권이 발생한다"라고 판시하는 일련의 재판례가 있다. 그러나 이들에 있어서는 그 공제가 어떠한 방식에 의하여 행하여지는가에 대하여는 판단하고 있지 않다고 할 것이다.

53) 日大判 1926(大 15).7.12(民集 5, 616) 이래 일본의 확고한 판례이다.

54) 본문에서 든 大判 87.6.23. 등의 대법원판결들이 특별한 사정이 있으면 당연

임채권이 압류된 경우에도 그 압류의 목적물은 보증금에 의한 당연 충당을 예정한 채권이므로, 압류채권자는 그러한 제한을 받는다고 하여야 할 것이다.[55]

(2) 참고로 일본의 最判 2002(平 14). 3. 28(民集 56-3, 689)은, 부동산의 근저당권자인 원고가 그 물상대위권의 행사로 차임채권을 압류하였는데[56] 그 후 임대차관계가 종료되고 피고(임차인)가 목적물을 반환한 사안에서 그 피압류채권이 보증금(이른바 敷金)의 충당에 의하여 소멸하는가의 문제를 판단하고 있다. 결론적으로 위 판결은 이를 긍정하여, 원고의 추심금청구를 기각하였다. 그 이유는 "임대차목적물의 반환시에 차임채권 등은 보증금이 존재하는 한도에서 보증금의 충당에 의하여 당연히 소멸하게 된다. 보증금의 충당에 의한 미지급 차임 등의 소멸은 보증금계약으로부터 발생하는 효과로서, 상계와 같이 당사자의 의사표시를 요하지 아니한다"는 것, 그리고 "저당권자는 물상대위권을 행사하여 차임채권을 압류하기 전에는 원칙적으로 저당부동산의 용익관계에 개입할 수 없으므로, 저당부동산의 소유자 등은 임대차계약에 부수하여 보증금계약을 체결할지 여부를 자유로 결정할 수 있다. 따라서 보증금계약이 체결된 경우에는 차임채권은 보증금의 충당을 예정한 채권이 되어서, 이를 저당권자에게 주장할 수 있다"는 것이다.[57]

---

히 충당되지 않을 수 있다고 설시하는 것도 그와 다른 특약의 가능성을 열어 주는 것으로 이해된다.

55) 바로 뒤에서 보는 日最判 2002. 3. 28.의 원심판결이 설시하는 바에 의하면, "보증금이 수수된 경우의 차임채권은 제 3 자의 관점에서 보면 장래 보증금에서 공제되어 소멸할 위험성을 동반하는 채권인 것이다." 下村信江, "賃料債權に對する抵當權者の物上代位差押と敷金の充當", 私法判例リマークス 26호(2003), 25면으로부터 再引用.

56) 일본민법에서는 우리와는 달리 저당목적물의 "매각, 임대"의 경우에도 물상대위가 인정된다(동법 제304조, 제372조 참조).

57) 이 판결에 대한 평석으로 앞의 註 55에서 본 下村信江의 글 외에도, 高橋眞, 金

그 후 일본의 東京地判 2004. 4. 28(金融法務事情 1721, 49)은, 임대인의 채권자가 강제집행으로 차임채권을 압류하였는데 임차인이 임대차 종료 후 목적물을 인도한 사안에서 보증금에 의한 당연 충당의 효력을 인정하여 피압류채권의 소멸을 인정하고 있다.

(3) 이 사건에서 원심판결이나 대법원판결에 의하여 배척된 피고의 주장은 원고의 차임채권에 대한 압류 및 추심명령이 제3채무자인 피고에게 송달된 때로부터의 기간에 대한 차임채권은 보증금으로 공제되어서는 안 된다는 것이다. 차임채권에 대하여 압류 및 추심명령이 있었다는 사정이 보증금의 공제 여부에 영향을 미칠 수 없음은 앞의 (1)에서 본 바와 같다. 그러므로 위 대법원판결의 판시는 타당하다고 하겠다.

(4) 그런데 앞의 (1)에서 본 보증금이 차임채권에 충당되는 요건에 관한 법리는 나아가, 임대차관계가 종료되고 또한 임차인이 목적물을 반환하기 전에는 그 공제는 행하여지지 아니하며, 따라서 차임채권은 소멸하지 아니한다는 귀결로 이어진다.

전에 大判 99. 7. 27, 99다24881(공보 하, 1783)이 임대인의 채권자(원고)가 차임채권에 대하여 압류 및 전부의 명령을 받았는데 임차인(피고)이 보증금을 공제한 나머지 차임액에 대하여만 지급의무가 있다고 주장한 사안에서 임대차관계가 종료되었더라도 목적물이 반환되기 전이면 임차인(피고)은 연체차임의 지급을 거절할 수 없다고 판시하여, 피고의 위와 같은 주장을 배척하고 원고의 전부금청구를 인용한 것도 이러한 전제에 선 것으로 이해된다. 보증금은 어디까지나 임대인을 위한 담보이므로 임대차관계가 존속 중에 또는 그것이 종료되었어도 아직 목적물을 반환하고 있는 동안에는 임차인측에서 보증금

融法務事情 1656호(2003), 6면 이하; 荒木新五, 判例タイムズ 1099호(2003), 81면 이하 등이 있다. 이들은 대체로 위 판결의 태도를 긍정적으로 평가하고 있다.

이 남아 있음을 들어 그 충당을 주장하고 차임의 지급을 거절할 수 없다고 할 것이다.[58] 그리고 나아가 임대인의 임차인에 대한 차임채권이 압류(나아가 추심 또는 전부)되었다는 사정이 있다고 해서 돌연 임차인이 보증금이 있음을 들어 그 충당을 주장할 수 있게 된다고 말할 수는 없을 것이다.

그렇다면 여기서 살펴보는 大判 2004.12.23.의 사안에서도 임차인이 아직 목적물을 반환하지 아니하고 있었으므로, 보증금으로부터의 공제는 ── 피고가 주장하는 바의 차임채권이 압류되었다는 사정과는 무관하게 ── 애초에 인정될 수 없었다고 생각될는지도 모른다. 과연 그러한가? 그러나 이 사건에서는 임대인이 임대차관계의 종료 후에 임차인을 상대로 하여 다름아닌 목적물의 인도를 청구하였고 이에 대하여 임차인이 보증금의 반환과 상환하여서만 목적물을 인도하겠다는 동시이행의 항변을 제기하였다. 그리하여 법원이 피고에 대하여 보증금의 반환과 상환으로 목적물을 반환할 것을 명하는 판결을 함에 있어서는 그 상환급부의 내용을 정할 필요가 있게 된다. 이와 같은 경우에는 사실심 변론종결시까지 아직 목적물의 인도가 없었지만 장차 그 인도가 있을 것을 전제로 해서, 즉 보증금이 차임에 충당되는 요건이 충족되는 것을 전제로 해서 반환되어야 할 보증금의 유무 및 그 액을 판단할 수밖에 없을 것이다. 어차피 이러한 경우에는 앞의 大判 99.7.27.의 사안에서와 달리 차임채권이 행사되고 있는 것이 아니므로, 그렇게 처리한다고 해도 별다른 불합리는 없다고 생각된다.

**3.** 위 大判 2004.12.23. 이후에도 보증금을 연체차임 등에 충당하는 것과 관련된 재판례가 없지 않다.

---

58) 우리나라의 문헌으로는 이 점에 언급한 예를 쉽사리 찾을 수 없다. 일본의 문헌으로는 우선 我妻榮, 債權各論, 中卷 一(1957), 473면 참조.

(1) 大判 2005.1.13, 2004다19647(공보 상, 241)은 "임대차계약에서 보증금을 지급하였다는 입증책임은 보증금의 반환을 구하는 임차인이 부담하고, 임대차계약이 성립하였다면 임대인에게 임대차계약에 기한 임료채권이 발생하였다 할 것이므로 임료를 지급하였다는 입증책임도 임차인이 부담한다"고 판시하였다. 이러한 판시는 입증책임의 분배에 관한 일반법리에 비추어 타당하다고 하겠다.

이 사건에서도 앞의 大判 2004.12.23.에서와 유사하게 임대차의 목적물인 건물을 낙찰받은 원고가 임대차 종료를 내세워 임대차 목적건물의 명도를 청구한 데 대하여 임차인인 피고가 보증금의 반환과 상환으로만 목적물을 반환할 것을 항변한 듯하다. 원심법원은, 피고가 원래의 임대인에게 지급한 보증금이 그가 주장하는 1억7천만원이 아니라 5천5백만원이고, 그가 지급하여야 할 차임이 모두 7천5백여만원인데 실제로 지급한 차임은 1천4백여만원에 불과하여 미지급의 차임이 6천1백여만원이므로, 반환할 보증금이 없다고 하여 피고의 주장을 배척하였다. 그리고 대법원은 위와 같이 판시하여 피고의 상고를 기각하였다.

(2) 또 大判 2005.9.28, 2005다8323등(공보 하, 1677)은 임대인인 원고가 임차인인 피고를 상대로 임대차계약상 약정된 **월 관리비의 지급** 및 목적물의 인도를 청구하자, 피고가 반소로 보증금의 반환을 구한 사건에 대한 것이다. 대법원은 우선 "임대차계약에 있어 임대차보증금은 임대차계약 종료 후 목적물을 임대인에게 명도할 때까지 발생하는, 임대차에 따른 임차인의 모든 채무를 담보하는 것으로서, 그 피담보채무 상당액은 임대차관계의 종료 후 목적물이 반환될 때에, 특별한 사정이 없는 한, 별도의 의사표시 없이 보증금에서 당연히 공제되는 것이므로, 임대인은 임대차보증금에서 그 피담보채무를 공제한 나머지만을 임차인에게 반환할 의무가 있다"고 설시하면서 앞서

본 大判 2004.12.23.을 인용하고 있다. 그러나 이어서 "이 경우 임대차보증금에서 그 피담보채무 등을 공제하려면 **임대인으로서는** 그 피담보채무인 연체차임, 연체관리비 등을 **임대차보증금에서 공제하여야 한다는 주장을 하여야 하고** 나아가 그 임대차보증금에서 공제될 차임채권, 관리비채권 등의 발생원인에 관하여 주장·입증을 하여야 하는 것이며, 다만 그 발생한 채권이 변제 등의 이유로 소멸하였는지에 관하여는 임차인이 주장·입증책임을 부담한다"고 판시하였다.[59] 그리고 구체적으로 이 사건에서 "원고는 원심 변론종결에 이르기까지 … 임대차보증금에 대하여 아직 피고로부터 지급받지 아니한 차임, 전기료, 수도료, 난방비, 관리비 등을 공제하여야 한다는 취지의 주장을 전혀 한 바 없고, 단지 **본소로써 연체 관리비의 지급**과 목적물의 명도를 구하고 있었을 뿐인 사실을 알 수 있으므로, 원고가 상고이유로 내세우는 주장은 상고심에 이르러 비로소 내어놓은 것임이 명백하여 원심판결에 대한 적법한 상고이유가 될 수 없다"고 하여 원고(반소피고)의 상고를 기각하였다.

그런데 앞의 大判 2004.12.23. 등에서 임대차관계의 종료 후 목적물이 반환될 때에 연체차임 등이 특별한 사정이 없는 한 보증금에서 별도의 의사표시 없이 당연히 공제된다고 설시한 것과 여기서 "임대인이 연체차임 등을 공제하여야 한다는 주장을 하여야" 보증금에서 차임채무 등이 공제된다는 것과는 양립될 수 있는 태도일까? 소멸시효 완성의 효과에 관한 이른바 절대적 소멸설에 관하여 말하여지는 것과 같이, 전자는 실체적인 효과에 관한 것이고 후자에서 「공제하여

59) 여기서 "임대차보증금에서 공제될 차임채권, 관리비채권 등의 발생원인에 관하여 주장·입증을 하여야 한다"고 하는 뒷부분의 판시는 이미 大判 95.7.25, 95다14664등(공보 2951)이 같은 뜻을 밝힌 바 있으며, 이에 대하여는 별다른 의문이 없다. 문제는 그에 앞서서, 즉 보증금에서 그 피담보채무 등을 공제하려면 임대인이 연체차임, 연체관리비 등을 임대차보증금에서 공제하여야 한다는 주장을 하여야만 한다는 판시부분이다.

야 한다는 주장」이라고 하는 것은 단지 소송상의 주장을 가리킨다고 하면, 양자는 양립될 수 있는 것일까? 보증금이 붙은 임대차에서 임대인이 소송으로 차임의 연체를 주장하여 그 지급을 청구하는 경우에 누가 어떠한 사실에 대하여 주장·입증책임을 지는가? 그 같은 사건에서 임차인이 보증금의 반환을 반소 또는 동시이행의 항변의 형태로 주장하고 있다면, 이제는 누가 어떠한 사실에 대하여 주장·입증책임을 지는가?

필자의 전공이 아닌 탓으로 미숙하고 얕은 생각을 펼쳐 보면 대체로 다음과 같다. 우선 차임채권의 발생에 대하여는 임대인이 그 책임을 짐은 명백하다. 그런데 앞의 (1)에서 본 大判 2005.1.13.은 "임대차계약이 성립하였다면 임대인에게 임대차계약에 기한 차임채권이 발생하였다 할 것이므로 차임을 지급하였다는 입증책임도 임차인이 부담한다"고 한다. 그러므로 이번에는 임차인이 문제의 차임을 지급하였음을 주장·입증하여야 할 것이다. 그것을 다하지 못하였다면, 이제는 보증금의 충당에 의한 차임채권의 소멸이 문제될 것이다. 일본에서는 임차인의 보증금반환청구권에 관하여, 보증금반환채무의 성립사실은 그 채권의 권리근거사유이므로, 그 권리를 주장·행사하는 임차인이 보증금의 지급 및 임대차의 종료, 나아가 보증금반환청구권의 성립에 관한 반환시설에 따른다면, 목적물의 반환에 대하여 입증책임을 지며,[60] 이에 대하여 보증금반환채무의 소멸사실, 예를 들면 보증금이 연체차임의 변제에 충당되었다는 사실과 같은 것은 권리멸각사유이므로 채무자, 즉 임대인이 그에 대한 증명책임을 부담한다고 한다.[61] 그렇다면 위 大判 2005.9.28.이 임대인이 연체관리비이나 연체

60) 我妻榮(註 64), 475면; 村上博巳, 證明責任の硏究(1975), 191면. 日大判 1933(昭 8).12.13(新聞 3665, 15)도 그러한 취지라고 한다.

61) 村上博巳(前註), 191면 이하. 同所는 日大判 1927(昭 2).12.22(民集 6, 716)를 보증금이 연체차임의 변제에 충당되었다는 사실을 임대인이 입증하여야 한다는 취지의 판례로 인용한다.

차임 등(여기서는 관리비가 문제되고 있으므로, 이하에서는 관리비만을 들어 논의하기로 한다)을 임대차보증금에서 공제하여야 한다는 주장을 하여야 한다고 설시하는 것은 혹 보증금의 연체관리비에의 충당사실을 임대인이 **소송상으로** 주장하여야 보증금반환채무의 그 한도에서의 소멸이 인정될 수 있다는 의미라고 생각되기도 한다. 그런데 만일 임대차 종료 후 목적물이 반환되는 때에 연체관리비가 **당연히** 보증금에서 공제되는 것이라면, ―본소에서의 청구에 의하여 이미 주장되고 있는― 관리비채권의 발생 외에 임대인이 「보증금이 연체관리비의 변제에 충당되었다는 사실」을 소송상 주장하여야 한다는 것은 도대체 무엇을 가리키는 것일까? 특히 임대인의 관리비청구에 있어서는 보증금의 당연 충당에 의한 관리비채무의 소멸이 임차인이 주장·입증하여야 하는 권리멸각사유라고 하여야 하지 않을까? 그런데 앞서 본 대로 임차인의 보증금반환청구에 있어서는 반대로 임대인이 관리비가 보증금으로 충당되어 소멸하였음을 주장·입증하여야 한다는 것이다. 그렇다면 본소로써는 임대인의 관리비청구가, 반소로써는 임차인의 보증금반환청구가 행하여진 경우에는 어떻게 되는가? 보다 정밀한 검토가 필요하다고 여겨진다.

## Ⅶ. 結에 갈음하여

**1.** 이상에서 살펴본 것 외에도 필자의 주의를 끈 재판례로서 다음과 같은 것만을 들어두기로 한다.

① 大判 2005.4.15, 2003다60297(공보 하, 735)은, 미성년자가 신용카드발행인과 사이에 신용카드이용계약을 체결하여 그 신용카드를 이행하여 가맹점으로 물품을 구입하는 등의 거래를 하였는데 후에 신

용카드이용계약이 행위무능력을 이유로 취소되어 그 미성년자가 신용카드발행인을 상대로 채무부존재확인청구를 한 사안에 대하여, "미성년자는 그 행위로 인하여 받은 이익이 현존하는 한도에서 상환할 책임이 있는데, 신용카드이용계약이 취소됨에도 불구하고 신용카드회원과 해당 가맹점 사이에 체결된 개별적인 매매계약은 특별한 사정이 없는 한 신용카드이용계약 취소와 무관하게 유효하게 존속한다 할 것이고, 신용카드발행인이 가맹점들에 대하여 그 신용카드사용대금을 지급한 것은 신용카드이용계약과는 별개로 신용카드발행인과 가맹점 사이에 체결된 가맹점계약에 따른 것으로서 유효하므로, 신용카드발행인의 가맹점에 대한 신용카드이용대금의 지급으로써 신용카드회원은 자신의 가맹점에 대한 매매대금지급채무를 법률상 원인 없이 면제받는 이익을 얻었으며, 이러한 이익은 금전상의 이득으로서 특별한 사정이 없는 한 현존하는 것으로 추정된다"고 판시하여 상고를 기각하고, 원고의 청구를 기각한 원심판결을 확정하였다.

그런데 필자는 결론적으로 이 판결의 취지에 반대한다. 이 사안에서는 신용카드회원은 매매대금지급채무를 면제받은 이익을 얻었다고 할 것이 아니라, 단적으로 그 대금 상당의 금전을 부당이득하였다고 파악할 것이고, 그 금전이득의 「현존」 여부를 그로써 취득한 물품의 실제적 효용성 등의 관점에서 판단하였어야 했을 것이다. 위 판결과 같이 채무소멸의 이익을 얻었다고 파악하면, 현존이익의 이른바 「추정」이 뒤집히는 경우는 쉽사리 상정할 수 없으며, 이는 민법 제141조 단서가 행위무능력자의 원상회복의무를 현존이익에 제한하는 취지를 거의 몰각하게 한다.[62)]

62) 혹은 만에 하나 채무로부터의 해방을 부당이득하였다고 구성하더라도, 그 이익의 현존 여부는 **실질적으로 파악하여** 그 채무의 부담을 통하여 미성년자가 실제로 얻은 바(즉 반대급부)의 효용성 등을 따져 판단하였어야 했다. 물론 미성년자측에서 그러한 관점에서 주장 · 입증을 하지 않았다고 하면, 이는 주장 · 입증책임의 문제일는지도 모른다.

② 大判 2005.11.10, 2005다41818(공보 하, 1964)은 타당하게도 대항요건을 미처 갖추지 못한 채권양수인이 채무자를 상대로 한 소송의 제기도 시효중단사유가 된다고 한다. “채권양도에 의하여 채권이 동일성을 잃지 않고 양수인에게 이전되는 것은 채권양도의 대항요건을 갖추지 못하였다고 하더라도 마찬가지인 점, 민법 제149조의 ‘조건의 성취가 미정한 권리의무는 일반규정에 의하여 처분, 상속, 보존 또는 담보로 할 수 있다’는 규정은 대항요건을 갖추지 못하여 채무자에게 대항하지 못한다고 하더라도 채권양도에 의하여 채권을 이전받은 양수인의 경우에도 그대로 준용될 수 있는 점, 채무자를 상대로 재판상의 청구를 한 채권의 양수인을 '권리 위에 잠자는 자'라고 할 수 없는 점 등”을 고려한 것이다. 이 사건에서는 원고가 소송을 제기하고 나서 원래의 소멸시효기간이 경과한 후에야 비로소 그 대항요건을 갖추었다. 그러므로 위의 문제에 대한 판단 여하에 따라서는 결론이 뒤바뀔 수 있었다.[63] 이와 같은 문제는 「흠 있는 소송제기」의 시효중단효라는 보다 일반적인 문제[64]의 일환을 이룬다.

③ 大判 2005.6.9, 2005다11046(공보 하, 1125)은, 건설자금 중 주된 부분을 국민주택기금에서 그 명의로 융자받아 제공한 사람이 그로써 건설된 주택을 원시취득하였다고 인정하고, 그러나 그가 나중에 그 소유권을 포기하였으므로, “원고가 이 사건 주택의 소유자임을 전제로 하여” 그 주택을 분양받거나 수분양자로부터 임차하여 점유하는 피고들을 상대로 명도를 구하는 이 사건 청구는 받아들을 수 없다고 판단하였다. 부동산소유권의 포기와 관련하여서는 과연 등기가 요구

63) 이 기회에 덧붙이자면, 위 판결은 참조판결로 大判 2004.4.28, 2004다3673등을 인용하고 있다. 그러나 이 판결은 「법고을」에서도, 대법원의 「종합법률정보」 사이트에서도 찾을 수 없다. 결코 의미가 적지 않은 이 판결이 공개되지 아니한 이유는 무엇일까? 이 문제에 대하여는 앞의 註 40도 참조.

64) 이에 대하여는 梁彰洙, “흠 있는 訴提起와 時效中斷”, 同, 民法硏究, 제4권(1997), 73면 이하 참조.

되는지가 논의되고 있는데, 위 판결은 등기의 점에 대하여는 아무런 언급이 없이 위와 같이 소유권 포기의 효력을 긍정하였다. 그리고 이 사건에서 원고의 소유권 포기가 유효하다면, 그것은 이제 無主의 부동산으로서 國有가 된다는 것인가(민법 제252조 제 2 항)?

④ 大判 2005.5.12, 2004다68366(공보 상, 927)은, 변제자대위에 관한 민법 제481조, 제482조, 채권자가 담보권을 상실시킴으로 인한 법정대위자의 면책에 관한 제485조에 대하여 흥미있는 판단을 하고 있다. 이 사건에서는 갑 회사가 을 금고로부터 금전을 대출받으려고 하였는데, 그 대출에 있어서 원고의 동의 아래 그 대출자의 명의를 원고로 하되 갑 회사와 원고 사이에서는 갑 회사가 원고에게 법적 책임을 묻지 않기로 하는 합의가 이루어졌다. 그리고 갑 회사의 지배주주 병 등은 위 대출금채무의 담보로 원고 등을 채무자로 한 근저당권을 을 금고 앞으로 설정하였다. 그 후 을 금고는 파산하였는데, 그 직전 위 근저당권에 대하여 말소등기를 경료하여 주었다. 이 사건에서 원고는 을 금고의 파산관재인을 상대로 채무부존재확인청구를 하였다.

원심법원은, 원고가 얻은 대출은 가장행위에 해당하지만 민법 제108조 제 2 항에 의하여 이를 을 금고의 파산관재인에게 대항할 수 없으므로,[65] 결국 그는 「변제할 정당한 이익」(민법 제481조)이 있는 지위에 있고, 따라서 만일 변제를 하였다면 갑 회사의 을 금고에 대한 채권 및 그를 위한 담보권을 취득하였을 것인데, 을 금고가 위와 같이 근저당권을 소멸시켰으므로, 그로 인하여 상환을 얻을 수 없게 된 범위에서 민법 제485조에 의하여 원고는 을 금고에 대한 책임을 면한다고 판단하였다. 대법원은, "실질적 법률관계를 기초로 판단하여 보면" 원고가 최종적인 변제책임을 지는 주채무자가 아니어서 변제자대

65) 이 점은 이미 大判 2003.6.24, 2002다48214(공보 하, 1581)가 판시하는 바이다. 이 판결에 대하여는 梁彰洙(註 1. 2003년), 367면 이하를 보라.

위의 적격을 가진다고 판시하여, 피고의 이 부분 상고를 받아들이지 않았다.

피고는 나아가 그렇다면 원고가 위 대출금채무에 대하여 보증인적 지위에 있으므로 민법 제482조에 의하여 물상담보제공자인 병 등에 대한 대위권 행사가 제한되어야 하고, 따라서 위와 같은 면책범위도 제한되어야 한다고 주장한 바 있었다. 이에 대하여 원심법원은, 원고가 위 대출금채무에 대하여 보증인적 지위에 있지 않다고 하여 이를 배척하였다. 대법원은 大判 96.8.23, 96다18076(공보 하, 2847)[66]을 인용하면서 원심판결의 이 부분 판결도 정당하다고 하였다.

필자는 이 판결의 결론은 부당하다고 생각한다. 그야말로 「실질적인 관찰방법」을 관철하려고 하면, 적어도 **민법 제485조를 포함하여 변제자대위의 문제에 관한 한** 갑 회사가 주채무자이고 원고 및 물상보증인 병 등은 말하자면 보조적 책임자로서 민법 제482조 제2항에서 정하여진 대위자 간의 제한을 인정하였어야 했을 것이다. 대법원이 인용하는 위의 大判 96.8.23.은 채권자와 대출명의대여자 사이의 법률관계에 대한 판결로서, 그 판지를 이 사건에서와 같이 법정대위자 사이의 법률관계가 문제된 경우에 「형식적으로」 원용한 것은 아니라고 할 것이다.

⑤ 大判 2005.6.9, 2005다4529(공보 하, 1120)는 주택임대차보호법 제3조의3에 의하여 임차권등기가 행하여졌는데 그 후 임대차관계가 종료된 경우에 임차인의 임차권등기말소의무와 임대인의 임차보증금반환의무 사이에는 동시이행관계에 있지 않고 후자가 先履行되어야 한다고 판시하였다. 그 이유는, "임차권등기명령의 집행에 의한 임차권등기가 경료되면 임차인은 동법에 의한 대항력 및 우선변제권을 취

66) 이 대법원판결은 대출명의가 대여된 사안에서 "특별한 사정이 없는 한 그 형식상의 주채무자에게 실질적 주채무자를 위한 보증의 의사가 있다고 볼 수 없다"고 판단한 바 있다.

득할 뿐만 아니라, 그 임차인이 임차권등기 이전에 이미 대항력 또는 우선변제권을 취득한 경우에는 그 대항력 또는 우선변제권은 그대로 유지되며, 임차권등기 이후에는 동법 제3조 제1항의 대항요건을 상실하더라도 이미 취득한 대항력 또는 우선변제권을 상실하지 아니하는 것으로 정하고 있다. 따라서 위 규정에 의한 임차권등기는 이미 임대차계약이 종료하였음에도 임대인이 그 보증금을 반환하지 않는 상태에서 경료되게 되므로, 이미 사실상 이행지체에 빠진 임대인의 임대차보증금의 반환의무와 그에 대응하는 임차인의 권리를 보전하기 위하여 새로이 경료하는 임차권등기에 대한 임차인의 말소의무를 동시이행관계에 있는 것으로 해석할 것은 아니고, 특히 위 임차권등기는 임차인으로 하여금 기왕의 대항력이나 우선변제권을 유지하도록 해 주는 담보적 기능만을 주목적으로 하는 점 등"에서 그렇다는 것이다. 이 이유제시에는 수긍할 만한 점이 있다고 생각된다.

그리고 大判 2005.9.15, 2005다33039(공보 하, 1610)가 "임차권등기명령에 의한 임차권등기가 첫 경매개시결정등기 전에 등기된 경우에는, 배당받을 채권자의 범위에 관하여 규정하고 있는 민사집행법 제148조 제4호의 '저당권·전세권, 그 밖의 우선변제청구권으로서 첫 경매개시결정 등기 전에 등기되었고 매각으로 소멸하는 것을 가진 채권자'에 준하여, 임차인은 별도로 배당요구를 하지 않아도 당연히 배당받을 채권자에 속하는 것으로 보아야 할 것"이라고 판시한 것도, 기본적으로 위 大判 2005.6.9.에서 설시한 바와 같은 파악에 입각한 것으로 이해된다.

⑥ 大判 2005.9.9, 2005다23773(공보 하, 1594)은 주택임대차보호법 제3조 제1항이 정하는 대항력이 있는 임차인이 가지는 보증금반환청구권에 대하여 압류 및 전부의 명령이 있은 후에 임대인이 당해 임대주택을 제3자에게 양도한 경우에, 임대인이 여전히 전부채권자

에 대하여 보증금반환의무를 부담하는가 하는 문제를 다루고 있다. 원심법원은 그 경우 임대차 주택의 소유권이 제 3 자에게 양도되기 전에 임대차보증금반환채권이 확정된 압류 및 전부명령에 의하여 전부채권자에게 이전된 경우에는 그 전부명령의 효력에 의하여 임대차보증금반환채무자도 임대인으로 확정된다고 할 것이고, 임대차 부동산의 소유권이 양도되었다는 사정만으로 이미 전부채권자에게 전부된 임차보증금반환채권의 채무자가 변경된다고 볼 수 없다고 판단하고, 원고의 전부금청구를 인용하였다. 그러나 대법원은 타당하게도 "임대차보증금반환채권에 대한 압류 및 전부명령이 확정되어 임차인의 임대차보증금반환채권이 집행채권자에게 이전된 경우 제3채무자인 임대인으로서는 임차인에 대하여 부담하고 있던 채무를 집행채권자에 대하여 부담하게 될 뿐 그가 임대차목적물인 주택의 소유자로서 이를 제 3 자에게 매도할 권능은 그대로 보유하는 것이며, 위와 같이 소유자인 임대인이 당해 주택을 매도한 경우 주택임대차보호법 제 3 조 제 2 항에 따라 전부채권자에 대한 보증금지급의무를 면하게 되므로, 결국 임대인인 피고는 전부금지급의무를 부담하지 않는다"고 판시하고, 원심판결을 파기환송하였다.

**2.** 2005년에 나온 민사재판례 중 실무적으로 가장 임팩트가 큰 것으로서는, 종중 구성원의 자격을 성년남자만으로 제한하는 종래 관습법의 효력을 부인하고 여성에게도 당연히 종중 구성원이 되는 것이 이번에는 「관습법」이 아니라 「조리」에 합당하다고 판시한 大判(全) 2005.7.21, 2002다1178(공보 하, 1326)을 들어야 할 것이다.[67] 이는,

67) 그 전에 憲裁 2005.2.3, 2001헌가9등(憲集 17-1, 1)은 戶主制가 헌법에 위반된다고 하고, 종전 민법(2005년 3월 31일 개정 전)의 제778조(호주의 정의), 제781조 제 1 항 본문 후단(子의 父家에의 입적), 제826조 제 3 항 본문(처의 夫家에의 입적)이 헌법에 합치되지 아니한다고 판시한 바 있다.

부동산의 무단점유에 자주점유의 추정을 부정한 大判(全) 97.8.21, 95다28625(集 45-3, 84)가 종전에 우리의 민사재판에서 다른 나라에 유례를 볼 수 없게 빈번하게 주장되던 취득시효에 관한 실무의 운용을 근본적으로 개변한 것에 이어서, 아마도「판례에 의한 혁명」이라고 불러도 좋을는지 모른다.[68]

그와 같은 일이 민사실무의 분야에서 다시 일어난다면, 그것은 무엇을 바꾸는 것이 될까? 필자는 이른바 관습상 법정지상권에 관한 종전 판례의 태도가 그 대상이 되지 않을까 감히 예측하여 본다. 물론 앞의 두 예에서처럼 그러한 변화를 재촉하는 말하자면「사회의 압력」이라는 것이 이 경우에도 충분한 모멘텀을 얻을 수 있는지 의문이 없는 것은 아니다. 그러나 토지와 건물을 별개의 부동산으로 하는 우리 법의 중대한 기본결단에서 발생하는 법문제를 어떻게 적정하게 처리할 것인가 하는 관점에서 본다면, 민법이 정하는 법정지상권(제366조, 제305조)의 범위 밖에서 인정된 이른바 관습상 법정지상권의 법리는 역사적으로 상당한 근거가 없을 뿐 아니라, 실제적으로도 부당한 결과를 가져온다.

## [後　記]

그 후 본문의 Ⅲ.에서 살펴본 저당권에 기한 방해배제청구권을 긍정하는 大判 2006.1.27, 2003다58454(공보 상, 316)에 접하였다. 이 사건의 사실관계는 다음과 같다. 갑 회사가 이 사건 토지에 관하여 을 은행에게 근저당권설정등기를 경료한 다음에 그 대지상에 20층 규

68) 이 글의 검토범위를 벗어난 것이지만, 大決 2005.11.26, 2005스26(신문 3414, 9)이 법원이 호적법 제113조에 기하여 하는 改名 허가의 기준에 대하여, "범죄를 기도 또는 은폐하거나 법령에 따른 각종 제한을 회피하려는 불순한 의도나 목적이 개입되어 있는 등 개명신청권의 남용으로 볼 수 있는 경우"가 아닌 한 원칙적으로 개명을 허가함이 상당하다고 판시한 것도 획기적이다.

모의 오피스텔을 신축하는 공사에 착수하였다. 그런데 착공 1년 남짓 되어 지하층의 공사를 한 상태에서 부도를 내자 피고 조합이 그 무렵 갑 회사로부터 건축사업시행권을 양수하고 공사를 속행하였다. 그 후 원고는 을 은행으로부터 근저당권부 채권을 양수하고, 이 사건 토지에 대하여 임의경매절차를 신청하여 그 절차가 개시되었다. 이 상태에서 원고는 피고를 상대로 위 공사가 원고의 저당권을 침해하는 행위라고 하여 그 중지를 구하는 소를 제기하였다.

원심법원은 그 청구를 인용하였는데, 대법원도 위 판결에서 피고의 상고를 기각하였다. 대법원은 우선 "저당권자는 저당권 설정 이후 환가에 이르기까지 저당물의 교환가치에 대한 지배권능을 보유하고 있으므로 저당목적물의 소유자 또는 제3자가 저당목적물을 물리적으로 멸실·훼손하는 경우는 물론 그 밖의 행위로 저당부동산의 교환가치가 하락할 우려가 있는 등 저당권자의 우선변제청구권의 행사가 방해되는 결과가 발생한다면 저당권자는 저당권에 기한 방해배제청구권을 행사하여 방해행위의 제거를 청구할 수 있다"는 일반론을 설시한 다음, "대지의 소유자가 나대지상태에서 저당권을 설정한 다음 대지상에 건물을 신축하기 시작하였으나 피담보채무를 변제하지 못함으로써 **저당권이 실행에 이르렀거나 실행이 예상되는 상황인데도 소유자 또는 제3자가 신축공사를 계속**한다면 신축 건물을 위한 법정지상권이 성립하지 않는다고 할지라도 경매절차에 의한 매수인으로서는 신축건물의 소유자로 하여금 이를 철거하게 하고 대지를 인도받기까지 별도의 비용과 시간을 들여야 하므로, 저당 목적 대지상에 건물신축공사가 진행되고 있다면 이는 경매절차에서 매수희망자를 감소시키거나 매각가격을 저감시켜 결국 저당권자가 지배하는 교환가치의 실현을 방해하거나 방해할 염려가 있는 사정에 해당한다"는 것이다.

이 중요한 판결은 본문의 註 30에서 든 문헌과 같은 취지로서

「저당권에 기한 방해배제청구권」의 문제에 대하여 새로운 지평을 열었다고 할 수 있다. 그러나 필자는 이 판결의 태도에 찬성할 수 없다. 이에 대하여는 별도의 글에 미루기로 한다.[69)]

(서울대학교 法學 47권 1호(2006.3), 297면 이하 所載)

[後 記]

이 글의 Ⅵ.2.(4)에서 살핀, 임대차관계가 종료되었더라도 목적물이 반환되기 전이면 임차인은 보증금으로부터의 당연 공제를 주장하여 차임채무의 소멸을 주장할 수 없다는 점과 관련하여서는, 그 후에 나온 大判 2007.8.23, 2007다21856등(공보 하, 1453)이 同所에서도 인용한 大判 99.7.27, 99다24881을 참조재판례로 들면서 동일한 취지를 설시하고 있다. 위의 大判 2007.8.23.에서는 토지전대인이 그 전차인을 상대로 목적물의 반환 및 차임 또는 차임 상당액의 지급을 청구하였고, 전차인은 이 본소청구에 대하여 보증금 또는 보증금반환청구권에 기한 항변을 하면서 동시에 반소청구로 보증금의 반환을 청구한 듯하다. 원심은 보증금으로 일정 기간까지의 차임에 충당하고 그 이후의 기간에 관해서만 차임지급의무 또는 차임 상당의 부당이득반환의무를 긍정하였다(한편 그 결과 원고의 반환청구에 대하여는 이를 전부 인용하고, 피고의 반소청구는 기각한 것으로 보인다). 그런데 대법원은 목적물의 반환 전에는 보증금에 의한 당연 공제는 부인된다고 하

69) 梁彰洙, "토지저당권에 기한 방해배제와 건물신축행위의 중지청구: 대법원 2006.1.27. 선고 2003다58454 판결(판례평석)", 法律新聞 3479호(2006.8.7), 15면; 同, "2006년 民事判例 管見", 서울대학교 法學 48권 2호(2007.6), 116면 이하, 특히 134면 이하(本書, 364면 이하).

여, 원고의 상고를 인용하였다.

필자는 同所에서 임대인의 목적물반환청구에 대하여 임차인이 보증금반환청구권에 기하여 동시이행의 항변을 하는 경우에는 반환되어야 할 보증금의 유무 및 그 액을 "아직 목적물의 인도가 없었지만 장차 그 인도가 있을 것을 전제로 해서" 판단될 수밖에 없을 것이라고 주장한 바 있다(本書, 325면). 그런데 위 판결을 읽으면서, 임차인이 단지 목적물반환청구에 대하여 동시이행의 항변만을 한 것이 아니라 동시에 ── 反訴 등으로 ── 보증금의 반환청구를 하는 경우는 어떻게 처리되어야 하는가 하는 쉽사리 답하기 어려운 문제를 비로소 의식하게 되었다. 그러므로 우선 앞서와 같은 주장은 이를 유보하기로 한다.

## [제 3 쇄에 따른 後記]

아래와 같이 Ⅵ. 2. (5)를 새로 삽입한다(이 책 325면).

(5) 이와 같이 임대차의 종료 및 목적물 반환 전에 차임채권에 관하여 압류 등의 명령을 받은 이해관계인(제 3 자)와 목적물 반환시를 기준으로 보증금반환채권을 가지는 임차인 사이의 우열관계는 결국 위 이해관계인이 목적물 반환 전에 자신의 추심채권 또는 전부채권에 관하여 실제로 그 만족을 얻었는지 여부에 달려 있고, 그 제 3 자가 단지 압류 등의 명령을 받았다거나 임차인에 대한 추심금 또는 전부금의 청구소송의 승소하였다는 것만으로는 달라지지 아니한다고 할 것이다.

한편 大判 2010. 10. 14, 2010다50113(미공간)은 임대인이 임대차의 종료를 내세워 임대차목적물인 건물의 인도를 청구한 데 대하여 피고(임차인)이 보증금의 반환과 상환으로 건물을 인도할 것을 항변한 사안에 대한 것이다. 그 사건에서 쟁점의 하나는 원고가 피고에게 반환하여야 할 보증금이 남아 있는지 또는 어느 범위에서 남아 있는지의 문제이었고, 구체적으로는 임차인이 차임 등의 일부로서 임대인에게 일정액을 지급하기로 하는 내용의 종전 調停이 위 문제와 관련하여 어떠한 효력을 가지는가 하는 점이다. 이에 대하여 대법원은 위와 같은 조정 또는 연체 차임의 지급을 명하는 확정판결이 있다고 하더라도 **임차인이 그 연체 차임을 실제로 지급하지 아니한 이상** 그 연체 차임은 임대차보증금에서 당연히 공제된다고 판단하였다. 그러므로 임차인은 그 공제되고 남은 한도에서만 보증금의 반환을 구할 수 있는 것이다.

이러한 법리는 차임채권에 대하여 임대인의 채권자가 압류 및 추심 또는 전부의 명령을 얻은 경우라고 하여 다를 바 없다고 할 것이다. 차임채권에 대하여 압류 등의 명령이 유효하게 행하여졌다고 하더라도, 그 집행채권자는 채무자인 임대인이 제3채무자인 임차인에 대하여 가지는 것보다 더 유리한 법적 지위에 놓일 수는 없는 것이다. 만일 그러한 명령이 없다고 하더라도, 즉 제3의 이해관계인이 등장하지 아니하였다고 가정하면, 임차인이 임대인에게 차임 등을 실제로 지급하지 아니한 경우에는 그만큼 이를 보증금으로부터 공제당하여서 임대인은 임차인에 대하여 그 공제 후 남는 보증금만의 반환의무를 지는 것이다. 그렇다면 마찬가지로 추심채권자 또는 전부채권자도 임차인으로부터 실제로 추심금 등을 실제로 지급받지 못한 이상 임차인이 그에 대하여 보증금에 의한 당연 공제, 나아가 그로 인한 피압류채권의 소멸을 주장하는 것을 막을 수 없다고 할 것이다.

# 13. 2006년 民事判例 管見

## Ⅰ. 序

**1.** 2003년 이래 해 온 바와 마찬가지로[1)] 한 해를 단위로 "필자 개인의 입장에서 볼 때 이론적으로 논의할 필요가 있다고 생각되는" 민사재판례를 말하자면 恣意的으로 골라서 이하에서 살펴보기로 한다. 전에 말한 대로, "「논의」라기보다는, 그것이 필자의 사고를 자극한 바, 마음 속에 의문 또는 숙제로 느껴지는 바를 적어 보려는 것이다. 그러므로 아직 무슨 확고한 발언이라고 할 것이 있지 않으며, 오히려 感想이라고 하는 편이 적절할지도 모른다." 이 글에 「管見」이라는 제목이 붙은 것은 그러한 이유 때문이다.

종전에 위와 같이 민사판례를 관견하는 글을 쓴 실제적인 계기는 주로 대법원의 민사실무연구회로부터 매년 1월의 발표회에 그 전해의 민사판례 중 중요한 것을 골라서 그에 대하여 의견을 개진할 것을 요청받은 데 있었다. 그렇게 보면 그 글들의 체제 내지 내용이 반드시 요청자의 희망에 부합하는 것인지 의문인 점도 없지 않았다. 어쨌거나 지난 3년 동안 그러한 일을 맡아서 해 온 관성으로 이제는 그러한 요청과는 무관하게, 그러니까 注文生産이 아니라 自主生産으로 이 글

1) 梁彰洙, "2003년 民事判例 管見", 人權과 正義 332호(2004. 4), 53면 이하; 同, "2004년 民事判例 管見", 人權과 正義 344호(2005. 4), 79면 이하(이상 同, 民法研究, 제 8 권(2005), 361면 이하, 411면 이하에 각 所載. 이하 이에 의하여 인용한다); 同, "2005년 民事判例 管見", 서울대학교 法學 47권 1호(2006. 3), 297면 이하(本書, 283면 이하).

을 쓰게 되었다.

**2.** 2006년에 나온 대법원의 민사재판례 중 어떤 것들에 대하여는 그것이 공표된 직후에 필자가 그 때마다 그에 대한 견해를 밝힌 바가 있다.[2] 그러므로 여기서 이들을 再論할 여지는 없는지도 모른다. 그러나 그 후에 그 재판례들에 관하여 다른 견해가 표명된 경우가 있는데, 이에 대응하여 보다 상세히 논의할 필요를 느낀다. 그러므로 여기서는 이들에 대하여도 일정한 범위에서 언급하기로 한다(아래의 Ⅲ. 및 Ⅳ.).

**3.** 전에는 대상이 되는 재판례를 『판례공보』의 발간시기를 기준으로 골랐는데, 이번에는 그와 달리 「2006년」의 민사재판례라고 하면, 2005년 12월 초쯤부터 2006년 12월 말까지 대법원의 민사재판 중에서 『판례공보』에 실린 것을 가리키는 것이다. 그러니까 재판을 한 시기가 기준이 되는 것이다. 그리고 필자의 전공 기타의 이유로 민사재판례 중 민법, 그 중에서도 특히 재산법에 관련된 것에 중점을 두기로 한다.

## Ⅱ. 破産管財人과 民法 제108조 제 2 항의 「제 3 자」

**1.** 종전에 大判 2003. 6. 24, 2002다48214(공보 하, 1583)은 假裝消費貸借의 대주가 파산선고를 받은 경우 그 파산관재인이 민법 제

2) 梁彰洙, "목적 토지상 근저당권의 피담보채무를 변제한 시효취득자의 채무자에 대한 구상권 ── 대법원 2006. 5. 12. 선고 2005다75910 판결(판례평석)", 法律新聞 3473호(2006년 7월 10일 자), 15면(本書, 259면 이하); 同, "토지저당권에 기한 방해배제와 건물신축행위의 중지청구 ── 대법원 2006. 1. 27. 선고 2003다58454 판결(판례평석)", 法律新聞 3479호(2006년 8월 7일 자), 15면.

108조 제2항에서 정하는「제3자」에 해당한다고 판단한 다음, 그 사건에서 가장소비차주가 파산관재인을 상대로 제기한 채무부존재확인 청구를 기각하였다(상고기각).

필자는 파산관재인이 민법 제108조 제2항의「제3자」에 해당하는가 하는 문제에 대하여 최초로 대법원의 입장을 밝힌 이 판결의 중요성에 대하여 주의를 환기시키면서, 기본적으로 그 판단에 찬성하는 입장을 밝혔었다.[3] 그리고 거기서 보다 일반적으로, 이러한 대법원의 태도가 민법의 여기저기서 보이는 "선의의 제3자에게 대항하지 못한다"는 이른바 선의의 제3자 보호규정에서「제3자」또는「선의의 제3자」의 의미를 다시 생각하여 보는 계기가 된다는 점을 강조한 바 있다. 거기서「다시 생각하여 보는 계기」라고 하는 것은 두 가지 관점에서 그러하다. 하나는, 종전부터 위「제3자」에 해당하는지 여부에 관하여 판례가 "가장행위가 유효임을 알지 못하고 새로운 이해관계를 맺은 자"인지 여부라는 태도를 취하여 왔다고 이해되었었는데, 이제 그러한 이해를 재검토할 필요는 없겠는가 하는 것이다. 다른 하나는, 경매나 파산과 같이 다수의 이해관계인이 참여하여서 절차의 안정성이 보다 강조되는 장면에서는 과연 그「제3자」를 누구라고 할 것인지, 그「선의」여부는 누구를 기준으로 어떻게 판단되는지를 논의할 필요가 제기된다는 것이다.

**2.** 그 후 위 판결이 다룬 문제에 대하여 우리로서는 드물게 열띤 논의가 행하여졌고, 위 판결의 태도에는 찬성하는 견해는 물론이고, 반대하는 견해도 적지 않게 제기되었다.[4] 그리하여 이에 대한 대

3) 梁彰洙(註 1. 2004), 369면 이하.

4) 위 판결이 나오기 전의 하급심재판례 및 이 문제에 관한 문헌 등에 대하여는 權英俊, "通情虛僞表示로 인한 法律關係에 있어서 破産管財人의 第3者性", 法曹 2007년 5월호, 44면 이하(이 글은 원래「私法의 諸問題」라는 주제로 2007년 2월 22일에 열린 서울대학교 BK21법학연구단 비교한국법센터 주최의 2007년도 제1

법원의 대응이 주목되던 차에 大判 2005.5.12, 2004다68366(공보 상, 927)은 傍論으로 종전의 태도를 그대로 유지함을 밝힌 바 있다.[5] 그런데 이 판결이 앞서 본 파산관재인이 민법 제108조 제2항의「제3자」에 해당하는가 하는 문제와 관련하여 어떠한 의미를 가지는지를 정확하게 이해하는 것은 상당한 검토를 요한다.

이 판결에서 정면으로 다루어졌던 것은, 채권자의 고의나 과실로 담보가 상실·감소된 경우에 대위권자의 면책을 정하는 민법 제485조가 적용되는지에 관한 판단의 전제로 과연 원고에게「변제할 정당한 이익」(민법 제481조)이 있는지의 문제이었다. 그리고 위 판결은 파산관재인이 민법 제108조 제2항의「제3자」에 해당된다고 설시하면서도, 정작 중요한 위의 문제에 대하여 "위 민법 제108조 제2항과 같은 특별한 제한이 있는 경우를 제외하고는 채무의 소멸 등 파산 전에 파산자와 상대방 사이에 형성된 모든 법률관계에 관하여 파산관재인에게 대항할 수 없는 것은 아니라 할 것이며, 그 경우 파산자와 상대방 사이에 일정한 법률효과가 발생하였는지 여부에 대하여는 파산관재인의 입장에서 형식적으로 판단할 것이 아니라 파산자와 상대방 사이의 실질적 법률관계를 기초로 판단하여야 한다"는 태도를 내세운 다음, 구체적으로 이 사건의 사안[6]에서는 "당사자 사이의 실질적 법

---

차 학술회의에서 발표된 것이다), 註 3 및 註 8 내지 10을 보라. 그 후에 나온 이 문제에 대한 글로서는 위 權英俊의 논문에 대한 金炯錫의 토론 요지(이 토론 요지의 내용에 대하여는 후술 4. 참조); 양재호, "파산관재인이 통정허위표시의 법률관계에서 보호되는 제3자에 해당하는지 여부 및 이 경우 '선의성'의 판단기준", 민사판례연구회 2007년 2월 발표 논문(민사판례연구 30집(2008년 2월 발간 예정) 수록 예정); 金載亨, "2006년도 중요판례 개관. 민법 총칙·물권", 法律新聞 3539호(2007년 3월 22일 자), 12면 참조. 그런데 이상의 세 문헌은 모두 판례의 태도에 찬성한다. 그러므로 이에 관한 학설상황은 이제 이른바 긍정설로 기울어졌다고 할 것이다.

5) 이 판결에 대하여는 우선 梁彰洙(註 1. 2005년), 336면 이하에서 간단하게 검토한 바 있다. 그에 대한 본격적인 연구로서는 尹眞秀, "借名貸出을 둘러싼 法律問題 —— 대법원 2005.5.12. 선고 2004다68366판결", 民事裁判의 諸問題 15권(2006), 121면 이하가 있다.

률관계를 기초로 하여" 판단해 보면, "원고는 형식상으로는 이 사건 대출금채무에 대한 주채무자이지만 당사자 사이의 실질적인 관계에서는 최종적인 변제책임을 지는 주채무자가 아니라 그 채무를 변제할 경우 B 금고가 실채무자인 A 회사에 대하여 가지는 채권 및 이에 관한 담보권을 당연히 대위행사할 수 있는 지위에 있다"고 하여 결국 민법 제485조에 의한 면책을 인정하고 있는 것이다.

그러니까 위의 大判 2005. 5. 12.는 정작 문제가 되는 변제자대위의 적격 유무의 문제에 관하여, 원심판결이 파산관재인이 민법 제108조 제 2 항의「제 3 자」에 해당하는 것을 이유로 그 적격이 인정된다고 판단하였던 것과는 뚜렷이 다르게,「실질적 법률관계」라는 기준을 내세우고 있다. 그러므로 이 판결에서 파산관재인이 민법 제108조 제 2 항의「제 3 자」에 해당한다는 법적 판단은「실질적 법률관계」에 대비되는 그야말로「형식적 기준」으로서, 문제가 되는 법률관계의 성질 여하 등에 따라서는 반드시 그대로 적용되지 아니할 여지를 안고 있는 부차적인 의미를 가지는 것에 불과하다는 이해가 전혀 불가능한 것인지도 검토해 볼 여지가 있다. 그렇게 보면, 위 大判 2005. 5. 12.가 앞서 인용한 부분에서 "위 민법 제108조 제 2 항과 같은 특별한 제한이 있는 경우를 제외하고는"이라고 덧붙이는 것도 심상하게 보이지 않는다.

**3.** 그런데 이번에 나온 大判 2006. 11. 10, 2004다10299(공보 하,

---

6) 이 사건에서는 A 회사가 B 상호신용금고로부터 금전을 대출받으려고 하였는데, 그 대출에 있어서 동일인 대출한도 등에 대한 법적 제한을 회피하기 위하여 원고의 동의 아래 그 대출자의 명의를 원고로 하되 A 회사, B 금고 및 원고 사이에서는 원고에게 법적 책임이 돌아가지 않도록 하겠다는 합의가 이루어졌다. 그리고 A 회사의 지배주주 C 등은 위 대출금채무의 담보로 원고 등을 채무자로 한 근저당권을 B 금고 앞으로 설정하였다. 그 후 B 금고는 파산하였는데, 그 직전 위 근저당권에 대하여 말소등기를 경료하여 주었다. 이 사건에서 원고는 B 금고의 파산관재인을 상대로 채무부존재확인청구를 하였다.

2066)는, 파산관재인이 민법 제108조 제2항의「제3자」에 해당하는지 여부가 사건 해결의 결론을 좌우하는 맥락에서 의문의 여지 없이 종전의 태도를 그대로 유지하고 있다. 이제 파산관재인이 민법 제108조 제2항의「제3자」에 해당한다는 것이 확고한 판례의 태도라고 해도 좋을 것이다.

**(1)** 이 판결의 사실관계를 요약하면, A 신용금고의 대주주 B가 A 금고에게 대출을 요청하자 A 금고는 출자자대출금지규정(구 상호신용금고법 제37조 참조)을 면탈하기 위하여 제3자의 대출명의를 빌어 대출을 실행하기로 하고 원고로부터 그 명의를 빌어 27억원을 대출하였는데 그 명의대여에 있어서 원고에게는 아무런 채무 또는 책임을 지우지 않기로 약정하였다는 것이다. 그 후 A 금고에 대하여 파산선고가 내려졌다. 이 사건에서 원고는 A 금고의 파산관재인(예금보험공사)을 상대로 해서 위 대출에 기한 채무가 부존재한다는 확인을 청구하였다.

원심은 원고의 청구를 인용하였다. 그 이유는, A 금고의 원고에 대한 대출은 통정허위표시에 해당하지만, 피고가 위 파산선고 당시에 위 대출이 명의대여에 기하여 행하여졌음을 알았다고 할 것이므로,[7] 피고는 민법 제108조 제2항에서 정하는「선의의 제3자」에 해당하지 않는다는 것이다.

**(2)** 그러나 대법원은 다음과 같이 판시하여 원심판결을 파기하였다.

> "파산관재인은 선임되어 파산의 종결에 이르기까지 다양하게 설명되는 법적 지위에서 여러 가지 직무권한을 행사하는바, 파산관재

7) 문제의 파산선고가 있기 전에 금융감독원이 A 금고에 대하여 경영관리조치(영업정지명령)를 취하면서 그 관리인의 한 사람으로 피고의 직원(검사역) B를 임명하였는데 그 B가 實査를 통하여 이미 이 사건 대출거래가 가장행위임을 파악하고 있었던 것이다.

인이 민법 제108조 제 2 항의 경우 등에 있어 제 3 자에 해당된다고 한 것(대법원 2003. 6. 24. 선고 2002다48214 판결, 2005. 7. 22. 선고 2005다4383 판결 등 참조)은, 파산관재인은 파산채권자 전체의 공동의 이익을 위하여 선량한 관리자의 주의로써 그 직무를 행하여야 하는 지위에 있기 때문에 인정되는 것이므로, 그 선의·악의도 파산관재인 개인의 선의·악의를 기준으로 할 수는 없고, 총파산채권자를 기준으로 하여 파산채권자 모두가 악의로 되지 않는 한 파산관재인은 선의의 제 3 자라고 할 수밖에 없다.

이러한 법리에 비추어 살펴보면, 비록 파산관재인인 피고가 파산선고 이전에 위에서 본 바와 같은 까닭으로 개인적인 사유로 이 사건 대출계약이 통정허위표시에 의한 것이라는 점을 알게 되었다고 하더라도 그러한 사정만 가지고 파산선고시 파산관재인이 악의자에 해당한다고 할 수는 없다. 그럼에도 불구하고, 이와 다른 입장에서 피고가 악의의 제 3 자에 해당함을 전제로 한 원심의 판단에는 파산관재인의 선의성 판단에 관한 법리를 오해하여 판결 결과에 영향을 미친 위법이 있다."

(3) 그 외에도 이 판결은 앞의 1.의 말미에서 제기한 문제들과 관련하여서, 선의 · 악의 판단은 파산채권자 전원을 기준으로 하여야 한다는 것, 그리고, 반드시 명확하다고는 할 수 없으나, 그 판단의 기준시점은 파산선고시라는 것을 밝힌 데도 큰 의미가 있다.

**4.** 필자는 파산관재인이 민법 제108조 제 2 항의「제 3 자」에 해당한다고 하는 판례의 태도에 찬성하는 것은 기본적으로 파산채권자가 이 맥락에서 압류채권자와 달리 취급되어야 할 결정적 이유가 없다는 고려에서이다.[8] 즉 파산은 내용적으로 보면 압류가 채무자의 전체 재산에 대하여 행하여져서 채권자 전원의 공평한 만족을 도모하는

8) 梁彰洙(註 1. 2003년), 369면 이하 참조.

절차이고, 파산관재인은 그 절차에서 무엇보다도 ── 이제는 개별적으로 권리를 추급할 수 없게 된── 채권자들 전원을 위한 이익대표자로서 그 직무를 행한다. 그러므로 개별 재산에 대한 압류로써 자기 채권의 만족을 위한 절차를 推動한 채권자가 민법 제108조 제2항의 「제3자」의 보호를 받는다면, 이러한 압류채권자의 법적 지위를 包括的이고 또한 集合的으로 보유·실행하는 파산관재인은 더욱이나 그렇게 취급되어야 한다는 것이다.[9)]

한편 반대견해의 가장 주요한 논거는, 어떤 이가 위 「제3자」에 해당하려면 그가 허위표시의 유효성을 믿어서 새로운 이해관계를 맺었어야 하고 종전의 재판례도 같은 취지에서 위 「제3자」에 대하여 이를 "허위표시에 의하여 형성된 외형상의 법률관계를 토대로 새로운 이해관계를 맺은 이"라고 定式化하고 있는데, 파산관재인은 파산자의 재산관계를 그대로 전제하여 파산채권자들의 공평한 만족을 도모하는 등의 직무를 수행하는 것이므로 위와 같은 「제3자」의 요건을 충족하지 못한다는 데 있다. 그리고 압류채권자는 「제3자」에 해당하지만 파산관재인은 그렇지 않다고 하는 이유로, 집행대상에 대하여 압류채권자는 주도적·공격적이고 강력한 이해관계를 가지는 데 파산채권자는 수동적·중립적이고 약한 이해관계를 가지는 것으로서, 양자의 利害關係가 다르다고도 한다.

여기서 이러한 논변에 대응하는 주장을 보다 상세히 할 필요가

9) 뒤의 註 13에서 보는 대로 허위표시의 당사자에 대한 「채권자」(넓은 의미의)가 「제3자」에 해당하는가의 문제를 가장 상세히 다루는 일본문헌인 米倉明, "法律行爲(四二) ── 虛僞表示(六)", 法學敎室 87호(1987. 12), 33면은 압류채권자에 대하여 다음과 같이 말한다. "파산관재인이 [민법 제108조 제2항에 해당하는 일본민법] 제94조 제2항의 「제3자」에 해당함에 대하여는 판례·학설을 통하여 지금까지 거의 異論이 없다. … 그렇게 보는 이유는 파산은 말하자면 포괄집행(파산자의 全財產에 대한 압류, 일반적·포괄적 압류. [관련 파산법 조항 열거])이고, 파산관재인은 파산채권자 전체(굳이 말하자면 압류채권자 전체)의 대표자이기 때문이다"(인용문 중의 꺾음괄호는 인용자의 부가를 표시하기 위한 것이다. 본문을 포함하여 이하 같다)라고 한다.

있을 것이나, 이에 대하여는 다른 분의 글에서 필자가 말하려는 바가 曲盡하게 피력된 바 있다. 그런데 그 글은 학술대회에서의 주제발표에 대하여 구두로 행하여진 토론문 원고로서,[10] 아직 발표되지 않았고 또 근자에 발표될 실제적 가능성도 없다고 한다. 그러므로 문헌을 보충하는 의미에서라도 그 필자의 동의를 얻어 그 주요한 내용을 여기에 옮기기로 한다.[11]

첫째, 파산관재인이 민법 제108조 제 2 항의「제 3 자」에 해당하지 않는다고 하는 주장에 대하여는 무엇보다도 다음과 같은 실제적 의문이 제기된다. 압류에 의하여 가장채권을 환가할 수 있는 채권자가 추가적으로 파산요건이 충족된다고 판단하여 파산을 신청하였다고 해서 지위가 달라진다는 결과를 납득할 수 있는가? 아니면 더 나아가 가장채권을 압류해서 제108조 제 2 항의 적용을 받을 수 있게 된 채권자가 이후 파산이 선고되었다는 이유로 갑자기 문제의 가장채권이 책임재산에서 이탈하는 결과가 되어도 좋은가?

둘째, 대법원의 견해를 따른다면 파산선고시 구체적으로 압류를 하였거나 압류를 하였을 채권자 아닌 다른 채권자에 대한 관계에서도 민법 제108조 제 2 항이 적용될 것이어서 부당하다는 주장이 제기될 수 있다. 그러나 이와 관련해서는 파산선고의 효과가 가지는 특수성이라는 관점에서 볼 필요가 있다. 즉 파산절차가 개시되면 각 채권자에게는 파산채권의 개별행사가 금지되고, 기존에 진행 중이던 소송도 중단된다(민사소송법 제239조). 그 대신 법률은 채무자의 재산을 파산재단으로 구성하고 채무자의 처분권을 제한하여 압류적 효력을 발생시킨 다음, 이를 일괄하여 그리고 강제적으로 모든 파산채권자에게 귀속시킨다. 즉 여기서 법률은 파산채권자에게「수동적」지위를 강요하는 한편, 그 강요에 대한「보상」으로 재산 전체에 대한 압류채권자

10) 金炯錫(註 4)의 토론문.

11) 그러므로 이 항목 부분은 기본적으로 金炯錫 교수의 저작에 의한 것이다.

로서의 지위가 인정되는 것이다. 그러므로 파산선고가 있은 후 파산관재인이 파산채권자들을 「대표」하여 민법 제108조 제2항의 「제3자」로서 보호를 받는 것은 위와 같이 법률에 의하여 의도된 법적 지위의 균형상 당연한 것이다.

셋째, 우리 강제집행법상 채권자평등주의가 채택되어 있어, 실제로 압류채권자의 지위가 파산채권자의 지위와의 차이가 외국과 비교할 때 크지 않다는 사실이 고려되어야 한다. 예컨대 오스트리아 민법 제916조 제2항은 "[허위표시의] 의사표시를 신뢰하여 권리를 취득한 자에 대해서는 허위표시의 항변을 대항할 수 없다"고 규정하는데, 판례는 압류채권자는 이에 포함시키지만 파산관재인은 포함시키지 않는다고 한다. 물론 이에도 반대견해가 있는데, 어떻든 이 견해는 오스트리아법에서는 수긍될지도 모른다. 왜냐하면 위 조문은 신뢰에 의한 "권리 취득"을 명시적으로 요구하고 있을 뿐만 아니라, 오스트리아 강제집행법상 채권의 압류가 있으면 채권자에게 압류질권이 발생하여 우선변제권이 보장되는 반면,[12] 파산채권자는 평등주의에 따라 그러한 혜택을 가질 수 없기 때문이다. 따라서 동법 제916조 제2항의 문언과 채권자 주도에 의한 압류질권 취득을 전제하는 집행법·파산법 조문 하에서는 위와 같은 해석이 일리가 있을 수 있다. 이러한 법체계에서는 압류에 의하여 압류질권을 취득한 자는 이후에 파산이 선고된다고 해서 자신의 지위를 상실하지 않게 될 것이고, 또한 압류가 아니라 파산을 신청하는 이는 이러한 압류질권을 포기하는 선택을 하는 것이다. 그러나 우리 민법 제108조 제2항은 그러한 "권리 취득"을 요구하고 있지 않을 뿐만 아니라(실제로 판례도 그러한 경우에 한정하지 않는다), 강제집행법상 적어도 원칙적으로는 압류채권자에게 별다른 우선적 권리가 부여되지 않으며 다른 채권자와의 경합 및 평등

12) Koziol/Welser, *Grundriß des bürgerlichen Rechts I*, 12. Aufl.(2002), S. 346 참조.

분배를 감수해야 한다. 이러한 점에서 우리 압류채권자의 지위는 파산채권자의 지위에 근접하게 된다. 이러한 관점에서 압류채권자에게 제 3 자성을 긍정한다면, 파산채권자에게도 이를 인정하는 것이 타당할 것이다.

**5.** 필자는 파산관재인의「제 3 자」성에 관련한 논의를 보면서 법학방법론적 관점에서 다음과 같은 감상을 가진다.

否定說은 민법 제108조 제 2 항, 나아가 第三者保護規定 전반에 대한 일정한 이해로부터 출발하여, 일반적으로「신뢰보호」를 말하고 혹은「외관기초성」를 논한다. 그리고 이러한 이해가 종전의 재판례가 말하는 앞서 인용한 일정한 定式("허위표시에 의하여 형성된 외형상의 법률관계를 토대로 새로운 이해관계를 맺은 사람")에 의하여 지지되는 것이라고 본다. 그리고 파산관재인은 위 규정이 보호하려는「외관에의 신뢰」와는 무관하게 선임되었고, 또 그의 법적 지위는 법률이 정하는 바에 의하여 정하여지는 것으로 그에게 무슨「새로운 이해관계」가 있다고 할 수 없다고 한다.

그렇다면 이에 대하여는 다음과 같이 물을 수 있다. 예를 들어 A가 어떤 부동산이 가장양도로 인하여 실제로는 B의 소유가 아니나 그의 명의로 등기된 것을 보고 B에게 채무를 변제할 상당한 자력이 있는 것으로 믿고 B에게 금전을 대여하였다고 하자. 여기서 A는 "허위표시에 의하여 형성된 외형상의 법률관계를 토대로 새로운 이해관계를 맺은 사람"이라는 정식에 꼭 들어맞는 것 같으며,「신뢰보호」의 입장에서도,「외관기초성」이라는 입장에서도 민법 제108조 제 2 항의「제 3 자」에 해당하지 않는다고 볼 이유가 없을 듯하다. 그런데도 학설은 하나같이 이를 부인한다.[13][14] 그 이유에 대하여는, 그가 "새로운

13) 이를 논하는 문헌은 일치하여 그렇게 말한다. 民法注解[Ⅱ](1992), 372면(宋德洙 집필); 高翔龍, 民法總則, 제 3 판(2003), 403면; 金容漢, 民法總則論, 再全

이해관계, 즉 가장행위와는 별개의 법률행위에 의하여 고유한 법률상의 이익을 갖는 법률관계에 들어가지 않았기 때문"이라고 한다.[15] 여기서는 다시 반드시 종전의 공식으로부터 무리 없이 도출되는 것인지 명확하지 아니한「고유한 법률상의 이익을 갖는 법률관계」라는 기준이 새로이 제시되고 있는데, 설사 이를 그대로 받아들인다고 하더라도 도대체「고유한 법률상의 이익을 갖는 법률관계」란 어떠한 것이기에 위의 경우에 A가 B에 금전을 대여한 것이 그에 해당하지 않는지 궁금하지 않을 수 없다. 적어도 우리 민법 제108조 제 2 항으로부터 일본민법 제98조 제 2 항, 다시 일본구민법 증거편 제50조로 거슬러 올라가면서 그 연원의 하나로 인정되는「假裝行爲(simulation)」에 관한 프랑스민법 제1321조[16](“비밀증서[contre-lettre][17]는 계약당사자 사이에서만 효력을 가진다. 비밀증서는 제 3 자에 대하여는 어떠한 효력도 없다")의 제 2 문의 해석으로는 일반채권자(créancier chirographaire)가 그 규정상의「제 3 자」에 해당한다는 데 異論이 없는 것이다.[18]

---

訂版(1993), 291면; 李東炯, "通情虛僞表示를 한 者의 破産管財人이 民法제108조 제 2 항의 第三者인지 여부 ── 대법원 2003. 6. 24. 선고 2002다48214 판결", 法曹 573호(2004. 6), 143면 등 참조.

**14**) 우리의 학설이나 판례는 기본적으로 일본에서의 논의를 답습하고 있다고 해도 큰 잘못은 아닐 것인데, 일반적으로 허위표시의 당사자에 대한「채권자」(압류채권자, 대위채권자, 특정채권자, 일반채권자를 포함하여)가 민법 제108조 제 2 항(일본민법 제94조 제 2 항)의「제 3 자」에 해당하는가를 논의하는 가장 포괄적이고 또 가장 착상이 풍부한 일본의 문헌은 필자가 본 한에서는 米倉明(註 9), 28면 이하이다. 그리고 同所, 39면에 의하면, "단순한 채권자가 동 조항[일본민법 제94조 제 2 항]의「제 3 자」에 해당하지 않는 것은 물론"이라고 한다.

**15**) 民法注解[Ⅱ](1992), 372면(宋德洙 집필).

**16**) 일본민법 제98조 제 2 항의 沿革 및 起草過程에 대하여는 우선 米倉明, "法律行爲(三八) ── 虛僞表示(二)", 法學敎室 82호(1987. 7), 40면 이하 참조.

**17**) 여기서「비밀증서」란 가장행위를 가리는 이른바 은닉행위, 즉 가장행위의 당사자들 사이에 행하여진 진정한 합의에 관한 증서를 말한다.

**18**) 우선 Larroumet, *Droit Civil. T. 3: Les Obligations; Le Contrat*, 4e éd.(1998), no 766(p. 846); Malaurie/Aynes, *Cours de droit civil. Les obligations*(1985), no 418(p. 285); Starck/Roland/Boyer, *Obligations. 2: Contrat*, 4e éd.(1993), no 997(p. 419) 참조.

또 압류채권자는 위 정식에 잘 들어맞는 것도 같지만, 다른 한편으로 생각해 보면 꼭 그렇게만 말할 수 있는지 의문이 제기될 여지도 없지 않다. 채권자는 채무자의 책임재산을 자기 채권의 만족에 돌릴 수 있을 뿐이다. 다시 말하면 채무자의 실제의 재산상태를 기준으로 해서 채권의 만족가능성이 措定되는 것이다. 그러므로 가장행위로 취득한 재산은 그를 공취할 수 없고, 공취를 시도하여 압류를 한들 그것이「새로운 이해관계」라고 할 수 없다는 견해도 충분히 제기될 여지가 있다. "押留는 기존의 법률관계를 강제적으로 實現하기 위한 수단과 관련된 절차의 하나일 뿐이며, 압류절차를 밟는 것이 새로운 법률상 이해관계를 갖게 하는 법률원인이라고 보기는 어렵다"고 하여[19] 압류채권자가 민법 제108조 제 2 항의「제 3 자」에 속하지 않는다고 하여야 한다는 견해가 피력되는 것도[20] 그러한 관점에서만 보면 전혀 이해하지 못할 바도 아니다.

필자가 여기서 말하고 싶은 것은, 우리의 재판례가 말하는 定式은 물론이고, 나아가 일반적으로「신뢰보호」라거나 또는「외관기초성」이라고 해도,[21] 그것이 민법 제108조 제 2 항의「제 3 자」에 해당하

19) 李東炯(註 13), 143면 이하.

20) 尹眞秀, "2006년도 주요 民法 관련 판례 회고", 서울대학교 法學 48권 1호(2007), 161면 이하 및 註 79도 "압류채권자를 위 조항 소정의 제 3 자에 해당한다고 볼 것인가 하는 점에 관하여도 재고의 여지가 없는 것은 아니다"라고 하면서, ── 적어도 우리 학설의 이해로는 이는 전형적인「신뢰보호」의 제도인 ── 등기의 공신력에 관한 독일민법 제892조 제 1 항 제 1 문의 해석으로 금전채권에 기한 집행채권자(Vollstreckungsgläubiger)가 그 공신력에 의한 보호를 받지 못하며 그 채권자에 대하여는 채무자의 진정한 재산만이 책임재산이 된다고 보는 데 거의 異見이 없음을 지적하고 있다.

21) 혹은 민법 제108조 제 2 항에서 선의의 제 3 자만을 보호하는 것은 신뢰보호의 관점 외에는 설명할 수 없다고 할는지 모르나, 굳이 말하자면 그 규정은 가장행위를 한 사람에 대한 制裁이며(프랑스의 문헌으로 Terré/Simler/Lequette, *Les Obligations*, 7e éd.(1999), nº 526(p. 496) 참조), 다만 악의의 제 3 자에게는 그러한 제재를 주장할 수 있는 법적 지위를 거부하는 것이라는 설명도 전혀 불가능한 것은 아니다. 한편 그 규정에서 악의에 관한 입증책임을 가장행위의 무효를 주장하는 측에서 진다는 확고한 통설·판례의 태도는 결국 그 규정상의「제 3

는지 여부의 판단기준을 남김없이 또한 별도의 평가작업을 할 필요 없이 논리적인 포섭만으로 적용할 수 있을 만큼 구체적으로 제시하는 것은 아니라는 점이다. 그리고 그 판단은 종국적으로는 제3자에 해당하는지 여부가 문제되는 구체적인 경우의 전형적 이해관계를 세밀하게 음미하는 것에 의존할 수밖에 없다. 앞서 본 재판례의 정식과 같은 판단틀은 오히려 그에 있어서 하나의 방향지시적인 역할을 하는 데 그치는 「일응의 규칙(Faustregel)」일 뿐인 것이다.[22] 실은 파산관재인이 민법 제108조 제2항의 「제3자」에 해당하는가의 문제가 무엇보다도 개인적으로 필자의 흥미를 끄는 것은, 이미 앞의 1.의 말미에서도 언급한 대로, 이와 같은 법적 판단의 「공식」과 개별 법문제 사이의 긴장관계를 정면으로 제기하기 때문이다.

## Ⅲ. 時效完成 후 有效하게 設定된 根抵當權의 被擔保債務를 辨濟한 時效取得者의 債務者에 대한 求償權

**1.** 大判 2006.5.12, 2005다75910(공보 상, 1039)은 부동산에 대

---

자」는 원칙적으로 보호된다는 것인데, 이는 그 규정을 ── 가령 선의취득에 관한 제249조에서와 같이 ── 신뢰보호 내지 선의자보호의 측면에서만 이해하는 것이 충분하지 않음을 말하여 주는 것인지도 모른다. 또 그렇게 보면 민법 제108조 제2항에서 過失 있는 제3자도 보호되는 것으로 규정되어 있는 점도 심상해 보이지 않는다. 결국 일반적으로 신뢰보호의 제도 또는 신뢰책임의 제도라고 해도 그 안에는 여러 가지 다른 위상과 내용의 개별제도들이 포함되는 것이며, 肝要한 것은 그 개별제도들에 관한 전형적 이익상황 및 평가요소를 구체적으로 음미하는 데 있는 것이다.

**22**) 이러한 점은, 불성립한 보증채무를 이행한 보증인이 민법 제108조 제2항의 「제3자」에 해당한다고 판시한 大判 2000.7.6, 99다51258(공보 하, 1861)을 둘러싼 논의에 의해서도 傍證된다. 그 논의에 대하여는 諸哲雄, "불성립한 보증채무를 이행한 보증인의 보호와 민법 제108조 제2항", 民事法學 21호(2002), 266면 이하; 尹眞秀, "虛僞表示와 第3者", 저스티스 94호(2006.10), 237면 이하, 특히 255면 이하를 각 참조하라.

한 장기취득시효가 완성된 후 아직 시효완성점유자 앞으로 소유권이전등기가 행하여지지 아니한 동안의 법률관계에 대하여 매우 흥미로운 판단을 보이고 있다.

(1) 이 판결의 사실관계는 다음과 같다.

원고가 피고 소유의 부동산을 점유하여 1995년 2월에 민법 제245조 제1항에서 정하는 바의 취득시효가 완성되었다. 그 후 아직 원고 앞으로 소유권이전등기가 행하여지기 전인 1996년 2월에 그 소유자인 피고는 자신이 A(농업협동조합)에 대하여 현재 및 장차 부담하는 채무의 담보로 위 부동산에 관하여 A 앞으로 채권최고액 6천만원의 근저당권을 설정하여 주었다.

A가 2000년 11월 위의 근저당권에 기하여 위 부동산에 대하여 임의경매를 신청함으로써 경매절차가 진행되어 2001년 9월에 낙찰허가결정이 있었다. 원고는 이 결정에 즉시항고하면서 A를 피공탁자로 하여 5천2백여만원을 변제공탁하였다. 그 후 원고는 다시 A에게 5백여만원을 지급하였고, 그러자 A는 2002년 3월 임의경매신청을 취소하고, 나아가 근저당권등기를 말소하였다.

원고는 이 사건에서 이해관계 있는 제3자로서 위와 같이 A에 대한 피고의 채무금 합계 5천7백여만원을 대위변제하였다는 이유로 그 돈 및 이에 대한 지연손해금의 지급을 청구하였다(예비적으로 부당이득반환청구도 하였다). 이에 대하여 피고는 취득시효가 완성되면 그 목적물상의 근저당권 등 물적 부담도 시효취득자에게 이전되므로 원고가 A에게 변제한 것은 피고의 채무를 대위변제한 것이 아니라 자기의 채무를 변제한 것이어서 원고의 청구는 이유없다고 주장하였다.

(2) 원심법원은 원고의 청구를 기각하였는데, 대법원도 다음과 같이 판시하여 원고의 상고를 기각하였다.

"특별한 사정이 없는 한 원소유자는 점유자 명의로 소유권이전등기가 마쳐지기까지는 소유자로서 그 토지에 관한 적법한 권리를 행사할 수 있다. … 이 경우 시효취득자로서는 원소유자의 적법한 권리행사로 인한 현상의 변경이나 제한물권의 설정 등이 이루어진 그 토지의 사실상 혹은 법률상 현상 그대로의 상태에서 등기에 의하여 그 소유권을 취득하게 된다. 따라서 시효취득자가 원소유자에 의하여 그 토지에 설정된 근저당권의 피담보채무를 변제하는 것은 시효취득자가 용인하여야 할 그 토지상의 부담을 제거하여 완전한 소유권을 확보하기 위한 것으로서 그 자신의 이익을 위한 행위라 할 것이니, 그 변제액 상당에 대하여 원소유자에게 대위변제를 이유로 구상권을 행사하거나 부당이득을 이유로 그 반환청구권을 행사할 수는 없다 할 것이다."(점선은 인용자가 생략한 부분을 가리킨다. 이하 같다)

**2.** 결론을 미리 말한다면, 위 판결취지에 찬성할 수 없다. 어떠한 부동산을 오래 점유하여 그에 관하여 취득시효가 완성되었으나 아직 그 점유자 앞으로 소유권이전등기가 행하여지기 전에 저당권(이 사건에서는 근저당권이 문제되나, 통상의 저당권의 경우와 달리 취급할 이유는 없겠다)이 설정된 경우에 그로 인하여 저당권의 부담을 져야 한다고 하더라도, 이는 물적 부담의 차원에서 그러할 뿐이다. 시효취득자 또는 소유권 취득 전의 시효완성점유자가 그 피담보채무를 변제한 것은 어디까지나 타인의 채무를 대위변제한 것이다. 그러므로 그는 원래의 채무자를 상대로 구상할 수 있다고 함이 타당하다. 이에 대하여는 이미 拙見을 밝힌 바 있으므로[23] 여기서 이를 다시 반복할 필요는 없을 것이다.

**3.** 그런데 그 후로 위 졸견에 언급하면서 위 판결의 태도에 찬

23) 梁彰洙(註 2. 3473호), 15면(이하 「前稿」라고 한다)(本書, 259면 이하).

성하는 견해가 있으므로 이를 살펴보고자 한다.

그 견해는 "위 판결이 시효취득자가 원소유자에 의하여 그 토지에 설정된 근저당권의 피담보채무를 변제하는 것은 그 자신의 이익을 위한 행위라는 이유만으로 원래의 채무자에 대한 상환청구를 부정한 것은 충분한 설명이 되지 못한다"는 점은 시인하면서도, "시효취득자가 무상으로 소유권을 취득한다는 사정"을 중시하여 위와 같은 경우에 시효취득자의 원소유자에 대한 구상권은 부인되어야 한다고 한다. 즉 증여자의 담보책임을 원칙적으로 부정하는 민법 제559조를 원용하여 "부동산을 증여하였는데 그 부동산에 저당권이 설정되어 있어 수증자가 이를 변제하지 않으면 안 되었다 하더라도 수증자로서는 증여자에게 그 상환을 청구하지는 못하는 것"이라고 하고, "이러한 이치는 시효취득자와 원래의 소유자에게도 마찬가지라고 생각된다"는 것이다. 그리고 덧붙여, "오히려 시효취득의 경우에는 원래의 소유자의 의사와는 관계없이 소유권이 시효취득자에게 귀속되는 것이므로 이러한 경우에까지 원래의 소유자에게 피담보채무 상당의 상환의무를 인정하는 것은 형평이라는 관점에서 비추어 보아도 부당하다"고 한다.[24]

(1) 그러나 증여자의 담보책임을 원칙적으로 부정하는 민법 제559조를 시효취득자와 부동산소유자 사이의 법률관계에 유비할 수 있는지가 우선 의문이다.

애초 매매나 증여 등 계약관계에 있지 아니한 시효취득자와 원래의 소유자 사이에 어떠한 계약목적물의 권리 또는 물건의 성상 등에 관한 「보증(guarantee)」으로서의 「담보책임」이 논의될 여지는 없다고 해야 하지 않을까? 물론 민법은 공유물분할이나 상속재산분할에서 「매도인과 동일한 담보책임」을 규정하고 있는데(제270조, 제1016조),

24) 尹眞秀(註 20), 408면.

이들에 있어서는 분할에 관한 당사자들의 합의가 있거나 그 합의가 없으면 이에 갈음하는 재판상 분할을 정하고 있어서(제269조, 제1013조), 어느 경우에나 지분의 상호 교환관계에 쉽사리 유비할 수 있기 때문에 이를 인정하는 것으로 이해된다. 그러나 취득시효의 경우에는 그러한 유비가 있을 수 없다.

나아가 내용적으로도 민법 제559조는 "증여자는 목적물의 현상대로 증여하는 것이므로 목적물상의 물건하자에 대하여 담보책임을 질 이유가 없고, 또 자신이 가지는 것 이상을 급부할 의사는 없으므로 권리의 흠결에 대하여도 책임을 물을 것이 아니다"라고 하는 당사자의 의사 추정에 기하여 정하여진 것이다.[25] 그러므로 법률의 규정에 의하여 인정되는 것으로 처음부터 그와 같은 의사 추정이 작동할 여지가 없는 취득시효의 경우에 그 규정을 유추적용하는 것은 허용되지 않는다.

(2) 혹 민법 제559조가 시효취득자와 부동산소유자 사이의 법률관계에 유비될 수 있다고 하더라도, 시효취득의 목적물에 저당권이 설정되어 있어서 시효완성점유자가 그 피담보채무를 변제하는 부담까지 안아야 하는 것이라면, 이에 대하여는 부담부 증여에 관한 동법 제559조 제 2 항("상대부담 있는 증여에 대하여는 증여자는 그 부담의 한도에서 매도인과 같은 담보의 책임이 있다")이 유추적용되어야 할 것이다.

(3) 뿐만 아니라 증여자의 담보책임에 관한 민법 제559조는 증여계약이 체결된 후 이를 이행하기 전에 증여자가 야기한 권리흠결에 대하여는 적용이 없다고 해석되어야 한다. 연혁상으로 보면 우리 민법 제559조는 일본민법 제551조를 거쳐 독일민법 제523조 내지 제

25) 우선 民法注解[XIV](1997), 51면(高永鉀 집필) 참조. 우리 민법 제559조와 같은 내용의 일본민법 제551조에 관하여, 新版 注釋民法(14)(1993), 53면(柚木馨 · 松川正毅 집필)도 참조.

525조로 소급되는데, 독일에서도 제523조가 그와 같이 해석된다는 데 異論이 없다.[26] 그런데 이 사건에서는 소유자는 취득시효가 완성된 후 시효완성점유자 앞으로 소유권이전등기가 행하여지기 전에 근저당권을 설정하였다. 그러므로 굳이 시효취득을 증여에 類比하는 것이 인정된다고 가정하여도, 증여의 경우로 보면 증여계약을 체결한 후 그 이행이 있기 전에 권리흠결을 스스로 야기한 것으로 보아야 할 것이다. 따라서 더욱이나 민법 제559조를 여기에 끌어들일 여지는 없다고 할 것이다.

(4) 위 견해는 "부동산을 증여하였는데 그 부동산에 저당권이 설정되어 있어 수증자가 이를 변제하지 않으면 안 되었다 하더라도 수증자로서는 증여자에게 그 상환을 청구하지는 못하는 것"이라고 한다. 과연 그러한가?

물론 부동산증여의 경우에 목적물에 저당권이 이미 설정되어 있다면 저당권은 등기에 의하여 공시되므로 쌍방이 그 저당권의 존재를 아는 경우가 대부분일 것이고, 그렇다면 쌍방이 그 피담보채무의 인수(이행인수 등을 포함하여)에 대하여 별도의 합의를 하는 경우도 충분히 생각할 수 있다. 그리고 그러한 합의가 사정에 따라서는 묵시적으로 이루어질 수도 있을 것이다. 그러나 이와 같이 계약의 해석으로 수증자의 피담보채무 이행의무가 인정되는 것이 아니라면, 수증자가 ── 단순히 저당권의 물적 부담을 넘어서 ── 타인의 채무인 그 피담보채무를 이행하였는데 이에 대하여 증여자에게 상환을 청구하지 못한다고 할 이유가 없다.

위의 견해는 아마도 민법 제559조가 담보책임을 원칙적으로 배제하므로, 매도인의 담보책임에 관한 민법 제576조 제 2 항[27]도 적용되

26) 우선 MünchKomm/Kollhosser, § 523 BGB Rn. 4(4. Aufl., 2004, S. 1298)(같은 취지의 문헌들을 열거하고 있다) 참조.

27) 위 견해는 증여자의 담보책임이 배제되는 것과 관련하여 민법 제576조 제 2 항

지 않고, 따라서 민법 제559조에 따라 처리되어야 할 시효취득자와 원소유자 사이의 법률관계에 있어서도 민법 제576조 제 2 항에서 정하는 상환청구는 **전적으로** 있을 수 없다고 생각한 것인지도 모른다.

민법 제576조는 그 제 1 항에서 매매의 목적이 된 부동산에 저당권(또는 전세권)이 설정된 경우에 그 저당권의 행사로 인하여 매수인이 그 소유권을 취득할 수 없거나 취득한 소유권을 상실한 때에는 매수인이 계약을 해제할 수 있다고 한다. 그리고 제 2 항에서 "前項의 경우에 매수인의 출재로 그 소유권을 보존한 때에는 매도인에 대하여 그 상환을 청구할 수 있다"고 정한다. 원래 매수인이 매매목적물에 설정된 저당권의 피담보채무를 변제하면, 매도인이 동시에 저당채무자인 경우에는 매도인에 대하여 그 출재가액을 상환받을 수 있고, 저당채무자가 매도인이 아니라 제 3 자인 경우에는 그 제 3 자에 대하여 상환을 청구할 수 있다. 그런데 앞서 본 민법 제576조 제 2 항은 후자의 경우에 **매도인에 대하여도** 상환을 청구할 수 있도록 한 점에 그 의미가 있는 것이다.[28].

이와 같이 민법 제576조 제 2 항은 단지 상환의무자의 범위를 원칙적인 경우보다 확장하여 매도인의 보호를 도모한 것일 뿐이다. 그러므로 민법 제559조에 좇아 증여에 민법 제576조 제 2 항은 적용되지 않지만, 수증자가 증여목적물에 설정되어 있던 저당권의 피담보채무를 변제하였다면 그로 인한 구상관계는 당연히 원래의 법리로 돌아가 그에 의하여 처리되어야 한다.

(5) 그러므로 위와 같은 경우에 그 채무가 증여자의 채무이면

---

을 구체적으로 인용하고 있다.

**28**) 民法注解[XIV](1997), 447면(南孝淳 집필) 참조. 우리 민법 제576조 제 2 항에 상응하는 일본민법 제567조 제 2 항의 해석에 관하여 注釋民法(14)(1966), 245면(柚木馨·高木多喜男 집필)("매수인이 제 3 자로서 변제를 한 경우에는 그는 별도로 상환청구권과 ── 때로 ── 대위권을 가지는데, 이 경우에도 **이에 더하여** 本項의 보호를 받는 것을 막을 근거는 없다(통설)") 참조.

증여자에 대하여, 제3자의 채무이면 그 제3자에 대하여 상환을 청구할 수 있는 것이다. 그렇게 보지 않으면, 그 채무자는 타인의 출재로 자신의 채무로부터 종국적으로 벗어나는 부당한 이익을 얻게 된다. 수증자가 증여자의 채무를 변제하는 경우에도, 수증자가 그 채무도 인수하기로 하는 특별한 약정을 하지 아니한 이상, 또는 증여자에 대한 報恩의 심정 등에서 증여의 의사로 그것을 이행한 것이 아닌 이상, 그 출재가액의 상환을 청구할 수 있다.

그리고 이는 증여목적물에 원래부터 저당권이 설정되어 있었던 경우라고 해서 다를 바 없다. 앞에서 이미 말한 바를 반복하거니와, 자신의 소유물 또는 매수한 또는 증여받은 부동산에 저당권이 유효하게 존재하는 것은 물적 부담의 차원에서의 문제이고, 그 피담보채무를 이행하여야 할 인적 채무가 소유자, 매수인 또는 수증자에게 있는 것이 아니다. 부동산의 소유자가 스스로 저당권을 설정하여 준 경우에도 저당권의 물적 부담을 벗어나기 위하여 그 피담보채무를 변제하면 그 채무자에 대하여 구상할 수 있는데(민법 제341조, 제370조 참조), 하물며 스스로 저당권을 설정하여 준 것도 아닌 사람이 저당권의 피담보채무를 변제하였다면 당연히 이를 구상할 수 있다고 할 것이다.

그리고 이와 같은 이치가 소유권 취득의 원인이 취득시효라고 해서 달라질 이유가 전혀 없음은 前稿에서 누누이 말한 바와 같다.[29] 위와 같이 원소유자의 채무를 변제한 시효완성점유자의 구상권을 부인하는 견해는 시효완성점유자가 남의 부동산을 아무런 정당한 원인 관계 없이("공짜로") 취득한 사람으로서 그 정도의 의무이행은 당연히 스스로 감수하여야 한다는 생각을 바탕에 깔고 있는지도 모른다.

29) 이기용, "한국민법에 있어서 취득시효 완성의 효과", 民事法學 37호(2007), 20면 이하도, 위 大判 2006. 5. 12.의 사안에서 원고는 타인(채무)의 채무를 변제한 것이고, 비록 그것이 "자신의 이익을 위한 행위"라고 하여도 이를 물상보증인의 그것과 달리 볼 이유가 없다고 하여, 필자와 같은 견해를 취한다. 뒤의 註 31도 참조.

그러나 취득시효는 점유자가 목적물을 장기간 평온·공연하게 소유의 의사로 점유한 경우에 사회의 평화를 위하여 인정되는 것으로서, 무단점유자의 자주점유 추정을 정당하게도 부정한 大判(全) 97.8.21, 95다28625(集 45-3, 84)("점유자가 점유 개시 당시에 소유권 취득의 원인이 될 수 있는 법률행위 기타 법률요건이 없이 그와 같은 법률요건이 없다는 사실을 알면서 타인 소유의 부동산을 무단점유한 것이 입증된 경우에는 특별한 사정이 없는 한 점유자는 타인의 소유권을 배척하고 점유할 의사를 갖고 있지 않다고 보아야 하므로 이로써 소유의 의사가 있는 점유라는 추정은 깨어졌다") 이래로「소유권 취득의 원인이 될 수 있는 법률행위 기타 법률요건」에 기하지 않은 취득시효는 원칙적으로 인정되지 않는다. 비록 원래의 소유자에 대하여 법적으로 유효하게 관철할 수는 없다고 하여도, 대체로 시효완성점유자는 소유권 취득의 원인행위를 하여 당해 부동산의 점유를 개시하였던 것이고, 그 원인행위는 ── 비록 많은 경우에 원래의 소유자에 대하여 행하여진 것은 아니라고 하여도 ── 통상 일정한 재산적 출연을 수반한다.[30] 요컨대 시효취득제도는 이를 내적으로 보다 납득이 가는 방향으로 그 요건이 정비됨에 맞추어 그에 상응하는 효과가 주어져야 하는 것이다.[31]

30) 이와 관련하여서는 증여에 관해서도, 당해 재산출연행위만을 놓고 보면 증여자가 아무런 대가 없이 재산권이전의무를 부담하는 것인지 몰라도, 이를 장기적으로 사회적 맥락에 놓고 보면 그에게도 상당한「대가」가 보장되고 있다는 사회학자들의 知見에도 귀를 기울일 필요가 있을 것이다.

31) 이기용(註 29), 21면 이하도, 위의 大判 2006.5.12.은 "근본적으로 취득시효로 인한 소유권 취득을 정당하지 아니한 것으로 보는 사고, 즉 취득시효제도의 존재이유에 대한 편면적 이해로부터 초래된 것이 아닌가 추측되기도 한다"고 하면서, "실제 취득시효가 주장되는 사안 중 적지 않은 사건을 잘 살펴보면 과거에 점유취득의 원인이 매매였던 경우라 할 수 있고 바로 이 점을 판단하기 위하여 취득시효의 요건으로서 '자유점유'가 기능하고 있는 것"이라고 하고, "요컨대 시효제도는 일응 진정한 권리자를 보호하는 측면과 그렇지 않은 양면이 존재한다. 시효제도는 전자의 경우라면 매우 적절한 제도라 할 수 있고 그러나 후자의 경우라도 법제도로[서]의 존재가치가 인정되는 제도이다. 취득시효의 요건론 특히 자주점유론을 치밀하게 전개하고 탐구하는 것은 가능하면 전자의 경우를 확보하고 후자의 경우는 줄이려는 노력이기도 하다. 나아가 제3자인 법관이 현재의

(6) 뿐만 아니라, 앞의 (3)에서 언급한 바와도 관련하여서, 이 사건에서 피고가 원고의 취득시효가 완성된 후이어서 원고에 대하여 소유권이전등기를 경료하여 줄 의무를 지는 상태[32]에서 제 3 자에게 근저당권을 설정하여 주었다는 점에 다시금 주의할 필요가 있다.

물론 그 근저당권 설정이 유효함은 前稿의 2.에서 본 바와 같고, 나아가 大判 94. 4. 12, 93다60779(공보 1431) 등 판례가 "부동산에 관한 취득시효가 완성된 후에 그 시효취득을 주장하거나 이로 인한 소유권이전등기청구를 하기 이전에는 부동산소유자로서는 그 시효취득 사실을 알 수 없는 것이라고 보아야 한다. 원고가 위 토지를 시효취득한 이후 피고가 이를 제 3 자에게 매도할 때까지 원고가 피고들에게 시효의 주장이나 소유권이전등기의 청구를 한 적이 있음을 인정할 만한 직접적인 증거가 없으므로, … 피고가 위 매도 당시 원고의 시효취득사실을 알았거나 알 수 있었다고 단정할 수 없고, 따라서 피고의 불법행위는 성립하지 않는다"는 태도를 취하는 것에 비추어 보면,[33] 원고의 취득시효 주장이 있기 전에 근저당권을 설정해 준 피고가 원고에 대하여 불법행위책임을 지는 경우는 드물 것이다.

그러나 **객관적인 법상태라는 관점에서 보면** 피고는 취득시효가 완성되어 이제 절차적으로 소유권이전등기만을 남기고 있는 원고의 온전한 소유권 취득을 저해하는 결과가 되는 처분행위를 하였음이 분명

---

진실도 밝히기 어려운데 과연 아주 오래 된 과거의 진실을 어느 정도 확인할 수 있는가를 반문하여 본다면 취득시효제도를 '단지 점유함으로 인하여 타인의 물건을 취득하는 부도덕한 제도'[각주 생략]로 그렇게 부정적으로 볼 것만은 아니다"라고 한 다음, 위 대법원판결에서는 당연히 원고의 구상권을 인정하였어야 했다고 결론내린다.

32) 부동산취득시효가 완성된 후 아직 소유권이전등기가 행하여지기 전의 법률관계에 대한 필자의 「試論」(이른바 節次的 權利說)에 대하여는 梁彰洙(註 1. 2005년), 306면 이하 참조.

33) 한편 예외적으로 취득시효 후의 처분에 대한 소유자의 불법행위책임을 긍정하는 大判 89. 4. 11, 88다카8217(공보 746); 大判 93. 2. 9, 92다47892(공보 955) 등도 참조.

하다. 그러므로 설사 원고가 후의 소유권 취득으로 피고에 의하여 설정된 그 근저당권의 부담을 안아야 한다고 하더라도, 피고가 원고와의 관계에서 자신이 부담하는 채무로부터 해방되는 이익을 누린다는 것은 그만큼 정당화되기 어려운 것이다. 따라서 법적인 논리로서는 물론이고, 위에서 본 반대의 견해가 원용하는 원래 내용이 막연한 바인 그 「형평」의 이름으로도 대상판결의 태도는 정당화될 수 없다고 할 것이다.

## Ⅳ. 土地抵當權에 기한 妨害排除와 建物新築行爲의 中止請求

**1.** 大判 2006.1.27, 2003다58454(공보 상, 316)은 나대지에 근저당권이 설정된 경우에 토지소유자가 그 지상에 건물을 신축하는 것을 중지할 것을 토지저당권자가 그 저당권에 기한 방해배제로서 청구할 수 있음을 긍정하고 있다.

(1) 위 판결의 사실관계는 다음과 같다.

A 회사는 이 사건 토지 위에 지하 6층, 지상 20층 규모의 오피스텔 건물을 건축하여 분양할 계획을 세우고, 1996년 4월 건축허가를 받아 동년 9월 공사를 시작하였다. A는 동년 12월 위 토지의 소유권을 취득한 직후 B 은행으로부터 **위 건물의 건축자금으로** 180억원을 차용하고, 그 담보로 B를 위하여 위 토지에 근저당권을 설정하여 주었다.

A 회사는 이른바 IMF경제위기로 인한 분양 부진으로 1998년 1월 지하공사를 진행하던 단계에서 부도를 냈다. 그러자 위 오피스텔을 개별적으로 분양받은 수분양자들이 피고 조합을 결성하였다. 피고

는 동년 2월에 A로부터 위 건축사업의 시행권을 양수하고 공사를 재개하여, 아래서 보는 가처분이 있을 때까지 지하 6층부터 지하 1층에 대하여 대체로 공사를 완료하였다.

원고 회사(유동화전문회사)는 2000년 12월에 B로부터 위 대여금 채권과 근저당권을 양수하였다. 그리고 2001년 3월 그 근저당권의 실행을 위한 임의경매를 신청하여 그 경매가 진행되었다. 그런데 경매법원은 위 지하공사로 인한 구축물(평가액 196억원)이 위 토지와는 별개의 물건이라고 할 것인데도 이를 위 토지의 부합물이라고 잘못 보고 이것도 경매목적물에 포함시켰다. 토지와 지하구축물을 포함하여 도합 252억원에 낙찰되는 것을 내용으로 하는 경락허가결정이 있었지만, 위와 같은 하자로 말미암아 이 결정은 결국 2003년 7월에 종국적으로 취소되었다.

한편 2002년 4월 원고의 신청으로 위 근저당권에 기한 방해배제청구권을 피보전권리로 하는 공사중지가처분이 내려졌다. 그리고 동년 5월에 그 본안으로 이 사건 공사중지청구의 소가 제기되었다.

(2) 제1심법원은 원고의 청구를 기각하였으나, 항소심은 이를 인용하였다. 대법원도 피고의 상고를 기각하였다.

대법원은 우선 추상적으로 "저당권은 … 저당부동산의 소유자 또는 그로부터 점유권원을 설정받은 제3자에 의한 점유가 전제되어 있으므로 소유자 또는 제3자가 저당부동산을 점유하고 통상의 용법에 따라 사용·수익하는 한 저당권을 침해한다고 할 수 없다. 그러나 저당권자는 저당권 설정 이후 환가에 이르기까지 저당물의 교환가치에 대한 지배권능을 보유하고 있으므로 저당목적물의 소유자 또는 제3자가 저당목적물을 물리적으로 멸실·훼손하는 경우는 물론 그 밖의 행위로 저당부동산의 교환가치가 하락할 우려가 있는 등 저당권자의 우선변제청구권의 행사가 방해되는 결과가 발생한다면 저당권자는 저당권에 기한 방해배제청구권을 행사하여 방해행위의 제거를 청구할 수 있다"고 설시하였다.

나아가 구체적으로 이 사건에서와 같이 "대지의 소유자가 나대지 상태에서 저당권을 설정한 다음 대지상에 건물을 신축하기 시작하였으나 피담보채무를 변제하지 못함으로써 저당권이 실행에 이르렀거나 실행이 예상되는 상황인데도 소유자 또는 제3자가 신축공사를 계속한다면 신축건물을 위한 법정지상권이 성립하지 않는다고 할지라도 경매절차에 의한 매수인으로서는 신축건물의 소유자로 하여금 이를 철거하게 하고 대지를 인도받기까지 별도의 비용과 시간을 들여야 하므로, 저당 목적 대지상에 건물신축공사가 진행되고 있다면 이는 경매절차에서 매수희망자를 감소시키거나 매각가격을 저감시켜 결국 저당권자가 지배하는 교환가치의 실현을 방해하거나 방해할 염려가 있는 사정에 해당한다"고 판단하고, 이 사건에서 "원고의 신청에 의하여 임의경매절차가 개시되었음에도 공사를 강행한 사실" 등을 들어 원심의 판단은 정당하다고 결론지었다.

**2.** 이 판결은 나대지의 저당권자가 저당권설정자의 건축상 권리를 인수하여 그 대지 위에 건물을 신축하는 이에 대하여 그 신축공사의 중지를 청구하는 것을 저당권자의 방해배제청구권에 기하여 인정한 것이다. 이는 부동산담보에 기한 금융실무는 물론이고, 저당권의 이론적 파악에 있어서도 극히 흥미로운 판결이다. 그리고 위와 같은 내용의 저당권에 기한 방해배제청구를 인정한 최초의 판결로서, 앞으로 이러한 유형의 사건해결에 결정적인 영향을 미칠 것으로 예상되는 매우 중요한 판단을 담고 있다.[34)]

(1) 그러나 이 판결의 태도에 대하여는 그 추상적인 법리의 점

34) 이 판결에 대한 평석 기타 관련 연구에 대하여는 尹眞秀(註 20), 411면 註 80 및 註 83에 게기되어 있다.

에서도, 구체적인 사건해결의 결론에서도 찬성할 수 없다. 이 두 측면을 엄밀히 구별하기는 어려울지도 모르지만, 여기서는 일단 전자에 한정해서 논의하기로 한다. 후자와 관련해서는 이 사건 근저당권의 피담보채권이 바로 이 사건 건물의 신축을 위하여 제공된 대여금채권이었다는 것, 그러므로 근저당권자는 애초부터 당해 공사가 진행되어서 장차 건물이 이 사건 토지 위에 존립하리라는 것을 알았을 뿐만 아니라 이를 적극적으로 지원하였다는 것, 그리고 이 사건에서 피고는 저당권 설정 당시 이미 공사가 진행 중이었고 그 후에도 원래의 계획대로 공사를 진행하였을 뿐이라는 것만을 지적하여 두기로 한다.

한편 전자와 관련하여 대상판결은 저당토지의 소유자가 그 지상에 건물을 신축하는 것이 저당권의 위법한 침해가 되는지를 논한 우리나라의 문헌[35]이 주장하는 바와 궤를 같이한다. 이 문헌에 의하면, "저당토지에 건물을 신축하면 토지에 대한 저당권의 실행이 곤란하게 된다. 저당권을 실행하는 단계에서 건물의 존재는 저당권의 담보가치를 손상할 수 있다. 따라서 이러한 경우에는 원칙적으로 저당권 침해를 이유로 공사금지청구를 할 수 있다고 생각된다. 적어도 저당권에 기한 경매절차가 개시된 경우에는 저당권자의 환가권을 침해했다고 볼 수 있을 것"이라고 한다.[36] 그러나 그 주장에 대하여는 뒤의 (3)에서 보는 대로 의문이 적지 않다.

(2) 저당권에 기한 방해배제청구권은 민법 제370조에서 소유물방해배제청구권을 규정하는 민법 제214조를 준용함으로써 명문으로 인정되는 바이다. 문제는 과연 저당권에 대한 「방해」를 어떠한 요건 아래서 인정할 것인가이다. 이를 생각함에 있어서 출발점이 되는 것은, 방해배제청구권을 발생시키는 바의 저당권에 대한 「방해」는 위법

35) 金載亨, "抵當權에 기한 妨害排除請求權의 認定範圍", 저스티스 85호(2005. 6), 101면 이하.

36) 金載亨(前註), 121면.

한 것, 즉 법질서 전체의 입장에서 허용되지 않는 것이어야 한다는 점이다. 민법은 소유물반환청구권에 관하여 민법 제213조 단서에서 점유자에게 「점유할 권리」가 있는 때에는 소유자가 그에 대하여 소유물반환청구를 할 수 없다고 규정함으로써 이를 표현하고 있다. 이는 비록 정면에서 규정하지는 않지만 다른 물권적 청구권의 경우에도 다를 바 없다.[37)]

(3) 저당권(이 사건에서는 근저당권이 설정되었으나 여기서 다루는 논점에 관한 한 양자 사이에 차이를 둘 것은 아님은 물론이다)이 설정되었더라도 그 저당목적물을 사용·수익할 권능은 저당권설정자에게 귀속된다. 그리고 저당권자도 그러한 용익을 전제로 해서 그 목적물에 저당권을 설정받는다. 이 사건에서와 같이 저당목적물이 나대지인 경우에 저당권설정자, 즉 토지소유자가 스스로 그 위에 건물을 신축하거나 또는 제3자에게 이를 허용하는 것은 그 용익권의 행사에 기한 것이고, 따라서 특별한 사정이 없는 한 적법하다. 나대지 위에 건물이 신축되면 후에 행하여지는 토지저당권에 기한 경매에서 매각대금이 건물이 없는 경우보다 하락하는 것이 대부분일지 모른다. 그러나 그 신축행위가 위와 같이 위법하지 아니한 이상 저당권자가 방해배제청구권을 가질 수는 없다. 나아가 그것은 나대지를 담보로 잡는 저당권자로서는 애초부터 예기하였거나 적어도 예기할 수 있었던 바의 사정이기도 하다. 또 그것만을 이유로 방해배제청구를 인정한다면, 이는 저당토지소유자의 법적 지위를 부당하게 약화시키는 것으로서 납득하기 어렵다. 이상은 저당권을 양수한 사람에 있어서도 다를 바 없다.

이에 대하여는 "저당권이 설정된 토지 상에 건물을 신축하게 되면 그 토지의 담보로서의 가치가 떨어지게 된다"고 하면서, 그러므로 "저당권이 실행되거나 그 실행이 예상되는 상황이라면 건물의 신축행

37) 이에 대하여는 우선 뒤의 註 54에 드는 문헌 참조.

위는 저당권을 침해하는 것이라고 보아 그 방해배제를 청구할 수 있다고 보아야 한다"고 하여 위 대법원판결을 지지하는 견해가 있다.[38] 그러나 다시 강조하지만 저당목적물의 담보가치가 떨어지게 된다는 것만으로 저당물소유자의 목적물 이용이 위법하게 되는 것이 아님은 再論을 요하지 않는다. 그리고 나대지에 저당권을 설정받은 사람에게 그 소유자의 건물 신축이라는 나대지의 가장 전형적인 이용형태가 당연히 예상되고 예상되어야 하는 것이며, 그 **담보물의 가치는 애초부터 그러한 건물의 존재를 전제로 하여 정하여져야** 한다.[39] 그러므로 나대지 상에 건물이 신축됨으로써 비로소 새삼스럽게 그 토지의 담보로서의 가치가 떨어지게 된다고는 말할 수는 없다.[40] 그로 인하여 나대지의 담보로서의 가치가 현저히 감소된다고 하더라도 이는 일반적으로 건물을 토지의 일부가 아니라 별도의 물건으로 다루는 우리 법의 기본적 선택의 부득이한 결과이다. 또한 나대지를 담보물로 제공받는 당사자로서는 뒤의 (4)에서 보는 대로 지상권을 설정받는 것으로써 그 나대지의 용익에 법적 영향력을 행사할 방도를 손에 넣는 것을 통하여 나대지의 담보가치를 지킬 수 있는 것이다.

위 견해는 "일단 건물 신축이 적법하였다고 하더라도 위와 같은 상황[즉 저당권이 실행되거나 그 실행이 예상되는 상황]이 발생하여 건물 신축 공사를 계속하는 것이 저당권자의 이익을 해치게 되는 경우까지 그 적법성이 유지된다고 말할 수는 없을 것이다. 가령 돼지

---

**38)** 尹眞秀(註 20), 411면 이하.

**39)** 저당채권자가 저당목적물인 나대지의 이용에 간섭할 권한을 가지고자 하는 경우에는 뒤의 (4)에서 보는 대로 저당권 외에 지상권을 설정받는 것이다. 그러한 권리를 스스로 확보하지 아니한 저당권자가 애초 허용되었던 저당목적물의 이용을 이제는 막을 수 있게 된다고 할 근거가 없는 것이다.

**40)** 이 관련에서 저당권설정자의 가치유지의무가 운위되기도 한다(예를 들면 尹眞秀(註 20), 411면 및 아래의 본문 (8)에서 보는 원심판결의 판시 참조). 그러나 저당물소유자가 그의 적법한 권한에 기하여 행위가 설사 저당물의 가치를 저락시킨다고 해도 그것이 그 의무위반이 되는 것은 아님은 물론이다.

여러 마리에 관하여 집합동산 양도담보를 설정하였다고 하는 경우에, 양도담보설정자는 양도담보의 목적물을 이루는 돼지를 반출하는 등의 행동이 허용되지만, 일단 채무불이행상태가 된 이후에까지 그 돼지를 반출하는 것이 허용된다고 하기는 어려울 것"이라고 한다.[41] 그러나 거기서 든 집합동산양도담보의 경우에 채무불이행이 있다고 해도 양도담보설정자는 일반적으로 여전히 통상의 영업 또는 생활의 범위 내에서는 그 목적물을 반출·처분할 수 있는 것이다. 그것은 채무불이행이 있기 전이라도 일반적으로 통상의 영업 등의 범위를 넘은 반출·처분이 허용되지 아니하는 것과 다를 바 없다. 다만 집합동산양도담보권을 실행하려면 먼저 그 목적물을 특정하지 않으면 안 되는데, 이러한 이른바 집합물의 「固定」은 채무불이행이 있다는 것만이 아니라 양도담보권자의 실행통지가 있는 때에 비로소 일어나며, 그 내용도 그 후에는 그와 같이 고정된 목적물을 이제 반출·처분할 수 없게 되는 것뿐이다.[42] 그러므로 위의 견해는 우선 그 집합동산양도담보에 관한 설명이 정확한지 의문이 있을 뿐만 아니라, 무엇보다도 담보의 목적물이 집합물이 아니어서 이른바 「고정」이 문제되지 아니하는 일반의 저당권의 경우에 집합동산양도담보에 관한 설명을 끌어들이는 것은 적절하지 아니하다고 할 것이다. 이와 같이 보면 위와 같은 견해는 채무불이행의 상황이 되면 토지소유자의 목적물 용익이 돌연 그 적법성을 유지할 수 없게 되는 이유가 무엇인지에 대하여 납득할 만한 설명을 제공한다고 할 수 없다.

(4) 한편 우리나라의 금융실무에서 나대지를 담보로 취득할 때에 저당권 외에 지상권도 설정받는 일이 적지 않게 행하여진다. 그리고 그것은 후에 나대지 위에 건물이 신축되는 사태에 대비하기 위해

41) 尹眞秀(註 20), 412면.

42) 이에 대하여는 일본의 문헌으로 우선 道垣內弘人, 擔保物權法(2004), 328면, 331면 이하 참조.

서이다. 대법원도 大決 2004.3.29, 2003마1753(공보 상, 781)에서 "토지에 관하여 저당권을 취득함과 아울러 그 저당권의 담보가치를 확보하기 위하여 지상권을 취득하는 경우, 특별한 사정이 없는 한 당해 지상권은 저당권이 실행될 때까지 제3자가 용익권을 취득하거나 목적 토지의 담보가치를 하락시키는 침해행위를 하는 것을 배제함으로써 저당 부동산의 담보가치를 확보하는 데에 그 목적이 있다고 할 것"이라고 설시하고 있다. 그리하여 그 사건에서 제3자가 토지소유자로부터 신축 중의 지상 건물에 관한 건축주 명의를 자신 앞으로 변경해 받았어도 지상권자에게 대항할 수 있는 권원이 없는 한 지상권자로서는 제3자에 대하여 그 건물 축조의 중지를 구할 수 있다는 결론을 내렸다. 이와 같이 담보의 목적이 된 나대지 위에 저당권과 아울러 지상권을 취득한 경우에 채권자는 그 목적물의 용익에 대하여 간섭할 수 있는 법적 가능성을 가지게 된다.

이와 관련하여 이번의 대법원판결의 태도를 지지하는 견해는 "저당권자가 지상권을 같이 취득하지 않은 경우라고 하여 저당권자에게 저당 부동산의 담보가치를 확보하려는 의사가 없었다고는 말할 수 없을 것이다. 다른 한편 저당권설정자도 저당권자의 이러한 목적을 위한 지상권 설정 요구에 대하여 특별히 거부할 사유는 없다. 그렇다면 구태여 저당권과 더불어 지상권을 취득한 경우에만 저당권에게 그러한 보호를 부여할 이유는 없고, 저당권만을 취득한 경우에도 같은 보호를 하여 주는 것이 지상권 설정으로 인한 비용을 절감한다는 면에서 더 합리적이라고 생각된다"고 주장한다.[43] 그러나 이는 쉽사리 동의하기 어려운 발상이다. 법이 자신의 이익을 보호할 수 있는 法制度를 마련하여 두었음에도 이를 이용하지 아니한 사람에게, 이를 이용하고자 하였다면 이용할 수 있었고 또 그 제도를 이용하지 아니함으

---

**43)** 尹眞秀(註 20), 413면. 金載亨(註 35), 120면 이하도 유사한 취지를 말한다.

로써 비용을 절감할 수 있다는 논법으로 그 법제도에 의한 이익이 주어질 수 있는가? 예를 들어, 부동산매수인이 자기 앞으로의 등기를 게을리하고서는, "그 부동산을 보유할 의사가 없었다고는 말할 수 없고, 매도인도 그 등기 요구를 거부할 사유가 없었으며, 등기를 하지 않음으로써 비용을 절감할 수 있다"고 주장해서 물권적 청구권과 같은 부동산소유자로서의 법적 구제수단이 주어져야 한다고 말할 수 있는가? 부동산임대차계약을 체결한 사람이 확정일자를 받지 아니하고서는, "그 목적물의 용익을 확보하려는 의사가 없었다고는 말할 수 없고, 확정일자를 받지 못할 이유가 없으며, 확정일자를 받지 않음으로써 그 비용을 절감할 수 있다"고 주장하는 임차인에게 주택임대차보호법 제3조의2에서 정하는 우선변제권을 인정할 수 있는가?

(5) 나대지에 저당권이 설정된 후 그 토지 위에 건물이 신축된 경우에는 민법 제366조에서 정하는 법정지상권이 인정되지 않는다. 그 경우 건물의 신축으로 생길 수 있는 저당권자의 불이익에 대처하기 위하여 민법은 제365조에서 일괄경매청구권을 규정하고 있다. 그 법문은 "토지를 목적으로 저당권을 설정한 후 그 설정자가 그 토지에 건물을 축조한 때"를 그 요건으로 규정한다.[44] 그런데 위 규정의 취지에 대하여 大決 94.1.24, 93마1736(공보 788); 大決 99.4.20, 99마146(공보 하, 1235); 大決 2001.6.13, 2001마1632(공보 하, 1678); 大判 2003.4.11, 2003다3850(공보 상, 1178) 등은, 한편으로 저당권자에게 저당토지상의 건물의 존재로 인하여 생기게 되는 경매의 어려움을 해소하려는 것, 다른 한편으로 "후에 저당권의 실행으로 토지가 제3자에게 경락될 경우에 건물을 철거하여야 한다면 사회경제적으로 현

44) 한편 토지저당권 설정 후에 건물이 축조되었으면 그 축조자가 누구인지를 불문하고 일괄경매를 인정하는 2004년 개정 후의 일본민법 제389조에 대하여는 梁彰洙, "最近 日本의 擔保物權法 改正", 同, 民法硏究, 제8권(2005), 192면 이하, 특히 198면 이하 참조.

저한 불이익이 생기게 되어 이를 방지할 필요"에 대응하는 것이라고 파악한다.

이러한 취지를 살리기 위하여 대법원은 일괄경매청구의 요건을 완화하는 방향으로 위 규정을 해석하여 왔다. 예를 들어 大決 98.4.28, 97마2935(공보 상, 1481)는 "토지와 그 지상 건물의 소유자가 이들에 대하여 공동저당권을 설정한 후 건물을 철거하고 그 토지 상에 새로이 건물을 축조하여 소유하고 있는 경우에는 건물이 없는 나대지 상에 저당권을 설정한 후 그 설정자가 건물을 축조한 경우와 마찬가지로 저당권자는 민법 제365조에 의하여 그 토지와 신축 건물의 일괄경매를 청구할 수 있다"고 판시하였고, 大判 2003.4.11, 2003다3850(공보 상, 1178)은, 저당권설정자로부터 저당토지에 대한 용익권을 설정받은 이가 건물을 축조하였어도 그 후 저당권설정자가 그 건물의 소유권을 취득한 경우에는 그것을 인정하여야 한다고 판시하였다. 특히 후자의 판결에 비추어 보면, 저당권설정자 자신뿐만 아니라 저당토지의 제3취득자, 나아가 저당권설정자로부터 저당 토지의 용익권능을 취득한 사람이 건물을 축조하여 소유하는 경우에도 일괄경매를 인정하는 것은 그리 먼 걸음이 아니다.

일본에서는 앞서 본 개정이 있기 전의 일본민법 제389조의 해석에 있어서, 그 요건을 크게 완화하여, 토지저당권 실행 당시 건물이 저당토지상에 존재하는 것 및 저당토지에 대한 임의경매로 토지를 경락받은 사람에 대항할 수 있는 당해 건물의 소유를 목적으로 하는 토지이용권이 존재하지 않는 것의 두 요건이 충족되면 토지저당권자는 일괄경매를 신청할 수 있다고 이해되고 있다.[45] 우리나라에서도, 그렇게까지 넓게는 아니지만, "저당권설정자와 건물신축자의 사이에 특수한 관계가 있어서 양자를 동일시할 수 있는 경우 등 개별적인 사정에

45) 우선 新版 注釋民法(9)(1998), 595면 이하(生熊長幸 집필) 및 동소 인용의 문헌 참조.

따라서는 제3자가 건축한 건물에 대하여도 일괄경매를 인정할 수 있을 것이고, 또한 경매신청시에 토지·건물이 동일한 소유자에 속하고 있어야 한다는 요건 등을 완화하여 해석함으로써 일괄경매의 범위를 확대하는 쪽으로 그 요건에 대한 재검토가 필요하다"는 견해가 유력하게 주장되고 있다.[46]

돌이켜 이 사건의 사안에서는 원래의 저당권설정자인 A 회사가 애초의 계획대로 오피스텔 건축공사를 진행하다가 부도를 내자 그 오피스텔을 개별적으로 분양받은 수분양자들이 피고 조합을 결성하여 A로부터 위 건축사업의 시행권을 양수하고 공사를 재개하였던 것으로서, 위의 견해가 말하는 「저당권설정자와 건물신축자를 동일시할 수 있는 경우」에 해당하는 전형적인 경우일 것이다. 그렇다면 이 사건에서 토지저당권자는 저당토지와 그 지상의 건물에 대하여 일괄경매를 신청함으로써 건물의 존재로 인한 저당권 실행상의 불이익을 회피할 수 있었다고 할 것이다.[47]

(6) 이번의 대법원판결에 의하면, 나대지의 저당권자는 그 피담보채무의 불이행이 있으면 그 토지 상에서 행하여지는 건물신축행위의 중지를 청구할 수 있다는 것으로 이해된다.[48] 그런데 **피담보채무의 불이행을 전후하여** 저당권자(및 저당물소유자, 나아가 그로부터 목적물의 용익을 허용받은 이)의 법적 지위가 그처럼 현격하게 달라져야 하는가?

필자는 그 근거가 무엇인지 쉽사리 납득할 수 없다. 예를 들어

46) 李均龍, "共同抵當權의 目的인 建物을 再建築한 경우에 法定地上權의 成否와 民法 제365조의 一括競賣의 可否: 일괄경매의 요건과 절차상의 문제에 대한 검토를 포함하여", 司法論集 32집(2001), 41면 이하 참조.

47) 일괄경매에 관한 민법 제365조의 해석에 관하여는 別稿를 준비하고 있으므로 상세한 논의는 그에 맡긴다.

48) 즉 거기서 "저당권이 실행에 이르렀거나 실행이 예상되는 상황"이라고 하는 설시는 그 바로 앞에 있는 "피담보채무를 변제하지 못함으로써"를 꾸미는 말이라고 이해된다.

일반적으로 건물이 저당목적물인 경우에 그 저당권의 피담보채무가 불이행상태에 빠지면 이제 건물소유자는 그 건물을 용익할 수 없게 되어서 가령 이를 제3자에게 임대하여서는 안 되는가? 오히려 그는 이를 임대하여 얻은 수익으로써 자신의 재산상태를 개선하여 저당권의 피담보채무를 이행할 수 있게 되어야 하지 않는가? 물론 그 경우 임차인은 저당권의 실행으로 인한 매수인에게 목적물을 인도하지 않으면 안 될 것이지만(또 그 경우에 임대인, 즉 저당물소유자의 계약상 책임의 문제는 남는다), 이것은 저당부동산의 소유자가 제3자에게 임대하는 것을 저당권자가 저당권에 기한 방해배제로서 막을 수 있다는 것과는 별개의 문제임은 물론이다.

한편 민법 제359조는 "저당권의 효력은 저당부동산에 대한 압류가 있은 후에 저당권설정자가 그 부동산으로부터 수취한 果實 또는 수취할 수 있는 과실에 미친다"고 정한다. 이 규정의 이해에 대하여는 적지 않은 논의가 있을 수 있다.[49] 그러나 우리나라의 다수설과 같이 여기의 「과실」에는 借賃 등 法定果實도 포함되고[50] 또 일부의 학설처럼 위의 규정이 과실수취권을 압류시로 앞당겨 이전시키는 취지라고 해도,[51] 그 시간적 기준은 압류, 즉 저당권실행절차에의 착수

49) 민법 제359조의 전신이라고 할 일본민법 제371조에 대하여는 특히 物上代位가 우리 민법에서와는 달리 목적물의「임대」의 경우에도 허용된다고 정하는 동법 제372조, 제304조와의 관계에서 현저한 견해대립이 있다. 이에 대하여는 우선 新版 注釋民法(9)(1998), 141면 이하(山崎寛 집필) 참조.

50) 우선 李英俊, 物權法, 新訂2版(2004), 813면 및 동소 인용의 문헌 참조. 한편 종전의 법원행정처, 法院實務提要. 强制執行(上)(1992), 333면은 법정과실에는 저당권의 효력이 미치지 않는다고 하였었는데, 오늘날의 법원행정처, 법원실무제요. 민사집행[Ⅱ] : 부동산집행(2003)에는 그러한 서술이 보이지 않는다. 또한 南基正, 實務 强制執行法(不動産競賣)(1986), 282면도 "현행 부동산경매절차의 구조상 동 경매를 위한 압류의 효력은 법정과실에는 미치지 않는다고 해석된다. 만일 법정과실에도 미친다고 하려면 경매에 있어서도 강제관리에 관한 [구 민사소송법] 제668조[현재의 민사집행법 제164조]에 상당한 규정이 필요할 뿐 아니라 임료추심을 위한 절차 내지 기관이 있어야 할 터인데 그러한 것이 전혀 없기 때문"이라고 한다.

51) 李英俊(前註), 813면; 黃迪仁 外, 物權法(註釋民法 Ⅱ)(1990), 673면. 反對 :

이지, 피담보채무의 불이행이 있는 때가 아님은 명백하다. 뿐만 아니라 위의 민법 제359조는 원래 저당권의 효력이 미치지 않는 과실에 대하여 "저당물소유자가 고의로 경매절차를 지연시켜 과실을 취득하는 불합리"를 막기 위하여 예외적으로 저당권의 효력이 과실에 미치는 경우를 정하는 것이므로, 과실수취 이외의 목적물 용익에 대하여는 그 적용이 없다는 주장도 행하여지고 있다.[52] 그렇다면 더욱이나 저당권의 피담보채무의 불이행이 있다고 해서 나대지 상의 건물신축 행위에 대하여 임대의 경우와 달리 볼 이유는 없지 않을까? 특히 그것이 저당권의 설정 당시부터 행하여지던 것이라면 말이다.

반대로 피담보채무가 불이행상태에 빠지기 전이라도 저당물소유자 또는 그의 승인을 얻은 제 3 자의 용익이 ── 뒤의 (7)에서 보는 대로 ── 저당권의 실현을 방해할 목적으로 행하여지는 것이라면, 저당권자는 저당권에 기하여 이를 막을 수 있다고 하여야 할 것이다.

(7) 다른 한편으로 저당권설정자에게 객관적으로 저당목적물의 용익권이 있다고 하여도 예를 들어 그 권능이 저당권의 실현을 방해할 목적으로 행사된다면 이를 쉽사리 허용할 것은 아니다. 그리하여 이번의 대법원판결이 나오기 전에 저당권에 기한 방해배제청구권의 문제를 추상적 법리의 차원에서 다룬 大判 2005.4.29, 2005다3243(공보 상, 837)이 그 요건에 관하여 "저당부동산에 대한 점유가 저당부동산의 본래의 용법에 따른 사용·수익의 범위를 초과하여 그 교환가치를 감소시키거나, 점유자에게 저당권의 실현을 **방해하기 위하여** 점유를 개시하였다는 점이 인정되는 등, 그 점유로 인하여 정상적인 점유가 있는 경우의 경락가격과 비교하여 그 가격이 하락하거나 경매절차가 진행되지 않는 등 저당권의 실현이 곤란하게 될 사정이 있는 경우

---

民法注解[Ⅶ](1992), 53면(南孝淳 집필).

52) 民法注解[Ⅶ](1992), 53면(南孝淳 집필).

에는 저당권의 침해가 인정될 수 있다"(인용문 중의 강조는 인용자가 가한 것이다. 이하 같다)고 설시한 것은 그나마 수긍하지 못할 것도 아니었다. 비록 위의 뒷부분에서 객관적으로 「저당권의 실현이 곤란하게 될 사정이 있는 경우」만을 그 기준으로 내세운 것으로 오해될 소지가 있지만 말이다.

그리고 일본의 最判 2005(平 17). 3. 10(民集 59-2, 356)도, 소유자로부터 점유권원을 설정받아 저당부동산을 점유하는 사람이라도 "그 점유권원의 설정이 저당권설정등기 후에 이루어진 것이고, 그 설정에 저당권의 실행으로서의 **경매절차를 방해할 목적**이 인정되며, 그 점유에 의하여 저당부동산의 교환가치의 실현이 저해되어 저당권자의 우선변제청구권의 행사가 곤란하게 되는 상태가 있는 경우"에는 저당권에 기한 방해배제청구가 인정된다고 판시한 것도 이러한 입장에 선 것이라고 하겠다(구체적으로는 그 사안에서 그러한 목적을 인정하여 방해배제청구를 인용하고 있다).

한편 위에서 본 대로 위 대법원판결을 지지하는 견해는 "일반적으로 물권적 청구권의 행사에 있어서는 상대방의 고의나 과실 등 귀책사유는 요건이 아니므로 이러한 주관적 요건을 도입하는 것은 이론상으로도 문제일 뿐만 아니라 실제의 심리에 있어서도 불확실성을 증가시키므로 바람직하다고 할 수 없다"고 한다.[53] 그러나 물론 일반론으로서는 그 견해에 수긍할 수 있다. 그러나 그렇다고 해서 물권적 청구권의 발생요건을 판단함에 있어서 주관적 요건을 고려하는 것이 언제나 배제되어야 하는 것은 아니다. 이것은 예를 들어 제3자의 채권침해와 관련하여 그 **위법성**의 판단[54]에서 害意 등의 주관적 요건이

53) 尹眞秀(註 20), 412면 註 84면.

54) 이는 물론 불법행위의 성립요건으로서의 위법성이 문제되는 것이나, 물권적 청구권의 발생요건으로서도 「위법성」이 요구되는 것은 물론이다. 이 점에 대하여는 民法注解[V](1992), 246면(梁彰洙 집필); 李英俊(註 50), 529면 참조. 그 한도에서는 논리적 판단구조에 있어서 양자를 구별할 이유가 없다.

고려되는 것[55]을 보아도 바로 알 수 있는 바이다.

위와 같이 제한적인 범위에서 저당권에 기한 방해배제청구를 인정한다고 하더라도, 저당물소유자 또는 그에 의하여 승인된 제3자의 목적물 용익행위가 「부적절」한 것이라면, 이를 통제할 가능성은 일정 부분 확보된다고 할 수도 있을 것이다. 실제로 나대지에 새로운 건물의 신축이 행하여지는 경우에 그 건물의 존속을 위한 법정지상권 등 토지이용권이 성립할 여지가 애초 없고 나아가 일괄경매 등을 통하여 적정한 환가를 얻을 길도 봉쇄되어 있어서 그 건물이 종국적으로 철거되지 않을 수 없는 것이라면, 그럼에도 불구하고 신축을 강행하는 것은 사안에 따라서는 위와 같은 토지저당권의 실현을 방해할 목적을 가지는 것이라고 사실인정될 여지도 없지 않은 것이다.[56]

**(8)** 한편 원심판결은 일단 경매목적물에 대한 압류가 이루어지면 처분행위가 금지되는데 경매목적물의 가격을 감소시키는 사실적 처분행위에 대하여는 저당권에 기한 방해배제청구로써 이를 막을 수 있어야 한다고 한다. 그리고 "채무자 또는 경매목적물의 점유자로서는 경매의 목적에 위반되거나 경매목적물의 가치를 감소시키는 사실행위를 하여서는 아니되는 일종의 부작위의무를 부담하고 있다고 할 것이고, 따라서 채무자나 부동산의 점유자가 그러한 의무를 무시하고 위반행위를 하게 되면 저당권자로서는 저당권에 근거한 방해배제청구를 할 수 있다"고 한다.

그러나 민사집행법은 "압류는 부동산에 대한 채무자의 관리·이용에 영향을 미치지 아니한다"고 정한다(제83조 제2항).[57] 이 사건에

55) 한편 이에 대하여는 뒤의 Ⅶ.의 서술도 참조.

56) 吳賢圭, "抵當權에 기한 妨害排除請求權과 建物新築行爲의 中止請求", 民事判例硏究 29집(2007), 519면 이하, 특히 555면 이하는 이번 대법원판결의 사안에 대하여 경매방해의 목적을 긍정할 수 있다고 한다.

57) 이 규정에 상응하는 일본의 민사집행법 제46조 제2항에 대한 설명으로 中野貞一郞, 民事執行法, 新訂四版(2000), 363면 이하 및 378면 註 8 참조. 예를 들

서는 압류시는 물론이고 그 저당권 설정 전부터 이미 문제의 건축이 행하여지고 있었을 뿐만 아니라, 압류 전후로 그 건축공사의 내용이 변경된 흔적을 찾을 수 없다. 물론 경매개시결정 후에 경매법원은 「침해행위를 방지하기 위하여 필요한 조치」(민사집행법 제83조 제3항)나 「부동산의 가격을 현저히 감소시키거나 감소시킬 우려가 있는 행위」의 금지조치(민사집행규칙 제44조 제1항)를 할 수 있다. 그러나 이것이 압류 전부터 행하여지고 있던 위와 같은 「채무자의 관리·이용」을 제한하는 근거가 될 수는 없는 것이다.

## V. 損害의 存否 또는 賠償範圍

**1.** 우선 大判 2006.1.27, 2005다16591(공보 상, 325)이 흥미롭다.

(1) 원고는 2001년 9월에 피고로부터 그 소유의 건물을 임차하여 학원을 운영하고 있었다. 이 사건에서 원고는 임대인인 피고의 방해로 자신의 목적물 용익이 불능하게 되었으므로 결국 임대차관계는 종료하였다고 주장하고, 원고가 위 방해로 말미암아 임차 건물에서 퇴거한 때부터 그 약정의 임대차기간이 종료할 때까지의 2년 7개월간 원고가 위 학원 운영으로 얻을 수 있었던 이익 상당액에 관하여 손해배상을 청구하였다. 쟁점은 여럿 있으나, 여기서 흥미로운 것은, 원심이 원고의 청구를 그대로 인정한 것에 대하여, 대법원이 “다른 특별한 사정이 없는 한 임대차목적물을 대신할 다른 목적물을 마련하기 위하여 합리적으로 필요한 기간 동안 그 목적물을 이용하여 영업

---

면 임차권이 이미 설정되어 있는 목적물에 대하여 우리 민법 제639조, 주택임대차보호법 제6조 등에서와 같이 갱신거절이 제한을 받는 경우에는 압류 후라도 법정갱신을 포함하여 계약갱신이 허용된다고 한다.

을 계속하였더라면 얻을 수 있었던 이익, 즉 휴업손해를 그에 대한 증명이 가능한 한 통상의 손해로서 배상을 받을 수 있을 뿐(다만 다른 대체건물로 이전하는 데에 필요한 부동산중개료나 이사비용 등은 별론이다)"이라고 하여 원심과 같이 원래의 임대차기간 만료시까지의 일실수입손해에 대한 배상청구는 이를 인정할 수 없다고 판단하여 원심판결을 파기한 것이다.

(2) 이른바 휴업손해에 대하여는 大判(全) 2004.3.18, 2001다82507(공보 상, 627)이 영업용 물건이 멸실된 경우에 그 대체 물건의 마련(제조 또는 구입)에 필요한 합리적 기간 동안의 휴업손해는 통상의 손해로 배상되어야 한다고 판시한 바 있다.[58] 그리고 그 후의 大判 2004.3.25, 2003다20909(공보 상, 693)은 영업용 물건이 일부 손괴된 경우 수리를 위하여 필요한 합리적인 기간 동안의 휴업손해에 대해서도 마찬가지라고 하였다. 또한 大判 2005.10.13, 2003다24147(공보 하, 1779)도 수익용 차량이 손상되어 수리가 불가능한 사안에 대하여 새 차를 구입하여 영업을 개시할 수 있을 때까지의 휴업손해는 통상의 손해라고 한 것도 궤를 같이하는 것이라고 하겠다.

그러나 이들 판결은 영업용 물건이 멸실 또는 훼손된 경우에 그 물건의 교환가액이나 가치감소액과는 별도로 **그에 가하여** 가해자가 배상하여야 할 휴업손해에 대하여 판시하였던 것이다.

(3) 그런데 이 사건의 사안에서는 임차인이 임대인의 채무불이행으로 인하여 약정기간의 종료시까지 목적물을 용익한다는 임차인의 주요한 이익 그 자체를 상실하는 손해를 입게 되었다는 점에는 의문

58) 이 판결에 대한 재판연구관의 판례해설로, 蔣尙均, "영업용 물건의 멸실로 인한 손해배상의 범위", 대법원판례해설 49호(2004년 상반기)(2004), 37면 이하 참조. 그리고 판례연구로서 朴孝寬, "영업용 물건이 불법행위로 멸실 또는 훼손되어 수리불가능한 경우 휴업손해의 배상 여부", 判例硏究(釜山判例硏究會) 16집(2005), 405면 이하 참조.

이 없을 것이다. 그러므로 여기서의 휴업손해를 물건의 멸실 또는 훼손의 경우에서와 같이 볼 것은 아니라고 생각된다. 만일 이 사건의 원고가 2년 7개월에 걸치는 장기간의 휴업손해를 청구하는 것이 문제라고 한다면, 임차인이 합리적으로 노력하여 대체목적물을 마련하였더라면 그로 인한 손해를 줄일 수 있었다는 이른바 피해자의 損害避抑義務를 끌어들여 과실상계의 법리에 준하는 처리를 함으로써 족하였을 것이다. 일반적으로 大判 92.9.25, 91다45929(공보 2987) 이래 최근의 大判 2006.8.25, 2006다20580(공보 하, 1617)에 이르기까지 대법원은 피해자에 대하여 손해를 회피하거나 억제할 일반적 의무를 부과하고, 이러한 의무가 해태된 경우의 손해배상문제를 과실상계(민법 제396조)에 준하여 처리하여 왔다. 이번에 나온 위의 판결은 이를 손해배상의 범위에 대하여 정하는 민법 제393조 제1항의 「통상의 손해」의 문제로서 다루는 점에 특색이 있다고 하겠다.

**2.** 나아가 大判 2006.9.8, 2006다21880(공보 하, 1662)이 주목된다.

(1) 이 판결은 원고 은행으로부터 담보가 될 수산물의 가격·상태 등의 검정을 위탁받은 회사(피고)가 그 과실로 그 물건의 가액을 과대평가함으로 인하여 지나치게 많은 대출가능가액을 산정하였고 원고는 이를 믿고 과다한 금액의 대출을 행한 사안에 대한 것이다. 원심은, 담보물의 가치에 대한 피고 회사의 과대평가로 인하여 "원고는 이 사건 차주들에 대하여 대출하지 않았을 돈을 대출하거나 그 대출금 채권에 상당한 담보를 확보하지 못하는 손해를 입게 되었"고 또 "담보물의 가치에 대한 피고 회사의 과대평가로 인하여 원고가 과다한 대출을 하였을 때에는 **대출 즉시** 원고에게 과다대출 부분만큼의 손해가 발생"하였다고 인정하고, 그러므로 그 대출 후에 발생한 그

물건의 가격하락, 경기침체로 인한 일반적 부실채권 등의 증가 등의 사유를 내세워 피고 회사의 책임이 면제 또는 제한되지 아니한다고 판단하였다. 대법원도 이 부분의 원심판단은 이를 긍정하였다.[59)]

(2) 그런데 담보와 관련하여 행하여진 계약불이행이나 불법행위에 있어서는 그 손해의 발생 여부나 그 범위에 대하여 통상의 권리침해의 경우와는 다른 관점에서 접근하여야 하지 않을까? 즉 담보는 채권의 만족을 확보하기 위한 것으로서 그 목적에 있어서 피담보채권에 종속적이다. 그러므로 피담보채권의 만족 또는 만족가능성 여하라는 것을 도외시하고서 그 손해 유무 등을 따질 수는 없다고 생각될 수 있다(이것이 반드시 그 담보권의 실행을 기다려야 한다거나 그 피담보채권이 변제기에 있어야 한다는 것을 의미하지는 않는다. 그 전에라도 손해를 긍정할 수 있는 경우는 얼마든지 상정할 수 있다). 그리고 이는 이 사건에서와 같이 애초 담보물의 가액평가를 과실로 잘못하여 과다대출이 된 경우에도 가령 저당물이 제 3 자에 의하여 멸실 또는 훼손된 경우와 다를 바 없다고 할 것이다.

그러므로 우선 담보를 확보하지 못하였다는 것 자체만으로는 특별한 사정이 없는 한 손해가 발생하였다고 하기 어렵고, 나아가 "대출하지 않았을 돈을 대출"하였다고 해도, 대출자는 여전히 제 3 자에 대하여 대출금채권을 가지게 되는 것이므로, 그것이 고의로 금전을 편취하는 경우 등이었다면 모를까, 쉽사리 손해를 긍정할 것이 아니다. 그것은 특히 그 제 3 자, 즉 차용자가 자신의 차용금채무를 임의로 변제한 경우를 상정하여 보면 더욱 그러하다.

(3) 감정평가업자의 부실감정으로 과다대출을 한 경우의 손해배

59) 그러나 구체적으로는 이 사건에서 문제된 수산물의 객관적 가액을 증거에 의하지 아니하고 판단한 잘못이 있고, 또 주채무자인 소외 회사의 실질적인 운영자가 피고 회사의 검품담당자에게 지급한 금품을 손해배상액으로 인정한 것은 잘못이라고 하여 원심판결을 파기하였다.

상문제에 관하여는 大判 99.5.25, 98다56416(공보 下, 1249)가 지도적 인 역할을 하는 것으로 생각된다. 이 판결은 "담보목적물에 대하여 감정평가업자가 부당한 감정을 함으로써 감정 의뢰인이 그 감정을 믿고 정당한 감정가격을 초과한 대출을 한 경우에는 부당한 감정가격에 근거하여 산출된 담보가치와 정당한 감정가격에 근거하여 산출된 담보가치의 차액을 한도로 하여 **대출금 중 정당한 감정가격에 근거하여 산출된 담보가치를 초과한 부분**이 손해액이 된다"고 판시하고 있다.[60]

그러나 大判 99.5.25.는, 원고가 대출을 한 것이 아니라 주채무자인 소외 회사의 채무에 관하여 지급보증을 하였는데 후에 소외 회사의 무자력으로 말미암아 위와 같이 지급보증한 금액을 대위변제하였던 것으로서, 위와 같은 담보부동산에 대한 부실평가로 말미암아 결국 원고가 소외 회사에 대한 채권(구상금채권)의 만족을 얻을 가능성이 실제로 없게 된 사안에 대한 것이다. 그러므로 위 판결이 담보평가에 잘못이 있어 과다대출이 행하여졌으면 그 즉시로, 즉 그것만으로 과다대출액만큼의 손해가 발생한 것으로 판시한 것은 아니다. 오히려 위에서 인용한 설시는 위와 같이 이미 원고의 채권이 만족을 얻을 가능성이 없는 것으로 밝혀진 사정 아래서 감정평가상의 잘못을 범한 피고가 부담하여야 할 손해배상액을 판단한 것("… 손해**액**이 된다")이라고 봄이 보다 적절하지 않을까 생각된다.

그리고 그 후 같은 문제에 대하여 판단한 大判 2004.5.27, 2003다24840(공보 下, 1045)도 위의 大判 99.5.25.를 참조판결로 들면서, 위에서 인용한 판시부분을 그대로 반복하고 있다. 그런데 여기서는 담보목적물인 주택에 대하여 이미 경매가 행하여졌던 것으로서, 역시

**60)** 같은 문제를 다룬 大判 2004.5.27, 2003다24840(공보 下, 1045)도 위 판결을 참조판결로 인용하면서, 위와 같은 판시를 그대로 반복하고 있다. 나아가 하급심 레벨에서는 光州高判 2001.2.14, 99나5810(下集 2001-1, 452)도 "대법원 1999.5.25. 선고 98다56416 판결의 판시취지에 따라 위 대출원금 전액을 일응 피고들이 연대하여 배상하여야 할 원고의 재산상 손해로 본다"고 설시하고 있다.

이제 달리 원고(금융기관)의 채권만족가능성은 없게 되었다고 보아도 큰 무리는 없는 사안이라고 할 것이다.

(4) 그렇다고 하면 이번에 나온 大判 2006.9.8.이 정작 선례로서 의미를 가지는 것은 손해의 인정 및 그 발생시기에 관하여 「대출 즉시」 과다대출액만큼의 손해가 발생한다고 하고, 그러므로 나아가 그 대출 후에 발생한 그 물건의 가격하락, 경기침체로 인한 일반적 부실채권의 증가 등의 사유는 피고 회사가 배상하여야 할 손해액에 영향을 미치지 않는다고 판단한 점에 있다고 해야 할는지 모른다. 그러나 그것이 사후에 발생한 일체의 사정이 손해의 인정 등에 영향을 미치지 않는다는 취지라고 한다면, 후에 피담보채무의 채무자가 제대로 자신의 채무를 변제한 경우만을 생각해 보아도, 이는 의문이라고 하지 않을 수 없다.

## Ⅵ. 賃借建物의 滅失로 인한 賃借人의 責任

**1.** 大判 2006.1.13, 2005다51013(공보 상, 235)은, 보험회사인 원고가 본소로 원고의 화재보험에 가입하였던 피고에 대하여 보험금 지급의무가 없다는 확인을 구하는 데 대하여 피고가 반소로써 원고에 대하여 보험금의 지급을 구하는 소송에 대한 것이다. 중요한 쟁점은, 피고 소유의 건물이 소실된 데 대하여 그 건물의 임차인이 피고에 대하여 손해배상책임을 지는가 여부로 귀착된 듯하다. 원심은 결국 임차인의 손해배상책임을 긍정하였고, 대법원도 다음과 같이 설시하면서 상고를 기각하여 이를 긍인하였다.

> "임차인은 임차건물의 보존에 관하여 선량한 관리자의 주의의무를 다하여야 하고, 임차인의 임차물반환채무가 이행불능이 된 경우,

임차인이 그 이행불능으로 인한 손해배상책임을 면하려면 그 이행불능이 임차인의 귀책사유로 말미암은 것이 아님을 입증할 책임이 있는바, 임차건물이 건물구조의 일부인 전기배선의 이상으로 인한 화재로 소훼되어 임차인의 임차목적물반환채무가 이행불능이 되었다고 하더라도, 당해 임대차가 장기간 계속되었고 화재의 원인이 된 전기배선을 임차인이 직접 하였으며 임차인이 전기배선의 이상을 미리 알았거나 알 수 있었던 경우에는, 당해 전기배선에 대한 관리는 임차인의 지배관리 영역 내에 있었다 할 것이므로, 위와 같은 전기배선의 하자로 인한 화재는 특별한 사정이 없는 한 임차인이 임차목적물의 보존에 관한 선량한 관리자의 주의의무를 다하지 아니한 결과 발생한 것으로 보아야 한다."

**2.** 건물의 임차인이 이를 점유하여 사용하던 중에 화재 등으로 멸실한 경우에 임차인의 책임에 대하여 종전의 실무는 주지하는 대로 매우 간명한 해결을 주고 있었다. 즉 특정물인도채무자가 선량한 관리자의 주의로 목적물을 보존하여야 한다는 민법 제374조가 이에 적용되어, 임차인측에서 위와 같은 멸실로 인한 목적물반환채무의 이행불능에 대하여 귀책사유가 없음을 주장·입증하지 아니하는 한 임차인은 위 이행불능을 이유로 하는 손해배상책임을 진다는 것이다. 그러므로 그 멸실의 원인, 특히 화재로 인한 멸실의 경우에는 화재의 원인이 밝혀지지 아니한 경우에도 임차인은 위와 같은 책임을 진다는 것이다. 이상은 늦어도 大判 69.3.18, 69다56(集 17-1, 323) 이래 수많은 재판례[61]에 의하여 확인되는 바이다.[62]

---

**61**) 얼핏 보아도 同旨의 재판례로 大判 80.11.25, 80다508(集 28-3, 200); 大判 82.8.24, 82다카254(공보 875); 大判 85.4.9, 84다카2416(공보 729); 大判 87.11.24, 87다카1575(集 35-3, 281); 大判 92.9.22, 92다16652(공보 2968) 등이 있다.

**62**) 외국의 입법례를 보면, 프랑스민법 제1732조는 가옥의 임대차에 관하여 "임차인은 임차물의 사용 중에 발생한 훼손 또는 멸실에 대하여 책임을 지나, 이에 대하여 자신에게 과책이 없음을 증명하는 때에는 그러하지 아니하다"라고 정한다.

그런데 여기서의 「손해배상책임」은 통상 목적물 가액의 배상을 내용으로 한다. 그리고 보증금 또는 전세금은 통상 목적물의 가액보다 낮게 설정되므로, 임차인은 이를 전혀 반환받을 수 없을 뿐만 아니라, 그것을 공제하고도 임대인에 대하여 상당액의 배상책임이 남게 된다. 나아가 판례[63]는, 하나의 건물 내에 여러 개의 점포 중 하나를 임차하였는데, "각 점포가 구조상 독립하여 있는 것이 아니라 서로 벽을 통하여 인접함으로써 각 유지·존립에 있어 불가분의 일체를 이루고 있는 경우"에는, 위 임차인의 과실로 위 건물 전체가 소실되었다면 그 점포들 전체에 대한 손해도 이를 배상할 의무가 있다고 한다.[64] 이러한 태도를 앞서 본 입장과 결합시키면, 임차인의 책임은 걷잡을 수 없이 커질 가능성도 있다.

그리고 무엇보다도 중요한 것은, 종전에는 위와 같은 태도 아래서 임차인이 보존의무를 다하였음을 인정하여 그의 책임을 부정한 예를 별로 찾을 수 없다는 점이다.

**3.** 필자는 전에 채무불이행책임 일반(민법 제390조)에 관한 입증책임에 대하여 다루면서 위와 같은 실무의 태도에 약간의 의문을 제

---

이어서 동법 제1733조는 특히 화재의 경우에 대하여 임차인은 그가 "화재가 우연한 사고, 불가항력 또는 건축상의 하자로 인하여 발생하였다는 사실" 또는 "불이 이웃집으로부터 옮겨 붙었다는 사실"을 증명하지 못하는 한 이에 대하여 책임을 진다고 규정하고 있다. 본문에서 본 우리 실무의 태도는 그 연원을 이에 두었는지도 모른다.

**63)** 大判 86. 10. 28, 86다카1066(集 34-3, 120); 大判 97. 12. 23, 97다41509(공보 98상, 378); 大判 2004. 2. 27, 2002다39456(공보 상, 521) 등 참조.

**64)** 만일 손해배상의 범위에 관한 판례준칙(이른바 상당인과관계의 법리)을 임차건물의 소실 기타 멸실의 경우에 **그대로 적용하는 것**을 전제로 한다면, 이러한 손해배상 범위의 인정이 이와 같이 하나의 건물 내에 여러 개의 점포가 있고 그들이 서로 「유지·존립에 있어 불가분의 일체를 이루고 있는 경우」에 한정되어야 하는 이유도 ── 임차인에 지나치게 가혹한 결과를 피한다는 것 외에는 ── 쉽사리 수긍된다고 하기 어려울 것이다.

시한 바 있다.[65] 그것은, 위와 같은 태도가 건물임차인에게 일방적으로 불이익한 결과를 강요하는 것이 아닌가 하는 문제의식을 배경으로 하는 것이다. 그 의문 중 하나는, 임대인은 "契約存續 중 그 使用收益에 필요한 狀態를 維持하게 할 義務"(이른바 修繕義務)를 부담하는데(민법 제623조), 임대차목적물이 멸실에 이른 원인이 임대인의 이 의무 위반에 기인한 것인지, 임차인의 위와 같은 보존의무 위반에 기인한 것인지를 따지지 아니하고 목적물의 멸실에 대한 귀책사유가 없음을 일방적으로 임차인으로 하여금 주장·입증하도록 하는 것이 과연 타당한가 하는 것이었다.[66] 그 후 필자의 위와 같은 의문에 기본적으로 동조하는 견해가 조심스럽게 주장되었다.[67]

**4.** 그 후에도 大判 97.6.10, 97다9192은, "피고는 임차건물에 입주한 이상 바로 그 전기시설 등을 점검하여 화재발생의 원인이 될 수 있는 원인 등을 제거해야 할 주의의무가 있다 할 것이고, 그 사용기간이 1개월에 불과하다고 하여 귀책사유가 없다고 할 수 없으며, 단순히 고장난 안전기를 교체하고 전기선을 점검하였다는 정도만으로는 그 책임을 다하였거나 이 사건 화재가 불가항력에 의한 것이라고 볼 수는 없다고 할 것"이라고 하여, 임차인의 책임을 긍정하는 결론

65) 民法注解[Ⅸ](1995), 381면 이하(梁彰洙 집필).

66) 그 외에, 임대차목적물의 멸실로 인한 **임대인의 사용수익시킬 의무**의 이행불능책임에 대한 입증책임은 임대인이 져야 하지 않는가도 지적하였다.

67) 예를 들면 문홍수, "賃借建物이 火災로 因하여 燒失된 경우에 있어서의 賃貸人과 賃借人 사이의 法律關係", 人權과 正義 268호(1998.12), 144면 이하, 특히 147면 말미 이하 참조. 한편 姜東郁, "賃借建物이 原因不明 火災로 燒失된 경우의 法律關係 ── 歸責事由에 대한 立證責任을 중심으로", 民事判例硏究 23집(2001), 322면 이하, 334면 이하는, 종전 실무의 추상론에는 찬성하면서도, "위에서 살펴본 입증책임 분배의 원칙을 임차목적물 소실의 경우에 형식논리적으로만 적용하다 보면, 예컨대 발화원인이 불명한 경우뿐만 아니라 발화장소 자체가 밝혀지지 아니한 경우도 채무자가 그 책임을 부담하게 되는데, 경우에 따라서는 이와 같은 원칙의 극단적인 적용이 구체적 타당성을 기할 수 없게 되는 수도 있을 것"이라고 한다.

을 냈다고 한다.[68] 이 사건에서 문제된 임대차계약의 내용, 목적물의 구조 및 용도, 화재 발생의 정황 등 세밀한 사실관계는 알 수 없으나, 일반적으로 과연 "[건물의] 임차인이 임차건물에 입주한 이상 바로 그 전기시설 등을 점검하여 화재발생의 원인이 될 수 있는 원인을 제거해야 할 주의의무가 있다"고 할 수 있는지 지극히 의문이며, 오히려 그러한 것은 앞에서 본 임대인의 수선의무의 범위에 들어간다고 해야 할 것이다. 이 판결은 법원실무가 민법 제374조를 임차인에게 무차별적으로 적용하는 양태를, 또는 그러한 적용의 오랜 누적으로 말미암아 비판적 사고가 심하게 무디어졌음[69]을 단적으로 보여 주는 것이라고 생각된다.

또 大判 99.9.21, 99다36273(공보 하, 2209)은 임차목적물의 소실에 대한 임차인의 책임을 부정한 원심판결을 파기환송하였다. 이 사건에서 피고는 공장 건물 중 일부를 임차하여 사용하였으나 조명기구 이외에 전기기구는 일절 사용한 일이 없고 건물 내부의 전기배선을 바꾸거나 추가한 적이 없었다. 임차 후 약 1년 후에 발생한 화재는 피고의 임차부분에서 일어났으나, 정확한 발화지점이나 발화원인은 밝혀지지 않았고, "다만 연소형태와 주변정황으로 미루어 보아 전기합선에 의하여 천장이나 벽체에서 발화가 이루어진 것이 합판 및 스티로폼에 착화·연소된 것으로 추정될 뿐"이다. 원심이 피고의 책임을 부정한 이유는, "화재발생원인이나 발화 지점조차 밝혀지지 않고 있는 이상 화재발생사실만으로는 곧바로 임차인이 보존의무를 이행하지 않았다고 단정할 수 없다. 오히려 임차인의 작업형태, 그가 작업에

68) 이 판결은 공간되지 아니하였다. 姜東郁(前註), 332면에서 引用.

69) 오히려 관련 재판례들을 읽다 보면, 소방서 등 전문적 경험과 식견이 있는 사람의 所見 등에 의해서도 화재의 원인이 「추정」될 뿐이라고 그 의미를 낮게 평가하고, 그러므로 결국 화재의 원인은 불명이어서 그에 대한 귀책사유 없음을 입증하는 것이 이제 논리적으로 불가능하게 된 임차인으로서는 당연히 책임을 질 수밖에 없다는 방향으로 사건 해결의 결론을 밀어붙이는 것이 아닌가 하는 인상조차 받게 된다.

사용한 기구, 공장의 내부구조, 그리고 천장의 공용전기시설을 임대인이 관리했을 것으로 보이는 점 등의 여러 가지 사정을 종합하면 이 사건 화재는 임대인의 관리소홀로 인한 것이 아닌가 의심될 뿐"이라는 것이다. 그러나 위 대법원판결은, "화재가 **적어도** 피고가 임차한 공간인 이 사건 임차건물 안에서 발생하였음을 기록상 넉넉히 알 수 있는 이 사건에 있어서, 임차인인 피고가 그 화재로 소훼된 임차물반환채무의 이행불능으로 인한 손해배상책임을 면하려면 적극적으로 그 임차건물의 보존에 관하여 선량한 관리자의 주의의무를 다하였음을 입증하여야 한다"고 하고, 원심판결을 파기하였다. 이는 화재가 임차인이 점용하는 공간 안에서 일어난 한에서는 앞서의 태도는 견지됨을 밝힌 것으로 이해된다.[70] 그러나 뒤의 5.에서 보는 大判 2000.7.4.의 사안과 비교하여 보면, 「임차인이 점용하는 공간」이라고 하여도 천장 등과 같은 주변적인 곳에 이르면 그 의미가 반드시 명확한 것이 아님을 알 수 있다.

그리고 大判 99.4.13, 98다51077(공보 상, 868)은 드물게도 임차인의 책임을 부인하였다. 그러나 이 사건의 사실관계는 메추리농장을 임대한 임대인이 임차인과의 계약에 좇아 하여야 하는 메추리농장의 운영에 필요한 시설공사를 제 3 자에게 도급주었는데 그 수급인의 과실로 화재가 발생한 것으로서, 임차인의 귀책사유는 당연히 부인되어야 할 것이었다.

**5.** 그러나 그 후에 나온 大判 2000.7.4, 99다64384(공보 하, 1833)은 임차목적물의 멸실로 인한 임차인의 손해배상책임과 관련하여 극히 주목할 판시를 포함하고 있다. 이 사건에서 피고는 이 사건

70) 李宣憙, "賃借建物이 燒毁된 경우 賃借人의 債務不履行과 善管注意義務", 法曹 50권 6호(2001.6), 171면은 "이 판결은 결과에 있어서 가혹하다는 느낌을 주게 한다"고 한다.

건물을 임차하여 사용 중이었는데, 그 건물 내부로부터 불이 났다. 그 화재는 "이 사건 건물의 현관 천장 부분의 비닐전선이 합선되어 스파크가 발생하면서 그 불꽃이 천장 반자 부분[종이나 나무로 반반하게 만든 천장]에 착화되어 발생한 것"으로 추정된다. 그러므로 이 사건의 사안은 앞서 본 大判 99.9.21.과 유사한 점이 많다. 그럼에도 불구하고 원심법원은 피고의 책임을 부정하였고, 대법원도 상고를 기각하였다. 이 판결의 주요한 부분을 옮기면 다음과 같다.

> "원심은, 이 사건 화재의 발화 원인이 된 현관 천장 부분의 비닐전선은 통나무로 된 벽 안쪽으로부터 천장 안쪽으로 연결된 배선의 일부분으로서 외관상으로는 그 상태를 확인하거나 점검할 수 없는 상태였던 사실, 피고가 위 건물을 임차하여 사용해 오면서 위 화재가 발생하기 전까지는 한 번도 건물의 전기배선에 어떠한 문제가 발생한 적도 없고, 또 피고가 전기배선 부분은 물론 이 사건 건물의 구조물에 대하여 어떤 수리하는 등의 작업을 한 일도 없었던 사실을 인정한 다음, 위 인정 사실에 의하면 건물의 벽과 천장의 내부를 통과하고 있는 전기배선은 건물구조의 일부를 이루고 있어 거기에 어떤 하자가 있다 하더라도, 이를 수리·유지할 책임은, 임차인이 그 하자를 미리 알았거나 알 수 있었다는 등의 특별한 사정이 없는 한, 임대차의 목적물을 임차인이 사용·수익하기에 필요한 상태로 유지할 의무가 있는 임대인에게 있다고 할 것인데, 피고로서는 위 발화부위인 전기배선의 이상을 미리 알았거나 알 수 있었다고 보기도 어렵고, 따라서 이 사건 건물의 일부가 소훼됨으로 인하여 피고가 이 사건 임대차계약상의 임차목적물의 일부를 반환할 수 없게 되었다고 하더라도 이는 임대인이 임대인으로서의 의무를 다하지 못한 결과이고 임차인인 피고가 임차목적물의 보존을 위하여 선량한 관리자로서의 통상 필요한 주의의무를 다하지 아니한 결과가 아님이 분명하므로, 피고는 그로 인한 손해배상책임이 없다고 판단하였다.
>
> 기록에 비추어 살펴보면, 원심의 위와 같은 사실인정과 판단은

정당하고 거기에 상고이유에서 주장하는 바와 같이 이행불능의 귀책 사유 내지 선량한 관리자의 주의의무에 관한 법리를 오해하였거나, 이에 대하여 심리를 다하지 아니한 위법이 있다고 볼 수 없다."

위의 판결은 무엇보다도, 발화 원인과 관련되는 발화부위의 **어떤** 하자에 대하여 임대인이 이를 「수선」할 책임이 있었던 경우에는 임차인의 보존의무를 물을 수 없다고 하여, 임차인의 보존의무 위반의 책임이 임대인의 수선의무 인정에 의하여 배제됨을 밝힌 데 그 의의가 있다.[71] 그리고 이는 종전에 일방적으로 임차인에게 불리하게 판단되어 오던 임차목적물 멸실로 인한 책임과 관련하여 임차인이 원용할 수 있는 방어방법, 그것도 **매우 일반적인** 방어방법을 제시한다는 점에서 그 특별한 중요성이 있는 것이다. 그리고 위 판결은, 앞서 본 大判 99.9.21.과는 달리, 비록 발화부위가 임차인의 점용공간 안이었음이 밝혀진 경우에도 마찬가지의 판단기준이 적용됨을 명확하게 하고 있다는 점에서 더욱 흥미롭다.

나아가 위의 판결은 건물구조의 일부를 이루고 있는 부위에 존재하는 하자에 대한 임대인의 수선의무와 관련하여 임차인이 임대차목적물에 존재하는 하자를 미리 알았거나 알 수 있었을 경우에는 이를 인정할 수 없다고 한다. 이 점은 납득하기 어렵다. 우선 하자가 겉으로 드러난 것이어서 임차인이 이를 쉽게 알 수 있으면 임대인의 수선의무가 배제되고, 그것이 숨어 있어서 임차인이 쉽게 알 수 없어야 그 수선의무가 인정된다고 할 수는 없다. 임차인이 계약 당시에 그 하자의 존재를 쉽게 알 수 있었다면, 그 수선에 관하여 당사자들이 별도의 약정을 맺는 경우가 많고, 따라서 그 약정의 내용 여하에 따

71) 李宣憙(前註), 174면은, 이 판결을 "목적물의 멸실원인이 불명인 경우에 결코 임차인이 책임을 면할 수 있도록 하고 있지는 않지만, 임차인으로 하여금 귀책사유의 부존재에 대한 입증방법으로서 적어도 원인이 된 하자부위를 밝히고 그것이 쉽게 발견될 수 있는 범위가 아니며 임대인의 유지수선의무가 적용되어야 할 부분임을 밝히면 된다는 점을 분명히 하고 있다"고 이해한다.

라 임대인의 수선의무가 배제될 가능성이 있음은 인정되어야 할 것이다.[72] 그러나 임차인이 그 하자를 미리 알았거나 알 수 있었을 경우에는 처음부터 임대인의 수선의무가 문제될 여지가 없다고 할 근거는 없는 것이다. 또 이와 관련하여 論者에 따라서는 "일반적으로 임차인은 임차목적물을 직접 점유하고 사용수익하고 있으므로, 쉽게 발견할 수 있고 경미한 정도의 하자에 대하여는 직접 수선의무를 부담하고", "임대인은 대규모의 수선을 필요로 하는 하자에 대하여 수선의무를 부담한다"고 설명하기도 한다.[73] 이러한 취지로 이해될 수 있는 裁判例도 없지 않다.[74] 물론 특히 경미한 하자에 대하여는 이를 일일이 임대인으로 하여금 수선하는 것은 번거로울 수 있으므로 당사자 간의 약정으로 임차인이 그 비용으로 이를 수선하도록 하는 것은 충분히 상정할 수 있다. 그러나 그렇다고 해서 민법 제623조에서 정하는 임대인의 수선의무가 대규모의 수선이 필요한 경우에 한정된다고 해석할 수는 없고, 요컨대 임차인의 사용수익을 방해하는 것이면 임대인

72) 大判 89. 6. 13, 88다카13332(공보 1061)가 "임차인이 누수현상이 있던 건물지하실을 인도받고 임대인과의 약정에 따라 지하실 사용에 필요한 전기 및 전등공사와 방수시설보완공사를 완료한 다음 이를 의약품 및 의료기구 등의 저장창고 등으로 사용하여 왔다면, 다소의 누수현상이 있더라도 임대인에게 지하실을 사용수익할 상태를 유지할 의무위반이 있었다고 단정하기 어렵다"고 판시하는 것은, 수선의무에 관한 의사해석이라는 관점에서도 이해될 수 있다.

73) 李宣憙(註 70), 174면. 그리하여 위 사건에서 "전기배선과 같이 건물구조의 일부를 이루고 대규모의 수선을 하지 아니하는 한 상태를 파악하기 어려운 부분의 하자가 화재의 원인이 되었음이 소송과정에서 밝혀지면, 임차인이 그 부분을 수선하지 않았다고 하여서 선관주의를 다하지 못하였다고 단정할 수는 없는 것이고, 오히려 임대인의 유지수선의무 위반이 문제된다"고 주장한다.

74) 실무는 임차인의 사용수익에 지장이 없는 경미한 파손에 대하여는 임대인의 수선의무를 부인하는 경향이라고 추측된다. 연탄가스중독사고에 대한 임대인의 형사책임을 부인한 大判 78. 1. 24, 77도3465(集 26-1, 刑15)은 "부엌방의 바닥에 심한 균열이 있다 하여도 반드시 **임대인에게 수선의무가 있는 대규모의 것**이라고 할 수 없으므로 그 부엌방에서 연탄가스로 사람이 사망한 경우 임대인에게 過失이 있다고 볼 수 없다"고 판단하였는데, 이러한 태도는 그 후의 大判 83. 9. 27, 83도2096(集 31-6, 刑110); 大判 89. 9. 26, 89도703(공보 1621) 등 刑事裁判例에서도 유지되고 있다.

은 다른 특별한 약정이 없는 한 수선의무를 부담한다고 할 것이다. 이 문제와 관련한 재판례로서 大判 94.12.9, 94다34692(공보 95상, 453); 大判 2000.3.23, 98두18053(공보 상, 1086); 大判 2004.6.10, 2004다2151(공보불게재. 법고을 검색) 등도 "임대차목적물에 파손 또는 장해가 생긴 경우에 그것이 임차인이 별 비용을 들이지 아니하고도 손쉽게 고칠 수 있을 정도의 사소한 것이어서 임차인의 사용·수익을 방해할 정도의 것이 아니라면 임대인은 수선의무를 부담하지 않지만, 그것을 수선하지 아니하면 임차인이 계약에 의하여 정해진 목적에 따라 사용·수익할 수 없는 상태로 될 정도의 것이라면 임대인은 그 수선의무를 부담한다"고 설시하여, 그 기준이 임차인의 용익을 방해하는 것인지 여부임을 분명하게 하고 있다.[75] 이러한 기준은 임대차목적물의 멸실로 인한 임차인의 책임을 판단하는 하나의 ―소극적― 기준으로서의 임대인의 수선의무와 관련하여서도 별다른 변용 없이 적용할 수 있을 것이다.

**6.** 앞의 5.에서 본 大判 2000.7.4.이 나온 후로 민사실무가 거기서 제시된 端緖를 어떻게 전개할 것인지 궁금한 바 있었다. 그러나 그 동안 그와 관련된 재판례를 보지 못하였다. 그런데 이번에 나온

75) 본문의 大判 94.12.9.는 나아가 "그러한 내용의 임대인의 수선의무는 특약에 의하여 이를 면제하거나 임차인의 부담으로 돌릴 수 있으나, 그러한 특약에서 수선의무의 범위를 명시하고 있는 등의 특별한 사정이 없는 한 그러한 특약에 의하여 임대인이 수선의무를 면하거나 임차인이 그 수선의무를 부담하게 되는 것은 통상 생길 수 있는 파손의 수선 등 소규모의 수선에 한한다 할 것이고, 대파손의 수리, 건물의 주요 구성부분에 대한 대수선, 기본적 설비부분의 교체 등과 같은 대규모의 수선은 이에 포함되지 아니하고 여전히 임대인이 그 수선의무를 부담한다고 해석함이 상당"하다고 한다. 이 판시부분은 명백히 임대인의 수선의무를 제한하는 특약의 의사해석기준에 대한 것이고, 임의규정으로서의 민법 제623조에서 정하는 임대인의 수선의무의 내용에 대한 것이 아니다. 이 재판례의 이해에 대하여는 다른 기회에 언급한 바 있다. 梁彰洙, "법 공부의 현재 상황을 점검한다", 同, 민법산책(2006)(원래는 考試界 2004년 1월호, 181면 이하 所載), 337면 이하 참조.

위의 大判 2006.1.13.은 이러한 궁금증을 어느 만큼 해소하여 주는 것으로서 의미가 적지 않다.

(1) 이 사건의 사실관계는 대법원판결에 의하면 다음과 같다. 피고의 친동생인 A는 1979년부터 이 사건 공장 건물의 소유자인 피고로부터 그 건물 및 기계들을 임차하여 현재까지 도정공장을 운영하여 왔다. A는 이 사건 화재가 발생할 무렵에는 위 공장의 전반적인 운영 및 관리를 처남인 B에게 위임하여 위 공장을 운영하였다. B는 위 화재 발생 당일 저녁 7시 30분경 사무실에 설치된 도정공장의 일반 전원 차단기를 직접 내린 후 마지막으로 퇴근하였다. 위 퇴근 당시까지는 화재의 발생을 의심할 만한 이상 징후가 없었으나 같은 날 밤 10시 40분경 위 공장 기계실로부터 이 사건 화재가 발생하였다. 위 화재는 공장 뒤 약 5m 가량 떨어진 전신주로부터 공장 기계실 정맥기 고압모터로 연결되는 인입선에서 절연성 약화 등에 의한 단락이 발생하여 전기적 발열로 절연 피복 또는 인접한 먼지 등 가연물에 불이 붙어 화재로 발전된 것으로 추정된다. 위 인입선은 기계실 상단에 뚫려 있는 구멍을 통하여 기계실 내로 들어와 정맥기에 연결되고 3,300V의 고압 전류가 흐르는 전선으로서 위 화재 발생 약 10년 전에 B가 기존의 전선을 교체하여 설치하였다. 그런데 위 교체된 인입선 역시 시간의 경과에 따라 노후되어 바람이 부는 날에는 때때로 위 전신주에서 스파크가 발생하기도 하였다. 한편 위 인입선이 연결된 정맥기는 위 화재 발생 약 6년 전부터 가동하지 않고 방치하고 있어 굳이 전원을 유지할 필요가 없었으므로 위 인입선의 전원 자체를 차단하는 것이 만일의 경우를 대비한 가장 좋은 방법이었는데 B는 위 인입선의 차단기가 위 전신주 위에 설치되어 있어 단전하기 어렵다는 이유로 이를 그대로 방치하고 있었고(사무실에 설치된 일반 전원 차단기를 내리는 것만으로는 위 인입선의 전원이 차단되지 않는다), 위 인입선

을 점검하거나 보수한 적도 없었다.

대법원은 앞의 1.에서 본 바와 같은 일반론을 이 사실관계에 적용하여, "위와 같은 장기의 임대기간, 화재의 원인이 된 위 인입선의 설치 위치 및 설치자, 위 인입선의 하자로 인한 화재 가능성에 대한 임차인의 인식, 위 인입선에 대한 전원 차단의 필요성 등에 비추어 보면, 이 사건 화재의 원인으로 추정되는 위 인입선의 하자에 대한 관리책임은 임대인인 피고가 유지 및 수선의무를 부담하는 영역에 속해 있었던 것이 아니라 임차인인 A가 선량한 관리자로서 임차목적물을 보존하여야 할 주의의무를 부담하는 영역에 속해 있었던 것"이라고 한 원심의 판단을 수긍하였다. 그리하여 피고의 주장, 즉 임차인인 A가 선량한 관리자의 주의의무를 다하였으므로 이 사건 화재로 인한 손해에 대하여 피고에게 손해배상책임이 없다는 주장을 배척하였다.

(2) 이 대법원판결은 우선, 일반적으로 화재의 원인으로 「추정」되는 공작물 또는 건물부분(이 사건에서는 전기인입선)의 하자가 임차인의 「지배관리영역」 내에 존재하는지 여부를 임차인의 보존의무 위반 유무를 판단하는 기준으로 정면에서 내세우고 있다. 이러한 支配領域的 내지 領域的 思考(Sphärengedanke)는 종전의 재판례에서 보여지지 아니하던 것으로서 극히 흥미롭다. 이를 앞의 5.에서 본 大判 2000.7.4.의 판지와 합하여 보면, 이제 임차인이 임차목적물의 소실 기타 멸실로 인한 손해배상책임을 면하려면 ── 앞의 4.에서 본 大判 99.9.21.이 설시하는 바와 같은 ── "적극적으로 그 임차건물의 보존에 관하여 선량한 관리자의 주의의무를 다하였음을 입증하여야 한다"는 막연한 요청이 임차목적물의 소실 기타 멸실을 일으킨 「하자」가 자신의 지배영역 밖에 있는 것임을 주장·입증하는 것으로 구체화되었음을 의미한다. 이것만으로도 종래 만연히 임차인의 책임을 예외없이 인정하던 입장으로부터는 상당히 의미 있는 새로운 진전이라고 하

겠다. 그리고 만일 지배영역적 사고를 철저하게 밀고 나간다면, 임차인이 그 멸실을 일으킨 「하자」를 구체적으로 특정할 필요도 없을 것이고, 요컨대 어떠한 「하자」가 임차인의 지배영역 밖에 있어서 그것이 멸실의 원인이 되었음을 입증하면 족하다고 할 수 있을 것이다.

한편 이 대법원판결이 그 외에 임대기간의 장단이나 「하자」에 대한 임차인의 인식가능성 등을 아울러 고려하는 것에 대하여는 의문이 없지도 않다.

## Ⅶ. 第三者의 債權侵害로 인한 不法行爲責任

**1.** 「제 3 자의 채권침해」로 인한 불법행위책임의 문제는 교과서에서는 상당한 관심을 가지고 다루어지는 바이다. 그리고 「제 3 자의 채권침해」는 특히 채권적 법지위에 기한 妨害排除請求 또는 留止請求가 적어도 일반적으로는 부인되는 법상황에서 일정한 범위에서 직접의 계약당사자가 아닌 제 3 자에 대한 법적 공격을 가능하게 하는 수단으로 기능적으로 중요한 역할을 할 수 있다. 그러나 얼마 전까지는 이에 관련한 재판례가 별로 없었다. 특히 이를 긍정한 재판례는 거의 없었다고 해도 과언이 아니다.

대법원은 일찍이 大判 53.2.21, 4285민상129(集 1-6, 1)에서 “채권도 법률이 보호하는 권리인 이상 일반인은 이를 존중하여야 하며 정당한 이유 없이는 이를 침해치 못할 법률상 의무가 있다 할 것이며 만일 정당한 이유 없이 이를 침해한 때에는 채권자에 대한 불법행위가 성립되어 채권자는 그 제 3 자에 대하여 이로 인한 손해의 배상을 청구할 수 있”다고 선언한 바 있고,[76] 大判 75.5.13, 73다1244(集 23-

---

**76)** 이 판결은 바로 이어서 “정당한 이유 없는 제 3 자의 행위로 인하여 채무의 이행이 방해될 우려가 있을 때에는 그 제 3 자에 대하여 방해행위의 배제를 청구할

2, 21)에서도 "제3자에 의한 채권침해가 불법행위를 구성할 수 있다 함은 시인"된다고 밝히고 있다. 그러나 전자의 판결에서 그 「정당한 이유 없이」의 내용에 대하여 보다 상세하게 밝히지 않으며, 후자의 판결에서도 위에서 인용된 설시에 이어서 "제3자의 채권침해가 반드시 언제나 불법행위가 되는 것은 아니고 채권침해의 태양에 따라 그 성립 여부를 구체적으로 검토하여 정하여야 할 문제"라고만 한다.

그리고 이 두 판결은 모두 결론적으로 그 책임을 부인한다. 즉 전자에서는, 피고가 원고의 채무자에 대하여 그 채무의 이행을 유예할 것을 요청한 사안에서, 원심이 피고의 불법행위를 인정하여 원고의 손해배상청구를 인용한 것을, 대법원이 "이것이 단순한 지불보류 요청이라면 피고와 위 채무자 간에 채무자가 피고의 요청을 거절치 못할 특별사정의 유무 등을 심사한 후가 아니면 원고 청구의 적부를 결정할 수 없음에 불구하고 이들 사실에 언급함이 없이" 원고의 청구를 인용한 것은 잘못이라고 하여 파기환송하였다. 또 후자에서는 원고로부터 소[牛]의 매매를 위탁받은 A가 이를 팔아 받은 돈이 피고에 의하여 편취된 사안에서 "그 행위로는 채권자인 원고의 A에 대한 채권이 소멸된 것이 아니고 그의 책임재산이 감소되었을 뿐으로 원고는 간접적 손해를 본 데 불과하므로 불법행위가 성립된다고 하기 어렵다"고 하여[77] 원고의 청구를 기각하였다(상고기각).

**2.** 그런데 얼마 전부터 제3자의 채권침해로 인한 불법행위의 문제를 다루는 재판례가 대법원에서 나온 것만 하여도[78] 드물지 않게

수 있을 것"이라고 설시한다. 이와 같이 이 판결은 「채권에 기한 방해배제청구」라는 주지의 문제에 대하여도 거기서 말하는 「정당한 이유」라는 불확정한 개념의 보충 여하에 따라서는 매우 광범위한 긍정론의 입장에 서 있는 것이다.

77) 이 설시는 「제3자의 채권침해」에 고유한 위법성의 문제가 불법행위책임의 다른 요건, 특히 손해의 발생 내지 인과관계 등의 문제와 사이에 그 경계를 설정하는 것이 쉽지 않음을 추측하게 한다.

78) 한편 朴興大, "제3자의 계약침해와 불법행위", 判例硏究(부산판례연구회)

보인다.[79)]

(1) 우선 大判 2001.5.8, 99다38699(集 49-1, 319)은 다음과 같은 사안에 대한 것이다. 피고는 한국도로공사와의 사이에 甲 고속도로 주유소의 운영계약을 맺고 이를 운영하고 있으며, 원고(정유회사)는 역시 위 공사로부터 甲을 포함한 고속도로 주유소에 휘발유 등을 공급하는 권리를 취득하였다. 한편 피고는 원고와의 사이에 대리점계약을 맺고 그에 기하여 원고로부터 휘발유 등을 공급받았는데 외상공급량 등에 불만이 있던 중 그 계약기간이 종료되자, A 정유회사와 새로이 대리점계약을 맺고 그로부터 휘발유 등을 공급받으면서 위 주유소에 A 회사의 상호와 상표를 붙여 영업하고 있었다.[80)] 이 사건에서 원고는 도로공사로부터 취득한 자신의 석유제품공급권이 피고의 위와 같은 행위로 말미암아 위법하게 침해되었다고 주장하고 그로 인한 손해의 배상을 청구하였다.

원심은 그 청구를 기각하였는데, 대법원도 원고의 상고를 기각하였다. 대법원은 앞의 1.에서 본 大判 75.5.13.의 "제3자의 채권침해

15집(2004), 452면도 "우리 거래계에서 이러한 법적 문제[제3자의 채권침해로 인한 불법행위책임의 문제]의 중요성이 점차 부각되고 있다는 실상을 보여 준다"고 하고, 同所 註 5는 그때까지 이 문제를 다룬 하급심판결로서 서울地判 2002.5.23, 2000가합73891 등 4건을 들고 있다. 그런데 거기에 제시된 이들 하급심판결은 유감스럽게도 『법고을』에서 검색되지 않는다.

79) 그 전에 大判 94.11.11, 94다22446(공보 2361)은 임대인(건물소유자)의 아버지로서 임대인으로부터 그 건물의 임대차 및 관리·보수 등의 업무를 위임받아 처리하던 피고가 임차인인 원고가 인도받은 목적물(점포)의 출입구를 봉쇄하고 내부시설공사를 중단시켜 임차인으로 하여금 이를 용익하지 못하게 한 사안에서 피고가 원고의 「임차권」을 침해함으로 인한 불법행위의 성립을 긍정하였다. 그런데 이 사안에서 침해된 것은 단순한 채권으로서의 임차권이라기보다는 ── 임차권에 바탕을 두기는 하였으나 독자적인 법익이라고 하여야 할 ── 목적물의 사용수익 그 자체 내지 실제로 영위되는 영업이라고 할 것이다. 그러므로 이 판결을 제3자의 채권침해에 관한 재판례로 다룰 것인지 의문이다.

80) 그 사이에 공정거래위원회로부터 도로공사가 고속도로 주유소에 대한 운영계약을 체결함에 있어서 석유제품공급업체를 지정하는 것이 불공정거래행위라고 하여 시정권고를 한 바 있다.

가 반드시 언제나 불법행위가 되는 것은 아니고 채권침해의 태양에 따라 그 성립 여부를 구체적으로 검토하여 정하여야 할 문제"라고 한 설시를 인용한 다음, 이 사건에서 원심이 "독립한 경제주체 간의 **경쟁적 계약관계**에 있어서는 단순히 제3자가 채무자와 채권자 간의 계약내용을 알면서 채무자와 채권자 간에 체결된 계약에 위반되는 내용의 계약을 체결한 것만으로는 제3자의 고의·과실 및 위법성을 인정하기에 부족하고, [i] 제3자가 채무자와 적극 공모하였다거나 또는 [ii] 제3자가 기망·협박 등 사회상규에 반하는 수단을 사용하거나 [iii] 채권자를 해할 의사로 채무자와 계약을 체결하였다는 등의 특별한 사정이 있는 경우에 한하여 제3자의 고의·과실 및 위법성을 인정하여야 할 것"인데 이 사건에서는 그러한 사정들이 인정되지 않는다고 한 판단을 긍정하였다.

여기서 대법원이 긍인한 원심의 위 추상적 설시부분을 「대법원의 판례」라고 하기는 어려울지 모른다. 그러나 종전에 비하면 제3자의 채권침해가 불법행위가 되는지에 관한 판단기준과 관련하여 보다 구체적인 일정한 방향지시가 행하여졌음은 부인할 수 없다. 그것은 특히 앞서 인용한 판시 중 [i] 내지 [iii]에서 두드러진다. 그리고 이 판결의 설시에서도 시사되고 있는 바대로, 이 사안에서와 같이 기업의 경쟁행위가 문제되는 경우에는 특히 공정거래법적 관점에서 접근할 필요를 의식하지 않으면 안 될 것이다.

그리고 여기서 판결은 고의·과실과 위법성을 같이 논하고 있으나, 이론적으로 물론 위법성이 먼저 문제되는 것이고 위 설시된 판단기준도 당연히 일차적으로 위법성 판단의 기준으로 논의되어야 할 것이다. 이는 바로 뒤 (2)에서 보는 大判 2001.7.13.에 비추어 보면 명백하다.

**(2)** 또한 大判 2001.7.13, 98다51091(공보 하, 1835)은, 미국인

가수 마이클 잭슨의 국내 공연에 반대하는 시민단체(피고)가 그 공연 주관사인 원고와 입장권판매대행계약을 체결한 은행 등에 대하여 입장권의 판매를 즉각 중지할 것을 요구하고 이에 응하지 않으면 은행 등의 모든 상품에 대하여 불매운동을 벌이겠다고 고지하자 은행 등이 그로 인한 경제적 손실 등을 우려하여 위 대행계약을 일방적으로「취소」하여 그 업무의 취급을 거절한 사안에 대한 것이다. 이 사건에서 원고는 피고의 그 행위는 은행 등과 체결한 입장권판매대행계약에 기한 원고의 채권 등을 침해하는 것으로서 위법하다고 주장하고 그로 인한 손해의 배상을 청구하였다.

원심은 "피고의 행위는 통상 시민단체가 취할 수 있는 전형적인 운동방법의 하나로서 특별한 사정이 없는 한 불법성이 있다고 보기 어렵고, 그러한 행위로 인하여 위 은행의 의사결정의 자유가 본질적으로 침해당한 정도에 이르렀다고 보기도 어려우므로 일반적으로 허용될 수 있는 시민단체의 행위범위 안에 속하거나 적어도 상대방의 수인범위 안에 속하여 위법하다고 볼 수 없고, 또한 위 각 은행이 원고와의 위 계약을 취소하기로 한 것은 피고들이 보낸 위 서한으로 인하여 불가피하게 내린 결정이었다기보다는 스스로 입장권판매대행에 의한 이익과 시민단체의 불매운동으로 인한 영업손실을 비교 교량하여 독자적인 영업판단에 따라 선택한 결과로 봄이 상당하므로 피고들의 공연반대행위와 위 각 은행의 입장권판매대행 중단으로 인하여 원고가 입은 손해 사이에 직접적 인과관계가 있다고 할 수도 없다"고 하여 원고의 청구를 기각하였다.

그러나 대법원은 다음과 같은 이유로 원심판결을 파기하였다.

> "피고들이 그들의 공익목적을 관철하기 위하여 일반시민들을 상대로 공연관람을 하지 말도록 하거나 위 각 은행 등 공연협력업체에게 공연협력을 하지 말도록 하기 위하여 그들의 주장을 홍보하고 각

종 방법에 의한 호소로 설득활동을 벌이는 것은 관람이나 협력 여부의 결정을 상대방의 자유로운 판단에 맡기는 한 허용된다고 할 것이고, 그로 인하여 원고의 일반적 영업권 등에 대한 제한을 가져온다고 하더라도 이는 시민단체 등의 정당한 목적수행을 위한 활동으로부터 불가피하게 발생하는 현상으로서 그 자체에 내재하는 위험이라 할 것이므로 피고들의 그와 같은 활동이 위법하다고 할 수는 없을 것이다.

그러나 여기서 더 나아가 피고들이 위 각 은행에게 공연협력의 즉각 중지, 즉 원고와 이미 체결한 입장권판매대행계약의 즉각적인 불이행을 요구하고 이에 응하지 아니할 경우에는 위 각 은행의 전 상품에 대한 불매운동을 벌이겠다는 **경제적 압박수단을 고지하여** 이로 말미암아 위 각 은행으로 하여금 불매운동으로 인한 경제적 손실을 우려하여 부득이 본의 아니게 원고와 체결한 입장권판매대행계약을 파기케 하는 결과를 가져왔다면 이는 원고가 위 각 은행과 체결한 입장권판매대행계약에 기한 원고의 채권 등을 침해하는 것으로서 위법하다고 하여야 할 것이고, 그 목적에 공익성이 있다 하여 이러한 행위까지 정당화될 수는 없는 것이다.

원심은 위 각 은행이 원고와의 위 계약을 불이행한 것은 피고들의 요구에 의한 불가피한 결정이 아니라 독자적인 영업판단에 따라 스스로 선택한 결과로서 피고들의 공연반대행위와 직접적 인과관계가 있는 것이 아니라고 판단하고 있으나, 앞에서 본 사실관계에서 나타난 바와 같이 위 각 은행이 피고들로부터 불매운동의 고지를 포함한 계약파기 요구를 받은 직후 원고에 대하여 피고들의 불매운동으로 인한 경제적 손실이 예상됨을 이유로 들어 부득이 계약을 이행할 수 없다고 통고한 사실을 알 수 있어, 위 각 은행이 내세운 그와 같은 이유가 명목상 내세운 구실에 불과할 뿐 진정한 이유는 불매운동과는 관계없이 위 각 은행 스스로의 반성적 고려에 의한 독자적인 결정임을 알아 볼 수 있는 사정이 심리되지 않고서는 피고들의 행위와 위 각 은행의 계약불이행 및 이로 인한 원고의 손해 사이에 인과

관계가 없다고 쉽게 단정할 수는 없을 것이다.”

이 판결은 앞의 (1)에서 본 大判 2001.5.8.와는 달리「경쟁적 계약관계」, 즉 경쟁관계에 있는 두 기업 사이의 영업행위가 문제된 것은 아니나, 여기서도 원고가 이미 행하고 있는 영업활동의 침해가 문제된 점이 주목된다. 그리고 이 판결에서는 특히 피고가 은행에 대하여「그 전 상품에 대한 불매운동이라는 경제적 압박수단」을 고지한 점이 위법성을 인정하는 이유가 되고 있다. 이는 앞의 (1)에서 본 [ii]의「사회상규에 반하는 수단」이라는 기준과 궤를 같이하는 것으로 여겨진다.

(3) 한편 大判 2003.3.14, 2000다32437(공보 상, 965)은 다음과 같은 사안에 대한 것이다.

피고는 A 자동차회사로부터 그 회사의 상표가 부착된 부품을 제작하여 이를 A에게만 공급하고 제3자에게는 일절 유출하지 아니하기로 약정하고서도 계속하여 이를 타에 유출함으로써 A와의 계약을 위반하여 왔다. 그 후 원고가 A와 그 부품의 독점판매계약을 체결하고 독점판매를 위한 판매망을 구축하는 등 영업을 위한 제반 준비를 갖추고서 A와 함께 여러 차례에 걸쳐 유출행위를 중단하여 줄 것을 요구하였으나, 피고는 다른 이유를 들며 계속하여 그 요청을 거절하여 오다가 원고가 피고를 상표법 위반 혐의로 고발하자 비로소 유출행위를 중단하였다. 이 사건에서 원고는 피고에 대하여 위와 같은 불법유출로 인한 손해의 배상을 청구하였다.

원심은, “독점판매계약의 침해로 인한 제3자의 채권(계약)침해의 인정은 경쟁저해성의 문제 때문에 한정적으로 인정할 수밖에 없고, 단순히 계약의 인식으로는 부족하고 **해의 또는 그에 준하는 불법성의 존재**를 필요로 한 것이기는 하나, 이 사건의 경우 앞서 본 모든 사정을 종합하여 보면, 적어도 원고 회사에게 독점적 판매권이 부여된 이후의 피고 회사들의 시중유출은 부당 · 위법하다고 아니할 수 없다"고 판단하였다.

대법원도 "일반적으로 채권에 대하여는 배타적 효력이 부인되고 채권자 상호간 및 채권자와 제3자 사이에 자유경쟁이 허용되는 것이어서 제3자에 의하여 채권이 침해되었다는 사실만으로 바로 불법행위로 되지는 않는 것이지만, 거래에 있어서의 자유경쟁의 원칙은 법질서가 허용하는 범위 내에서의 공정하고 건전한 경쟁을 전제로 하는 것이므로, 제3자가 채권자를 해한다는 사정을 알면서도 법규에 위반하거나 선량한 풍속 또는 사회질서에 위반하는 등 위법한 행위를 함으로써 채권자의 이익을 침해하였다면 이로써 불법행위가 성립한다고 하지 않을 수 없고, 여기에서 채권침해의 위법성은 침해되는 채권의 내용, 침해행위의 태양, 침해자의 고의 내지 해의의 유무 등을 참작하여 구체적 · 개별적으로 판단하되, 거래자유 보장의 필요성, 경제 · 사회정책적 요인을 포함한 공공의 이익, 당사자 사이의 이익균형 등을 종합적으로 고려하여야 한다"고 전제한 다음, 이 사건에서 "피고의 위와 같은 유출행위는 … 제3자가 특정기업으로부터 부여받은 독점판매인으로서의 지위 내지 이익을 직접 침해하는 결과가 되어 … 적어도 피고가 원고의 독점판매권 취득을 알게 된 시점부터는 자신의 행위로 인하여 원고가 적법하게 취득한 위 독점판매권자로서의 지위 내지 이익을 침해하게 됨을 알면서도 자신의 이익을 유지하기 위하여 상표법에 위반하면서까지 불법유출을 계속한 것으로서, 앞서 본 판단기준에 비추어 볼 때 상업거래의 공정성과 건전성을 해하고 사회통념상 요구되는 경제적 질서에 반하는 위법한 행위로 평가된다고 할 것"이라고 판단하여, 원심의 이 점에 대한 판단을 긍인하였다.[81]

---

81) 그러나 결론적으로 대법원은 피고의 상고를 인용하고 원심판결을 파기하였다. 그 이유는 이 사건과 같은 시장왜곡행위로 인한 불법행위에서의 손해배상액 산정(이에 대하여는 우선 梁彰洙, "獨占規制法에서의 損害賠償", 同, 民法硏究, 제5권(1999), 217면 이하 참조)에 관련된 것이다. 즉 원심은 "불법시중유출이 중

여기서 매우 중요한 것은 채권침해의 위법성을 판단하는 데 참작하여야 할 사유로, 구체적으로 [i] 침해되는 채권의 내용, [ii] 침해행위의 태양, [iii] 침해자의 고의 내지 해의의 유무의 셋이 제시되었다는 점이다. 종전에는 이 사건의 원심판결에서도 보듯이 제3자의 채권침해로 인한 불법행위책임의 성립 여부는 그 침해의 태양이 채권의 귀속이 아니라 채권의 실현에 대한 침해인 한에서는 단지 침해자의 害意 등과 같은 주관적 사정에 달려 있는 것으로 설명되어 왔던 것이다. 그러나 그와는 별도로, 앞의 (1) 내지 (2)에서 본 판결이 시사하는 대로, 이미 [ii]의 침해행위의 태양은 실질적으로도 고려되었던 것이다. 그리고 이 大判 2003. 3. 14.에서는 문제된 침해법익이 독점판매계약상의 지위이었다는 것이 그 판단에 있어서 중시되었다고 여겨진다. 결국 [i]을 고려하지 않을 수 없는 것이다. 단지「채권」의 침해라고 하여도, 여기서 다루어지는「채권」은 매우 다양한 내용을 가질 수 있는 것이다. 이렇게 보면, 이 大判 2003. 3. 14.은 제3자의 채권침해라는 법문제에 대하여 판례의 태도를 종합적으로 밝힌 새로운 지도적 선례의 의미를 가진다고 할 것이다.

---

단된 이후의 원고의 기간 당 순이익에서 중단되기 전의 기간 당 순이익을 공제한 금액을 기준으로 산출된 액수 전액"을 문제된 불법시중유출로 인한 손해배상액으로 인정하였다. 그러나 그와 같이 하여 산출된 액을 그대로 손해액으로 인정하려면 "피고의 유출행위가 중단된 이후의 이익의 증가는 오로지 그 중단에 기인한 것이라는 점 등의 제반 사정이 밝혀져야 할 것이고, 또 기업의 이익에는 매출액의 대소 외에도 여러 가지의 수입요소와 지출요소가 종합적으로 반영되는 것이므로 원고 회사의 이익 중 위 물품의 판매와 관련이 없는 부분이 없는지를 살펴보아 그런 부분이 있다면 전체 이익에서 이를 공제한 나머지 금액을 비교하는 방법으로 이루어져야 할 것"이므로(거기에 이 판결은 "피고의 유출행위가 중단된 이후의 원고 회사의 매출액의 증가가 오로지 그 중단에 기인한 것이라는 점이 입증되는 경우라도, 손해액의 산정은 원고 회사의 손익계산서에 나타난 당기순이익 또는 순손실의 비교에 의하기보다는 증거에 의하여 매출액의 증가분을 인정 내지 추인하고 이에 대하여 적정범위 내에서의 평균순수익률을 적용하여 산출하는 방식이 보다 합리적일 것으로 보인다"고 덧붙이고 있다), 그 점에 대한 심리를 거치지 아니한 원심판결에는 불법행위로 인한 손해액에 관한 법리를 오해한 나머지 적절한 심리를 다하지 아니한 위법이 있다는 것이다.

**3.** 제 3 자의 채권침해가 문제된 재판례는 2006년에도 이어지고 있다.

(1) 우선 大判 2006. 6. 15, 2006다13117(공보 하, 1324)를 들 수 있다. 이 사건에서는, 채무자 A와 계속적 거래관계(발주자의 지위)에 있는 제 3 자(피고)의 이사 등이 A에 대하여 채권자(원고)에게 지급하여야 할 자금으로 A의 다른 채권자에 대한 채무를 이행하라고 요청하여, 채무자가 그렇게 함으로써 결국 원고가 자신의 채권을 변제받지 못하는 결과가 되었다고 하여, 원고가 "피고의 피용자가 고의로 원고의 이 사건 물품대금의 추심을 방해한 행위는 제 3 자의 채권침해에 의한 불법행위에 해당한다"고 주장하여 그 사용자인 피고에 대하여 불법행위책임을 물었던 것이다. 원심은 원고의 이 청구를 기각하였는데 "A가 채권자인 군소협력업체들에게 채무를 변제한 행위가 정당한 법률행위인 이상 이를 요청한 피고의 피용자들의 행위 또한 위법성이 없어서 제 3 자의 채권침해에 의한 불법행위가 될 수 없다"는 이유로, 위 주장을 배척하였다. 대법원도 "기록에 의하여 살펴보면, 원심의 위와 같은 조치도 옳은 것으로 수긍이 가고, 거기에 제 3 자의 채권침해에 의한 불법행위의 성립 및 사용자책임에 관한 법리오해 등의 위법이 있다 할 수 없다"고 하여 원고의 청구를 기각하였다. 이 판결이 긍정한 원심판결의 논리에 대하여는 따져 보아야 할 점이 있을지 모르나, 어쨌거나 그 결론은 수긍할 수 있고, 이 점은 앞의 1.에서 본 大判 53. 2. 21.에 비추어서 더욱 그러할 것이다.

나아가 大判 2006. 9. 8, 2004다55230(공보 하, 1652)의 사실관계는 앞의 2. (3)에서 본 大判 2003. 3. 14.과도 관련이 있는 듯하다. 그러나 여기서는 부품거래계약에 의하여 특정기업에 물품(자동차 안전유리)을 공급하기로 약정한 피고가 원고가 그 특정기업과의 독점판매계약을 통하여 당해 물품의 독점적 판매권을 취득한 사정을 알면서도 원고를 위 **물품의 유통망에서 배제하기 위하여** 위 특정기업에 대한 물품의 공급을 중단한 것이 불법행위에 해당하는지가 문제되었다. 대법원은 앞의 大判 2003.3.14.의 추상론을 그대로 인용한 다음, "앞서 본 판단기준에 비추어 볼 때 거래의 공정성과 건전성을 해하는 위법한 행위"라고 하여 이를 긍정하였다.

## Ⅷ. 受忍限度를 넘는 醫療過誤 자체로 인한 不法行爲 責任

**1.** 大判 2006.9.28, 2004다61402(공보 하, 1819)는 의료과오로 인한 법적 책임에 관하여 중요한 판시를 담고 있다.

주지하는 대로, 의사측에 의료과오가 있고 또 환자측에 예기하지 못한 나쁜 결과가 발생하였어도 그 둘 사이에 인과관계가 없으면 그 결과에 대하여 법적 책임을 지지 않는다. 위 판결은 그 점을 인정하면서도, "다만, 그 주의의무 위반의 정도가 일반인의 처지에서 보아 수인한도를 넘어설 만큼 현저하게 불성실한 진료를 행한 것이라고 평가될 정도에 이른 경우라면 그 자체로서 불법행위를 구성하여 그로 말미암아 환자나 그 가족이 입은 정신적 고통에 대한 위자료의 배상을 명할 수 있다고 보아야 할 것"이라고 한다. 그리고 이어서 "이때 그 수인한도를 넘어서는 정도로 현저하게 불성실한 진료가 있었다는 점은 불법행위의 성립을 주장하는 원고들이 이를 입증하여야 한다"고 판시한다.

**2.** 의료과오와 발생한 결과 사이에 요구되는 인과관계에 대하여는 大判 95.2.10, 93다52402(集 43-1, 51) 이래 피해자의 입증의 부담

을 경감하는 일련의 재판례가 축적되어 있다. 그럼에도 불구하고 그 인과관계가 입증되지 않는 경우에, 의사측의 책임을 묻는 것은 아예 불가능한가?

이에 대하여 일본에서는 1980년대부터 위자료의 배상을 긍정하는 하급심재판례가 점차로 축적되었는데, 이러한 태도를 긍정하는 학설의 뒷받침을 얻어서 이제는 "부정적인 입장에 서는 재판례는 거의 보이지 않는 상황"[82]에 이르렀다.[83] 이들 재판례는 그 근거로서, 의사의 과실로 인하여 적절한 치료를 받을 기회 내지 기대가 상실되었다거나 일정 시기까지의 생존가능성이 상실되었음을 들고 있다고 한다. 그 후 日最判 2000.9.22(民集 54-7, 2574)는 환자가 사망한 사안에서 의료과오와 그 사망 사이의 인과관계가 증명되지 아니하는 경우에도 "그 과실이 없었다면 환자가 그 사망의 시점에서 여전히 생존하고 있었을 상당한 정도의 가능성이 있었음이 증명되는 때"에는 의사가 불법행위책임을 져야 한다고 판시하고, 그 이유로 "무릇 생명의 유지는 사람에게 가장 기본적인 이익이고, 위와 같은 가능성은 법에 의하여 보호되어야 할 이익으로서, 의사의 과실로 위와 같은 법익이 침해되었다고 할 수 있다"고 설시하고 있다. 이 판결은 위와 같은 하급심재판례들의 태도를 기본적으로 긍정하는 것으로 이해되고 있다.

우리나라에서도 일본의 법동향에 주목하면서 유사한 취지를 주장하는 견해가 없지 않다.[84]

---

82) 新美育文, "醫療過誤による生存可能性の侵害と醫師の損害賠償責任", 私法判例リマークス 24호(2002), 60면 中段.

83) 그 간의 일본하급심재판례에 대하여는 石川寬俊, "延命利益, 期待權侵害, 治療機會の喪失", 太田幸夫 編, 醫療過誤訴訟法(2000), 288면 이하가, 일본의 학설에 대하여는 澤野和博, "醫療過誤における機會の喪失と損害賠償", ジュリスト 1177호(2000.5), 188면 이하가 상세하다.

84) 김민규, "진료기회상실론과 인과관계 및 위자료배상의 신경향", 比較法學(釜山外大) 15집(2004), 167면 이하 참조.

**3.** 이번에 나온 대법원판결은 의료과오와 환자의 사망 등 결과 사이에 인과관계가 인정되지 않는 경우에도 의료과오 그 자체를 이유로 위자료청구를 필자가 아는 한에서는 최초로 긍정한 것으로서 앞으로 실무에 적지 않은 영향을 미칠 것으로 여겨진다.

그런데 이 판결은 그에 일정한 제한을 가하여 "주의의무 위반의 정도가 일반인의 처지에서 보아 수인한도를 넘어설 만큼 현저하게 불성실한 진료를 행한 것이라고 평가될 정도에 이른 경우"에 한정하고 있다. 이 사건에서는 환자(아기)가 전신마취수술을 받은 후 사망하였는데 그 사망이 환자의 특이체질에 기인한 것으로서 의료과오와 그 사망 사이의 인과관계가 인정되지 아니하였다. 그럼에도 원심은 의사의 불성실한 진료행위 그 자체가 곧바로 불법행위가 된다고 인정하였다. 대법원은 피고의 상고를 받아들여 원심판결을 파기하였는데, 그 이유는 앞의 1.에서 인용한 법리에 비추어 "원심이 인정한 사실만으로 피고 병원에게 불법행위책임을 물을 수 있을 정도로 피고 병원 의료진이 일반인의 수인한도를 넘어서 현저하게 불성실한 진료를 행한 잘못이 있었다고 단정할 만큼 충분한 입증에 이르렀다고 볼 수 있는지 의문"이라는 것이다.

그러나 **현저하게** 불성실한 진료를 행한 경우에 한정하여 의사측의 불법행위책임을 인정하는 근거에 대하여는 별다른 설시가 없다. 다른 한편 이 판결은 「일반인의 입장에서의 수인한도」를 그 판단의 기준으로 들고 있으나, 의사의 진료가 「불성실」하여 그 주의의무를 위반하는 것이라면 그것이 현저하지 아니한 경우에라고 해도 그것이 과연 일반인의 입장에서 *受忍*할 수 있다고 할 것인지부터 의문이다. 어쨌거나 이와 같은 이른바 수인한도의 기준이 앞으로의 재판례에서 구체적으로 어떻게 전개되어 갈지 주목된다.

(서울대학교 法學 48권 2호(2007.6), 116면 이하 所載)

# 條文索引

[2005년 개정 전 民法]



[朝鮮民事令]



[憲　法]

# 判例索引

[高等法院]

光州高法



[地方法院]

서울地法



[憲法裁判所]

# 事項索引

**著者略歷**

서울대학교 법과대학 졸업
법학박사(서울대학교)
서울민사지방법원 등 판사
서울대학교 법과대학 교수
대법관
현재 한양대학교 법학전문대학원 교수

**主要著述**

(著) 民法硏究 제 1 권, 제 2 권(1991), 제 3 권(1995), 제 4 권(1997), 제 5 권(1999), 제 6 권(2001), 제 7 권(2003), 제 8 권(2005)
민법입문(제 6 판, 2015)
민법 Ⅰ: 계약법(제 2 판, 2015)(공저)
민법 Ⅱ: 권리의 변동과 구제(제 2 판, 2015)(공저)
민법 Ⅲ: 권리의 보전과 담보(제 2 판, 2015)(공저)
民法散考(1998)
민법산책(2006)
民法注解 제 1 권, 제 4 권, 제 5 권(1992), 제 9 권(1995), 제16권(1997), 제17권, 제19권(2005)(분담집필)
註釋 債權各則[Ⅲ](1986)(분담집필)

(譯) 라렌츠, 正當한 法의 原理(1986)
츠바이게르트/쾨츠, 比較私法制度論(1991)
로슨, 大陸法入門(1994)(공역)
독일민법전──총칙·채권·물권, 2015년판(2015)
포르탈리스, 民法典序論(2003)
독일민법학논문선(2005)(편역)

**民法硏究 第 9 卷**

2007년 11월 25일 初版 發行
2016년 7월 15일 第 3 刷(修正) 發行

著　者 梁 彰 洙
發行人 安 鍾 萬
發行處 (株)博 英 社

서울시 종로구 새문안로 3길 36, 1601
電話 (733)6771 FAX (736)4818

登錄 1959. 3. 11. 제300-1959-1호(倫)

www.pakyoungsa.co.kr e-mail: pys@pakyoungsa.co.kr


定　價 30,000 원　　ISBN 978-89-7189-114-8